Grammar Master

중쇄 펴낸날	|	2012년 3월 20일
지은이	|	박희석
펴낸이	|	강남현
책임편집	|	김옥정
기획편집	|	김지선
마케팅	|	이봉수, 최동원, 백중현, 김성춘, 윤진희
디자인책임	|	이정순
내지디자인	|	이보림
표지디자인	|	김수미
펴낸곳	|	월드컴
출판등록	|	2000년 1월 17일
주소	|	서울시 구로구 구로동 222-8 (우편번호 152-848) 코오롱 디지탈타워 빌란트Ⅱ 1005호
대표전화	|	02)3273-4300
팩스	|	02)3273-4303
홈페이지	|	www.wcbooks.co.kr
이메일	|	wc4300@yahoo.co.kr
트위터	|	www.twitter.com/wcbooks
ISBN	|	978-89-6198-289-4

이 책에 실린 모든 내용 및 디자인의 저작권은 월드컴과 지은이에게 있습니다.
지은이와 출판사의 허락 없이 복제하거나 다른 매체에 옮겨 실을 수 없습니다.

＊ 잘못된 책은 바꾸어 드립니다.
＊ 책값은 뒤표지에 있습니다.

머리말

영어가 이제 지구촌의 공용어가 된 지 오래이고, 영어를 잘 못하기라도 하면 마치 문맹자라도 된 듯 적잖은 불편을 겪는 시대를 살고 있다. 이러한 시대적 요구로 인해 많은 이들이 오랜 시간 학교와 학원에서 영어를 배우지만, 그럼에도 불구하고 눈에 띄게 실력이 향상되지 않아 포기하거나 좌절하고 만다. 종종 그러한 상황에서 벗어나 어떻게 하면 영어를 잘 할 수 있냐며 하소연하듯 묻는 이들을 보게 되는데, 안타깝게도 이러한 질문에 대한 답변은 사람마다 다르다. 능통한 영어 사용자가 되기까지의 과정이 개인과 환경에 따라 다르기 때문이다. **영어, 그렇다면 대체 왜, 무엇이 그렇게 어려운 걸까?**

언어학자들의 의견에 따르면 인간의 뇌는 청소년기가 지나면 언어를 관장하는 부분이 굳어지는 이른바 '화석화 현상'이 진행된다고 한다. 따라서 조기교육이 중요하고, 특히 모국어화자(native speaker)와 생활하면서 그 세계 속에서 자연스럽게 습득돼야 한다고 말하는 사람들이 늘고 있는 추세다. 하지만, 이미 시기가 지나버린, 이른바 청소년기 이후의 학습자에게는 무엇이 최선의 영어학습방법일까? 외국어 학습에 있어 듣기, 말하기, 읽기, 쓰기의 네 가지 기술(four skills)이 고루 균형이 잡혀야 한다는 데에는 많은 이들이 동의할 것이다. 그런데 이러한 네 가지 기술을 학습하는 데 있어서 절대적으로 필요한 것이 바로 **문법(Grammar)**에 대한 이해라는 점을 간과해서는 안 된다. 듣기, 말하기, 읽기, 쓰기의 중심에는 영어의 구조가 자리잡고 있음을 누구도 부인할 수 없기 때문이다.

이러한 영문법의 중요성을 감안하여 학습자들의 영문법공부의 지표가 되고자 기본개념의 이해와 영문법지식의 활용방법에 초점을 맞춘 **Grammar Master**를 출간하게 되었다. 영어라고 하면 난색부터 표하는 사람일지라도 학창시절 영어시간에 배운 'to부정사'나 'if절' 정도는 대부분 기억할 것이다. 그러나 '가정법 과거 완료 시제'라고 하면 '그게 뭐였더라?'하며 되묻는 사람들이 많다. 이 책은 바로 그들을 위한 책이다. 기억이 가물가물하거나 어려웠던 부분을 다시 한 번 차례대로 되짚어주면서 그 개념을 이해시키고자 하는 책이기 때문이다. 암기위주로 학습한 영문법을 실제로 응용하기에는 한계가 있기 때문에 학습자는 먼저 개념부터 제대로 이해한 후 이를 활용하려는 자세가 필요하다. 그리하여 영어 공부를 위해 이 책을 펼친 독자들이 '문법의 벽'을 넘어 영어와 조금 더 가까운 사이가 되길 진심으로 바란다.

2011년 2월
(남서울대학교 영어과 교수) **박 희 석**

이 책의 구성

Grammar Preview

본격적으로 시작하기에 앞서 해당 단원에서 어떤 내용을 배우게 될지 미리 정리해 학습자의 부담을 덜도록 한다.

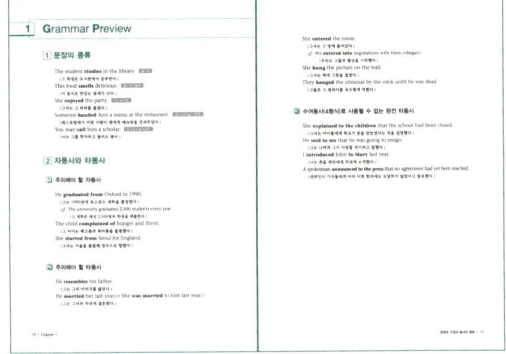

Grammar Check-up

Preview와 마찬가지로 본격적으로 학습하기 전에 몇 가지 문제를 통해 자신의 실력을 점검해 본다. 모든 문제에 정답과 해설을 넣었으며 오답의 경우 Grammar Focus에서 보다 자세한 설명을 들어볼 수 있다.

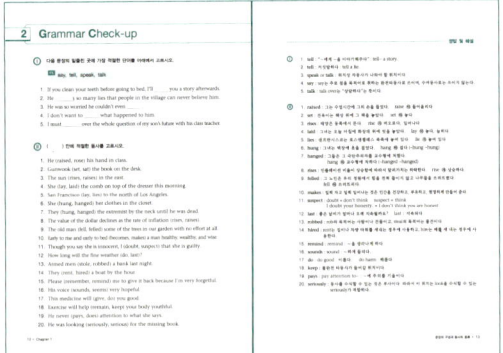

Grammar Focus

암기가 아닌 이해에 중점을 두고 단원 별로 반드시 알아야 하는 기본적인 문법사항을 최대한 학습자의 눈높이에 맞춰 설명해 두었다. 또, 모든 문장에 번역문을 제공해 스스로 학습하는 데서 오는 어려움을 최소화 시켰다.

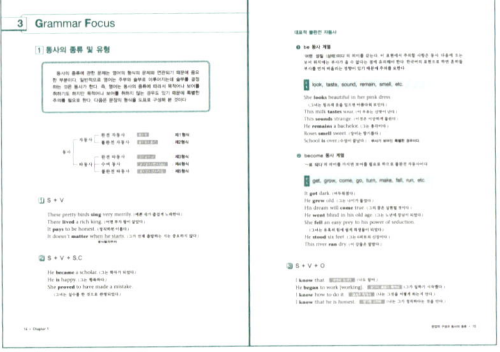

Grammar Drill

패턴 드릴 형식을 빌어 Focus에서 배운 내용을 스스로 점검한다. 반복학습을 통해 개념을 명확히 이해하는데 초점을 두었다.

Practice Test A, B

Focus에서 학습한 내용을 문제로 풀어보도록 한다. 이 때, 문제 유형은 두 가지이다. 또, 모든 문제에는 번역문과 해설을 제공해 어느 누구라도 쉽게 이해할 수 있게 했으며 특별히 일상생활에서 빈번이 사용하는 단어나 표현의 경우에는 도움이 될 만한 어휘나 표현을 추가로 제공해 학습자의 편의를 도모하고자 했다.

Final Test

단원을 마무리하는 차원에서 문제를 풀어보도록 한다. 전체적인 난이도는 Practice A와 B보다 약간 상향 조정했다.

차례

머리말 • 3
이 책의 구성 • 4
차례 • 6

Chapter 1	문장의 구성과 동사의 종류 kinds of Verbs • 7
Chapter 2	조동사 Auxiliary Verb • 41
Chapter 3	일치와 화법 Agreement & Narration • 69
Chapter 4	동사의 시제 Tense of Verbs • 97
Chapter 5	태 Voice • 133
Chapter 6	법 Mood • 157
Chapter 7	부정사 Infinitive • 183
Chapter 8	동명사 Gerund • 211
Chapter 9	분사 Participle • 239
Chapter 10	전치사 Preposition • 267
Chapter 11	접속사 Conjunction • 299
Chapter 12	관계사 Relative Pronoun • 327
Chapter 13	명사 Noun • 357
Chapter 14	대명사 Pronoun • 397
Chapter 15	관사 Article • 427
Chapter 16	형용사 Adjective • 457
Chapter 17	부사 Adverb • 487
Chapter 18	비교 Comparison • 519

Chapter 1

문장의 구성과 동사의 종류

Kinds of Verbs

1 Grammar Preview

1 문장의 종류

The student **studies** in the library. `S+V`
(그 학생은 도서관에서 공부한다.)
This food **smells** delicious. `S+V+S.C`
(이 음식은 맛있는 냄새가 난다.)
She **enjoyed** the party. `S+V+O`
(그녀는 그 파티를 즐겼다.)
Someone **handed** Ann a menu at the restaurant. `S+V+I.O+D.O`
(레스토랑에서 어떤 사람이 앤에게 메뉴판을 건네주었다.)
You may **call** him a scholar. `S+V+O+O.C`
(너는 그를 학자라고 불러도 좋다.)

2 자동사와 타동사

1 주의해야 할 자동사

He **graduated from** Oxford in 1990.
(그는 1990년에 옥스포드 대학을 졸업했다.)
cf. The university graduates 2,500 students every year.
(그 대학은 매년 2,500명의 학생을 배출한다.)
The child **complained of** hunger and thirst.
(그 아이는 배고픔과 목마름을 불평했다.)
She **started from** Seoul for England.
(그녀는 서울을 출발해 영국으로 향했다.)

2 주의해야 할 타동사

He **resembles** his father.
(그는 그의 아버지를 닮았다.)
He **married** her last year.(= She **was married** to him last year.)
(그는 그녀와 작년에 결혼했다.)

She **entered** the room.
(그녀는 그 방에 들어갔다.)
- *cf*. We **entered into** negotiations with them.(=began)
(우리는 그들과 협상을 시작했다.)

She **hung** the picture on the wall.
(그녀는 벽에 그림을 걸었다.)

They **hanged** the criminal by the neck until he was dead.
(그들은 그 범죄자를 교수형에 처했다.)

③ 수여동사(4형식)로 사용될 수 없는 완전 타동사

She **explained** to the children that the school had been closed.
(그녀는 아이들에게 학교가 문을 닫았다는 것을 설명했다.)

He **said** to me that he was going to resign.
(그는 나에게 그가 사임할 것이라고 말했다.)

I **introduced** John to Mary last year.
(나는 존을 메리에게 작년에 소개했다.)

A spokesman **announced** to the press that no agreement had yet been reached.
(대변인이 기자들에게 아직 어떤 합의에도 도달하지 않았다고 발표했다.)

2 Grammar Check-up

I 다음 문장의 밑줄친 곳에 가장 적절한 단어를 아래에서 고르시오.

ex say, tell, speak, talk

1. If you clean your teeth before going to bed, I'll _____ you a story afterwards.
2. He _____s so many lies that people in the village can never believe him.
3. He was so worried he couldn't even _____.
4. I don't want to _____ what happened to him.
5. I must _____ over the whole question of my son's future with his class teacher.

II (　) 안에 적절한 동사를 고르시오.

1. He (raised, rose) his hand in class.
2. Gunwook (set, sat) the book on the desk.
3. The sun (rises, raises) in the east.
4. She (lay, laid) the comb on top of the dresser this morning.
5. San Francisco (lay, lies) to the north of Los Angeles.
6. She (hung, hanged) her clothes in the closet.
7. They (hung, hanged) the extremist by the neck until he was dead.
8. The value of the dollar declines as the rate of inflation (rises, raises).
9. The old man (fell, felled) some of the trees in our garden with no effort at all.
10. Early to rise and early to bed (becomes, makes) a man healthy, wealthy, and wise.
11. Though you say she is innocent, I (doubt, suspect) that she is guilty.
12. How long will the fine weather (do, last)?
13. Armed men (stole, robbed) a bank last night.
14. They (rent, hired) a boat by the hour.
15. Please (remember, remind) me to give it back because I'm very forgetful.
16. His voice (sounds, seems) very hopeful.
17. This medicine will (give, do) you good.
18. Exercise will help (remain, keep) your body youthful.
19. He never (pays, does) attention to what she says.
20. He was looking (seriously, serious) for the missing book.

정답 및 해설

Ⅰ 1. **tell** : "~에게 ~을 이야기해주다" : tell~ a story.
   2. **tell** : 거짓말하다 : tell a lie.
   3. **speak or talk** : 위치상 자동사가 나와야 할 위치이다.
   4. **say** : say는 주로 절을 목적어로 취하는 완전타동사로 쓰이며, 수여동사로는 쓰이지 않는다.
   5. **talk** : talk over는 "상담하다"는 뜻이다.

Ⅱ 1. **raised** : 그는 수업시간에 그의 손을 들었다.   raise ㉺ 들어올리다
   2. **set** : 건욱이는 책상 위에 그 책을 놓았다.   set ㉺ 놓다
   3. **rises** : 태양은 동쪽에서 뜬다.   rise ㉝ 떠오르다, 일어나다
   4. **laid** : 그녀는 오늘 아침에 화장대 위에 빗을 놓았다.   lay ㉺ 놓다, 눕히다
   5. **lies** : 샌프란시스코는 로스앤젤레스 북쪽에 놓여 있다.   lie ㉝ 놓여 있다
   6. **hung** : 그녀는 벽장에 옷을 걸었다.   hang ㉺ 걸다 (~hung ~hung)
   7. **hanged** : 그들은 그 극단주의자를 교수형에 처했다.
        hang ㉺ 교수형에 처하다 (~hanged ~hanged)
   8. **rises** : 인플레이션 비율이 상승함에 따라서 달러가치는 하락한다.   rise ㉝ 상승하다.
   9. **felled** : 그 노인은 우리 정원에서 힘을 전혀 들이지 않고 나무들을 쓰러뜨렸다.
        fell ㉺ 쓰러뜨리다.
  10. **makes** : 일찍 자고 일찍 일어나는 것은 인간을 건강하고, 부유하고, 현명하게 만들어 준다.
  11. **suspect** : doubt = don't think   suspect = think
        I doubt your honesty. = I don't think you are honest.
  12. **last** : 좋은 날씨가 얼마나 오래 지속될까요?   last : 지속되다.
  13. **robbed** : rob의 목적어는 사람이나 건물이고, steal의 목적어는 물건이다.
  14. **hired** : rent는 집이나 차량 따위를 세내는 경우에 사용하고, hire는 배를 세 내는 경우에 사용한다.
  15. **remind** : remind : ~을 생각나게 하다.
  16. **sounds** : sound : ~하게 들리다.
  17. **do** : do good : 이롭다.   do harm : 해롭다.
  18. **keep** : 불완전 타동사가 들어갈 위치이다.
  19. **pays** : pay attention to~ : ~에 주의를 기울이다.
  20. **seriously** : 동사를 수식할 수 있는 것은 부사이다. 따라서 이 위치는 look을 수식할 수 있는 seriously가 적합하다.

3. Grammar Focus

1 동사의 종류 및 유형

> 동사의 종류에 관한 문제는 영어의 형식의 문제와 연관되기 때문에 중요한 부분이다. 일반적으로 영어는 주부와 술부로 이루어지는데 술부를 결정하는 것은 동사가 한다. 즉, 영어는 동사의 종류에 따라서 목적어나 보어를 취하기도 하지만 목적어나 보어를 취하지 않는 경우도 있기 때문에 특별한 주의를 필요로 한다. 다음은 문장의 형식을 도표로 구성해 본 것이다

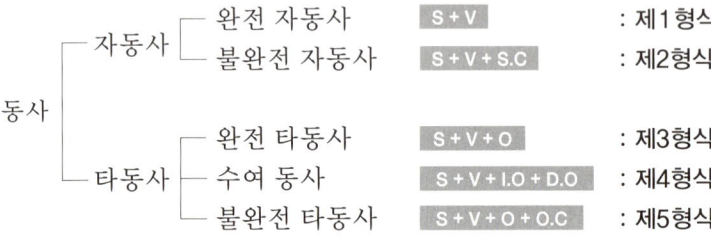

1 S + V

These pretty birds **sing** very merrily. (예쁜 새가 즐겁게 노래한다.)
There **lived** a rich king. (어떤 부자 왕이 살았다.)
It **pays** to be honest. (정직하면 이롭다.)
It doesn't **matter** when he starts. (그가 언제 출발하는 지는 중요하지 않다.)
　　　　　　　　　명사절(진주어)

2 S + V + S.C

He **became** a scholar. (그는 학자가 되었다.)
He **is** happy. (그는 행복하다.)
She **proved** to have made a mistake.
(그녀는 실수를 한 것으로 판명되었다.)

대표적 불완전 자동사

❶ be 동사 계열

'어떤 성질 (상태)이다'의 의미를 갖는다. 이 표현에서 주의할 사항은 동사 다음에 오는 보어 위치에는 부사가 올 수 없다는 점에 유의해야 한다. 한국어의 표현으로 하면 흔히들 부사를 먼저 떠올리는 경향이 있기 때문에 주의를 요한다.

> **ex** look, taste, sound, remain, smell, etc.

She **looks** beautiful in her pink dress.
　　(그녀는 핑크색 옷을 입으면 아름다워 보인다.)
This milk **tastes** sour. (이 우유는 신맛이 난다.)
This **sounds** strange. (이것은 이상하게 들린다.)
He **remains** a bachelor. (그는 총각이다.)
Roses **smell** sweet. (장미는 향기롭다.)
School **is** over.(수업이 끝났다.) : 부사가 보어인 **특별한** 경우이다.

❷ become 동사 계열

'~로 되다'의 의미를 가지면 보어를 필요로 하므로 불완전 자동사이다.

> **ex** get, grow, come, go, turn, make, fall, run, etc.

It **got** dark. (어두워졌다.)
He **grew** old. (그는 나이가 들었다.)
His dream will **come** true. (그의 꿈은 실현될 것이다.)
He **went** blind in his old age. (그는 노년에 장님이 되었다.)
She **fell** an easy prey to his power of seduction.
　　(그녀는 유혹의 힘에 쉽게 희생물이 되었다.)
He **stood** six feet. (그는 6피트의 신장이다.)
This river **ran** dry. (이 강물은 말랐다.)

③ S + V + O

I **know** that. `대명사 목적어` (나도 알아.)
He **began** to work [working]. `부정사, 동명사 목적어` (그가 일하기 시작했다.)
I **know** how to do it. `명사구 목적어` (나는 그것을 어떻게 하는지 안다.)
I **know** that he is honest. `명사절 목적어` (나는 그가 정직하다는 것을 안다.)

She **prides** herself on her son. 재귀 대명사 목적어 (그녀는 그녀 아들을 자랑한다.)
He **killed** himself. 재귀 목적어 (그는 자살했다.)
He **died** a miserable death. 동족 목적어 (그는 비참하게 죽었다.)
⇨ 그러나 다음의 예문에서처럼 '자동사＋전치사'가 타동사의 기능을 수행하는 경우도 있다.
    cf. He **laughed at** the beggar. (그는 그 거지를 비웃었다.)
         The dog **turned out** the poor man. (그 개는 그 가난한 사람을 내쫓았다.)
           (＝expel)

수여동사로 착각하기 쉬운 완전타동사

다음 동사들은 우리말로 해석하면 수여동사처럼 보이지만 사실은 S＋V＋I.O＋D.O 형식으로 쓸 수 없고 S＋V＋O 형식으로 쓰이는 동사들이다.

> **ex** say, explain, introduce, suggest, propose, announce, describe, etc.

He **explained** his plan to us.(○) (그는 우리에게 그의 계획을 설명했다.)
He **explained** us his plan.(×)
He **said** to me, "I am happy."(○) (그는 나에게 그가 행복하다고 말했다.)
He **said** me, "I am happy."(×)
She **introduced** him to her mother.(○) (그녀는 그 남자를 어머니에게 소개했다.)
She **introduced** her mother him (×)

④ S ＋ V ＋ I.O ＋ D.O

He **gave** me a book. 명사 (그가 내게 책 한 권을 주었다.)
I **taught** him how to swim. 명사구 (내가 그에게 수영하는 법을 가르쳐주었다.)
She **asked** the boy if he had a sweetheart. 명사절
    (그녀가 그 소년에게 여자친구가 있냐고 물었다.)

S+V+I.O+D.O 형식의 문장을 S+V+O 형식의 문장으로 전환하는 방법

❶ I.O 앞에 to를 붙여서 S＋V＋O 형식으로 만드는 경우 (주로 수여의 내용 동사)

4형식 문장을 3형식으로 고치는 경우에 대부분의 동사가 이 방법에 의한다고 이해하는 것이 편리하다.

> **ex** give, bring, send, pass, show, hand, tell, pay, offer, owe, teach, lend, sell, deny, write, read, wish, etc.

He sent me this letter. 4형식 (그는 나에게 이 편지를 보냈다.)
⋯ He sent this letter to me. 3형식

Please hand me that book. (그 책을 제게 건네주세요.)
→ Please hand that book **to** me.

❷ I.O 앞에 **for** 를 붙여서 S + V + O 형식으로 만드는 경우 (주로 봉사의 내용 동사)

> **ex** buy, make, get, sing, choose(골라주다), find(찾아주다), build(주어지다), cook(요리해주다), order, etc.

He bought the girl a new dress. `4형식` (그가 소녀에게 새 드레스를 사주었다.)
→ He bought a new dress **for** the girl. `3형식`
He order me a book. (그는 나에게 책을 주문해 주었다.)
→ He ordered a book **for** me.

📂 다음의 경우는 관용적으로 이해해야 한다.

He **played** me a mean trick[joke]. (그는 비열하게 나를 속였다.[나를 놀렸다])
→ He **played** a mean trick[joke] **on** me.
cf. Will you **play** me some music?
→ Will you **play** some music for me? (내게 음악을 연주해 줄래요?)

❸ I.O 앞에 **of**를 붙여서 S + V + O 형식으로 만드는 경우 (동사 ask가 이 경우에 해당된다.)

He **asked** me a question. (그는 나에게 질문을 했다.)
→ He **asked** a question **of** me.
May I **ask** you a favor? (부탁을 하나 해도 될까요?)
→ May I **ask** a favor **of** you?

📂 두 목적어의 순서를 바꿀 수 없는 동사

아래의 동사들은 4형식 형태로만 쓸 수 있으며 3형식 전환은 불가능하다.
S + V + I.O + D.O의 어순을 취할 수 있지만 S + V + D.O + 전치사 + I.O의 어순은 취할 수 없는 동사를 말하며 다음의 동사들이 대표적이라 할 수 있다.

> **ex** envy, save, spare, forgive, pardon, cost, strike, answer, etc.

I **envy** her her beauty. (나는 그녀의 아름다움이 부럽다.)
It **saved** me a lot of trouble. (그것이 나에게 많은 수고를 덜어주었다.)
He **struck** me a hard blow. (그가 나를 세게 때렸다.)
Answer me this question, will you? (이 질문에 대답해 주시겠습니까?)

5 S + V + O + O.C

다음의 의미 유형에 해당되는 동사들이 대개 5형식의 형태를 이루고 있다.

❶ 인식, 판단을 나타내는 동사

I **thought** him (to be) an honest man. (나는 그가 정직한 사람이라고 생각했다.)
I **believe** him (to be) innocent. (나는 그가 무죄라고 믿는다.)
  cf. We believe the author **to be him**. (우리는 그 작가가 그 사람이라고 생각한다.)
  ➪ [생각하다] 유형의 인식. 판단의 동사 다음에 오는 목적격 보어가 명사나 형용사이면 그 앞에 to be 의 생략이 가능하다. 그러나 목적격 보어가 대명사이면 to be는 생략할 수 없다.

❷ 호칭, 선언을 나타내는 동사

They **called** him a liar. (그들은 그를 거짓말쟁이라고 불렀다.)
The children **named** their dog Ben.
  (아이들은 그들의 개를 벤이라고 이름지었다.)
I **declare** her (to be) innocent [a liar].
= I declare (that) she is innocent [a liar].
  (그녀가 무죄 [거짓말쟁이]임을 단언하는 바이다.)

❸ 선출, 임명을 나타내는 동사

They **appointed** him (to be) headmaster. (그들이 그를 교장으로 임명했다.)
We **elected** him (as [to be]) chairman. (우리는 그를 의장으로 선출했다.)

❹ [~하게 하다] 의 의미를 갖는 동사

The event **made** him a hero. (그 사건으로 그는 영웅이 되었다.)
I **had** him carry the box. (나는 그에게 그 상자를 운반하게 시켰다.)
  ➪ 이 문장에서는 had가 사역동사이므로 원형부정사 carry를 쓴다.

❺ [~한 상태로 두다]의 의미를 갖는 동사

I am sorry to have **kept** you **waiting** so long.
  (오랫동안 기다리게 해서 미안하다.)
He **left** the door **open** wide. (그는 문을 활짝 열어 두었다.)

Grammar Drill

다음 문장에서 밑줄 친 부분의 동사의 특성상 어색한 부분을 고치시오.

문제

1. He <u>started</u> New York for Seoul.
2. He <u>explained</u> me the use of a word.
3. He <u>found</u> this school five years ago.
4. His father <u>talked</u> him to pick up the paper.
5. She <u>proposed</u> him that he go there.
6. She was <u>stolen</u> of all her money.
7. We <u>discussed about</u> the matter over tea.
8. This book <u>cost</u> me for ten dollars.
9. Having many children, they want to <u>borrow</u> a large house.
10. This book <u>is belonged</u> to my father.

해설 및 정답

1. **left** : started는 자동사이므로 타동사인 left가 적합하다.
2. **to me** : explain은 목적어를 하나만 취할 수 있는 3형식 동사이므로 to me가 되어야 문법적인 문장이 된다.
3. **founded** : found(설립하다)의 과거형은 founded이다.
4. **told** : talked는 자동사이므로 타동사인 told가 적합하다.
5. **to him** : proposed는 4형식으로 사용될 수 없는 완전타동사이다. 따라서 him앞에 전치사 to를 사용하여 to him으로 하여야 문법적인 문장이 된다.
6. **robbed, deprived** : steal은 사물을 목적어로 취할 수 있으나 사람이나 건물은 취하지 못한다. 한편 이 문장의 목적어는 수동태의 주어인 she이므로 동사는 robbed나 deprived등을 사용해야 한다.(They robbed her of all her money.)
7. **discussed** : discuss는 타동사이므로 전치사 about가 불필요하다.
8. **for** : cost는 목적어를 두 개 취하는 동사이므로 전치사 for가 불필요하다.
9. **rent** : 집을 빌리는 경우에는 rent를 사용한다.
10. **belongs to** : belong to(~소유이다)는 수동태로 쓰이지 못한다. 따라서 is belonged to를 belongs to로 고쳐야 한다.

2 주의해야 할 동사의 활용

> 다음의 동사들은 현재형, 과거형, 과거 분사 형태가 서로 다르며 그 형태에 따라 의미 또한 서로 다르므로 특별히 주의가 필요하다.

1 bear

- bear – bore – born 태어나다.
- bear – bore – borne 참다, 견디다, 나르다.
  > '태어나다'의 뜻일 때에는 과거분사 형태가 born 이다(수동태의 경우). 그러나 by를 수반해 수동태로 쓰일 때와 완료시제로 쓰일 때는 과거분사 형태가 borne이된다.

  He **was borne by** a French woman.(그는 프랑스 여인에게서 태어났다.)
  He **was born** rich [a poet]. (그는 부자로 [시인으로] 태어났다.)

2 lie

- lie – lay – lain 자 누워있다, 놓여있다
- lie – lied – lied 자 거짓말하다
- lay – laid – laid 타 눕히다, 놓다

  He **lay** down on the bed. (그는 침대에 누웠다.)
  She **laid** the doll down carefully. (그녀는 인형을 조심스럽게 눕혔다.)

3 find

- find – found – found 타 발견하다
- found – founded – founded 타 설립하다

  The soldier was **found** dead in the woods.
  (그 병사는 숲 속에서 시체가 되어 발견되었다.)
  They **founded** a new nation. (그들은 새 국가를 건설했다.)

4 fall

- fall – fell – fallen 자 넘어지다, 떨어지다
- fell – felled – felled 타 넘어뜨리다

   The ripe fruit **fell** off the tree. (익은 열매가 나무에서 떨어졌다.)
   He **felled** the man at a(=with one) blow. (그는 그 사람을 한 방에 쓰러뜨렸다.)

5 see

- see – saw – seen 타 보다.
   I couldn't **see** her in the crowds. (나는 군중 속에서 그녀를 볼 수가 없었다.)
- saw [sɔː] – sawed – sawed(sawn) 타 톱으로 자르다
   He **sawed** timber into boards. (그는 재목을 톱으로 켜서 판자를 만들었다.)
- sow [sou] – sowed – sowed(sown) 타 씨를 뿌리다
   One must reap what one has **sown**. (속담 : 뿌린 씨는 거두어 들여야 한다. 자업자득)
- sew [sou] – sewed – sewed(sewn) 타 바느질하다, 꿰매다
   Who taught you how to **sew**? (누가 너에게 바느질하는 방법을 가르쳤니?)

6 hang

- hang – hanged – hanged 타 교수형에 처하다
   He was **hanged** for murder. (그는 살인죄로 교수형에 처해졌다.)
- hang – hung – hung 타 매달다 자 매달리다
   The room is **hung** with pictures. (방은 그림들로 장식되어 있다.)

7 wind

- wind – wound – wound 타 감다 자 굽이치다
   A path **wound** up the mountain.
       (작은 길 하나가 산허리를 구불구불 구부러져 위쪽까지 나 있었다.)
- wound – wounded – wounded 타 상처를 입히다
   He was seriously **wounded** in the war. (그는 전쟁에서 중상을 입었다.)

8 rise

- rise – rose – risen 자 오르다, 일어나다
  The sun **rises** in the east. (해는 동쪽에서 떠오른다.)
- raise – raised – raised 타 올리다
  She **raised** her finger to her lips as a sign for silence.
  (그녀는 조용히 하라는 표시로 손가락을 입에다 댔다.)

9 bind

- bind – bound – bound 타 묶다
  They **bound** the prisoner's hands behind him.
  (그들이 죄수의 손을 꽁꽁 묶었다.)
- bound – bounded – bounded 자 튀어 오르다
  My heart **bounded** with expectation. (내 가슴은 기대감으로 뛰었다.)

10 fly

- fly – flew – flown 자 날다, 비행하다
  He **flew** from New York to Rome.
  (그는 뉴욕에서 로마까지 비행기를 타고 갔다.)
- flow – flowed – flowed 자 흐르다
  Tears **flowed** from his eyes. (눈물이 그의 눈에서 쏟아져 흘렀다.)

11 shine

- shine – shone – shone 자 빛나다, 비치다   타 비추다
  The sun **shone** bright[brightly]. (태양이 밝게 빛났다.)
- shine – shined – shined 타 닦다, 광을 내다 (신발 따위)
  She **shined** her shoes. (그녀는 그녀의 신발을 닦았다.)

3 자동사와 타동사의 구별

1 주의할 자동사

> 다음의 동사들은 영어에서 자동사로 쓰이는 동사들인데 한국인들이 흔히 타동사로 생각하는 경향이 있어서 정리해 보았다. 이러한 동사들은 자체적으로 목적어를 취할 수 없고, 목적어를 취하려면 반드시 아래의 전치사가 필요하다.

graduate from /~을 졸업하다/
experiment with /~을 실험(시험)하다/
sympathize with /~을 동정하다/
consent to /~을 승낙하다/
boast of /~을 자랑하다/
answer for /~을 보증하다/
start from /~을 출발하다/

complain of/about /~을 불평하다(투덜대다)/
wait for /~을 기다리다/ *cf.* await 타동사
interfere with /~을 방해하다/
add to /~을 증가시키다/
stare at /~을 응시하다/
insist on /~을 주장하다/

He **graduated from** a vocational training school.
　(그는 직업훈련학교를 졸업했다.)
He **complains of [about]** the traffic noise.
　(그는 교통소음에 대해서 불평한다.)
　cf. complain+that절을 취할 때도 있다.
I will **answer for** his honesty. (내가 그의 정직을 보증한다.)
He **stared at** me. (그는 나를 응시했다.)
She **started from** Paris for Boston. (그녀는 파리를 떠나 보스톤으로 향했다.)
The village **boast of** a fine castle. (그 마을 사람들은 훌륭한 성을 자랑한다.)
This will **add to** our trouble. (이것은 우리의 불편을 증가시킬 것이다.)
He **consented to** make a speech. (그는 연설을 하겠다고 승낙했다.)

2 주의할 타동사

> 아래에 소개하는 동사들은 흔히 한국인들이 자동사로 생각하기 쉬운 타동사들이며, 따라서 그 동사들이 목적어를 취할 때에는 (   )의 전치사가 들어가면 안 된다. (   )에 전치사들을 써 놓은 이유는 그 동안 여러 종류의 시험들에서 (   )의 전치사를 사용하여 많이 출제해오고 있기 때문에 적어 두었다.

address (to*) = speak to / 연설하다, 말을 걸다 /
equal(to*) = be equal to / ~과 같다, 필적하다 /
reach (at*) = arrive at / ~에 도착하다 /
discuss (about*) = talk over / ~에 관해서 토론하다 /
resemble (with*) = take after / ~를 닮다 /
marry (with*) = be married to / ~와 결혼하다 /
leave (from*) = start from / ~를 떠나다 /
enter (into*) = walk into / ~에 들어가다 /
　cf. enter into = begin
approach(to*) = draw near to / ~에 다가가다 /
mention (about*) = speak of = refer to / ~를 언급하다 /
greet (to*) / ~에 인사하다 /
become(to*) / ~에 어울리다 /
attend (at*) = be present at / ~에 참석하다 /
　cf. attend to = take care of. attend on = wait on / ~의 시중을 들다, ~에 주의를 기울이다 /
answer (to*) = reply to / ~에 대답하다 /
　cf. answer for / ~를 책임지다 /　　　　　　　　　*는 잘못된 문장을 의미한다.

　He **addressed** us in French. (그는 우리에게 불어로 연설했다.)
　He **equals** me in strength but not in intelligence.
　　(그는 힘으로는 나와 같지만 지능으로는 아니다.)
　He **reached** Seoul yesterday. (그는 어제 서울에 도착했다.)

We **discussed** the problem far into the night.
    (우리는 그 문제에 관해 밤늦도록 토론했다.)
He **resembles** his mother. (그는 그의 엄마를 닮았다.)
He **married** her last year. (=She **was married to** him last year.)
    (그는 작년에 그녀와 결혼했다.)
They **leave** Seoul for Japan next morning.
    (그들은 내일 아침 일본을 향해 서울을 떠날 것이다.)
She **entered** the room. (그녀는 그 방으로 들어갔다.)
He **attended** the meeting. (그는 그 회의에 참석했다.)
I shall **mention** it to him. (나는 그에게 그것을 언급할 예정이다.)
A beautiful girl **approached** me at the bus-stop.
    (어떤 아름다운 소녀가 버스 정거장에서 나에게 다가왔다.)
He did not **answer** me a word. (= He did not answer a word to me.)
    (그가 나에게 답장이 없었다.)
It **ill becomes** you to complain. (불평을 하다니 자네에게 어울리지 않아.)

Grammar Drill

다음 (   ) 안에서 알맞은 동사를 고르시오.

문 제

1. She (laid, lay) herself on the bed.
2. Some of the woodmen (fell, felled) the old trees.
3. (Set, Sat) the plant on the table.
4. Every morning before I (rise, raise), my mother comes and (rises, raises) the shade.
5. She (hung, hanged) a little Picasso on the wall of the drawing room.
6. The path (wind, wound) up the hill and there stood a church.
7. The nurse (wound, wounded) the bandage around his finger.
8. She (addressed, addressed to) us in English.
9. He (married, married to) her last year.
10. It ill (becomes, become to) you to cry.

해설 및 정답

1. **laid** : lay 타 눕다. −laid −laid. (그녀는 침대에 누웠다.)
2. **felled** : fell 타 (나무를)베어 넘어뜨리다, 쓰러뜨리다 −felled −felled (나무꾼 몇 명이 그 오래된 나무를 베어 넘어뜨렸다.)
3. **Set** : set 타 놓다. (그 식물을 탁자 위에 놓아라.)
4. **rise, raises** : rise 자 일어나다. raise 타 들어 올리다.
5. **hung** : (응접실 벽에 조그만 피카소 그림 하나를 걸었다.)
   cf. hanged 교수형에 처하다.
6. **wound** : wind 자 굽이치다. 타 감다. −wound −wound (길은 고개 쪽으로 구비져 나 있고 언덕에는 교회가 있었다.)
7. **wound** : (간호사는 그의 손가락을 붕대로 감았다.)
8. **addressed** : (그녀는 우리에게 영어로 연설했다.)
   address(연설하다)는 타동사이다.
9. **married** : (그는 작년에 그녀와 결혼했다.)
   marry는 목적어를 취하는 타동사이다.
10. **becomes** : (울다니 자네에게 어울리지 않아.)
    ill becomes ; 어울리지 않다.

4 단어의 의미와 용례

> 다음은 의미나 형태에서 혼동하기 쉬운 단어들을 모은 도표이다. 다음 단어들의 의미와 용례를 문장들을 통해 익혀두자.

의미나 형태에서 혼동하기 쉬운 단어들

accept	except	accede	exceed
advise	advice	adapt	adopt
affect	effect	borrow	lend
cite	site	elaborate	enhance
coin	cash	elevate	ascend
complement	compliment	loan	lease
considerable	considerate	loss	lost
develop	expand	money	currency
lose	loose	precede	proceed
obtain	earn	speak	talk
raise	rise	travel	commute
say	tell	win	achieve

1 ● **accept** 받아들이다 ● **except** ~를 제외하고

He asked me to marry him and I **accepted**.
(그가 내게 결혼해 달라고 하여 내가 받아들였다.)
We work everyday **except** Sunday.
(우리는 일요일을 제외하고 매일 일한다.)

2 ● **accede** 동의하다 ● **exceed** 초과하다, 능가하다.

He **acceded** to demands for his resignation.
(그는 그의 사직에 대한 요구에 동의했다.)
The imports **exceed** the exports in this country.
(이 나라에서는 수입이 수출을 상회한다.)

3. • **advice** 충고　　　　　• **advise** 충고하다

　　You should follow your doctor's **advice**.
　　　(당신은 의사의 지시를 따라야 합니다.)
　　She **advises** the government on environmental issues.
　　　(그녀는 환경문제에 대해 정부에 자문하고 있다.)

4. • **adapt** 적응하다　　　　• **adopt** 채택하다

　　We had to **adapt** quickly to the new system.
　　　(우리는 새로운 체제에 재빨리 적응해야 했다.)
　　The council is expected to **adopt** the new policy at its next meeting.　(그 협의회는 다음 회의에서 새로운 정책을 채택할 것으로 기대된다.)

5. • **affect** 타 ~에 영향을 미치다　• **effect** 영향

　　Your opinion will not **affect** my decision.
　　　(당신의 의견은 나의 결정에 영향을 미치지 않을 것이다.)
　　Her criticisms had the **effect** of discouraging him completely.
　　　(그녀의 비난은 그에게 영향을 미쳐서 그를 아주 실망시켰다.)

6. • **borrow** 빌리다　　　　• **lend** 빌려 주다

　　Can I **borrow** your umbrella?
　　　(내가 네 우산을 빌릴 수 있을까?)
　　Can you **lend** me your car this evening?
　　　(오늘 저녁 네 차를 내게 빌려줄 수 있어?)

7. • **cite** 인용하다　　　　　• **site** 현장, 부지

　　She **cited** a passage from the President's speech.
　　　(그녀는 대통령의 연설에서 한 구절을 인용했다.)
　　A **site** has been chosen for the new school.
　　　(새 학교를 위한 부지가 선정되었다.)

8 ○ **elaborate** 자세히 설명하다　　○ **enhance** (가치, 능력 따위)~를 높이다

She went on to **elaborate** her argument.
　　(그녀는 자기 주장을 계속해서 설명해 나갔다.)
This is an opportunity to **enhance** the reputation of the company.
　　(이것이 그 기업의 명성을 높일 수 있는 기회다.)

9 ○ **coin** 동전　　○ **cash** 현금

A dime is a **coin** of the US and Canada worth ten cents.
　　(다임은 미국과 캐나다의 동전으로 10센트의 가치가 있다.)
Payments can be made by cheque or in **cash**.
　　(지불은 수표나 현금으로 할 수 있다.)

10 ○ **elevate** [타] 들어올리다　　○ **ascend** [자] (사람이나 사물이)~로 올라가다

He **elevated** many of his friends to powerful positions within the government.　(그는 많은 친구들을 행정부의 유력한 지위로 끌어 올렸다.)
The air becomes colder as we **ascended**.
　　(위로 올라갈수록 공기는 차가워진다.)

11 ○ **complement** 보완하다　　○ **compliment** 칭찬하다

The excellent menu is **complemented** by a good wine list.
　　(그 훌륭한 메뉴는 와인목록이 있어서 더욱 좋았다.)
She **complimented** him on his excellent English.
　　(그녀는 그의 뛰어난 영어실력을 칭찬했다.)

12 ○ **loan** 빌려주다　　○ **lease** 빌리다

The bank is happy to **loan** money to small businesses.
　　(그 은행은 소기업체에게 기꺼이 돈을 대출해준다.)
We **lease** all our photocopy equipment.
　　(우리는 모든 사진복사 장비를 대여한다.)

⑬ • **considerable** 상당한　　• **considerate** 사려 깊은

　　Damage to the building was **considerable**.
　　　(그 건물의 손상이 상당했다.)
　　He is always polite and **considerate** towards his employees.
　　　(그는 항상 그의 직원들에게 공손하고 사려가 깊다.)

⑭ • **loss** 손실　　• **lost** 길을 잃다

　　He didn't suffer much **loss** in the market.
　　　(그는 그 시장에서 별로 손해보지 않았다.)
　　We always get **lost** in London.
　　　(우리는 항상 런던에서 길을 잃어버린다.)

⑮ • **develop** 점진적으로 더 커지거나 발전되어 가거나 강해지다
　　• **expand** 크기나 수량, 중요성 등에서 더 커지다

　　She **developed** the company from nothing.
　　　(그녀는 무(無)로부터 회사를 발전시켰다.)
　　Metals **expand** when they are heated.
　　　(금속은 가열되면 팽창한다.)

⑯ • **money** 동전이나 지폐를 총칭하여 사용된다　　• **currency** 유통화폐, 통화

　　Where can I change my **money** into dollars?
　　　(어디서 내 돈을 달러로 교환할 수 있나요?)
　　You'll need some cash in local **currency** but you can also use your
　　credit card. (현지화폐로 현금이 필요하겠지만 신용카드도 사용할 수 있다.)

⑰ • **lose** 잃어버리다　　• **loose** 느슨한

　　I have **lost** my keys.
　　　(나는 내 열쇠를 잃어버렸다.)
　　Check that the plug has not come **loose**.
　　　(플러그가 뽑혀 있지 않도록 점검해라.)

18. - **precede** 앞서다
    - **proceed** 계속하여 행하다, 나아가다

    She **precedes** me in the job.
    (그녀는 그 일에서 나를 앞선다.)
    We're not sure whether we still want to **proceed** with the work.
    (우리는 그 일을 계속하여 진행할 것인지에 관해서 모른다.)

19. - **obtain** 얻다, 획득하다
    - **earn** 직장에서 급여를 받을 때, 명성을 얻을 때, 은행의 예금으로 인하여 이자를 받을 때 등에 쓰인다

    I finally managed to **obtain** a copy of the report.
    (나는 마침내 그 보고서의 사본을 얻었다.)
    He **earns** about $40,000 a year.
    (그는 일 년에 40,000달러를 번다.)

20. - **speak** 보다 더 격식을 차린 말로써 어떤 사람이 목소리를 이용하여 어떤 그룹의 사람들에게 말을 할 때에 주로 사용된다.
    - **talk** 구어체에서 보다 보편적으로 사용되는 말로써 두 사람 이상이 대화나 의견을 서로 교환하는 경우에 쓰인다.

    I was so shocked that I couldn't **speak**.
    (나는 너무 충격을 받아 말을 할 수 없었다.)
    Professor Park **spoke** to the class on stress.
    (박교수는 강세에 관해서 학생들에게 강의했다.)
    We **talked** on the phone for nearly an hour.
    (우리는 거의 한 시간동안 전화로 얘기했다.)
    John and I have been **talking** about our families.
    (존과 나는 우리 가족에 대해 얘기해 왔다.)

    → speak나 talk는 둘 다 자동사로써 다음에 명사가 곧바로 오지 못한다. 그러나 speak가 타동사로 사용되는 경우가 있는데 그 때에는 speak 다음에 언어가 뒤따른다.

    He **speaks** English[Italian, Korean, Japanese, Chinese, French, etc.].
    (그는 영어[이탈리아어, 한국어, 일본어, 중국어, 불어 등])를 말한다.)

21 ○ **raise** 타 올리다   ○ **rise** 자 오르다

　　He **raised** a hand in greeting.
　　　(그는 인사로 한 손을 들어 올렸다.)
　　Smoke was **rising** from the chimney.
　　　(굴뚝으로부터 연기가 올라가고 있었다.)

22 ○ **travel** 여행하다   ○ **commute** 출퇴근하다

　　I love **traveling** by train.
　　　(나는 기차여행을 좋아한다.)
　　She **commutes** from Oxford to London every day.
　　　(그녀는 옥스퍼드에서 런던까지 매일 통근한다.)

23 ○ **say** 말하다(say+that절)   ○ **tell** 말하다(tell+간접목적어+직접목적어)

　　He **said** that his name was Sam.
　　　(그는 자기 이름이 샘이라고 말했다.)
　　Did she **tell** you her name?
　　　(그녀가 너에게 그녀의 이름을 말해 주었니?)

24 ○ **win** 이기다   ○ **achieve** 달성하다

　　She loves to **win** an argument.
　　　(그녀는 논쟁에서 이기기를 좋아한다.)
　　They couldn't **achieve** their target of less than 3% inflation.
　　　(그들은 3%이하의 통화팽창 목표를 달성할 수 없었다.)

Practice Test A

다음 _____ 안에 들어갈 적당한 표현을 고르세요.

1. The _____ will be announced on Friday.

   (A) decide (B) decisive
   (C) decisively (D) decision

   밑줄 친 곳은 문장의 주어 자리이므로 명사상당어구가 필요하다.
   [번역] 그 결정은 금요일에 발표될 것이다.
   [정답] (D)

2. Everyone left the building _____ the security guard.

   (A) except (B) accept
   (C) excess (D) access

   본동사: left   목적어: the building
   밑줄 친 곳에는 guard를 목적어로 취하는 전치사가 필요하다.
   accept: 동 받아들이다   excess: 명 초과
   access: 명 입장, 접근   except: 전 ~을 제외하고
   [번역] 경비원만 남겨두고 모두가 그 건물을 떠났다.
   [정답] (A)

3. Arguing over the use of the copy machine is very _____.

   (A) fool (B) foolish
   (C) foolishly (D) fooled

   very의 수식을 받고, be동사의 보어역할을 할 수 있는 품사는 형용사다.
   [번역] 복사기의 사용에 관한 문제로 논쟁하는 것은 어리석은 짓이다.
   [정답] (B)

4. I read in today's paper that holiday sales are expected to _____ last year's.

   (A) exceed (B) precede
   (C) proceed (D) accede

   빈 칸에는 '초과하다' 라는 의미의 동사가 필요하다.
   exceed: 초과하다, 능가하다.
   precede: 선행하다, 앞서다
   proceed: 나아가다, 계속되다   accede: 동의하다.
   [번역] 나는 오늘 신문에서 휴일 매출액이 작년도를 초과할 것으로 예상된다는 기사를 읽었다.
   [정답] (A)

5. The convention hall at the Ambassador Hotel has enough space to _____ all of the delegates.

   (A) accommodate (B) accord
   (C) account (D) accomplish

   빈 칸에는 space를 수식하는 낱말이 필요하다.
   수용할 수 있는 공간의 규모에 관한 표현이므로 'accommodate' 가 적격!
   accommodate: 수용하다   accord: 일치하다
   account: 설명하다   accomplish: 이루다, 성취하다
   [번역] 앰버서더 호텔의 컨벤션홀은 모든 대표자들을 수용할 수 있을 정도로 충분한 공간이다.
   [정답] (A)

6. Airline ticket prices _____ when the cost of fuel increases.

   (A) rise (B) raise
   (C) grow (D) ascend

   빈 칸에는 문장구조상 자동사가 필요하다.
   '가격이 오르다' 는 의미의 rise가 적격
   [번역] 연료비가 증가하면 항공료가 오른다.
   [정답] (A)

문장의 구성과 동사의 종류 • 31

7. I can _____ a pen from Denny.

    (A) lend   (B) borrow
    (C) give   (D) offer

전치사 from에 유의!
'빌려오다' 는 의미의 borrow!
[번역] 나는 데니에게서 펜을 빌릴 수 있다.
[정답] (B)

8. New employees _____ only a small salary during the first six months.

    (A) obtain   (B) achieve
    (C) win   (D) earn

'돈(급여)을 벌다' 는 뜻에는 earn!
[번역] 신입사원들은 처음 6개월 동안은 아주 낮은 임금을 받는다.
[정답] (D)

9. Please _____ the enclosed message via fax.

    (A) transpose   (B) take
    (C) transmit   (D) transcend

팩스를 보낼 때에 쓰는 낱말은 transmit!
transpose: (순서, 위치를) 바꾸다.
transmit: 보내다   transcend: 초월하다, 능가하다
[번역] 동봉된 메시지를 팩스로 보내십시오.
[정답] (C)

10. The worker paid for health insurance out of his own _____.

    (A) waste   (B) cash
    (C) currency   (D) wages

건강보험료를 낼 수 있는 재원은? 임금!
waste: 폐기물, 노폐물
cash: 현금   currency: 통화
[번역] 그 근로자는 자신의 임금으로 건강보험료를 냈다.
[정답] (D)

11. This medicine tastes very _____.

    (A) sweetly   (B) bitter
    (C) bitterly   (D) well

taste는 불완전 자동사이므로 주격보어가 필요하다. 그런데 부사는 보어역할을 할수가 없으므로 형용사인 bitter가 적합하다.
[번역] 이 약은 매우 쓰다.
[정답] (B)

12. Exercise will help _____ your body youthful.

    (A) remain   (B) build
    (C) manage   (D) keep

keep은 불완전 타동사로 [타동사 + 목적어 + 보어]의 형식에 적합하다.
[번역] 운동이 육체의 젊음을 유지할 수 있게 만들어 줄 것이다.
[정답] (D)

Practice Test B

다음 문장의 밑줄 친 곳에서 올바르지 않은 것을 고르세요.

1. Please <u>notice</u> us 24 hours <u>in advance</u> if you
   (A)   (B)
   want <u>to cancel</u> an <u>appointment</u>.
        (C)   (D)

   Please로 시작되는 문장은 명령문!
   명령문은 동사원형으로 시작되므로 A 위치는 동사원형이 나와야 한다.
   notice: 알아차리다, 통지
   inform, notify: 통지하다
   [번역] 약속을 취소하고자 한다면 24시간 전에 우리에게 알려 주시오.
   [정답] (A) (notice → notify 혹은 inform)

2. <u>All the</u> employees <u>looked</u> very <u>nervously</u>
   (A)   (B)   (C)
   before the visit <u>of</u> the company president to
                       (D)
   their plant.

   look: 동 …처럼 보이다
   연결동사: 형용사를 보어로!
   [번역] 그 회사의 사장이 공장을 방문하기 전 모든 종업원들은 매우 긴장된 모습이었다.
   [정답] (C) (nervously → nervous)

3. Mr. Kim <u>said</u> <u>his secretary</u> <u>to schedule</u>
          (A)   (B)   (C)
   <u>a meeting</u>.
    (D)

   say는 5형식(S + V + O + O.C) 문장에 쓸 수 없다!
   tell은 가능!
   [번역] 김 사장은 그의 비서에게 회의 계획표를 만들도록 했다.
   [정답] (A) (said → told)

4. The <u>company</u> doesn't have <u>enough</u> <u>currency</u>
         (A)   (B)   (C)
   to build a new <u>headquarters</u>.
                     (D)

   '돈'에는 money, '유통화폐'에는 currency!
   [번역] 그 회사는 새 본부를 건축할만한 돈이 없다.
   [정답] (C) (currency → money)

5. Great Britain <u>made</u> away with the <u>death</u>
                   (A)   (B)
   penalty <u>in</u> murder <u>cases</u> in November, 1965.
           (C)   (D)

   폐지하다: do away with. 따라서 made를 did로 고쳐야 한다.
   [번역] 대영제국은 1965년 11월, 살인사건에 대한 사형형벌제도를 폐지했다.
   [정답] (A) (made → did)

Final Test

1. They spent an hour discussing _____.

    (A) about his character (B) his character
    (C) of his character (D) on his character

    discuss his character: 그의 성격을 논하다.
    discuss는 타동사이므로 전치사 없이 곧바로 목적어가 와야한다.
    「spend + 시간 + ~ing」 = ~하는데 시간을 보내다.
    [번역] 그들은 그의 성격을 논하는데 한 시간을 보냈다.
    [정답] (B)

2. She _____ her husband a dinner.

    (A) cooked (B) cooked to
    (C) cooked for (D) cooked back

    cook은 제공의 의미이므로 이 문장에서는 수여동사로 사용되고 있다.
    [번역] 그녀는 남편에게 저녁식사를 요리해 주었다.
    [정답] (A)

3. Feet requires shoes that _____ from the moment you buy them.

    (A) fit (B) shine
    (C) settle (D) fix

    fit 자 (신, 옷 등) ~에 맞다
    [번역] 발은 사는 시점부터 맞는 신발이 필요하다.
    [정답] (A)

4. Train robberies _____ in America than anywhere else in the world during the latter half of the nineteenth century.

    (A) were more frequent
    (B) which were more frequent
    (C) more frequent than
    (D) they were more frequent than

    본동사가 요구되는 위치이다.
    [번역] 19세기 후반에 다른 어느 나라보다 미국에서 열차강도사건이 더 빈번하게 일어났다.
    [정답] (A)

5. An average honeybee colony _____ about 30,000 bees.

    (A) its (B) with
    (C) has (D) of

    colony가 주어이므로 본동사인 has가 적합하다.
    [번역] 평균수준의 꿀벌 집단에는 약 30,000마리의 벌들이 있다.
    [정답] (C)

6. Muscles _____ bones by pulling on tendons.

    (A) of moving (B) move
    (C) moving (D) to move

    주어가 muscles이고 목적어가 bones이다. 빈칸에는 본동사가 필요하다.
    tendon: 건(=sinew)
    [번역] 근육은 건을 잡아당김으로써 뼈를 움직인다.
    [정답] (B)

7. Poe and Hawthorne _____ in the development of the short story as a distinctive American genre.

    (A) and both leaders were
    (B) they were both leaders
    (C) were both leaders
    (D) who as leaders

문장의 본동사로 적합한 형태를 고르면 된다.
distinctive: 독특한
genre: 유형, 장르
[번역] 포우와 호오손은 미국의 독특한 문학장르인 단편 소설의 발전에 선구자였다.
[정답] (C)

8. Geologists _____ forces that alter the surface and appearance of the Earth.

    (A) analyzing
    (B) analyzes
    (C) analyzable
    (D) analyze

관계대명사 that절 이하는 선행사 forces를 수식하는 형용사절이다. 따라서 빈 칸에는 본동사가 요구된다.
 (A) analyzing은 준동사(분사)로 본동사 구실을 하지 못한다.
 (B) 본동사의 형태는 갖추었으나 주어가 복수이므로 복수동사인 analyze가 되어야 한다.
geologist: 지질학자   analyze: 분석하다.
alter: 변경하다.
[번역] 지질학자들은 지구의 표면과 현상에 변화를 가져다주는 어떤 힘에 관해 분석한다.
[정답] (D)

9. Experiences that Lillias Underwood had while making charity visits to invalids in Chicago hospitals _____ decide to study medicine in preparation for a missionary career.

    (A) to help he
    (B) she helped
    (C) helping to
    (D) helped her

주어가 experiences이고, that ~hospitals절은 관계사절이기 때문에 빈칸에는 본동사가 필요하다. 한편, 이 문장에서는 decide 앞에 to가 생략되어 있는데 help가 목적격 보어로 원형부정사나 to부정사 모두 다 취할 수 있기 때문이다.
make a visit to: ~을 방문하다(=visit)
invalid: 환자   missionary career: 선교사업
[번역] 릴리아스 언더우드는 시카고의 여러 병원에 입원하고 있는 환자들을 자선 방문했을 당시에 얻었던 경험을 살려, 앞으로의 선교사업을 위한 준비로서 의학을 공부하기로 결심했다.
[정답] (D)

10. Effective teachers _____ and understand the needs of their students.

    (A) subjects are thoroughly known
    (B) know their subjects thoroughly
    (C) thoroughly know their subjects are
    (D) their subjects are thoroughly known

주어가 복수이므로 복수동사가 필요하다.
effective: 유능한(=competent).
[번역] 유능한 교사들은 자신들의 과목을 잘 알고 있으며, 학생들의 요구사항도 이해하고 있다.
[정답] (B)

11. Sam Rayburn _____ longer as Speaker of the United States House of Representatives than any other member of Congress.

   (A) serving
   (B) served as
   (C) served
   (D) who served

   본동사인 served가 적합하다.
   the United States House of Representatives: 미국하원
   [번역] 샘 레이번은 다른 어느 의원보다도 오랫동안 미국하원의 대변인으로서 일했다.
   [정답] (C)

12. Kenyon Cox, an art critic and painter, _____ best known for his murals, portraits, and decorative designs in public buildings throughout the United States.

   (A) who is
   (B) he is
   (C) is
   (D) and he is

   주어 다음에는 본동사가 요구된다.
   [번역] 미술평론가이자 화가인 케넌 콕스는 미국 전역의 공공건물에 벽화나 초상화 및 장식용 무늬를 그린 사람으로 잘 알려져 있다.
   [정답] (C)

13. Platinum _____ in existence.

   (A) it is one of the heaviest materials
   (B) as one of the heaviest materials that is
   (C) one of the heaviest materials, it is
   (D) is one of the heaviest materials

   주어가 Platinum이므로 본동사는 is가 적합하다.
   platinum: 백금
   [번역] 백금은 현존하는 가장 무거운 물질 중의 하나이다.
   [정답] (D)

14. _____ easy to distinguish between lizards and snakes.

   (A) Comparatively
   (B) That it is comparatively
   (C) It is comparatively
   (D) Although it is comparatively

   이 문장이 완전한 문장을 이루기 위해서는 It... to...의 가주어, 진주어 용법이 바람직하다. A, B, D는 문장을 형성시키지 못하는 비문법적인 표현이다.
   [번역] 도마뱀과 뱀을 구별하기는 비교적 쉽다.
   [정답] (C)

15. In 1985 Marian Anderson _____ her country as a United Nations delegate.

   (A) served
   (B) was served
   (C) to serve
   (D) serving

   밑줄 친 곳은 본동사가 들어갈 자리이며, 1958년이란 정확한 시제로 미루어 볼 때 과거시제가 요구된다.
   [번역] 메리안 앤더슨은 1958년에 유엔 대표로서 그녀의 조국에 봉사했다.
   [정답] (A)

16. Today atomic energy _____ in medicine and industry.

    (A) applying
    (B) being applied
    (C) does it have application
    (D) has applications

밑줄 친 부분에는 문장의 본동사가 필요하므로, A, B는 들어갈 수 없다. C에서는 it이 불필요하다.
[번역] 오늘날 원자 에너지는 의학과 산업에 적용된다.
[정답] (D)

17. According to Albert Camus, in order to exist _____.

    (A) rebellion has to be part of the man
    (B) it is essential that man rebels
    (C) to be rebellious is necessary for man
    (D) man must rebel

D가 표현의 간결성에 있어서도 적합한 표현이지만, in order to의 의미상 주어가 일반인이기 때문에 주어 일치면에 있어서도 올바르다.
[번역] 알베르트 까뮈에 따르면, 존재하기 위해서 사람은 반역을 해야 한다.
[정답] (D)

18. Continental glaciers _____ today in Antarctica and Greenland.

    (A) exist
    (B) that exist
    (C) where they exist
    (D) existing

문장의 본동사가 나올 자리이다.
[번역] 대륙빙하는 오늘날 남극대륙과 그린랜드에 존재한다.
[정답] (A)

19. James Joyce _____ of many books.

    (A) the author he has written
    (B) was the author
    (C) author writing
    (D) was the author write

밑줄 친 곳은 동사가 들어갈 자리이므로 A, C는 답이 될 수 없다.
[번역] 제임스 조이스는 많은 책을 저술했다.
[정답] (B)

20. _____ go bowling in the morning?

    (A) Will you
    (B) Won't you
    (C) Would you
    (D) Do you

현재시제를 이용하여 규칙적인 습관이나 반복적인 행위를 표현할 수 있다.
[번역] 너 아침에 볼링 치러 가니?
[정답] (D)

※ Select the part (A, B, C or D) which is not acceptable for standard written expression.

21. Bacteria <u>entrance</u> a plant's roots from the soil
          (A)
    and <u>establish</u> <u>themselves</u> in the cells of the
          (B)   (C)
    <u>root</u> tissue.
    (D)

Bacteria entrance a plant's roots는 연결될 수 없는 구조이다. 따라서 (A)위치에는 동사인 enter가 적합하다.
soil: 흙
tissue: (세포)조직
[번역] 박테리아는 흙으로부터 어떤 식물의 뿌리 속으로 들어가서는 근조직의 세포에 정착한다.
[정답] (A) (entrance → enter)

22. A <u>gallon</u> of <u>ordinary</u> sea water <u>container</u>
        (A)   (B)   (C)
    about <u>a quarter</u> of a pound of salt.
            (D)

예문대로라면 이 문장에는 동사가 없다. 따라서 C의 위치에 동사가 필요하다.
[번역] 1갤런에 달하는 보통의 바닷물에는 약 4분의 1파운드의 소금이 들어있다.
[정답] (C) (container → contains)

23. Joe grinned and winked <u>at</u> his visitor,
                                (A)
    <u>thinking</u> <u>he</u> to be <u>slightly</u> insane but
       (B)   (C)   (D)
    harmless.

thinking의 목적어 자리이므로 목적격을 써야 한다.
[번역] 조는 그가 약간 이상하지만 해가 되지는 않는다고 생각하여 그의 방문객에 웃으며 윙크했다.
[정답] (C) (he → him)

24. Aurelia <u>did not have</u> time <u>to go</u> to the
                 (A)   (B)
    concert last night because she was so busy
    <u>to prepare</u> <u>for her trip</u> to Brazil and Chile.
        (C)   (D)

be busy ~ing: ~하느라 바쁘다.
[번역] 오렐리아는 브라질과 칠레로 가는 여행 준비에 매우 바빴기 때문에 지난밤 음악회에 갈 시간이 없었다.
[정답] (C) (to prepare → preparing)

25. <u>Our</u> investments <u>obtained</u> more money <u>this</u>
     (A)   (B)   (C)
    year <u>than</u> last year.
          (D)

'돈을 벌다'의 뜻에는 earn!
[번역] 우리가 투자한 사업은 작년보다 금년에 더 많은 돈을 벌었다.
[정답] (B) (obtained → earned)

26. The oriental fruit fly causes extensive (A) damage to grapefruit, lemons, and oranges, but does not harm (B) to the trees on which (C) the fruit grows (D).

do harm이란 숙어에서는 harm이 명사에 해당하므로 명사를 수식하는 부정의 형용사 no가 필요하다. not은 품사로 본다면 부사에 해당한다.
[번역] 동양의 과일파리는 포도열매, 레몬, 오렌지에 엄청난 피해를 주지만 그 과일이 자라고 있는 나무에는 피해를 주지 않는다.
[정답] (B) (does not harm → does no harm)

27. Mr. Harvey spoke harshly to both (A) of us, Walter and I (B) because he thought we had (C) torn his favorite (D) book.

B는 전치사 of의 목적격인 us와 동격관계에 있기 때문에 Walter and me가 되어야 한다.
[번역] 하비씨는 그가 가장 좋아하는 책을 우리가 찢었다고 생각했기 때문에 월터와 나를 몹시 꾸짖었다.
[정답] (B) (I → me)

28. First aid experts stress that knowing (A) what to (B) do in an emergency can often save (C) a life, very especially (D) in accident cases.

especially안에 very의 의미가 들어있기 때문에 따로 very를 쓸 필요가 없다. 이와 같은 규칙을 잉여적인 표현규칙(Redundancy)이라 부른다.
[번역] 응급처치 전문가들은 비상시에 무엇을 해야 할 것인가를 알면 흔히 생명을 구할 수 있으며, 특히 사고의 경우는 그러하다고 강조한다.
[정답] (D) (very especially → especially)

29. The jurisdiction of a public (A) government extensive (B) over all persons who (C) live in a certain (D) area.

이 문장에는 본동사가 없는 상황이다. 따라서 B에는 동사가 필요하다.
jurisdiction: 사법권
[번역] 일반 정부의 관할권은 특정지역에 사는 모든 사람들까지 미친다.
[정답] (B) (extensive → extends)

30. The surrender (A) of Robert E. Lee to (B) Ulysses S. Grant it marked (C) the end of (D) the long and bloody American Civil War.

주어가 surrender이고 동사는 marked이므로 it는 불필요하다.
[번역] 로버트 이. 리가 율리시즈 에스. 그랜트에게 항복한 것은 긴 피비린내나는 미국의 남북전쟁이 끝났음을 의미했다.
[정답] (C) (it marked → marked)

31. Let you and <u>I</u> promise that we shall <u>always</u>
             (A)   (B)
    dare <u>to do</u> what <u>is</u> right.
         (C)   (D)

A는 Let의 목적어 자리이므로 목적격을 써야 한다.
Let you and me ~
[번역] 너와 내가 항상 과감하게 옳은 일을 하도록 약속하자.
[정답] (A) (I → me)

32. <u>Last night</u> the barking dog <u>in the yard</u> <u>it</u>
        (A)   (B)   (C)
    <u>awoke</u> the <u>sleeping</u> children.
                   (D)

문장 주어는 the barking dog이고 동사는 awoke이다. 따라서 it는 불필요하다.
[번역] 어젯밤에 마당에서 짖어대는 개가 잠자던 아이를 깨웠다.
[정답] (C) (it awoke → awoke)

33. The <u>annual</u> <u>conference</u> to which I'm a
         (A)   (B)
    <u>delegate</u> <u>occurs</u> every other year.
     (C)   (D)

의미상 충돌을 일으키는 낱말이 있다!
annual '매년'과 every other year '2년마다'는 양립할 수 없다!
[번역] 내가 대표자인 회의는 2년마다 열린다.
[정답] (A) (annual을 삭제)

34. There is <u>a rumor</u> going <u>around</u> Washington
              (A)   (B)
    that the <u>government</u> may <u>rise</u> taxes again
             (C)   (D)
    after the election.

rise와 raise를 구분하는 문제다.
taxes(목적어)가 있으므로 타동사인 raise가 적합하다.
[번역] 워싱턴 주변에서는 선거 후에 정부가 세금을 다시 올릴지 모른다는 소문이 돌고 있다.
[정답] (D) (rise → raise)

35. If we <u>promote</u> someone from within <u>the</u>
         (A)   (B)
    <u>firm</u>, it will have a better <u>affect</u> on the
                             (C)
    morale of all of the other <u>employee</u>.
                                  (D)

C는 명사가 들어갈 자리다.
affect는 동사, effect는 명사!
promote: 승진시키다.　　morale: 사기
affect: 영향을 미치다.
effect: 명 영향. 동 (변화 등을) 가져오다.
[번역] 만일 회사내부로부터 승진인사를 단행한다면, 다른 직원들의 사기진작에 더 좋은 영향을 끼칠 것이다.
[정답] (C) (affect → effect)

36. Psychological <u>as well as</u> <u>physical</u> factors
                       (A)   (B)
    <u>contribution</u> to <u>fatigue</u>.
       (C)   (D)

주어가 factors이므로 C위치에는 본동사인 contribute가 타당하다.
[번역] 육체적 요인뿐만 아니라 심리적 요인들도 피로에 영향을 미친다.
[정답] (C) (contribution → contribute)

Chapter 2

조동사
Auxiliary Verbs

1 Grammar Preview

1 의지미래

평서문의 의지미래는 **화자의 의지**이며, **의문문**의 의지미래는 **청자의 의지**이다. 한편 **문장주어**의 의지를 표현할 때에는 인칭에 관계없이 will을 사용한다.

You **shall** have this watch. (=I will let you have this watch.)
  (내개 너에게 이 시계를 주겠다.)
It **shall** be done at once. (=I will let it be done at once.)
  (내가 그것을 곧 끝마치겠다.)
Shall I open the window? (=Do you want me to open the window?)
  (내가 창문을 열어도 괜찮으시겠어요?)
Is that okay with you?
  (그래도 괜찮으시겠어요?)
I **will** be there at seven o'clock. I promise!
  (내가 7시에 거기에 가겠네. 약속하지!)

2 조동사로 과거의 유감을 표현하는 방법

You **should talk** to your teacher. (너는 선생님께 말씀드려야 한다.)
You **should have talked** to your teacher and gotten some help from her during the term. (너는 선생님께 말씀드려서 학기중에 도움을 받았어야만 했다: 말하지 않은 사실에 대해 유감스럽게 생각함.)
Tom **should not have left** the door open. (탐이 문을 열어두지 말았어야 했다.)
He **need not have helped** her. (그는 그녀를 도울 필요가 없었는데도 도왔다.)
cf. He did not need to help her. (그는 그녀를 도울 필요가 없어서 돕지 않았다.)

3 used to와 be used to의 구별

Denny **used to** live in California.
  (데니는 캘리포니아에서 살았다.)
Mary **used to have** a Ford.
  (메리는 포드자동차를 가지고 있었다.)

When I was a child, my father **used to** read me a story at night before bed.
    (내가 어렸을 적에, 우리 아버지께서는 내가 잠자리에 들기 전에 이야기를 읽어 주셨다.)
He **used to** take a walk on the beach.
    (그는 해변가를 산책하곤 했다.)
When we first came to Scotland we **weren't used to** the cold weather.
    (우리가 처음으로 스코틀랜드에 왔을 때에 우리는 추운 날씨에 익숙해 있지 않았다.)

4 추측을 나타내는 조동사의 시제 표현방법

He **must be** rich, since he lives in a big house. `말하는 시점의 확실한 추측`
    (그가 큰 집에서 사는 것을 보니 부자임에 틀림없다.)
She **must have been** a beauty in her day. `하나 앞선 시제의 확실한 추측`
    (그녀는 한창때에 미인이었음에 틀림없다.)
He **can't have told** a lie at that time. `하나 앞선 시제의 확실한 부정적 추측`
    (그가 그 당시에 거짓말을 했었을 리가 없다.)
cf. You must go home at once. `의무`
    (너는 즉시 집에 가야 한다.)

5 cannot ~too: 「아무리 ~해도 지나치지 않다」

You **cannot** be **too** careful of your health.
= You **cannot** estimate the importance of health too highly.
= You **cannot over**estimate the importance of health.
= It is **impossible** to **over**estimate the importance of health.
    (건강에 아무리 주의를 기울여도 지나치지 않다.)

2 Grammar Check-up

I 짝지은 두 문장들의 의미가 같도록 적절한 어휘로 빈칸을 채우시오.

1. I am sure that she has forgotten the promise.
   = She _____ the promise.

2. I will give you my last stamp.
   = You _____ my last stamp.

3. It is possible for him to finish the work in time.
   = He _____ finish the work in time.

4. You had better change your mind.
   = You may _____ change your mind.

5. A : He is eating everything in the salad but the onions. He's pushed all of the onions over to the side of his plate with his fork.
   B : He (like) _____ onions.

II would를 사용할 수 있는 경우에는 would를 쓰고, 그렇지 않은 경우에는 used to를 사용하여 적절한 형태로 바꾸시오.

1. I (be) _____ very shy. Whenever a stranger came to our house, I (hide) _____ in a closet.

2. Illiteracy is still a problem in my country, but it (be) _____ much worse.

3. I (be) _____ an anthropology major. Once I was a member of an archaeological expedition. Every morning, we (get) _____ up before dawn. After breakfast, we (spend) _____ our entire day in the field. Sometimes one of us (find) _____ a particularly interesting item, perhaps an arrowhead or a piece of pottery. When that happened, other members of the group (gather) _____ around to see what had been unearthed.

III 밑줄 친 부분을 적절한 단어로 채우시오.

1. We didn't _____ to wait long. A bus came almost at once.

2. We _____ be too careful of our health.

3. Let's go, _____ we?

4. Little _____ I dream that I left my home, never to return.

5. You _____ as well expect the river to flow backward as expect to move me.

6. It is high time that the boy _____ be sent to school.

7. Do to others as you _____ have them do to you.

8. Who _____ come in but the very girl we were talking of?

9. He rarely speaks at our meeting, but when he _____ speak, it is always to the point.

10. Nowadays buildings are much stronger than they _____ to be.

정답 및 해설

(I)
1. **must have forgotten** : 잊어버렸음에 틀림없다 (과거 사실에 대한 확실한 추측)
2. **shall have** : 평서문의 의지미래는 화자 (I)의 의지를 나타낸다.
3. **can** : 가능을 나타내는 조동사는 can이다.
4. **as well** : may as well = had better = ~하는 편이 더 낫다
5. **must not like** : 좋아하지 않음에 거의 틀림없다 (can't 보다 확실성이 부족할 경우에는 must not을 사용함)

(II)
1. **used to be** : 과거의 상태   **would hide** : 과거의 습관
2. **used to be** : 과거의 상태
3. **used to be, would get, would spend, would find, would gather**

(III)
1. **have** : didn't have to = ~할 필요가 없었다.
2. **can't** : can't~ too~ = 아무리 ~해도 지나침이 없다.
   (우리는 건강에 아무리 주의해도 지나침이 없다.)
3. **shall** : Let's~로 시작하는 문장의 부가의문문은 Shall we?를 쓴다.
4. **did** : 부정의 부사가 문두에 도치하면, 「조동사+주어+동사~」의 어순이 뒤따른다.
   (나는 내가 집을 떠나 돌아오지 못하리라는 생각은 꿈에도 없었다.)
5. **might** : might as well A as B = B하느니 차라리 A하는 편이 더 낫다
6. **should** : 「It is (high) time that~ (should)+원형동사」의 형태를 묻는 문제이다.
7. **would** : 소망을 나타낼 때. (자신이 대접받고 싶은 대로 남에게 행하라.)
8. **should** : 놀람을 나타낼 때. (누가 들어오는가 했더니 우리가 말하던 바로 그 소녀가 아니겠습니까?)
9. **does** : 동사를 강조할 때 쓰는 조동사. (그는 우리 모임에서 거의 말을 하지 않지만 일단 말을 하면 항상 핵심적인 말을 한다.)
10. **used** : (오늘날 건물들은 과거의 건물들보다 훨씬 더 튼튼하다.)
    과거와 현재를 비교하고 있다.   used to be = was

3 Grammar Focus

1 조동사 및 유사표현들

1 can과 be able to의 구별

can은 자주 어떤 특징이나 환경이 존재하기 때문에 무슨 일이 가능하다는 의미를 표현하며, be able to는 능력(ability)을 나타낸다. can은 가능성과 능력의 개념을 결합하고 있다.

- Tom is strong. He **can lift** that heavy box.
    (톰은 힘이 세다. 그는 무거운 상자를 들어올릴 수 있다.)
    → 톰이 건강하기 때문에 그 상자를 들 수 있다는 뜻
- I **can play** the piano. I've taken lesson for many years.
    (나는 피아노를 칠 수 있다. 나는 수년간 레슨을 받았다.)
    → 내가 그 능력을 배웠기 때문에 내가 피아노 연주하는 것이 가능하다는 뜻
- You **can see** fish at an aquarium. (수족관에서 물고기를 볼 수 있다.)
    → 수족관에서 물고기를 볼 수 있는 것은 수족관에 물고기가 있기 때문에 가능하다는 뜻
- That race car **can go** very fast. (저 경주용차는 아주 빨리 달릴 수 있다.)
    → 그 차가 빨리 갈 수 있는 것은 특별한 특성 때문이라는 것

2 can과 may의 구별

- I **can walk** to school. It's not far.
    (나는 학교에 걸어갈 수 있다. 학교가 멀지가 않다.)
- → 어떤 조건이 있기 때문에 학교에 걸어가는 것이 가능하다는 것
    I **may walk** to school. Or I may take the bus.
    (학교에 걸어갈지도 모른다. 아니면 버스를 탈지도 모른다.)
    → 내가 학교에 걸어갈 것을 50%도 확신하지 못함을 나타냄
- I'm not quite ready to go, but you **can leave** if you are in a hurry.
    (나는 아직 갈 준비가 안 됐지만, 네가 바쁘면 떠나라(떠나도 좋다).)
    → 허가를 나타낼 때 can은 이 예문에서처럼 대개 공식적이지 않은 상황에서 사용된다.
- When you finish the test, you **may leave.** (시험이 끝나면, 떠나도 좋다.)
    → 이 문장에서처럼 may는 대개 공식적인 상황에서의 허가를 나타내는데 사용된다.

③ 평서문에서의 could와 was[were] able to의 구별

❶ 평서문에서 could가 과거 가능을 나타내는 데에 사용되면 대개 그 능력이 과거에 존재했으나 이제는 존재하지 않는다는 의미를 담는다.

❷ 만일 화자가 과거의 어떤 특정 시간에서의 행동 수행능력에 관해 말하고 있다면 평서문에서 was / were able to를 사용하고 could는 사용하지 않는다.

- When I was younger, I **could run** fast.
  (내가 어렸을 때는 빨리 달릴 수 있었다.)
  → 과거에는 빨리 달릴 수 있었으나 지금은 그렇지 않다는 의미임
- Tom has started an exercise program. He **was able to run** two miles yesterday without stopping or slowing down.
  (톰은 운동 프로그램을 시작했다. 그는 어제 쉬거나 속도를 줄이지 않고 두 마일을 뛸 수 있었다.)
  → 과거 어떤 특정 시점에서의 행동수행 능력을 말하고자 할 때에는 평서문에서는 was / were able to를 사용하며 could는 사용하지 않는다.
- Did you read the news about the mountain climbers?
  They **could reach** the top of Mt. Everest yesterday.(x)
  They **were able to reach** the top yesterday(o)
  They **managed to reach** the top yesterday(o)
  They **reached** the top yesterday.(o)
  (너는 산악 등반인들에 대한 기사를 읽었니?)

② 세부적 분석

① May, Might

❶ 허가 ⇔ 금지(must not)

May I smoke here? ⇒ Yes, you may. (네, 괜찮습니다.-허가)
(여기서 흡연해도 되나요?)　　 No, you must not. (아니오, 그러실 수 없습니다.-금지)

❷ 추측

현재의 불확실한 추측 : may~ [~일지도 모른다]
과거의 불확실한 추측 : may have p.p~ [~이었을지도 모른다]

(a) She **may be** rich. = It is possible that she is rich.
　　(그녀는 부자일지도 모른다.)
(b) She **may have** been rich. = It is possible that she **was** rich.
　　(그녀는 부자였을지도 모른다.)

❸ Can의 대용

Gather roses while you **may**.
　　(할 수 있을 때 장미꽃을 모아라 – 청춘은 다시 돌아오지 않는다.)

❹ 양보의 부사절

Whatever you **may** say, I will not believe it.
　　(네가 무슨 말을 하든지 나는 그 말을 믿지 않을 것이다.)

❺ 목적의 부사절 : ~(하기) 위해서

He worked hard **(so) that he might** pass the examination.
　　(그는 시험에 합격하기 위해서 열심히 공부했다.)

❻ 기원문 : May+주어+원형!

May God bless you! (신의 축복이 있으시길!)
May you succeed! (성공하시길!)

❼ 관용적 표현

(a) **may well = have good reason to** ; ~하는 것도 당연하다
　　His mother **may well** (= has good reason to) get angry at his words.
　　　(그의 말에 그의 어머니가 화내는 것도 당연하다.)
(b) **may as well = had better**
　　You **may[might] as well** go at once. (너는 즉시 가는 편이 낫다.)
(c) **may as well A as B** : 가능한 일
　　= might as well A as B : 불가능한 일
　　= B 하느니 차라리 A 하는 편이 더 낫겠다.

> **참고**
> He **may well** get angry.
> = He **has good reason to** get angry.
> = It **is natural** that he **should** get angry.
> = He gets angry, and ┌ **well** he **may**.
> 　　　　　　　　　　└ **with good reason**.
> = 그가 화내는 것도 당연하다.

2 Can, Could

❶ 능력, 가능

Can you swim across the Han River? Sure, I **can**.
(한강을 수영으로 건널 수 있니? 물론 건널 수 있다.)

❷ 허가

You **can(=may)** stay with us till next Sunday.
(다음 일요일까지 우리와 함께 있어도 좋다.)

❸ 금지

You **can not(=must not)** play baseball in the street.
(거리에서 야구를 해서는 안 된다.)

❹ 의문문에서의 강한 의혹

Can the news be true? (그 소식이 사실일까?)
Can he have done so? (그가 그런 일을 했을까?)

❺ 부정문에서의 부정적 추측

> can't : ~일 리가 없다. (현재 사실)
>   ↔ must (추측을 표현할 때에 can't와 must는 반대)
> can't have p.p : ~했을 리가 없다. (과거사실)

- The news **can't** be true. = It is impossible that the news is true.
   (그 소식은 사실일 리가 없다.)
- He **can't have done** so. = It **is** impossible that he **did** so.
   (그가 그렇게 했었을 리가 없다.)

❻ 공손한 표현 : Could는 can보다 더 정중하고 겸손한 표현이 된다.

Could you lend me your dictionary for a while?
(당신의 사전을 잠시동안 빌려 주시겠습니까?)

❼ 관용적인 표현 : 아무리 ~해도 지나침이 없다

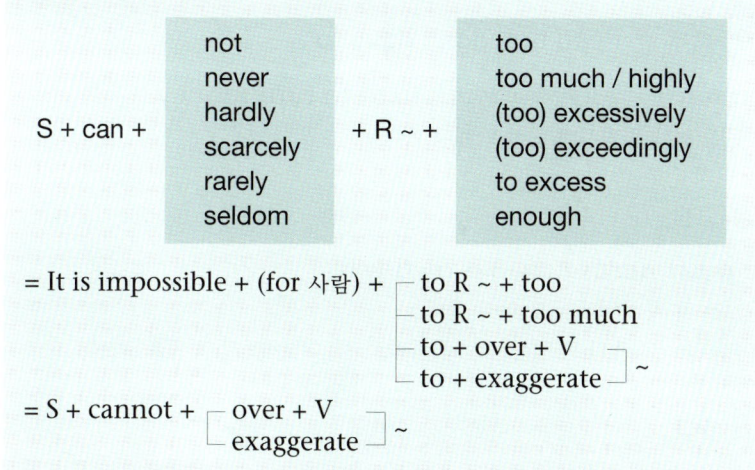

> *cf.* We **cannot** estimate his exploits **too much.**
> = We cannot over-estimate his exploits.
> = We cannot estimate his exploits to excess.
> = We cannot exaggerate his exploits.
> = It is impossible to over-estimate his exploits.
> = We can never estimate his exploits enough.
> (우리는 그의 공적을 아무리 높이 평가해도 지나침이 없다.)

📂 독해요령

조동사의 부정형의 의미가 어디까지 미치는지를 알기 위한 시험문제가 독해문제로 출제되는 경향이 있다. 따라서 여기서는 몇 개의 문장을 가지고 살펴보고자 한다.

- You **can not** be indifferent and disagreeable **and** expect the world to open its arms to you.
 (누구든지 남에게 냉담하고 불쾌감을 주면서 세상 사람들이 자기를 환영해 주기를 바랄 수는 없다.)
- One **cannot** make the bed **and** save the sheet.
 (잠자리를 펴놓고 시트를 아껴둘 수 없다 ; 즉 침대 시트를 사용하지 않고는 잠자리를 만들 수 없다.)
- **Can** you watch anything like films **and** go out to concerts and the theater?
 = In watching something like films, you can not go out to concerts and the theater. (영화를 보면서 동시에 콘서트나 연극 구경을 갈 수 있겠는가? ; 불가능하다는 뜻이다.)
- You **can't** eat a cake **and** have it.
 (케이크는 먹으면 없어지는 법; 즉, 두 가지 이익을 다 취할 수는 없다는 뜻이다.)

3 Must

❶ 필요, 의무 ⇔ need not, don't have to

You **must (=have to)** work hard to earn money.
(돈을 벌기 위해서 열심히 일해야 한다.)

❷ 주장(고집)

He **must needs** have his own way.
(그는 꼭 자기 생각대로 해야 한다.)
⇨ needs는 must 다음에 쓰는 부사로써, [반드시, 어떻게든지]의 뜻을 갖는다.

❸ 강한 추측

> 현재의 추측 : must~ ; 임에 틀림없다. ≠ have to(의무)
> 과거의 추측 : must have p.p~ ; ~했음에 틀림없다.

The rumor **must be** true. (= It is certain that the rumor is true.)
(그 소문은 사실임에 틀림없다.)
He **must have told** a lie. (= It **is** certain that he **told** a lie.)
(그가 거짓말을 했었음에 틀림없다.)

❹ 금지

You **must not** make such a great noise. (그렇게 시끄럽게 해서는 안 된다.)

❺ 필연, 불가피

All **must** die. (necessarily) (모든 사람은 반드시 죽는다.)

4 Will

❶ 부드러운 명령

You **will** please do so. (그렇게 해 주십시오.)

❷ 습성, 경향

Boys **will** be boys.
(사내아이는 역시 사내아이이다 : 장난은 어쩔 수 없다.)

❸ 습관 (곧잘 ~한다)

He **will often** come to see me. (그는 자주 나를 만나러 온다.)
→ will이 현재의 습성으로 쓰일 때에는 빈도부사를 동반한다.

❹ 추측

This **will** be your luggage, I suppose. (이것이 당신 짐이라고 생각됩니다만.)

5 Shall

❶ 권위 (헌법, 법률, 규칙 따위)

Freedom of speech **shall** not be violated. (언론의 자유는 방해받아서는 안 된다.)

❷ 예언, 진리의 말

Seek, and you **shall** find. (구하라, 그러면 찾을 것이요.)

6 Would

❶ 과거의 거절 (고집, 의지)

I tried to persuade him, but he **wouldn't** listen to me.
(나는 그를 설득하려고 했으나 그는 내 말을 들으려 하지 않았다.)

❷ 현재의 소망이나 의도, 욕구 (= wish to)

He who **would** catch fish, must not mind getting wet.
(물고기를 잡고자 소망하는 자는 물에 젖는 것을 두려워해서는 안 된다.)

❸ 과거의 불규칙적인 습관

He **would** often sit up till late at night on Friday.
(그 남자는 종종 금요일 저녁 늦게까지 깨 있고는 했다.)

❹ 공손한 표현

Would you mind if I used the phone?
(제가 전화기를 사용해도 괜찮으시겠습니까?)
↪ Would you mind if I 다음에는 단순과거시제가 온다.

Would you mind my opening the window?
(제가 창문을 열어도 괜찮으시겠습니까?)

❺ 과거의 추측

He **would** be about twenty when he crossed the pacific on a yacht alone.
(그가 요트를 타고 혼자 태평양을 횡단했을 때는 20세쯤이었을 것이다.)

❻ 관용적 용법

Would rather 원형(**A**) **than** 원형(**B**) ; B하느니 차라리 A 하고 싶다.
I **would rather** die **than** live in disgrace.
= I **would as soon** die **as** live in disgrace.
= I **would sooner** die **than** live in disgrace.
(나는 불명예스럽게 사느니 차라리 죽고 싶다.)

7 Should

❶ 의무, 당연 (=ought to)

You **should**(=**ought to**) obey your parents. (부모에게 순종해야 한다.)

❷ 긍정적 추측

They **should** be there by now, I think.
(아마 지금쯤 그들은 거기에 있을 것이다.)

❸ 가정법 과거완료에서 유감이나 비난을 나타낸다.

should have p.p~ [~했어야 했는데] (과거에 ~하지 않은 일에 대한 유감)
⇔ shouldn't have p.p~ [~하지 말았어야 했는데] (~한 일에 대한 유감)
You **should**(= **ought to**) **have followed** his advice.
(너는 그의 충고를 따랐어야 했는데 사실은 그렇지 못했다.)

❹ **It is + 이성적 판단의 형용사 + that~ (should) + 동사원형 :**
이때 should는 해석하지 않는다.

> ex natural, necessary, important, rational, right, good, wrong, proper, etc.

It is natural that you **(should) be** proud of your father.
(네가 네 아버지를 자랑스러워 하는 것이 당연하다.)

❺ It is + 감정적 판단의 형용사 + that~ (should) + 동사원형 :
should = ~하다니

> **ex** strange, curious, odd, wonderful, surprising, a pity, regrettable, etc.

It is surprising that he **(should) be** so foolish.
(그가 그렇게 어리석다니 놀랍다.)

❻ 명령, 제안, 주장, 요구, 희망, 결심의 동사 + that~(should) + 동사원형

> **ex** oder, command, propose(제안하다), suggest, move, insist, desire, demand, wish, etc.

I ordered that he (should) finish the work by noon.
(나는 그에게 정오까지 숙제를 끝마치라고 명령했다.)

❼ 수사 의문문 (놀람)

How **should** I know the fact?
= I don't know the fact at all. (나는 그 사실을 전혀 모른다.)

❽ 판단, 근거의 부사절 : that~ should(~하다니, ~하는 것을 보니)

Who are you **that** you **should** speak like that?
(그렇게 말을 하다니 당신은 도대체 누구십니까?)

8 Used to

❶ 과거의 규칙적인 습관 (used to + 동작동사)

I **used to call on** him every Sunday. (나는 일요일마다 그를 방문했다.)
(= called on)

❷ 과거의 상태 (used to + 상태동사)

There **used to be**[=**was**] a big tree in the garden. (정원에 큰 나무가 있었다.)
He **used to live** in Busan. (그는 부산에서 살았다.)

❸ 사람주어 + be used to[= be accustomed to] ~ing (~하는데 익숙하다)

He **is used to**[= **is accustomed to**] sitting up till late at night.
(그는 밤에 늦게까지 자지 않는 것에 익숙해 있다.)

❹ 사물주어 + be used to + R (~하는데 사용되다)

The brake **is used to stop** a car. (브레이크는 차를 정차시키는데 사용된다.)

❺
의문문	부정문
Used + 주어 + to R~	Used not + to R~
= Did + 주어 + use + to R~?	= didn't use + to R~

Used he(or Did he use) to call on you every Sunday?
(그가 일요일마다 당신을 방문했습니까?)

9 need의 용법

need는 조동사로도 사용될 수가 있고 본동사로도 사용될 수가 있는 동사이다.

He **need** not come here tonight. `조동사`
(그는 오늘밤 여기에 올 필요가 없다.)
He didn't **need** to come here tonight. `본동사`
(그는 오늘밤 여기에 올 필요가 없었다(그래서 안 왔다).)
He **need** not have come here tonight. `조동사`
(그는 오늘밤 여기에 올 필요가 없었다(그런데도 왔다).)

※ ┌ need not have + p.p [~할 필요가 없었는데도 ~를 했다.]
   └ didn't need to R [~할 필요가 없어서 ~를 안 했다.]

10 had better와 would rather의 차이

❶ had better

- 의미: 「~하는 것이 좋겠다」는 표현은 우리말 표현이다.
  실제로 had better는 **should나 ought to와 비슷한 의미**이다. 또한, 만일 그렇게 하지 않으면 나쁜 결과가 예상된다는 **경고의 의미**를 함축하는 경우가 있다.

  The gas tank is almost empty. We **had better stop** at the next service station.
  (연료통이 거의 비었다. 다음 주유소에 들리는 것이 좋겠어.)

  ↳ 다음 휴게소에서 gas를 주입하지 않으면 나쁜 결과가 예상됨을 암시!
  휘발유가 없어서 엔진이 멈춰서는 경우가 생길 수 있는 나쁜 결과임!

- 문법체크 사항

  had better는 과거가 아닌 **현재나 미래의 의미**를 가지고 있음을 기억하자!
  구어체에서 주로 쓰이는 표현이며, **원형동사가 뒤따른다**!

❷ would rather

- 의미: 「오히려 ~하겠다」는 **선택의 의미**로 prefer to와 비슷하다.

  I **would rather** study statistics **than** (study) philosophy.
  (나는 철학을 공부할 바엔 차라리 통계학을 공부하겠다.)

- 문법체크 사항

  would rather 다음에 **원형동사가 뒤따른다**!
  would rather과 than 다음에 동일한 동사가 오는 경우에는 than 다음의 동사를 생략할 수 있다.

Grammar Drill

다음 중에서 틀린 부분을 고치시오.

문제

1. If you have a car, you can traveled around the Korea.
2. When the students have questions, they must to raise their hands.
3. When you send for the brochure, you should included a self-addressed, stamped envelope.
4. When I was a child, I could went to the roof of my house and saw all the other houses.
5. I used to break my leg in a soccer game a month ago.
6. Many students would rather to study on their own than going to classes.
7. We supposed to bring our books to class every day.
8. Let's go on a picnic this afternoon, will you?
9. You need not to do it unless you want to.
10. Not only the sun gives us light, but also it gives heat.

해설 및 정답

1. **can traveled** → **can travel** : 조동사 다음에는 항상 동사원형이 온다.
2. **must to raise** → **must raise** : 조동사 다음에는 동사원형이 온다.
3. **should included** → **should include** : 조동사 다음에는 동사원형이 온다.
4. **could went** → **could go saw** → **see** : 조동사 다음에는 동사원형이 온다.
5. **used to break** → **broke** : 과거의 사실이므로 과거시제를 쓴다.
6. **would rather to study** → **would rather study**
   going → **go** : would rather A than B (B보다는 A하는 편이 더 낫다.) A와 B에는 원형동사가 온다.
7. **we supposed to** → **we are supposed to**
   be supposed to : ~하기로 되어있다.
8. **will you** → **shall we** : Let's~로 시작하는 부가 의문문은 shall we이다.
9. **need not to do** → **need not do** : need 다음에 부정어가 오면 need는 조동사이다. 따라서 동사원형이 뒤따른다.
10. **Not only the sun gives~** → **Not only does the sun give~**
    (태양은 빛과 열을 준다.)
    : 부정어구가 도치하면 「조동사+주어+본동사」의 어순이 된다.

Practice Test A

다음 _____ 안에 들어갈 적당한 표현을 고르세요.

1. The manager should _____ the procedure to reduce errors.

    (A) simplify (B) simplicity
    (C) simplifies (D) simple

   조동사 다음에는 동사원형이 온다.
   [번역] 지배인이 실수를 줄이기 위해 절차를 단순화했다.
   [정답] (A)

2. The director asked that the matter not _____ discussed outside the office.

    (A) is (B) was
    (C) has (D) be

   명령, 제안, 주장, 요구 등을 표현하고자 할 때에는 that절에 '(should) + 동사원형'의 형태가 온다.
   [번역] 관리자는 그 문제가 사무실 밖에서 논의되지 않도록 요구했다.
   [정답] (D)

3. Concert tickets _____ purchased by phone with a credit card.

    (A) to be (B) being
    (C) can be (D) has been

   purchase: 구입하다.
   [번역] 콘서트 티켓은 전화를 통해 신용카드로 구입할 수 있다.
   [정답] (C)

4. The car gave out on the highway and _____ towed.

    (A) had to be (B) has to be
    (C) needs to be (D) was meant to be

   give out: 엔진이 멎다.
   [번역] 그 차는 고속도로에서 엔진이 고장나서 견인해야 했다.
   [정답] (A)

5. He who _____ search for pearls must dive deep.

    (A) would (B) should
    (C) could (D) might

   소망을 나타내는 조동사는 would를 쓴다.
   He who would~ = He who wishes to ~
   [번역] 진주를 찾고자 소망하는 자는 깊이 잠수하여야 한다.
   [정답] (A)

6. Children _____ listen when adults speak to them.

    (A) may (B) can
    (C) should (D) may have to

   당위성을 말할 때는 조동사 should를 쓴다.
   [번역] 아이들은 어른들이 이야기할 때 경청해야 한다.
   [정답] (C)

7. Mild forms of exercise can _____ some of the loss of flexibility that accompanies aging.

   (A) stop
   (B) to stop
   (C) stopping
   (D) be stopped

   조동사(can) 다음에는 동사원형이 온다.
   [번역] 적당한 운동은 나이가 들어감에 따라 수반되는 유연성의 손실을 어느 정도 막을 수가 있다.
   [정답] (A)

8. Who are you that you _____ say such a thing to my face?

   (A) would
   (B) should
   (C) may
   (D) might

   놀람을 나타낼 때는 조동사 should를 이용한다.
   [번역] 내 앞에서 그런 말을 하다니 너는 도대체 누구냐?
   [정답] (B)

9. I will give you my last stamp.
   = You _____ my last stamp.

   (A) have
   (B) will have
   (C) shall have
   (D) shall give

   평서문의 의지미래는 화자(=I)의 의지를 나타낸다.
   [번역] 나의 마지막 우표를 너에게 주마.
   [정답] (C)

10. A: I went to see the football game yesterday.
    B: _____. It was quite exciting.

    (A) So I went
    (B) So did I
    (C) I'd like to
    (D) All right

    「so + 조동사 + 주어」: 주어도 역시 ~했다.
    [번역] A: 나 어제 풋볼 경기를 보러 갔었어.
    　　　　B: 나도 갔었어. 정말 흥미 있는 경기였어.
    [정답] (B)

11. A: What has become of Jack since he went away?
    B: He _____ had hard times; otherwise, he would have written.

    (A) must
    (B) must be
    (C) must have
    (D) can have

    must have p.p(~했음에 틀림없다.): 과거사실에 대한 확실한 추측.
    [번역] A: 그가 떠난 후 잭은 어떻게 되었을까?
    　　　　B: 어려움을 겪었음에 틀림없다. 그렇지 않았다면 그는 편지했을 것이다.
    [정답] (C)

12. The machine could _____ several functions at once.

    (A) add
    (B) return
    (C) perform
    (D) quickly

    at once: 동시에. 즉시.
    perform: 실행하다, 수행하다.
    [번역] 그 기계는 동시에 여러 기능들을 수행할 수 있었다.
    [정답] (C)

Practice Test B

다음 문장의 밑줄 친 곳에서 올바르지 않은 것을 고르세요.

1. Businesses working internationally must <u>to look for</u>_(A) the <u>least expensive</u>_(B) labor and the most <u>adaptive</u>_(C) work force, if <u>they</u>_(D) are going to be competitive.

   조동사(must) 다음에는 동사원형이 온다.
   [번역] 국제 기업은 경쟁력을 갖추기 위해 가장 싸고, 가장 적응력이 뛰어난 노동력을 찾아야만 한다.
   [정답] (A) (to look for → look for)

2. We just saw <u>him</u>_(A) <u>playing</u>_(B) soccer <u>in the</u>_(C) playground. He <u>must have stolen</u>_(D) the money in the classroom.

   문맥상 '훔쳤을 리가 없다'란 뜻! 따라서 can't have p.p.!
   [번역] 우리는 방금 그가 운동장에서 축구를 하는 걸 보았다. 그가 교실에서 돈을 훔쳤을 리가 없다.
   [정답] (D) (must have stolen → can't have stolen)

3. They <u>say</u>_(A) <u>that</u>_(B) they may as well <u>doing</u>_(C) without <u>some</u>_(D) products.

   may as well + 동사원형: '~하는 편이 낫다'
   [번역] 그들은 어떤 제품은 없이 지내는 것이 낫겠다고 말한다.
   [정답] (C) (doing → do)

4. You <u>may as well</u>_(A) get <u>lost</u>_(B), so <u>take</u>_(C) <u>a</u>_(D) map.

   may well: ~할 가능성이 크다. (=have good reason to)
   may as well = had better
   [번역] 길을 잃을 수도 있으므로 지도를 가지고 가세요.
   [정답] (A) (may as well → may well)

5. <u>Successful</u>_(A) economists must be <u>able</u>_(B) understand the effect of <u>world events</u>_(C) on national <u>economies</u>_(D).

   can의 의미를 나타내는 be able to에 관한 문제이다.
   [번역] 성공적인 경제학자는 국제경제에 대해 미치는 세계사건들의 효과를 이해할 수 있어야 한다.
   [정답] (B) (able understand → able to understand)

Final Test

1. Rising inflation will only _____ the country's problems.

    (A) grow
    (B) hurt
    (C) add to
    (D) alleviate

    add to: 더하다. 추가하다.
    alleviate: 완화시키다.
    [번역] 인플레이션의 상승은 그 나라에 문제들을 증가시킬 것이다.
    [정답] (C)

2. He _____ worry about his son.

    (A) needs not
    (B) need not
    (C) need not to
    (D) needs not to

    부정문에서 need는 조동사이므로 인칭에 상관없이 need not으로 쓴다.
    [번역] 그는 아들 걱정을 할 필요가 없다.
    [정답] (B)

3. She said that she would rather not _____ it right now.

    (A) discussing
    (B) discuss
    (C) to discuss
    (D) discussion

    would [had] rather 다음에는 동사 원형이 온다.
    [번역] 그녀는 그것을 지금 논의하고 싶지 않다고 말했다.
    [정답] (B)

4. "I am sorry. I broke your glasses."
   "It _____."

    (A) matters not
    (B) has no matter
    (C) doesn't matter
    (D) isn't matter

    일반동사 matter의 부정형태는 조동사 do를 사용한다.
    [번역] "미안해. 내가 너의 안경을 깨뜨렸어"
    "괜찮아"
    [정답] (C)

5. Would you please _____ the listening comprehension script until after you have listened to the tape?

    (A) not to read
    (B) not read
    (C) don't read
    (D) don't to read

    「would you please not + 원형부정사」 또는 「Please don't + 원형부정사」의 표현에 주의하자.
    [번역] 테이프를 들을 때까지 청해 스크립트를 읽지 마세요.
    [정답] (B)

6. "Mr. Smith has come up with a good plan."
   "_____ to tell everyone tomorrow?"

    (A) Must we
    (B) Ought we
    (C) Should be
    (D) May we

    ought to = should
    come up with: 제안하다
    [번역] "스미스씨가 좋은 계획을 제안했어."
    "내일 모두에게 알려야 하나요?"
    [정답] (B)

7. A historical novel may do more than mirror history ; _____ future events.

   (A) even influencing
   (B) it may even influence
   (C) may even influence
   (D) that it may even influence

semicolon이 접속사 구실을 하고 있으므로 빈칸에는 주어 + 동사의 어순을 필요로 한다.
mirror: ~을(거울처럼)비추다.
[번역] 역사소설은 역사를 반영하는 이상의 기능을 하는지도 모른다. 즉, 그것은 미래의 사건에도 영향을 줄 수 있다.
[정답] (B)

8. "Would you like me to go to the dentist with you?"
   "No, you _____ with me."

   (A) need not to go
   (B) do not need go
   (C) need not go
   (D) need go not

need다음에 부정어가 따르면 조동사이므로 「need not + 원형동사」의 형태를 취한다.
[번역] "치과의사에게 같이 가 줄까?"
       "아니, 괜찮아."
[정답] (C)

9. "Why did you pay $500 for this desk?"
   "You _____ better."

   (A) should have known
   (B) may have known
   (C) must have known
   (D) will have known

과거사실에 대한 유감을 나타내는 경우에는 「should have + 과거분사」를 쓴다.
know better: (~할만큼) 어리석지 않다.
[번역] "이 책상 값으로 5백달러나 지불했었니?"
       "그런 어리석은 일은 하지 않았어야 했는데."
[정답] (A)

10. "Have you completed the homework?"
    "No, but I _____ to."

    (A) should   (B) ought
    (C) must   (D) had better

blank 다음에 나온 전치사 to로 미루어 ought가 적합하다.
[번역] "숙제 다 마쳤니?"
       "아니, 해야해."
[정답] (B)

11. "Did you call Mr. Jackson?"
    "No, because he said he would rather not _____ disturbed this morning."

    (A) to be
    (B) being
    (C) be
    (D) been

내용상 disturb의 수동형태가 와야 한다. 한편 would rather 다음에는 원형이 와야 하므로 be가 알맞다.
[번역] "당신은 오늘 잭슨씨에게 전화했습니까?"
       "아니오, 그가 오늘 아침은 아무에게도 방해받고 싶지 않다고 해서 전화하지 않았습니다."
[정답] (C)

12. "Why aren't you skiing this weekend?"
    "Well, I didn't want to go alone, and no one _____ with me."

    (A) went
    (B) has gone
    (C) had gone
    (D) would go

    밑줄 친 곳에는 would가 적합하다. no one이 부정어이기 때문에 밑줄 친 곳의 would는 no one과 연결하여 거절을 표현하고 있다.
    [번역] "왜 이번 주말에 스키 타러 가시지 않으세요?"
    "글쎄요, 저는 혼자 가고 싶지 않았거든요. 그리고 아무도 저와 함께 가려하지 않습니다."
    [정답] (D)

13. "Tom graduated from college at a very young age."
    "He _____ have been an outstanding student."

    (A) must   (B) could
    (C) should   (D) might

    과거사실에 대한 확실한 추측은 must have p.p.(~였음에 틀림없다)이다.
    [번역] "톰은 매우 어린 나이에 대학을 졸업했다."
    "그는 뛰어난 학생이었음에 틀림없다."
    [정답] (A)

14. "Jill has a toothache."
    "It's been hurting her for quite a while, _____?"

    (A) isn't   (B) doesn't
    (C) wasn't   (D) hasn't it

    부가의문문을 묻는 문제이다. 따라서 본 문장에서 사용한 조동사를 사용해야한다.
    [번역] "질은 치통이 있다."
    "치통이 꽤 오랫동안 그녀를 괴롭혀왔지, 그렇지?"
    [정답] (D)

15. "I haven't felt well for a week."
    " You _____ see a doctor."

    (A) had ought to
    (B) had better
    (C) should have to
    (D) had rather

    had better는 비교적 강한 권유를 나타내는데 사용된다. 즉 어떠한 일을 행하지 아니하면 좋지 않은 결과가 예상되는 경우에 많이 쓰인다.
    [번역] "일주일동안 계속해서 몸이 좋지 않았어."
    "의사의 진찰을 받는 편이 좋겠다."
    [정답] (B)

16. "Don't bother to drive me back."
    "But then you'd have to walk home alone, _____?"

    (A) hadn't you   (B) do you
    (C) would you   (D) wouldn't you

    부가의문에 있어서 먼저 확인해야 할 부분은 문장 내에서 사용된 조동사를 알아야 한다. 이 문장에서는 조동사 would임을 파악할 수가 있다. 즉, you'd have to에서 you'd 다음에 동사원형인 have to가 사용된 점으로 알 수 있다.
    [번역] "힘들게 저를 차로 데려다 주시지 마세요."
    "태워다 주지 않으면 집까지 걸어가야 하잖아요, 그렇죠?"
    [정답] (D)

17. "You didn't hear me until now?"
    "No, I must _____ soundly when you came in."

    (A) have been sleeping
    (B) have slept
    (C) be sleeping
    (D) sleep

    과거 어떤 시점, 즉 네가 들어 왔을 때, 까지의 계속을 나타내야 하므로 must have been sleeping이 타당하다. 본문의 until now 표현이 완료진행형을 요구하고 있다.
    과거 사실에 대한 확실한 추측: must have p.p.
    [번역] "지금까지 내가 들어오는 소리를 못 들었니?"
    "못 들었는데, 네가 들어 왔을 때 나는 깊은 잠에 들어있었던게 틀림없어."
    [정답] (A)

18. You _____ your visa extended before it expires.

    (A) had better to get   (B) had to get better
    (C) had better get   (D) had better got

    'get[have] + 목적어 + 과거분사' 형식을 이용하여 수동의 의미를 표현한다. 한편 had better 다음에는 동사의 원형이 와야 하므로 A, C는 잘못된 표현이다.
    [번역] 유효기간이 만료되기 전에 비자의 기간을 연장하는 것이 좋겠다.
    [정답] (C)

19. John _____ a restless person. He kept moving from country to country.

    (A) must be   (B) should be
    (C) must have been   (D) should have been

    과거사실에 대한 추측은 must have p.p.로 나타낸다.
    [번역] 존은 활동적인 사람이었음에 틀림없다. 그는 계속해서 이 나라 저 나라로 돌아 다녔다.
    [정답] (C)

20. I _____ play basketball.

    (A) am used to   (B) get used to
    (C) used to   (D) used of

    과거의 습관을 나타낼 때에는 used to를 이용한다.
    [번역] 나는 농구를 하곤 했었다.
    [정답] (C)

21. "Did you blame him for his mistakes?"
    "Yes, but _____ it."

    (A) I'd rather not do
    (B) I'd not rather do
    (C) I'd better not do
    (D) I'd rather not doing

    would rather의 부정은 would rather not이며, would rather 다음에는 원형 동사가 와야 한다.
    [번역] "그의 잘못을 질책했니?"
    "그래, 그렇게 하지 않았으면 차라리 더 좋았을텐데."
    [정답] (A)

22. "Did you ever go to a football game here?"
    "I _____ go quite frequently."

    (A) used to   (B) use to
    (C) am used to   (D) was used to

    used to + 동사원형의 형태로써 과거의 반복적인 행위를 표현한다.
    [번역] "너는 여기서 축구시합 보러 간 적 있니?"
    "아주 자주 다녔었지."
    [정답] (A)

23. "Elizabeth borrowed the book a month ago."
    "Then she should _____ it by now."

    (A) to finish
    (B) have finished
    (C) finish
    (D) had finished

전치사 by가 있어서 완료시제가 기대되는 구문이다. should 다음에는 원형 동사가 나오므로 B가 적합하다.
[번역] "엘리자베스는 한 달 전에 책을 빌려갔어."
       "그러면 그녀가 지금까지는 다 읽었어야 했는데.(사실은 읽지 않았음을 뜻하는 유감표현임.)"
[정답] (B)

24. "I like Mary's parents very much."
    "_____."

    (A) So I do
    (B) I so do
    (C) So do I
    (D) I do so

'so + 조동사 + 주어'의 형태로서 '주어도 역시 그러하다'라는 의미를 나타낸다. 한편 앞 문장에서 like가 일반동사이므로 조동사는 do를 사용해야 한다.
[번역] "나는 메리의 부모님을 매우 좋아한다."
       "나도 그래."
[정답] (C)

25. "Will the committee meet during vacation?"
    "No, I suggested that a meeting _____ at some other time."

    (A) holds
    (B) is holding
    (C) be held
    (D) hold

suggest가 '제안하다'라는 의미의 동사이므로 that절에 '(should) + 동사원형'의 형태가 온다.
[번역] "휴가 동안 그 위원회는 모임을 가질 것입니까?"
       "아니오, 나는 회의를 휴가기간이 아닌 다른 때에 가질 것을 제안했어요."
[정답] (C)

26. "How did Carl get the nickname of 'Quacker'?"
    "Because he _____ ducks when he was a child."

    (A) had been imitating
    (B) has imitated
    (C) was imitating
    (D) used to imitate

이 문장에 있는 when he was a child라는 부사절 때문에 빈 칸에는 과거시제가 요구된다. 또한 과거의 규칙적인 습관이나 상태에는 「used to + 동사원형」을 사용하므로 D가 적합하다.
[번역] "어떻게 해서 칼이 쾌커라는 별명을 갖게 되었니?"
       "그가 어릴 적에 오리흉내를 내곤 했기 때문이야."
[정답] (D)

27. "I wonder how old Mrs. Clark is."
    "She won't tell her age, and _____."

    (A) so won't her sister
    (B) her sister won't, too
    (C) neither will her sister
    (D) either won't her sister

neither will her sister = her sister will not, either
[번역] "나는 클라크 여사의 나이가 궁금하다."
       "여사님께서는 나이를 말씀하시지 않을 거야. 그리고 여사님의 언니분도 말씀하시지 않겠지."
[정답] (C)

28. "Where would your grandfather live if he retired?"
    "He'd have a little place beside the water if he _____ it."

    (A) could have afforded
    (B) would afford
    (C) could afford
    (D) would have afforded

afford는 주로 can('t)과 함께 쓰여서 '~할 여유가 있다(없다)'의 뜻으로 쓰인다.
[번역] "너의 할아버지는 퇴직하신 후에 어디서 살려고 하시니?"
"그는 가능하다면 물가에 조그마한 집을 가지려고 하실 거야."
[정답] (C)

29. "Do you want to see my driver's license or my passport?"
    "Oh, _____."

    (A) either does well
    (B) either one will do
    (C) each one is good
    (D) each will be fine

either one will do: (둘 중에서) 아무거나 좋다.
[번역] "제 운전 면허증이나 여권을 보여 드릴까요?"
"아무거나 좋습니다."
[정답] (B)

30. "The Ryans watch television all the time."
    "_____ do the Tuckers."

    (A) So
    (B) Either
    (C) Neither
    (D) Also

14번 문제 해설 참조. 앞 문장이 긍정문이므로 neither는 사용할 수 없다.
[번역] "라이언네 가족은 항상 텔리비젼을 시청한다."
"터커네 가족도 그래"
[정답] (A)

31. "I'm sorry. Were you speaking to me?"
    "Yes, I was. Would you please _____ in this room?"

    (A) not to smoke
    (B) not smoke
    (C) no smoking
    (D) no smoke

Would you please ~로 이어지는 문장에서는 동사원형이 와야한다. would가 조동사이고 ~부분의 동사가 would에 걸리기 때문이다.
[번역] "미안합니다. 저에게 말씀하고 계셨습니까?"
"예, 이 방에서는 제발 금연해 주셨으면 합니다."
[정답] (B)

※ Select the part (A, B, C or D) which is not acceptable for standard written expression.

32. You'd better to do as the doctor says and stay
            (A)   (B)   (C)
    in bed.
     (D)

had better 다음에 동사의 원형이 나와야 한다.
[번역] 너는 의사가 말하는 대로 하고, 자리에 누워있는 것이 좋겠다.
[정답] (A) (to do → do)

33. We requested the superintendent of the
    building to clean up the storage room in the
                 (A)   (B)
    basement so that the children had enough
             (C)   (D)
    space for their bicycles.

so that~ may[can]의 형태를 사용해서 목적을 표현하는 방법이다.
[번역] 우리는 아이들이 자전거를 탈 수 있는 충분한 공간을 확보하기 위해서 지하실의 창고를 깨끗이 치워달라고 건물 관리인에게 요구했다.
[정답] (D) (had → might have, could have)

34. In order for one to achieve a good result in
                 (A)   (B)
    this experiment, it is necessary that one
                                           (C)
    works as fast as possible.
    (D)

이성적 판단(it is necessary)을 나타내는 경우에는 「(should) + 동사원형」이 사용된다.
[번역] 이 실험에서 좋은 결과를 얻기 위해서는 가능한 빨리 작업을 해야 한다.
[정답] (D) (works → work)

35. Michael himself could not gone to the
              (A)   (B)
    concert, which was held at the school, so he
             (C)   (D)
    gave his sister his tickets.

조동사 다음에는 항상 동사의 원형이 온다.
[번역] 마이클 자신은 학교에서 개최되는 콘서트에 갈 수가 없었다. 그래서 그는 티켓을 그의 누이에게 주었다.
[정답] (B) (gone → go)

36. She use to visit her mother every week; since
        (A)   (B)
    she moved away, however, she has been
                (C)
    unable to see her mother so often.
                             (D)

과거의 습관을 나타낼 때에는 used to를 이용한다.
[번역] 그녀는 그녀의 어머니를 매주 방문했었다. 그러나 그녀가 이사간 이후로 그녀는 그녀의 어머니를 그렇게 자주 만나지 못해왔다.
[정답] (A) (use to → used to)

Chapter 3

일치와 화법

Agreement & Narration

1 Grammar Preview

1 수의 일치

The results of Dr. Park's experiment **were** published in a scientific journal.
(닥터 박의 실험 결과가 과학 저널에 발표되었다.)

Every man, woman, and child **is** protected under the law.
(모든 남자, 여자, 그리고 아이는 법의 보호를 받는다.)

Some of the **furniture** in our office **is** secondhand.
(우리 사무실에 있는 가구의 일부는 중고품이다.)

Some of the **cities** I would like to visit **are** New York and L.A.
(내가 방문하고 싶은 도시들 중 일부는 뉴욕과 로스앤젤레스이다.)

The number of students in this room right now **is** twenty.
(현재 이 방에 있는 학생들의 숫자는 20명이다.)

A number of students in the class **speak** Korean very well.
(이 학급의 많은 학생들이 한국어를 매우 잘한다.)

Ten minutes is more than enough time to finish this work.
(이 일을 끝마치는데 10분이면 충분하다.)

Chinese is very difficult for English speakers to learn.
(중국어는 영어 화자들이 배우기에 매우 어렵다.)

The Chinese have a long and interesting history.
(중국 민족은 유구하고 흥미로운 역사를 가지고 있다.)

Economics is his favorite subject.
(경제학은 그가 가장 좋아하는 과목이다.)

2 화법 전환과 시제의 일치

1 주절의 동사가 과거일 때에는 시제의 일치에 따른다.

She said, "I watch TV every day."
⋯▶ She said (that) she watched TV every day.
(그녀는 그녀가 매일 텔레비젼을 시청한다고 말했다.)

She said, "I (have) watched TV."
⋯▶ She said (that) she had watched TV.
(그녀는 그녀가 텔레비젼을 시청했다고 말했다.)
  cf. She said that the world **is** round (그녀는 지구가 둥글다고 말했다.)

2 주절의 동사가 현재(완료), 미래 시제이면 명사절 동사에 변화가 없다.

Judy says, "I **watch** TV every day."
⋯▸ Judy says (that) she watches TV every day.
　　(주디는 그녀가 매일 텔레비젼을 시청한다고 말한다.)

Judy has said, "I **watch** TV every day."
⋯▸ Judy has said (that) she watches TV every day.
　　(주디는 그녀가 매일 텔레비젼을 시청한다고 말했다.)

Judy will say, "I **watch** TV every day."
⋯▸ Judy will say (that) she watches TV every day.
　　(주디는 그녀가 매일 텔레비젼을 시청한다고 말할 것이다.)

3 화법의 전환

She asked, "What do you want?"
⋯▸ She asked me **what I wanted.**
　　(그녀는 내가 무엇을 원하는지 물었다.)

Denny asked, "Have you seen my grammar book?"
⋯▸ Denny wanted to know **if I had seen his grammar book.**
　　(데니는 내가 그의 문법 책을 보았는지 물었다.)

"The sun **rises** in the east," said Tom.
⋯▸ Tom explained that the sun **rises** in the east.
　　(톰이 해가 동쪽에서 뜬다고 말했다.)

2 Grammar Check-up

I 다음 문장의 틀린 곳을 고치시오.

1. It is I who is to make the call.

2. Mary or I are to lead the discussion.

3. Physics are their favorite subject.

4. Either Mary or Joe are riding on the bicycle.

5. Every man and woman on the ship were sick.

6. All of you as well as I am in the wrong.

7. The number of the attendants were much smaller than I had expected.

8. Ten years has passed since I came to this town.

9. Many a man have committed the same error.

10. Some of the furniture in our apartment are secondhand.

II 다음 (   )안의 동사를 필요에 따라 적당한 형태로 바꾸시오.

1. Twenty dollars (be) too much for me to pay for a piece of steak.

2. Ham and egg (be) my favorite dish.

3. All who heard him (be) delighted with him.

4. There (be) a small number of people absent today.

5. Slow and steady (win) the race.

6. Tom as well as John (be) coming to the party.

7. The class (be) divided in their opinion.

8. The number of traffic accidents (be) increasing.

9. Four miles (be) a long distance.

10. About half of these apples (be) spoiled.

III 다음 문장의 밑줄 친 곳을 적절한 문장이 되도록 채우시오.

1. "Do you need a pen?" Annie asked.
   Annie asked me _____.

2. Jennifer asked, "What do you want?"
   Jennifer asked me _____.

3. Sid asked, "Are you hungry?"
   Sid wanted to know _____.

4. Nancy asked, "Have you seen my grammar book?"
   Nancy wanted to know _____.

5. "Why is the sky blue?" my young daughter often asks.
   My young daughter often asks me _____.

정답 및 해설

Ⅰ 1. **who is→who am** : It~ that의 강조용법에서 강조할 부분이 사람(I)이므로 that 대신에 who를 사용했다. 따라서 동사는 I와 어울리는 am이 타당하다.
2. **are→am** : 동사의 수는 가까운 명사에 일치시킨다. (근자일치법칙 참조)
3. **are→is** : 학문명은 단수취급 한다.
4. **are→is** : 근자일치법칙 참조.
5. **were→was** : every가 수식하는 명사는 단수형태를 쓰며, 동사도 단수형태를 쓴다.
6. **am→are** : A as well as B(B뿐만 아니라 A도)의 구문에서는 동사의 수를 A에 맞춘다.
7. **were→was** : The number of~의 구문에서는 문장주어가 number가 되므로 동사도 단수형을 사용한다.
8. **has→have** : 시간이 경과를 나타내는 경우에는 복수형을 쓴다.
9. **have→has** : many a는 단수명사를 수식하므로 동사도 단수형태를 쓴다.
10. **are→is** : some of 다음에 불가산 명사가 나오면 단수 취급한다.

Ⅱ 1. **is** : 가격은 단수취급 한다.
2. **is** : Ham and egg는 하나의 요리명이므로 단수 취급한다.
3. **were** : All이 사람을 나타내므로 복수 취급한다.
4. **are** : a number of는 복수명사를 수식할 뿐만 아니라 동사도 복수형태를 사용한다.
5. **wins** : 느리지만 꾸준히 하면 경주에서 이긴다 ; slow and steady가 의미상 단일개념을 이루기 때문에 단수형태를 쓴다.
6. **is** : A as well as B의 표현에서는 동사의 수를 A에 맞춘다.
7. **were** : 이 문장에서 The class는 학급 구성원들 개체에 중점을 둔 표현이므로 복수 취급한다.
8. **is** : The number of~의 구문에서 문장 주어가 number이므로 동사는 단수형을 쓴다.
9. **is** : 거리는 단수 취급한다.
10. **are** : half of 다음에 가산 복수명사가 나왔으므로 복수동사 형태를 사용한다.

Ⅲ 1. **if I needed a pen** : 의문사가 없는 의문문이므로 접속사는 if [whether]를 사용한다.
2. **what I wanted**
3. **if I was hungry**
4. **if / whether I had seen her grammar book**
5. **why the sky is blue**

3 Grammar Focus

1 종류 및 용도

1 A and B의 형태가 단수로 취급되는 경우

❶ 동일인, 동일물인 경우 : 서로 밀접한 관계를 가진 경우에는 단수 취급한다.

<u>The doctor and novelist</u> **is** present at the meeting. [의사겸 소설가]
  (의사이며 소설가인 사람이 그 회의에 참석했다.)
  cf. The doctor and the novelist **are** present at the meeting.
    (의사와 소설가가 그 회의에 참석했다.)
<u>The bow and arrow</u> **was** their favorite weapon. [활과 화살]
  (활과 화살은 그들이 가장 좋아하는 무기였다.)
<u>A black and white dog</u> **is** running over there. [바둑이]
  (바둑이가 저기 달려간다.)
<u>A needle and thread</u> **was** found on the floor. [실을 꿴 바늘]
  (실을 꿴 바늘이 마루에서 발견되었다.)

> **ex**
> brandy and water /물 탄 브랜디/
> a watch and chain /줄 달린 시계/
> *cf.* a watch and a chain /시계와 줄/
> a coach and two /쌍두마차/
> curry and rice /카레라이스/
> ham and eggs /(아침식사의) 햄에그/
> bread and butter /버터 바른 빵/

  cf. Bread and butter have risen in price. (버터와 빵 값이 올랐다.)

❷ 의미상 단일 개념일 때 : 전체가 하나의 관념을 나타내는 경우에는 단수 취급한다.

Slow and steady **wins** the race.
  (천천히 그리고 착실한 것이 경주에서 이긴다.)
All work and no play **makes** Jack a dull boy.
  (공부하고 놀지 않으면 바보가 된다.)
Trial and error **is** the source of our knowledge.
  (시행착오는 지식의 근원이다.)

Early to bed and early to rise **makes** a man healthy.
(일찍 자고 일찍 일어나면 건강해진다.)
Plain living and high thinking **is** a great ideal.
(검소한 생활과 고결한 사상은 위대한 이상이다.)
Three score and ten **is** the usual age of men. (인간의 평균 수명은 70세이다.)

❸ 각 단어가 every, each, no등으로 수식을 받는 경우에는 단수 취급한다.

Every policeman and (every) official **is** on the alert.
(모든 경찰과 공무원이 경계 태세에 있다.)
Every hour and **every** minute **is** important. (일분일초가 중요하다.)

2 복수 형태가 단수 취급을 받는 경우

❶ 수사 +「시간, 거리, 가격, 무게」
: 복수 명사가 하나의 통합된 단위를 나타내는 경우에는 단수 취급을 한다.

그러나 시간의 복수 명사가 시간의 경과를 나타내는 경우에는 복수 취급을 한다.

Twelve years **is** a long time to live abroad.
(12년은 외국에서 살기에는 긴 시간이다.)
cf. Twelve years **have passed** since he died.
(그는 12년 전에 죽었다. : 시간의 경과를 나타내므로 복수취급을 함.)
A year and a half **has passed** since he died.
(그는 1년 6개월 전에 죽었다; 1년 반은 2년이 못 되므로 단수 동사를 사용함.)
Ten thousand dollars **is** a lot of money. (만 달러는 많은 돈이다.)
Twenty miles **is** a long way to walk in a cold weather.
(20마일은 추운 날씨에 걷기에 먼 거리이다.)

❷ 국가, 서적, 학문, 질병, 신문 등의 이름은 복수라 할 지라도 단수 취급을 한다.

The united states of America **is** a republic. (미국은 공화국이다.)
Gulliver's Travels **was** written by Swift.
(걸리버 여행기는 (조나단)스위프트에 의해 쓰여졌다.)
Johnson's Lives of the Poets **is** a work of great interest.
(존슨의 시인 전은 상당히 재미있는 작품이다.)
The news **was** received throughout Korea with profound grief.
(그 소식은 한국 전역에 큰 슬픔으로 받아들여졌다.)
Physics **is** an important branch of learning. (물리학은 학문의 중요한 분야이다.)
Measles **is** an infectious disease. (홍역은 전염병이다.)

③ 주의를 요하는 일치의 법칙

❶ 近者 一致 法則 (The principle of proximity)

"근자 일치의 법칙"이란 동사에서 가까운 명사의 수에다 동사의 수를 일치시키는 법칙을 말한다.

(a) **either A or B와 neither A nor B : B에 수를 일치시킨다.**

Either you or **Tom** (**is**, are) responsible for the accident.
(너 혹은 Tom이 그 사건에 책임이 있다.)
Neither her sister nor **her mother**(**was**, were) present at the party.
(그녀의 누이도 그녀의 어머니도 모두 다 파티에 참석하지 않았다.)
→ either, neither, each가 대명사로 쓰이면 단수 취급한다.
Neither of the answers (**is**, are) satisfactory to me.
(두 개의 답변 모두 다 나에게 만족스럽지 않다.)
Each of them (**does**, do) his best. (그들 각자는 최선을 다한다.)

(b) **not only A but also B = B as well as A : B에 수를 일치시킨다.**

Not only the teacher but also **the students** (was, **were**) diligent.
= **The students** as well as the teacher (was, **were**) diligent.
(선생님뿐만 아니라 학생들도 부지런했다.)

❷ 기타

(a) many와 many a는 의미에 있어서 비슷하지만 many a 다음에는 단수 명사가 뒤따르며 동사도 단수 동사를 쓴다. 하지만 many는 복수 명사와 복수 동사를 각각 취한다.

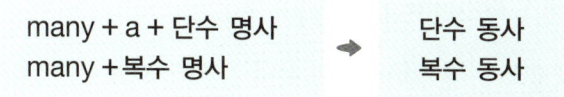

Many a student **has** made the same mistakes.
(많은 학생들이 동일한 실수를 저질러 왔다.)
= Many students **have** made the same mistakes.

(b) a total of~나 a supply of~는 복수 명사가 따르지만 동사는 단수 동사를 쓴다.

> a total of + 복수 명사
> a supply of + 복수 명사   ➡ 단수 동사

A large supply of toys **is** expected. (많은 장난감의 공급이 예상된다.)
A total of 546 Koreans **lives** in this country.
  (이 나라에 전부 546명의 한국인이 산다.)

(c) more than one 다음에 of가 뒤따르면 복수 명사를 쓰고 복수 동사를 쓰지만, of가 뒤따르지 않으면 단수 명사와 단수 동사를 쓴다.

> more than one + 단수 명사   ➡ 단수 동사
> more than one of + 복수 명사   복수 동사

More than one woman was injured in the accident.
  (두 명 이상의 여자들이 그 사고에서 부상을 당했다.)
More than one of the **women were** injured.
  (두 명 이상의 여자들이 다쳤다.)

(d) 부분을 나타내는 명사의 경우는 of 뒤에 나오는 명사의 수에 의해서 동사의 수가 결정된다.

> 부분의 명사 + of + 복수 명사 ➡ 복수 취급
>   단수 명사, 불가산 명사 ➡ 단수 취급
>
> ex) 분수, most, half, the rest, the majority, some, all, a lot, lots, portion, etc.

Three-fourths of the earth's surface **is** water.
  (지구 표면의 3/4은 물이다.)
Three-fourths of my friends **have** passed the exam.
  (내 친구의 3/4이 시험에 합격했다.)

(e) a number of나 the number of 모두다 복수 명사가 뒤따르지만 전자의 경우는 복수 동사를 쓰고 후자의 경우는 단수 동사를 쓴다.

> a number of + 복수 명사   ➡ 복수 동사
> the number of + 복수 명사   단수 동사

(f) A number of people **were** traveling in a horse carriage.
   (많은 사람들이 마차로 여행을 하고 있었다.)
   The number of tickets sold **is** astonishingly great.
   (팔린 표의 수는 놀랄 만큼 적다.)

> 집합 명사 : 전체를 단위로 봄 (단수 동사)
> 군집 명사 : 개체를 단위로 봄 (복수 동사)

My family **is** a large one. (우리 가족은 대가족이다.)
My family **are** all healthy. (우리 가족은 모두 건강하다.)

2 시제의 일치

주절의 시제에 따라 종속절의 시제가 변하는 것을 시제의 일치라고 한다.

1 주절의 시제

주절의 시제가 현재, 현재 완료, 미래인 경우에는 종속절에 모든 시제가 다 올 수 있다. 주절의 시제가 과거, 과거 완료면 종속절에 시제 일치를 시켜야 한다.

I believe that she { is / was / has been / will be / had been } happy.

He **told** me that he **was going to** write a letter.
   (그는 나에게 편지를 쓰겠다고 말했다.)
I **went** to his house so that I **might see** him.
   (나는 그를 만나기 위해서 그의 집에 갔다.)
He **told** me that he **had come** back the day before.
   (그는 나에게 그 전날 왔었다고 말했다.)

📁 참고

주절의 동사가 현재, 현재 완료, 미래면 명사절 동사에 변화가 없다.

She says, "I **watch** TV everyday."
⋯▸ She says she watches TV every day.
　　(그녀는 그녀 자신이 매일 TV를 본다고 말한다.)

She has said, "I **watch** TV everyday."
⋯▸ She has said that she watches TV every day.
　　(그녀는 그녀 자신이 매일 TV를 본다고 말했다.)

She will say, "I **watch** TV everyday."
⋯▸ She will say that she watches TV every day.
　　(그녀는 그녀 자신이 매일 TV를 본다고 말할 것이다.)

2 시제의 일치의 예외

❶ 불변의 진리 · 현재의 습관 · 사실 · 속담에는 항상 현재 시제를 사용한다.

　진리　The ancients did not believe that the earth **is** round.
　　　　(고대인들은 지구가 둥글다는 것을 믿지 않았다.)

　속담　He told me that honesty **is** the best policy.
　　　　(그는 나에게 정직은 최상의 정책이라고 말했다.)

　습관　He told me that he **takes a walk** for an hour **everyday.**
　　　　(그는 나에게 그가 매일 1시간 동안 산책을 한다고 말했다.)

　속담　I thought that time and tide **wait(s) for** no man.
　　　　(나는 세월이 사람을 기다리지 않는다고 생각했다.)
　　　　cf. Rome was not built in a day. (과거 사실 표시)
　　　　⇨ 로마가 하루 아침에 이루어지지 않았다는 것은 과거의 사실을 나타내기 때문에 과거형동사를 쓴다.

❷ 역사적 사실에는 항상 과거 시제를 사용한다.

　　He said that Columbus **discovered** America in 1492.
　　　(그는 콜럼버스가 1492년에 미국을 발견했다고 말했다.)
　　We learned at school that World War II **broke** out in 1939.
　　　(우리는 학교에서 2차 세계 대전이 1939년에 발발했다고 배웠다.)

❸ **가정법 시제는 시제 변화가 없다.** : 즉, 가정법은 시제 일치의 적용을 받지 않는다.

The girl **talks** as if she **were** a woman.
 (그 소녀는 마치 그녀가 성숙한 여인인 것처럼 말한다.)
⋯▶ The girl **talked** as if she **were** a woman.
 (그 소녀는 마치 그녀가 성숙한 여인인 것처럼 말했다.)

❹ **비교의 부사절(as, than)에서는 내용에 따라 결정된다.**

It **was** colder yesterday than it **is** today. (어제 날씨는 오늘보다 더 추웠다.)
He **was** stronger than he **is** now. (과거의 그는 현재의 그 보다 더 튼튼했다.)

❺ **should, must, ought to, need not 등은 그대로 쓴다.**

She said, "I **should watch** TV." (그녀는 그녀가 TV를 봐야 한다고 말했다.)
⋯▶ She said that she **should watch** TV.
She said, "I **ought to** watch TV."
⋯▶ she said that she **ought to watch** TV.

3 시제의 일치

남이 한 말을 다른 사람에게 전달하는 방법을 화법이라고 하며 다음과 같이 2가지 종류가 있다.

직접 화법 : 남의 말을 말한 그대로 인용하여 전달하는 방법.
간접 화법 : 남의 말을 전달하는 사람이 바꾸어 그 내용만을 전달하는 방법.

1 평서문의 전달

(1) 전달 동사가 ○ say이면 say를 그대로 쓴다.
　　　　　　　　○ say to이면 tell로 바꾼다.
(2) 피전달문은 that 절로 바꾼다.
(3) 인칭, 지시 대명사. 부사(구)는 전달자의 입장에서 적절히 바꾼다.
(4) 시제의 일치에 따른다.

⑴ My aunt says to me, "You are a beautiful girl."
　　(우리 숙모는 나에게 "너는 아름다운 소녀야."라고 말하신다.)
　⋯▸ My aunt **tells** me that I **am** a beautiful girl.
　　　(우리 숙모는 내가 아름다운 소녀라고 말하신다.)

⑵ He said to me, "I have received this letter today."
　　(그는 나에게 "내가 이 편지를 오늘 받았어."라고 말했다.)
　⋯▸ He **told** me that he **had received that** letter **that day**.
　　　(그는 나에게 그가 그 편지를 그날 받았다고 말했다.)

⑶ They said, "We met him here yesterday."
　　(그들은 "우리가 그를 여기서 어제 만났어."라고 말했다.)
　⋯▸ They said that they **had met** him **there the day before**.
　　　(그들은 그를 거기서 그 전날 만났다고 말했다.)

⑷ He said to me yesterday, "I will attend the party tomorrow."
　　(그는 나에게 어제 "나는 내일 파티에 갈 거야."라고 말했다.)
　⋯▸ He told me **yesterday** that he would attend the party **today**.
　　　(그는 나에게 어제 그가 그 파티에 오늘 참석할 것이라고 말했다.)

지시 대명사, 지시 형용사, 부사의 변화 (전달 동사가 과거인 경우)

this → that	now → then
here → there	these → those
ago → before	today → that day
tomorrow → the next day	yesterday → the day before
the following day	the previous day
last night → the night before	come → go
the previous night	tonight → that night

➔ 전달 동사에 시간, 장소 부사가 있을 경우에는 피 전달문의 부사를 그때 상황에 맞추어 적절히 바꾼다.

2 의문문인 경우

> (a) **전달동사** : say (to) → ask, inquire (of)
> (b) **피전달문** : 의문사가 있는 의문문 : 의문사 + 평서문 어순
>   의문사가 없는 의문문 : if (또는 whether) + 평서문 어순

(a) He said to me, "Where do you live?"
 (그는 나에게 "너 어디서 사니?"라고 말했다.)
 ⋯▶ He **asked** me **where** I lived.
  (그는 나에게 내가 사는 곳을 물었다.)

(b) He said to me, "Why were you absent yesterday?"
 (그는 나에게 "너 어제 왜 결석했니?"라고 말했다.)
 ⋯▶ He **asked** me why I **had been** absent the day before.
  (그는 나에게 그 전날 결석한 이유를 물었다.)

(c) He said to us, "Did you see him last night?"
 (그는 우리에게 "너희들 어젯밤 그를 만났니?"하고 말했다.)
 ⋯▶ He asked us **if** we **had seen** him the night before.
  (그는 우리들에게 우리가 그 전날 밤 그를 만났는지 물었다.)

※ 의문사가 주어 또는 보어이고, be동사가 오되 그 뒷부분이 길 때는 be를 뒤로 돌리지 않고 글의 안정감을 위해 어순을 그대로 한다.

(d) He said to me, "What is the matter with you?"
 (그는 나에게 "무슨 일이니?"하고 말했다.)
 ⋯▶ He asked me what was the matter with me.
  (그는 나에게 무슨 일인지를 물었다.)

(e) He said to me, "Shall I post this letter?"　의지미래
 (그는 나에게 "내가 이 편지를 부칠까요?"라고 말했다.)
 ⋯▶ He **asked** me **if** he should post that letter.
  (그는 나에게 그가 그 편지를 부쳐야 하는지를 물었다.)

3 명령문인 경우

전달 동사 : 피 전달문의 내용에 따라서 다르게 쓰며 그 전달 동사 다음에 「목적어 + to 부정사」의 형태를 취한다.

(1) **tell + 목적어 + to 부정사** : 일반적인 경우에는 동사를 tell로 쓴다.
(2) **ask(beg) + 목적어 + to 부정사** : 요청, 의뢰를 나타낼 때("please")에는 동사를 ask나 beg를 쓴다.
(3) **command(order) + 목적어 + to 부정사** : 지시, 명령을 나타낼 때(상하 관계)
(4) **advise + 목적어 + to 부정사** : 충고의 뜻이 포함될 때에는 전달동사를 advise로 한다. 특히 피 전달문에 had better가 있으면 advise를 쓴다.
(5) **suggest [propose] + (to~) + that ~(should) + 원형** : 피 전달문이 Let's~ 인 경우에는 suggest나 propose등의 동사를 쓰며 that절에는 (should)+원형 동사를 쓴다. 그러나 이 경우 접속사 that은 생략할 수 없다.
(6) **tell [advise] + 목적어 + not to 부정사** : 금지를 나타낼 때에는 to부정사 앞에 not을 붙인다.

cf. (a) He said to me, "Open the window."
(그는 나에게 "창문을 열어라."라고 말했다.)
⋯▸ He told me **to open the window.**
(그는 나에게 창문을 열라고 말했다.)
(b) He said to me, "Don't go out after dark."
(그는 나에게 "어두워진 후에 밖에 나가지 마라."고 말했다.)
⋯▸ He told(advised) me **not to go out after dark.**
(그는 나에게 어두워진 후에 외출하지 말라고 말했다.)
(c) I said to her, "Please wait here till I return."
(나는 그녀에게 "내가 돌아올 때까지 여기서 기다려 주세요"라고 말했다.)
⋯▸ I **asked** her **to wait there till I returned.**
(나는 그녀에게 내가 돌아올 때까지 거기서 기다리라고 말했다.)

📂 참고

Let이 유도하는 명령문은 그 내용에 따라서 offer 혹은 ask to be allowed 등을 쓴다.

"Let me show you the way." he said.
⋯▸ He **offered** to show me the way.
He said, "Let me go and say goodbye to John."
⋯▸ He **asked to be allowed** to go and say goodbye to John.

4 감탄문인 경우

감탄문의 화법 전환은 어떤 일정한 법칙이 있는 것이 아니며 내용에 따라 적당한 전달 동사와 수식어구를 골라 의미에 큰 변화가 없도록 주의하면 된다.

❶ 전달 동사를 cry(out), exclaim, shout, remark, confess 등으로 고친다.

❷ 감탄문 어순을 그대로 두는 방법과 평서문으로 고쳐서 **very**를 보충하는 방법이 있다.

❸ 감탄사의 처리

Hurrah	⋯▶ with delight, with joy
Bravo	⋯▶ with applause
Alas	⋯▶ with a sigh, in sorrow, with regret.

(a) He said, "How beautiful she is!"
   (그는 "그녀가 얼마나 아름다운지!"라고 말했다.)
   ⋯▶ He cried out how **beautiful she was**.
   ⋯▶ He said that **she was very beautiful**.

(b) He said, "Hurrah! We have won the game!"
   (그는 "만세! 우리가 시합에서 이겼다!"고 말했다.)
   ⋯▶ He exclaimed **with delight** that they had won the game.

(c) He said, "Alas! I have failed!"
   (그는 "아! 내가 실패하다니!" 하고 말했다.)
   ⋯▶ He cried out **with a sigh** that he had failed.

5 기원문인 경우

| 신에 대한 기원일 때 | pray that + S + may... |
| 화자의 소망일 때 | express one's wish that + S + may... |

(a) He said, "God bless me!"
   (그는 "신이여 축복해 주소서!"라고 말했다.)
   ⋯▶ He prayed that God **might** bless him.
       (그는 신이 그에게 축복을 내리기를 기원했다.)

(b) He said to me, "May you succeed!"
   (그는 나에게 "성공하길 빕니다!"라고 말했다.)
   ⋯▸ He **expressed his wish** that I might succeed.
      (그는 내가 성공하길 기원했다.)

6 중문, 복문, 두 문장 이상의 전달

❶ 피 전달문이 and나 but으로 연결된 중문인 경우 : and, but 뒤에 that이 온다.

He said, "I'm sorry, but I can't go out now."
   (그는 "미안하지만 나는 지금 나갈 수가 없어."라고 말했다.)
⋯▸ He said that he was sorry, but that he couldn't go out then.
   (그는 미안하지만 그때 나갈 수가 없었다고 말했다.)

▷ 간접 화법으로 바꿀 때 접속사 for 다음에는 that을 붙이지 않는다.
cf. He said, "It will rain, for the sky is cloudy."
   (그는 "비가 올 거야. 왜냐면 구름이 끼어 있어."라고 말했다.)
⋯▸ He said that it would rain, for the sky was cloudy.
   (그는 하늘에 구름이 많아서 비가 올 것이라고 말했다.)

❷ 피 전달문이 「명령문 + and, or」인 경우

: and나 or를 그대로 쓰는 방법과 if절로 고쳐서 화법을 바꾸는 방법이 있다.

He said to me, "Hurry up, and you will be in time."
   (그는 나에게 "서둘러라, 그러면 제 시간에 도착할 거야."라고 말했다.)
⋯▸ He told me to hurry up and I should be in time.
   (그는 나에게 서두르면 제 시간에 도착할 거라고 말했다.)
⋯▸ He told me that if I hurried up I should be in time.

❸ 피 전달문이 종류가 다른 두 개 이상의 문장으로 구성되어 있는 혼합문의 경우

: 두 문장을 and로 연결하고 문장의 종류가 다를 때는 각각 거기에 맞는 전달 동사를 반복하여 사용한다.

He said to me, "It's late. Why don't you start?"
   (그는 나에게 "시간이 늦었어. 왜 출발하지 않니?"라고 말했다.)
⋯▸ He **told** me that it was late and asked me why I didn't start.
   (그는 나에게 시간이 늦었다고 말하고 왜 내가 출발하지 않은지를 물었다.)

7 기타

❶ He said, "Yes" ⋯▶ He answered (replied) in the affirmative.
　(그가 "예."라고 말했다.)　He agreed. (or assented)
　　　　　　　　　　　　He said yes.

❷ He said, "No" ⋯▶ He answered (replied) in the negative.
　(그가 "아니오."라고 말했다.)　He denied.
　　　　　　　　　　　　　　He said no.

❸ He said to me, "Hello!" ⋯▶ He greeted me.
　(그가 내게 "안녕!"이라고 말했다.)　He saluted me
　　　　　　　　　　　　　　　　He said hello to me.

❹ He said to me, "Goodbye." ⋯▶ He bade[wished] me goodbye.
　(그가 내게 "잘가."라고 말했다.)

❺ He said to her, "Thank you." ⋯▶ He thanked her.
　(그가 그녀에게 "고마워."라고 말했다.)

❻ He said to me, "Good morning." ⋯▶ He wished me a good morning.
　(그가 내게 "좋은 아침이야."라고 말했다.)

8 묘출 화법

- 직접 화법과 간접 화법의 중간적 성격을 가지는 화법 형태이다.
- 소설 등에서 볼 수 있는 생생한 표현이다.
- 형태 ─ 문장의 어순. 구두점 : 직접 화법 (인용 부호 제외)의 형태를 따른다.
　　　 ─ 인칭, 시제 : 간접 화법의 형태를 따른다.

(a) She whispered something, and asked was that enough. 〔묘출 화법〕
　　(그녀는 뭔가를 속삭이고 나서, 그것이 충분한지를 물었다.)
　　She whispered something, and said, "Is this enough?" 〔직접 화법〕

(b) She asked me, **would I** go to the movie? 〔묘출 화법〕
　　(그녀는 내게, "영화 구경 갈 거니?"하고 물었다.)
　　She asked me, "Will you go to the movies?" 〔직접 화법〕
　　She asked me **if I would** go to the movies. 〔간접 화법〕

Grammar Drill

다음 영문에서 (   ) 안에 있는 동사의 현재형을 밑줄 친 곳에 쓰시오.

문 제

1. Denny and his friend _____ coming to the anniversary party tomorrow night. (be)
2. One of the countries I would like to visit _____ Italy. (be)
3. Each of the students _____ a notebook. (have)
4. There _____ an incorrect statement in that newspaper article. (be)
5. Most people _____ to go to the zoo. (like)
6. The subjects you will be studying in this course _____ listed in the syllabus. (be)
7. Making pies and cakes _____ Mrs. Ahn's specialty. (be)
8. Where _____ your parents live? (do)
9. A number of students _____ absent today. (be)
10. The number of students at that university _____ approximately 10,000. (be)

해설 및 정답

1. **are** : 둘 이상의 주어가 and에 의해 연결되면 복수 동사를 사용한다.
2. **is** : 주어가 one이다.
3. **has** : 이 문장의 주어는 each이므로 단수 동사를 쓴다.
4. **is** : 주어가 statement이다.
5. **like** : people이 사람들이란 의미로 사용되면 항상 복수 동사를 쓴다.
6. **are** : subjects가 주어이므로 복수 동사를 쓴다.
7. **is** : 동명사(making)가 주어이므로 단수 동사이다.
8. **do** : parents가 주어이므로 복수 동사인 do가 적합하다.
9. **are** : a number of 다음에는 복수 명사가 따르고 동사도 복수 형태의 동사를 취한다.
10. **is** : the number of 다음에는 복수 명사가 따른다 할지라도 단수 형태에 맞는 동사를 쓴다.

Practice Test A

다음 _____ 안에 들어갈 적당한 표현을 고르세요.

1. The officers of the company _____ today at 1:00.

    (A) is meeting   (B) meets
    (C) has met   (D) are meeting

   주어(officers)가 복수이므로 동사도 복수형태가 되어야 한다.
   [번역] 그 회사의 임원들은 오늘 10시에 만날 예정이다.
   [정답] (D)

2. International Communications _____ merging with ERI.

    (A) is   (B) are
    (C) has been   (D) have been

   회사명(International Communications)은 복수형태라 할지라도 단수취급!
   [번역] 국제통신(International Communications)은 ERI와 합병할 것이다.
   [정답] (A)

3. Tickets for the benefit _____ sold at the National Theater.

    (A) to be   (B) is being
    (C) has been   (D) are being

   문장의 주어가 tickets이므로 복수 동사가 필요하다.
   [번역] 자선 공연의 티켓은 국립 극장에서 판매중이다.
   [정답] (D)

4. "Is it a message of importance?"
   "Yes, it is a message of importance for every man and woman who _____."

    (A) votes   (B) vote
    (C) voting   (D) are vote

   every나 each등이 수식하는 경우에는 단수로 취급한다.
   [번역] "그것은 중요한 메시지입니까?"
   "예, 그것은 투표하는 모든 남녀에게 중요한 메시지입니다."
   [정답] (A)

5. The motor vehicle division _____ decided to expand its hours of operation.

    (A) have   (B) has
    (C) are   (D) will

   division은 단수로 취급한다.
   [번역] 그 자동차 사업부는 영업시간을 늘리기로 결정했다.
   [정답] (B)

일치와 화법 • 89

6. The manager from headquarters _____ us this afternoon.

   (A) visit
   (B) to visit
   (C) visits
   (D) visiting

주어가 단수(manager)이므로 단수동사(visits)를 쓴다.
[번역] 본부에서 온 관리자는 오늘 오후에 우리를 방문한다.
[정답] (C)

7. A lot of the books in my office _____ very valuable to me.

   (A) is
   (B) are
   (C) has
   (D) have

문장의 주어가 books이므로 복수 동사가 필요하며, 보어가 valuable이므로 be동사가 필요하다.
[번역] 내 사무실에 있는 많은 책들은 나에게 매우 귀중하다.
[정답] (B)

8. Chinese _____ more than 50 thousand written characters.

   (A) has
   (B) have
   (C) is
   (D) are

Chinese = Chinese language. 주어가 단수이며 목적어인 characters가 있으므로 밑줄 친 부분은 단수 형태의 타동사가 필요하다.
[번역] 중국어에는 5만 개 이상의 문자가 있다.
[정답] (A)

9. A stranger said to me the other day, "What time does the train start?"
= A stranger asked me the other day what time the train _____.

   (A) starts
   (B) started
   (C) did start
   (D) will start

현재의 규칙적인 습관이나 사실 등은 그대로 현재형을 쓴다.
What time does the train start?: 기차가 몇 시에 출발합니까?
[번역] 요전 날 어떤 낯선 사람이 나에게 기차가 몇 시에 출발하는지를 물었다.
[정답] (A)

10. Studies _____ that physical health is closely linked to mental health.

    (A) have
    (B) show
    (C) explains
    (D) demonstrates

문장의 주어가 studies이므로 복수 동사가 필요하다.
[번역] 연구 결과는 육체적 건강이 정신 건강과 밀접하게 연관되어 있음을 보여준다.
[정답] (B)

Practice Test B

다음 문장의 밑줄 친 곳에서 올바르지 않은 것을 고르세요.

1. <u>Studying</u> history <u>make</u> me learn <u>a lot</u> about <u>my</u> country.
   (A)   (B)   (C)   (D)

   동명사(studying)가 주어이다. 동명사는 단수 취급! 따라서 동사는 make가 아니라 makes가 되어야 한다.
   learn a lot about~: ~에 대해서 많이 배우다.
   [번역] 역사를 공부함으로써 나는 내 나라에 대해서 많이 배우게 된다.
   [정답] (B) (make → makes)

2. Western Industries <u>are</u> the nation's <u>largest</u> <u>manufacturer</u> of heavy <u>equipment</u>.
                      (A)   (B)   (C)   (D)

   Western Industries가 회사명이므로 복수형태라 할지라도 단수동사!
   [번역] 웨스턴 인더스트리는 그 나라에서 가장 큰 중장비 제조회사이다.
   [정답] (A) (are → is)

3. Bill, <u>as well as</u> George, <u>are going</u> to watch <u>the</u> baseball game <u>next</u> Sunday.
         (A)   (B)   (C)   (D)

   Bill as well as George의 구문에서 주어는 Bill이다. 따라서 동사는 are가 아니라 is로 되어야 문법적이다.
   [번역] 조지뿐만 아니라 빌도 다음 일요일에 야구경기를 볼 예정이다.
   [정답] (B) (are going → is going)

4. A team <u>of</u> the <u>company's</u> best <u>writers</u> <u>produce</u> the annual report.
            (A)   (B)   (C)   (D)

   문장의 주어가 단수형태(team)이므로 동사도 단수형태를 쓴다.
   [번역] 회사 내에서 가장 글을 잘 쓰는 사람들로 이루어진 팀이 연간 보고서를 작성한다.
   [정답] (D) (produce → produces)

5. The museum <u>uses</u> volunteers from the community who act as <u>a guide</u> <u>to show</u> visitors the displays <u>of local artists' work</u>.
                (A)   (B)   (C)   (D)

   who의 선행사는 volunteers로 복수이다. 따라서 B도 선행사의 수에 일치시켜야 한다.
   [번역] 박물관은 방문객들에게 지방 예술가의 작품을 보여주는 안내인을 그 지역사회의 자발적인 지원자로 충당했다.
   [정답] (B) (a guide → guides)

Final Test

1. We said to her, "Let's go on a picnic."
   = We _____ her that we should go on a picnic.

   (A) suggested
   (B) proposed to
   (C) told
   (D) advised

   [Let's~] 형식의 화법 전환에서 전달 동사는 suggest, propose등의 3형식 동사를 이용하여 전환한다.
   [번역] 우리는 그녀에게 피크닉을 가자고 제안했다.
   [정답] (B)

2. She said, "I met him two weeks ago."
   = She said that _____.

   (A) I had met him two weeks ago
   (B) she had met him two weeks before
   (C) she met him two weeks before
   (D) she met him two weeks ago

   ago는 기준점이 현재(지금부터 얼마 전)이고, before는 기준점이 과거(과거부터 얼마 전)이다.
   [번역] 그녀는 그를 2주 전에 보았다고 말했다.
   [정답] (B)

3. She said to him, "Did you see me yesterday?"
   = She asked him if _____.

   (A) you saw me yesterday
   (B) you had seen him yesterday
   (C) he had seen her the day before
   (D) he had seen me the previous day

   yesterday는 the day before, 혹은 the previous day로 바꾼다.
   [번역] 그녀는 그에게 그녀를 어제 보았냐고 물었다.
   [정답] (C)

4. She said to me, "Have you been to the post office?"
   = She asked me _____ to the post office.

   (A) if I had been
   (B) whether you had been
   (C) whether I've been
   (D) if you had been

   전달 동사가 과거이면 피 전달문의 현재 완료는 과거 완료 시제로 바뀐다.
   [번역] 그녀는 나에게 우체국에 갔다 왔냐고 물었다.
   [정답] (A)

5. The teacher said, "The Civil War broke out in 1861."
   = The teacher said that the Civil War _____ out in 1861.

   (A) break   (B) broke
   (C) breaks   (D) had broken

   break out: (전쟁 등이) 일어나다. 역사적 사실은 과거시제를 쓴다.
   [번역] 선생님은 미국의 남북 전쟁이 1861년에 발발했다고 말했다.
   [정답] (B)

6. Where to find him and how to find him _____ to us.

   (A) is not known
   (B) are not known
   (C) no known
   (D) has no known

   두 어구가 접속사 and로 연결되었지만 주어인 절이 단일 개념을 나타내므로 단수이다.
   [번역] 어디서 어떻게 그를 찾아야 하는지 우리는 모른다.
   [정답] (A)

7. There _____ the last piece of cake and the last spoonful of ice cream.

   (A) we go   (B) goes
   (C) go   (D) are losing

   주어는 cake와 ice cream으로 복수이다.
   [번역] 마지막 한 조각의 케이크와 한 숟갈의 아이스크림이 놓여있다.
   [정답] (C)

8. The subject of these lectures _____ by the lectures committee.

   (A) announces
   (B) have been announced
   (C) announced
   (D) has been announced

   문장의 주어는 subject이기 때문에 단수이다. 또한 by로 보아 수동태 구문이다.
   [번역] 이 강연의 주제는 강연 준비 위원회에 의하여 발표되었다.
   [정답] (D)

9. She is one of the few girls who _____ passed the examination.

   (A) has   (B) have
   (C) had   (D) was

   who의 선행사는 복수의 girls이며, 시점은 현재이다.
   [번역] 그녀는 시험에 합격한 소수의 여자들 중 한 명이다.
   [정답] (B)

※ Select the part (A, B, C or D) which is not acceptable for standard written expression.

10. There was no organized sports program at
    (A)   (B)
    the resort , but tennis courts, a golf course,
    and a well-equipped gymnasium was
         (C)   (D)
    available.

    A는 주어가 program이므로 맞는 표현이지만 D는 주어가 tennis courts, a golf course, and well-equipped gymnasium이므로 복수이다. 따라서 D는 복수 동사로 고쳐야 한다.
    [번역] 그 휴양지에는 조직적인 스포츠 프로그램은 없었지만, 테니스장, 골프장, 그리고 잘 설비된 체육관을 이용할 수 있다.
    [정답] (D) (was → were)

11. In order to make useful generalizations, the
              (A)   (B)
    sociologist, like the historian, at times
                                     (C)
    simplify the facts.
    (D)

    3인칭 단수 the sociologist가 주어이므로 동사도 단수 형태인 simplifies가 맞다.
    [번역] 사회학자는 역사학자처럼 유용한 일반화를 위해서 때때로 사실을 단순화시킨다.
    [정답] (D) (simplify → simplifies)

12. Perhaps the easiest and simplest and, hence,
                (A)   (B)
    the most common form of entertainment
    outside the home are going to the movies.
         (C)   (D)

    주어는 form이므로 단수 동사를 사용해야 한다.
    entertainment: 오락
    [번역] 가장 쉽고 간단하여 집밖에서 이루어지는 가장 보편적인 형태의 오락은 아마도 영화 구경가는 일일 것이다.
    [정답] (D) (are → is)

13. Understanding the cultural habits of another
                                           (A)
    nation, especially one containing so many
            (B)
    diversified sub-cultures as the United States,
                              (C)
    are a complex, bewildering task.
    (D)

    동명사인 Understanding이 주어이므로 단수 취급한다.
    [번역] 다른 나라, 특히 미국과 같이 매우 다양한 지역 문화를 갖고 있는 나라의 문화적 관습을 이해하는 것은 복잡하고 골치 아픈 일이다.
    [정답] (D) (are → is)

14. The rest of the stockholders will receive his
                                  (A)   (B)
    reports in the mail along with a copy of
            (C)
    today's proceedings.
    (D)

    stockholders가 복수이므로 the rest를 복수취급해야 한다.
    [번역] 나머지 주주들은 오늘의 시세표 사본과 함께 우편으로 그들의 보고서를 받게 될 것이다.
    [정답] (B) (his → their)

15. Traditionally, there has been only two major
    (A)   (B) (C)
    political parties in the United States the
                     (D)
    Republicans and the Democrats.

there [here]로 유도되는 구문은 동사 뒤에 오는 주어의 수와 인칭에 동사를 일치시킨다. 한편 이 문장의 주어는 parties이므로 복수이다.
[번역] 전통적으로 미국에는 공화당과 민주당이라는 두 주요 정당이 있어왔다.
[정답] (C) (has been → have been)

16. No visitor or relative can enter the patient's
                          (A)
    room unless they are invited by the doctor.
         (B)   (C)   (D)

주어가 단수이므로 C는 단수인 he is가 되어야 맞는 표현이다.
[번역] 의사의 허락을 받지 않은 어떤 방문객이나 친척도 환자의 방에 들어갈 수 없다.
[정답] (C) (they are → he is)

17. On the stock exchange, the word "margin"
    refer to funds that speculators deposit with
    (A)   (B)
    their brokers to protect the brokers against
                   (C)   (D)
    loss.

주어(the word)가 단수이므로 동사도 일치시킨다.
[번역] 주식거래에 있어서 "증거금"이란 말은 투자자가 증권 중개인들에게 그들이 손해보지 않도록 예치 시켜주는 자금을 지칭한다.
[정답] (A) (refer → refers)

18. It has been estimated that the efforts of a
    (A)
    mere one per cent of its total population
    (B)   (C)
    moves the world forward.
    (D)

주어가 복수인 the efforts이다.
[번역] 전 세계의 단 1퍼센트의 노력만이 이 세계를 진보시킨다고 평가되어 왔다.
[정답] (D) (moves → move)

19. The detective told us in his talk that every
                     (A)   (B)
    human being have a distinctive set of finger
                (C)   (D)
    prints.

every가 수식하는 것은 단수 취급하므로 has가 타당하다.
[번역] 형사는 우리에게 모든 인간은 각기 다른 지문을 가지고 있다고 말했다.
[정답] (C) (have → has)

20. <u>These</u> particular kind of <u>fruit</u> always seems
       (A)   (B)
    to take <u>an</u> <u>unusually</u> long time to ripen.
            (C)   (D)

    [번역] 이 특별한 종류의 과일은 항상 익는데 유난히 시간이 많이 걸리는 것 같다.
    [정답] (A) (These → This)

21. Unfortunately, <u>two of the</u> boys <u>has been bit</u>
                      (A)   (B)
    by snakes the <u>last time</u> the family camped <u>in</u>
                   (C)   (D)
    the valley.

    복수 주어이므로 복수 동사를 쓴다.
    [번역] 불행히도 두 소년이 지난번 그의 가족이 계곡에 캠프를 쳤을 때 뱀에 물렸다.
    [정답] (B) (has been bit → have been bit)

22. To Mrs. Foster and Miss Rosen the advice
    sounded <u>wrong</u>, but everyone <u>else</u> at the
            (A)   (B)
    meeting <u>consider</u> it <u>sound</u>.
          (C)   (D)

    everyone이 단수이므로 considers가 되어야 한다.
    [번역] 포스터 부인과 로젠양에게는 그 충고가 틀린 것처럼 들렸다. 그렇지만 그 모임의 다른 모든 사람들은 그 충고가 옳다고 생각한다.
    [정답] (C) (consider → considers)

23. The principal speakers <u>at</u> the news
                            (A)
    conference <u>agreed that</u> the ways in which
              (B)
    television can educate a person <u>is</u> <u>almost</u>
                                   (C)   (D)
    infinite.

    that절의 주어가 the ways이므로 are이 맞다.
    [번역] 기자 회견장의 주요 연사들은 인간을 교육시킬 수 있는 텔레비전의 방법이 무한하다는데 동의했다.
    [정답] (C) (is → are)

24. That intelligence tests <u>actually</u> <u>give</u> a
                          (A)   (B)
    measurement of the intelligence of
    individuals <u>are</u> questioned <u>by some</u> eminent
            (C)   (D)
    psychologists.

    전체 문장의 주어는 That ~individuals에 이르는 명사절이므로 단수 취급을 한다.
    [번역] 지능 검사가 실제로 개인의 지능을 측정한다는 사실에 몇몇 저명한 심리학자들이 의문을 제기하였다.
    [정답] (C) (are → is)

Chapter 4

동사의 시제
Tense of Verbs

1 Grammar Preview

1 단순현재시제 (Simple Present)

1 일반적 사실이나 진리

Water **consists of** hydrogen and oxygen. (물은 수소와 산소로 이루어져 있다.)
The world **is** round. (지구는 둥글다.)

2 습관적인 활동

He **gets up** at seven in the morning. (그는 아침 7시에 일어난다.)
My classes **begin** at nine thirty. (내 수업은 9시 30분에 시작한다.)

3 시간이나 조건의 부사절에서 미래시제대용

When Denny **comes**, we will see him.
   (데니가 오면, 우리가 그를 만날 것이다.)
When it **stops** raining, we'll go out.
   (비가 멈추면, 우리는 밖으로 나갈 것이다.)
If it **rains** tomorrow, the meeting will be put off.
   (내일 비가 온다면, 회의는 연기될 것이다.)
   cf. I don't know when he **will come** back.　명사절
     (나는 언제 그가 돌아오는 지를 모른다.)

2 현재진행형 (Present Progressive)

1 말하는 시점에서의 동작의 진행

Why **are** you **sitting** at my desk?
   (너는 무슨 일로 내 책상에 앉아있니?)
She **is sleeping** right now.
   (그녀는 지금 자고 있다.)

② **문장주어의 직업과 관련된 일들의 일정기간의 표현** (주, 월, 연간 단위 등)

Seo-yeon **is taking** seven courses this semester.
(서연이는 이번 학기에 7개 과목을 수강하고 있다.)
She **is writing** another book this year.
(그녀는 금년에 또 다른 책을 집필하고 있다.)

③ **현재진행형이 always, forever, constantly등의 부사와 함께 쓰이면 동작의 반복이나 행위자의 습관을 나타낸다.**

He is **always** complaining about the weather.
(그는 항상 날씨를 불평한다.)
She is **always** leaving her dirty socks on the floor.
(그녀는 항상 더러운 양말을 마루에 벗어 놓는다.)

3 과거시제에서의 순서문제

① **두 절이 모두 단순 과거시제인 경우는 when절의 동작이 먼저 일어난 것으로 본다.**

I stood under a tree when it began to rain.
(비가 내리기 시작했을 때 나는 나무 아래에 서 있었다.)
(선행: The rain began.   후행: I stood under a tree.)

② **과거진행형과 단순과거시제가 접속사로 연결된 경우에는 과거진행형의 동작이 먼저 일어난 것으로 본다.**

I was walking down the street when it began to rain.
(내가 길을 내려가고 있을 때 비가 내리기 시작했다.)
(선행: I was walking down the street.   후행: It began to rain.)

2 Grammar Check-up

I 각 문장의 ( )안에 들어갈 올바른 형태를 고르시오.

1. She ( ) English before she came to America.

    (A) has studied (B) was studying
    (C) studied (D) had studied

2. We will wait until you ( ) dinner.

    (A) will finish (B) finish
    (C) have finished (D) have been finished

3. I will go shopping with her when she ( ) back.

    (A) will come (B) has come
    (C) will have come (D) comes

4. Let's go home before it ( ).

    (A) will rain (B) won't rain
    (C) rains (D) doesn't rain

5. I ( ) my homework by the time my friends come to see me.

    (A) have finished (B) shall have finished
    (C) shall be finished (D) finished

6. When the telephone rang, Mary ( ) TV.

    (A) is watching (B) was watching
    (C) will watch (D) watched

7. I will go downtown after I ( ) my homework.

    (A) do (B) did
    (C) will do (D) will have done

8. You will come as soon as you ( ) dinner, won't you?

    (A) will finish (B) finished
    (C) have finished (D) had finished

9. She ( ) the book once when she was sixteen.

   (A) reads
   (B) has read
   (C) read
   (D) has been reading

10. John ( ) home when they went to see him.

    (A) has left
    (B) had left
    (C) leaves
    (D) will leave

II 다음 문장들의 ( ) 안의 표현 중에서 적절한 형태를 선택하시오.

1. How long (do you live, are you living, have you been living) in Korea, Mary? You speak Korean very well.

2. Mary is such a fast reader. By the time I finished the first chapter, she (read, had read, was reading) the third chapter.

3. Mrs. Robinson asked me (that I had, if I had, had I) already made my plans for the weekend.

4. The professor advised that Dong-su (speak, will speak, has spoken) to his parents before he makes a final decision about his future.

5. By the time he retires, Professor Smith (will teach, has taught, will have taught, will be teaching, has been taught) for almost forty years.

6. Let's go home as soon as we (will finish, have finished, will have finished, finished) the work.

7. I don't know if he (visit, will visit, will have visited, visited, visits) us next Saturday.

8. It will be dark by the time he (gets, get, will get, will have got) there.

9. She said that she (returned, had returned, would return) two days before.

10. Please lend me the book when you (have read, will read, will have read) it.

III. ( ) 안의 동사를 필요에 따라 적절한 형태로 변화시키시오.

1. As the boy did not come back, they believed that he (lose) himself in the crowd.

2. Three years (pass) since he came to my town.

3. What shall we do if it (rain) next Saturday?

4. Columbus proved that the world (be) round.

5. By the time the policeman arrived, the criminal (escape).

IV. 다음 밑줄 친 곳에 적절한 어구로 채우시오.

1. By the time I go to bed tonight, I _____ my work for the day.
   - (A) will finish
   - (B) have finished
   - (C) will have finished
   - (D) finish

2. Before I started the car, all of the passengers _____ their seat belts.
   - (A) will buckle
   - (B) had buckled
   - (C) buckle
   - (D) have buckled

3. Tony _____ to have children until his little daughter was born. After she won his heart, he decided he wanted a big family.
   - (A) didn't want
   - (B) hadn't wanted
   - (C) wasn't wanting
   - (D) hasn't wanted

4. Ever since Maurice arrived, he _____ quietly in the corner. Is something wrong?
   - (A) sat
   - (B) has been sitting
   - (C) sits
   - (D) is sitting

5. The farmer acted too late. He locked the barn door after his horse _____.
   - (A) had been stolen
   - (B) will be stolen
   - (C) is stolen
   - (D) has been stolen

정답 및 해설

Ⅰ 1. (D) : 그녀는 미국에 오기 전에 영어를 공부했었다 ; 과거(came) 이전의 시제를 표현해야 하므로 과거완료(had studied)가 적합하다.
   2. (B) : 때나 조건의 부사절에서는 현재가 미래를 대신하므로 finish가 적합하다.
   3. (D) : when이 이끄는 절이 때를 나타내는 부사절이므로 현재시제(comes)로 미래를 표현한다.
   4. (C) : before가 이끄는 절이 때를 나타내는 부사절이므로 현재시제(rains)가 미래를 표현한다.
   5. (B) : 전치사 by로 미루어보아, 미래 어떤 시점에서의 완료형이 요구된다. 따라서 미래 완료형이 적합하다.
   6. (B) : 과거 어떤 시점에서의 순간적인 동작이므로 과거 진행형이 적합하다.
   7. (A) : after 이하가 때를 나타내는 부사절이므로 현재시제(do)가 미래를 대신한다.
   8. (C) : 때나 조건의 부사절에서는 현재완료시제가 미래완료시제를 대신한다.
   9. (C) : 과거의 어떤 시점에서의 행위이므로 과거시제가 적합하다.
   10. (B) : 그들이 그를 만나러 갔을 때 존은 이미 집을 떠난 뒤였다 ; 과거 이전의 시간이므로 과거완료시제가 적합하다.

Ⅱ 1. **have you been living** : 현재까지의(동작의) 계속을 나타낼때는 현재완료형시제를 사용한다.
   2. **had read** : 과거(finished)의 어떤 시점까지의 완료(by)를 표현할때는 과거완료(had read) 시제를 쓴다.
   3. **if I had** : 이 문제에서의 if절은 동사(asked)의 직접목적어에 해당되므로 명사절이다.
   4. **speak** : 명령, 제안, 주장, 요구 등을 나타내는 경우에는 that절의 시제는(should) 원형동사이다. advised에 착안할 것.
   5. **will have taught** : 미래의 어떤 시점까지의 완료이므로 미래완료시제가 적합하다.
   6. **have finished** : as soon as가 이끄는 절은 때의 부사절이므로 현재완료시제가 미래완료시제를 대신한다.
   7. **will visit** : 이 문제에서의 if절은 know의 목적어 역할을 하므로 명사절이다.
   8. **gets** : by the time이 이끄는 절은 때를 나타내는 부사절이다.
   9. **had returned** : 과거(said) 이전의 시제를 표현해야 하므로 과거완료시제가 적합하다.
   10. **have read** : when이 이끄는 절이 때의 부사절이므로 현재완료가 미래완료를 대신한다.

Ⅲ 1. **had lost** : 과거 이전의 시제인 과거완료가 적합하다.
   2. **have passed** : since가 「~이래로」의 의미를 가질때에는 주절의 시제는 일반적으로 현재완료(진행형)의 시제가 적합하다.
   3. **rains** : if절은 조건의 부사절이므로 현재시제가 미래를 대신한다.
   4. **is** : 진리를 표현할 때는 항상 현재시제이다.
   5. **had escaped** : 과거(arrived)의 어떤 시점까지의 완료(by)를 나타내기 위해서는 과거완료 시제가 요구된다.

동사의 시제 ▪ 103

Ⅳ 1. (C) : 미래의 어떤 시점에서의 완료를 나타내기 위해서는 미래완료형을 사용한다.
2. (B) : 과거(started) 이전의 시제를 표현해야 하므로 과거완료시제가 적합하다.
3. (B) : 과거의 어떤 시점까지(was born)의 상태의(want) 계속이므로 과거완료시제가 적합하다.
4. (B) : since 「~이래로」의 의미이고, since 절의 동사가 과거시제이므로, 주절은 현재완료진행형이 적합하다.
5. (A) : 과거 이전의 시제는 과거완료이다.

3 Grammar Focus

1 종류 및 용도

> 동사의 시제는 원형을 기준으로 하여 12가지의 변화를 보이므로 12시제라는 말을 사용해 왔다. 그러나 동사의 시제에서 주의할 점은 각 시제별 개념을 파악하는 일인데, 특히 진행형 시제에 대한 정확한 이해가 필요하다. 진행형을 보통 한국인들이 파악하기로는 동작을 하고 있다는 개념에 사로잡혀있다고 해도 지나친 표현은 아닐 것이다. 그러나 시제의 개념상 진행형은 순간적인 동작의 진행에 있다고 보아야 할 것이다. 따라서 순간적인 동작의 개념이 아닌 상태동사나 관념동사 등은 진행형 시제를 사용할 수 없다. 이 부분에서는 동사의 종류에 집착하기보다는 동일한 동사라 할지라도 어떠한 의미로 사용되고 있는가 하는 개념상의 이해에 중점을 둔 학습이 이루어져야 한다.

1 기본시제

- **① 현재시제**

    I watch television every day. (나는 매일 텔레비전을 본다.)

- **② 과거시제**

    I watched television last night. (나는 어젯밤에 텔레비전을 보았다.)

- **③ 미래시제**

    I will watch television tonight. (나는 오늘밤에 텔레비전을 볼 것이다.)

2 완료시제

- **① 현재완료** `have [has]+p.p`

    I have already **eaten**. (나는 이미 먹었다.)

❷ 과거완료　`had+p.p`

　I **had** already **eaten** when they arrived.
　　(그들이 도착했을 때 나는 이미 먹었다.)

❸ 미래완료　`wil [shall]have+p.p`

　I **will** already **have eaten** when they arrive.
　　(그들이 도착하면 나는 벌써 먹었을 것이다.)

③ 진행형

❶ 현재 진행형　`is [am, are]+~ing`

　He **is sleeping** right now. (그는 지금 자고 있는 중이다.)

❷ 과거 진행형　`was [were]+~ing`

　He **was sleeping** when I arrived. (내가 도착했을 때 그는 자고 있었다.)

❸ 미래 진행형　`will [shall] be +~ing`

　He **will be sleeping** when I arrive. (내가 도착하면 그는 자고 있을 것이다.)

❹ 현재 완료 진행형　`have [has] been +~ing`

　I **have been studying** for two hours. (나는 지금 두 시간 동안 공부하고 있다.)

❺ 과거 완료 진행형　`had been +~ing`

　I **had been studying** for two hours before my friend came.
　　(나는 내 친구가 오기 전에 두 시간 동안 공부하고 있었다.)

❻ 미래 완료 진행형　`will[shall] have been +~ing`

　I **will have been studying** for two hours by the time you arrive.
　　(나는 네가 도착할 때까지 두 시간 동안 공부하고 있을 것이다.)

2 현재시제

1 현재의 상태 및 동작

He **lives** in this town. (그는 이 마을에 산다.)
Here **comes** the bus. 동작 (버스가 왔어.)

2 현재의 습관이나 일상적인 행동 (반복적 동작)

He **gets up** at seven in the morning. (그는 아침 일곱 시에 일어난다.)
He always **eats** a sandwich for lunch. (그는 항상 점심으로 샌드위치를 먹는다.)
I **study** for two hours every night. (나는 매일 밤 두 시간씩 공부를 한다.)

3 불변의 진리나 사실, 속담, 격언

Water **consists of** hydrogen and oxygen.
   (물은 수소와 산소로 이루어져 있다.)
The world **is** round. (지구는 둥글다.)
There **is** no smoke without fire. (아니 땐 굴뚝에 연기 날까?)

4 미래시제의 대용

❶ 때나 조건을 나타내는 부사절 (현재 시제가 미래시제를 대용한다.)

Bob will come soon. When Bob **comes**, we will see him.
   (밥이 곧 올 것이다. 밥이 오면, 우리는 그를 보게 될 것이다.)
If it **rains** tomorrow, the meeting will be put off.
   (내일 비가 오면 회의는 연기될 것이다.) 조건의 부사절
I don't know (the time) when he **will come** back.
   (나는 그가 언제 돌아올지 모르겠다.)
   ↪ 이 경우에는 when절이 know의 목적어로 사용되기 때문에 명사절이다. 따라서 이 문장에서는 반드시 미래조동사인 will을 사용해야 한다.

📁 시간을 나타내는 부사절

문장의 처음 부분이나 끝 부분 모두다 올 수 있다. 그러나 그런 경우에는 콤마(,)의 사용에 주의해야 한다.

When he comes, we'll see him. (그가 오면, 우리가 그를 볼 것이다.)
➪ 부사절이 앞에 나오므로 부사절 다음에 콤마를 사용한다.
We'll see him when he comes.
➪ 주절이 앞에 나왔으므로 콤마를 사용하지 않는다.

❷ 왕래발착 동사가 미래 표시 부사구와 함께 쓰이면 현재시제가 미래시제를 대용한다.

I **start** for the United States **tomorrow afternoon**.
   (나는 내일 오후에 미국으로 떠날 것이다.)

5 역사적 현재

과거의 일을 생생하게 표현하기 위해서 현재시제로 사용하는 경우가 종종 있는데, 이것을 역사적 현재라고 부르기도 한다.

Now Caesar **crosses** the Rubicon and **enters** Italy with 5,000 men.
   (시저가 루비콘 강을 건너서 5000명의 병사를 이끌고 이탈리아로 들어간다.)

6 현재 진행 시제를 대신하는 경우

진행형으로 사용할 수 없는 동사들의 경우에는 현재시제가 바로 말하는 그 시점의 상태를 표현하는 것이다.

I **have** only a dollar right now. (나는 지금 단지 1달러만 갖고 있다.)
I **don't recognize** that man. (나는 그 사람이 생각나지 않는다.)
He **needs** a pen right now. (그는 지금 펜이 필요하다.)

7 현재 완료 시제를 대신하는 경우

hear, learn, understand, know, forget 등의 동사는 현재시제가 현재완료 시제를 대신하기도 한다.

I **know** him from childhood. (나는 어린 시절부터 그를 알고 있다.)
(=have known)

3 과거시제

1 과거시제는 과거의 상태나 동작을 나타낸다

He **lived** in Paris for ten years, but now he is living in Rome.
(그는 10년간 파리에서 살았는데 지금은 로마에서 살고 있다.)
I **bought** a new car yesterday. (나는 어제 차를 새로 샀다.)

2 과거 완료 시제를 대신하는 경우

when, before, after, till, as soon as 등의 시간 관련 접속사가 있어서 문맥의 전후 관계가 명백한 경우에, 그리고 또 일어난 순서대로 나열된 경우의 문장에서는 과거가 과거 완료 시제를 대신할 수 있다.

I **stood** under a tree when it **began** to rain.
(비가 내리기 시작하자 나는 나무 아래로 섰다. : 먼저 비가 오고 그 다음에 나무 아래에서 비를 피함)

When she **heard** a strange noise, she **got up** to investigate.
(그녀가 이상한 소리를 들었을 때, 조사하기 위해서 일어났다.)

➭ 문장에 접속사 when이 들어 있고, 양쪽 문장 모두가 단순과거 시제로 사용되어 있으면, When절의 동작이 먼저 일어난 동작으로 본다.

3 과거의 습관을 나타낸다.

I **took** a bath every morning. (나는 매일 아침 샤워를 했었다.)

4 역사적 사실은 과거시제를 사용

The French Revolution **broke out** in 1789. (프랑스 혁명은 1789년에 일어났다.)

5 과거의 경험을 나타낸다.

경험을 나타내고자 할 때에는 문장에 **ever, never, sometimes, often** 등이 함께 사용되는 경우가 많다.

He **never** tasted the joy of freedom. (그는 자유의 즐거움을 향유해 본 적이 없었다.)

3 미래시제

미래시제는 미래에 일어날 동작이나 상태 등을 나타낸다.

1 단순미래

주어의 의지와 상관없는 운명, 능력, 감정, 예정, 자연현상, 기대 등을 나타낸다.

	평서문	의문문
1인칭	shall[will]	shall
2인칭	will	shall
3인칭	will	will

I **shall[will]** come of age next year. (나는 내년이면 성년이 된다.)
He **will** be able to read English novels next year.
 (그는 내년이면 영어 소설을 읽을 수 있을 것이다.)

2 의지미래

의지미래의 경우에는 독해나 영작을 할 때에 특히 유의해야 한다. **평서문의 의지미래이면 주어의 의지가 아니고 화자의 의지임**을 명심해야 하고 **의문문의 의지 미래이면 청자의 의지**임을 잊어서는 안 된다.

	평서문(=화자의 의지)	의문문(=청자의 의지)
1인칭	will	shall
2인칭	shall	will
3인칭	shall	shall

☞ 문장 주어의 의지를 나타낼 때는 인칭에 관계없이 will을 쓴다.

You shall have this book. (내가 이 책을 너에게 주겠다.) `화자의 의지`
→I will let you have this book. = I will give you this book.
Shall I open the window? (내가 창문을 열어도 될까요?) `청자의 의지`
→Will you let me open the window?

will과 be going to의 용도 및 차이점

❶ 예측이나 예언을 나타낼 때에는 둘 다 사용된다.

According to the weather report, it **will be** cloudy tomorrow.
(= is going to be)
(일기예보에 의하면 내일은 구름이 낄 것이라고 한다.)

Be careful! You**'ll hurt** yourself!
(= are going to hurt)
(주의해라! 다칠 것 같다!)

❷ 화자가 미리 계획한 일을 표현할 때에는 be going to 만을 써야 한다.

Situation ①
A : Are you busy this evening? (오늘밤에 바쁘니?)
B : Yes, I**'m going to** meet Denny at the library at seven.
 (응, 7시에 도서관에서 데니를 만나기로 했어.)
 We **are going to** study together. (우리는 같이 공부하기로 했어.)
 ➪ 상황 ①에서는 화자가 미리 계획한 일이기 때문에 be going to만을 써야 한다.

Situation ②
A : Are you busy this evening? (오늘밤에 바쁘니?)
B : Well, I really haven't made any plans. (글쎄, 아직 별 계획은 없는데.)
 I**'ll** eat / I**'m going to** eat dinner, of course. (물론 저녁을 먹겠지.)
 And then I**'ll** probably watch / I**'m** probably **going to** watch TV for a little while. (그리고 아마 잠깐 동안 텔레비전을 보겠지.)
 ➪ 상황 ②에서는 미리 계획된 일이 없으므로 will이나 be going to 모두다 사용 가능하다.

❸ 의지를 표현할 때에는 will을 쓴다.

A : The phone's ringing. (전화가 울리고 있어.)
B : I**'ll** get it. (내가 받을게.)
 ➪ 이 경우에 화자 B는 미리 준비한 계획에 의해 움직이는 것이 아니라 자기가 전화를 받겠다는 의지를 표현하는 것이다. 따라서 be going to는 부적절하다.

A : I don't understand this problem. (이 문제가 이해가 안 돼.)
B : Ask your teacher about it. She**'ll** help you.
 (선생님께 그 문제에 대해 물어봐. 선생님께서 도와주실 거야.)
 ➪ 이 경우에도 화자 B는 선생님의 돕고자 하는 의지를 확신하고 있으므로 be going to는 부적절하다.

5 현재완료(시점이 현재임을 기억하자)

> 현재완료 시제는 과거에 일어난 동작이나 상태와 연관이 되어 있다고 할 지라도 항상 시점은 현재라는 점을 잊어서는 안 된다. 현재완료는 어떤 일이 이전에 일어났다는 개념을 나타내는 것이며 그 일이 일어난 정확한 시간은 중요하지 않다는 것이다. 그 일이 일어난 정확한 시간을 언급하고자 한다면 단순과거 시제를 사용한다.

1 완료

부사구와 같이 쓰이는 경우가 많다.(현재까지의 완료)

> **ex** just, now, already, yet, recently, etc.

I **have** already **seen** that movie. (나는 이미 그 영화를 관람했다.)
I **have** just **finished** my work. (나는 나의 일을 이제 방금 마쳤다.)

2 경험

부사구와 같이 쓰이는 경우가 많다. (현재까지의 경험)

> **ex** ever, never, once, twice, three times, before, seldom, etc.

I **have flown** on an airplane many times. (나는 여러 번 비행기를 탔다.)
I **have seen** her before. (나는 전에 그녀를 본 적이 있다.)

3 결과

결과가 현재까지 영향을 준다.

I **have lost** a watch. 시계를 잃어버려서 그 결과 지금 없다는 내용이다.

④ 계속

다음과 같이 쓰이는 경우가 많다.

> **ex** since, for, these, how long, from, etc.

He **has been dead** for ten years. (그는 10년 전에 죽었다.)
I **have met** many people since I came here in June.
(6월에 이곳에 온 이래로 나는 많은 사람들을 만났다.)

현재완료는 명백하게 과거를 표시하는 **ago, last night, when, just now, in 1950** 등의 어구와는 함께 쓸 수 없다. 그러나 before, recently, lately처럼 막연한 과거를 나타낼 때는 같이 쓸 수 있다.

 [be+과거분사]의 형태가 완료형을 대신하는 경우

주로 다음과 같은 왕래발착을 나타내는 자동사의 경우에 [be+과거분사]의 형태가 쓰이며 상태를 강조한다.

> **ex** go, come, arrive, return, grow, rise, fall, set, etc.

Winter **is gone**. (겨울이 가버렸다.)
All the leaves **are fallen**. (모든 잎이 떨어졌다.)

⇨ 완료형의 계속용법에서 주의할 점은 동작동사가 계속을 나타내고자 할 때는 완료 진행형을 사용하는 것이 보다 문법에 충실한 표현임을 알아야 한다.

6 과거완료

과거의 기준 시점까지의 완료, 경험, 결과, 계속을 나타낸다.

① 동작의 완료

I **had** just **finished** it when she came to my office.
(그녀가 내 사무실에 왔을 때 나는 그것을 막 마쳤었다.)

2 경험

I **had** never **seen** the sea until then. (나는 그때까지 바다를 본 적이 없었다.)

3 결과

He **had lost** the watch when **I saw** him. (내가 그를 만났을 때 그는 시계를 분실했었다.)

4 계속

He **had been** ill for a week when I called on him.
(내가 그를 방문했을 때에 그는 일주일 동안 앓고 있었다.)
Sam **had** already **left** when we got there. (선행: Sam left. 후행: We got there.)
(우리가 그곳에 도착했을 때 샘은 이미 떠났었다.)
Sam **left** when we got there. (선행: We got there. 후행: Sam left.)
(우리가 거기에 도착하고서 샘이 떠났다.)

📂 과거완료 시제의 주의할 점

❶ 과거에 일어난 동작을 순서대로 표현할 때는 과거시제를 사용하는 것이 일반적이다.

I bought the watch and sold it the next day.
(나는 시계를 사서 그 다음날 그 시계를 팔았다.)
↪ 그러나 다음 문장처럼 시간대로 배열된 문장이 아닌 경우에는 과거시제와 과거완료시제의 구분이 필요하다.

I **sold** the watch which I **had bought** the day before.
(나는 전날 산 시계를 팔았다.)

❷ 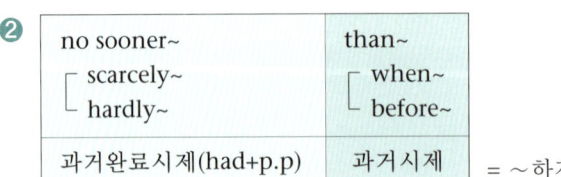 = ~하자마자 ~하다.

↪ as soon as + 주어 + 과거동사~, 주어+ 과거동사~ : ~하자마자 ~하다.

He **had no sooner seen** me **than** he **ran** away.
(그가 나를 보자마자 그는 도망갔다.)

= He **had hardly seen** me **when** he **ran** away.
= He **had scarcely seen** me **when** he **ran** away.
= **No sooner had** he **seen** me **than** he **ran** away.
= **As soon as** he **saw** me, he **ran** away.
= **On seeing** me, he **ran** away.

❸ 다음의 표현 방식으로 이루지 못한 과거사실을 표현할 수가 있다.
  미래동사의 과거 완료형 + that ~would[should]~ = 미래동사의 과거 완료형 + 단순부정사

  I **had intended** that I **would** call on you last night.
    (나는 어젯밤에 방문하려고 했으나 사실은 못했다.)
  = I **had intended to call** on you last night.
  = I **intended to call on** you last night, **but I couldn't do so**.

❹ 부정의 과거완료형(had not p.p) + 시간, 거리의 부사(구) + when[before]
  + 주어 + 과거동사 = [미처 ~하기도 전에 ~하다]

  I **had hardly walked** a mile **before** it began to rain.
    (내가 1마일도 채 못 가서 비가 내리기 시작했다.)
  ⇨ 과거완료형(had+ p.p)~ when[before]+주어+과거동사 =[~하고 나서야 비로소 ~했다.]
    He **had been** ill for a week when he **went** to hospital.
      (그는 1주일 동안 아프고 나서야 병원에 갔다.)

7 미래완료

미래의 기준시점까지의 완료, 경험, 결과, 계속을 나타낸다.

1 완료

I **shall have read** through the book **by tomorrow**.
  (나는 내일까지는 그 책을 읽을 것이다.)

2 경험

I **shall have been** there **three times** if I visit it again.
  (내가 거기에 다시 한번 가면 3번째 가게 된다.)

③ 결과

He **will have gone** there **by this time tomorrow**.
(내일 이맘때쯤이면 그는 거기에 가고 없을 것이다.)

④ 계속

I **shall have lived** in Seoul **for** ten years by next year.
(나는 내년이면 서울에서 10년간 사는 셈이다.)

8 현재 진행형

❶ 현재 진행형은 말해지는 바로 그 시점에서 진행되는 동작을 나타낸다.

John and Mary **are talking** on the phone. (존과 메리가 전화통화중이다.)
I need an umbrella because it **is raining.** (비가 내리고 있어서 우산이 필요하다.)

❷ **always, forever, constantly** 등의 부사와 함께 습관을 나타낸다.

Man **is forever** pursuing happiness. (사람은 항상 행복을 추구한다.)

❸ 주로 왕래발착 동사가 미래표시 부사(구)와 함께 가까운 미래를 표시한다.

He **is leaving** Korea tomorrow. (그는 내일 한국을 떠난다.)

❹ 일시적인 동작의 반복을 나타낸다.

He **is getting** up at six this week. (그는 이번 주에 6시에 일어나고 있다.)

📁 특별한 상황에서 always나 forever, constantly 등을 진행형과 함께 사용하여 화자의 불평이나 불쾌감을 표현하기도 한다.

Mary **is always leaving** her dirty socks on the floor for me to pick up! Who does she think I am? Her maid?
(메리는 항상 그 더러운 양말을 마룻바닥에 둬서 내가 줍게 만든다. 메리는 내가 누구라고 생각하는 걸까? 자기 하녀?)

9 과거 진행형

❶ 과거의 어떤 시점에서 진행되는 동작을 나타낸다.

At nine o'clock last night, I **was studying**.
(어젯밤 9시에 나는 공부하고 있었다.)
Last year at this time, I **was attending** school.
(작년 바로 이맘때 나는 학교에 다니고 있었다.)

❷ 두 가지 행동이 같은 시간에 일어났지만, 어느 한쪽 행동이 더 일찍 시작되어 진행 중일 때 다른 행동이 발생했다는 사실을 표시한다.

I **was walking** down the street when it began to rain.
(내가 거리를 걸어가고 있을 때 비가 내리기 시작했다.)
선행: I was walking down the street.
후행: It began to rain.
While I **was walking** down the street, it began to rain.
I **was standing** under a tree when it began to rain.
(내가 나무 아래에 서 있을 때 비가 내리기 시작했다.)

❸ 때때로 문장의 두 부분에서 동시에 행동이 진행되고 있음을 표시하고자 할 때에 문장 두 부분 모두에서 과거 진행형이 사용된다.

While I **was studying** in one room of our apartment, my roommate **was having** a party in the other room.
(내가 우리 아파트의 한 방에서 공부하고 있을 때 내 방 친구는 다른 방에서 파티를 열고 있었다.)

❹ 과거의 습관을 나타내는데 사용된다.

He **was always complaining** of being hard up.
(그는 항상 돈이 부족하다고 불평했다.)

❺ 경우에 따라서 단순과거 시제와 과거 진행형 시제가 거의 같은 의미를 나타낸다.

It **rained** this morning. (오늘 아침에 비가 내렸다.)
It **was raining** this morning. (오늘 아침에 비가 내리고 있었다.)

❻ 왕래발착 동사가 미래표시 부사와 함께 과거에서 본 가까운 미래의 예정을 나타낸다.

He **was leaving** home that night. (그는 그날 밤 집을 떠날 예정이었다.)

10 미래 진행형

❶ 미래에 진행 중일 동작을 나타낸다.

I **will be studying** when you come. (네가 오면 나는 공부하고 있을 것이다.)

❷ 때때로 미래진행형과 단순미래 사이에는 거의 차이가 없다.
특히 미래사건이 미래의 명확하지 않은 시간에 일어날 때에 그러하다.

Don't get impatient. She **will be coming** soon.
Don't get impatient. She **will come** soon.
 (초조해 하지 말아라. 그녀는 곧 올 것이다.)

❸ be going to + be + ~ing 형태가 사용되기도 한다.

I **am going to be studying** at the library.
 (나는 도서관에서 공부하고 있을 것이다.)

❹ 현재 진행 중일 동작의 추측에 사용되기도 한다.

He **will be reading** a book now. (그는 지금 책을 읽고 있을 것이다.)

❺ 미래 예정을 나타낼 수 있다.

I **shall be seeing** you this afternoon. (나는 오늘 오후에 너를 만날 예정이다.)

Grammar Drill

다음 중 틀린 곳을 고치시오.

문제

1. I met a friend yesterday whom I didn't see for five years.
2. My house is standing on the hill.
3. Are you hearing a dog bark in the dark?
4. My country have change its capital city five time.
5. My friends will meet me when I will arrive at the airport.
6. I will intend to go back home when I will finish my education.
7. I am in the United States for the last four months.
8. While I am writing my composition last night, someone knocks on the door.
9. He said he wish he were a millionaire.
10. I will start when it will have stopped raining.

해설 및 정답

1. **didn't see → had not seen** : (나는 어제 5년 동안 만나지 못했던 친구를 만났다.)
2. **is standing → stands** : 계속적인 상태를 나타내는 경우는 진행형 시제를 사용하지 못한다. 그러나 만일 사람이 주어로 나왔다면 계속적인 상태가 아니기 때문에 진행형이 가능하다.
3. **Are you hearing → Do you hear** : 무의지 지각동사의 경우에는 진행형을 쓸 수 없다.
4. **have change → has changed, time → times** : have 다음에는 p.p형태가 온다.
5. **I will arrive → I arrive** : 때의 부사절에서는 현재가 미래를 대신한다.
6. **will intend → intend, or am intending** : intend는 미래동사이므로 미래조동사를 쓰지 않는다.

    will finish → finish, or have finished : 때의 부사절이므로 현재(완료)가 미래(완료)를 대신한다.

7. **I am → I have been** : 전치사 for가 계속을 나타내므로 완료(진행)형태가 요구 된다.
8. **While I am writing → While I was writing, knocks → knocked**
    : 과거표시 부사구(last night)에 유의할 것.
9. **he wish → he wished** : said가 과거시제이므로 시제일치에 의해서 wished로 되어야 한다.
10. **it will have stopped → it has stopped** : 때의 부사절이므로 현재완료가 미래완료를 대신한다.

1 진행형으로 사용할 수 없는 동사 (상태동사)

다음의 동사들은 원칙적으로 진행형을 사용할 수 없다.
근본적으로 진행형은 순간적인 동작의 진행의 의미를 담고 있기 때문에 영속적인 의미나 상태, 판단 등을 나타낼 때에는 진행형이 될 수 없음을 이해하자.

❶ 존재, 상태, 소유의 동사

> **ex** be, exist, resemble(닮다), differ, seem, appear, look, possess, belong to(~의 소유이다), have, stand, live, etc.

❷ 무의지 지각동사 및 감각, 감정의 동사

> **ex** hear, see, feel, taste, love, like, hate, fear, want, wish, hope, desire, smell, etc.

❸ 사고 및 인식, 지각 동사

> **ex** know, believe, recognize, remember, forget, understand, think, guess, doubt, etc.

2 진행형을 쓰는 예외적인 경우

❶ 본래의 뜻을 상실할 때 : have, see, hear, etc.

We **are having** a very good time. (have=enjoy)
　(우리는 아주 재미있는 시간을 보내고 있다.)
We **are having** our breakfast. (have=eat) (우리는 아침식사를 하는 중이다.)
He **was hearing** lectures. (hear=attend and listen to)
　(그는 강의를 듣고 있었다.) : 이 경우에 hear는 무의지가 아니므로 진행형이 가능하다.
He **shall be seeing** you tomorrow. (see=visit) (그가 내일 너를 방문할 것이다.)

❷ 감정, 의지, 강조

They **are seeing** the sights of the city. (그들은 도시를 관광하고 있다.)
　⇨ 이 문장에서 see는 무의지가 아니다. 원래 see는 그냥 보이는 것을 뜻하지만 관광할 경우에는 본인의 의지가 들어가기 때문이다.

I **am seeing** this girl home. (나는 이 소녀를 집에 바래다주는 중이다.)
I will **be loving** you eternally. (나는 너를 영원히 사랑할 것이다.)

❸ 의도적인 반복

I **am** now **remembering** English words.
(나는 지금 영어 단어들을 생각해 내고 있다.)

❹ 일시적 상태

I **am living** in Seoul now. (나는 지금 서울에 살고 있다.)
She **is** only **being** kind for the moment.
(그녀는 단지 지금은(순간적으로) 친절하다.)

③ 의미에 따른 진행형의 구별

think　I think he is an honest man.　판단
　　　　(나는 그가 친절한 사람이라고 생각한다.)
　　　　We are thinking of going to Hawaii during the summer vacation.　판단의 개념이 아니라 현재 생각 중인 일종의 동작임
　　　　(우리는 여름 휴가로 하와이에 갈까 하고 생각 중이다.)

have　He has a new car.　소유
　　　　(그는 새 차를 가지고 있다.)
　　　　He is having trouble.　소유의 의미가 아니므로 진행형이 가능하다
　　　　(그는 어려움을 겪고 있다.)
　　　　He is having a good time.
　　　　(그는 재미있는 시간을 보내고 있다.)

taste　This soup tastes good.　무의지 지각동사
　　　　(이 수프는 맛이 좋다.)
　　　　She is tasting the sauce.　의지가 들어간 문장이므로 진행형이 가능하다
　　　　(그녀가 소스를 맛보고 있다.)

smell　This flower smells good.　무의지 지각동사
　　　　(이 꽃은 향이 좋다.)
　　　　He is smelling the roses.　의지를 동반한 경우이므로 진행형이 가능하다
　　　　(그가 장미꽃의 향기를 맡고 있다.)

see　I see a dragonfly. Do you see it?　무의지 지각동사이므로 진행형이 불가능하다
　　　　(잠자리가 보인다. 너도 보이니?)
　　　　The doctor is seeing a patient.
　　　　(의사가 환자를 진찰하고 있다.)

| feel | Velvet feels soft. 〔무의지 지각동사〕
(벨벳은 촉감이 부드럽다.)
The doctor is feeling the patient's pulse. 〔의지가 동반됨〕
(그 의사는 환자의 맥을 짚어보고 있다.)
| look | He looks tired.
(그는 피곤해 보인다.)
He is looking out the window.
(그는 지금 유리창 밖을 보고 있다.)
| appear | He appears to be asleep.
(그는 잠든 것처럼 보인다.)
The actor is appearing on the stage.
(그 배우가 무대에 등장하고 있다.)
| weigh | He weighs 120 pounds.
(그의 체중은 120 파운드이다.)
He is weighing the meat in the scales.
(그는 저울로 고기의 무게를 달고 있다.)
| be | She is being foolish. (그녀는 지금 어리석게 굴고 있다.)
→ 말하는 그 당시에 화자가 생각하기에 상당히 어리석은 행동을 그녀가 하고 있다는 뜻임
She is foolish. (그녀는 어리석다.)
→ 그녀의 일반적 특징 중의 하나가 어리석다는 뜻임

앞의 문장에서 알 수 있듯이 「be + 형용사」가 진행형에 사용되면 일시적 특성을 나타낸다.

ex foolish, nice, kind, lazy, careful, patient, silly, rude, (im)polite, etc.

11 현재완료 진행형

❶ 현재까지 계속되는 동작을 나타내는데 사용된다.

이 경우에는 for, since, all morning, all day, all week 등과 같은 어휘가 같이 사용되는 것이 일반적이다.

I **have been sitting** here since five o'clock.
  (나는 5시 이후 줄곧 여기에 앉아 있다.)

It **has been raining** all day. It is still raining right now.
  (하루 종일 비가 내린다. 지금도 비가 내리고 있다.)

❷ 특정하게 언급한 시간표현이 없으면 최근의 일반적인 행동의 진행을 나타낸다.

I **have been thinking** about changing my major.
  (나는 전공을 바꾸는 문제에 관해 생각해 왔다.)

My back hurts, so I **have been sleeping** on the floor lately.
  (허리가 아프다, 그래서 최근에 나는 마루에서 자고 있다.)

❸ 특정 동사들(live, work, teach)은 완료형과 완료진행형을 모두 사용할 수 있으며, 이 둘 사이의 의미상의 차이도 거의 없다.

I **have lived** here since 1995. (1995년 이래로 쭉 나는 여기서 살고 있다.)
I **have been living** here since 1995.
He **has worked** at the same store for ten years.
  (그는 같은 가게에서 10년 동안 일해왔다.)
He **has been working** at the same store for ten years.

12 과거완료 진행형

과거 특정시간까지 계속된 동작을 나타낸다.

The patient **had been waiting** in the emergency room for almost an hour before a doctor finally treated her.
  (그 환자는 의사가 그녀를 치료할 때까지 응급실에서 거의 한 시간을 기다렸었다.)

13 미래완료 진행형

미래까지의 동작의 계속을 나타낸다.

I **will have been sleeping** for two hours by the time he gets home.
(그가 집에 오면 나는 두 시간 동안 자고 있을 것이다.)

Practice Test A

다음 _____ 안에 들어갈 적당한 표현을 고르세요.

1. When my visitor _____, will you please call me?

   (A) will arrive
   (B) arrives
   (C) arrived
   (D) is arriving

   때나 조건의 부사절에서는 현재시제가 미래시제를 대신한다!
   [번역] 제 손님이 도착하면 제게 전화 좀 주시겠습니까?
   [정답] (B)

2. Denny _____ his first job with us five years ago.

   (A) accepted
   (B) accepts
   (C) was accepting
   (D) has accepted

   ago는 과거시제와 함께 쓰이는 부사이다.
   [번역] 데니는 5년 전 우리 직장으로 처음 왔다.
   [정답] (A)

3. I _____ all members by tomorrow night.

   (A) contacted
   (B) contacts
   (C) has contacted
   (D) will have contacted

   시간표시부사가 tomorrow night이므로 미래시제가 필요! by는 어떤 시점까지의 완료를 나타내므로 미래완료시제가 적합하다.
   [번역] 내가 내일 밤까지 모든 구성원들에게 연락하겠다.
   [정답] (D)

4. "I haven't heard a word from Linda yet."
   "Well, she will call you _____."

   (A) when she will need you
   (B) when she would need you
   (C) when she needed you
   (D) when she needs you

   때의 부사절에서는 현재시제가 미래시제를 대신한다.
   [번역] "아직 린다로부터 소식을 듣지 못했어."
   "그녀는 네가 필요할 때 전화를 할 거야."
   [정답] (D)

5. Thurgood Marshall _____ practicing law in 1933.

   (A) began
   (B) was began
   (C) beginning
   (D) he began

   in 1933처럼 과거 표시 부사구가 나오면 단순과거시제를 사용한다.
   practice law: 변호사업을 개업하다.
   [번역] 서굿 마샬은 1933년에 변호사업을 시작했다.
   [정답] (A)

6. I'll take care of it after I _____ the report.

   (A) had read (B) read
   (C) will have read (D) have read

   접속사 after 다음에 오는 시간의 부사절에서는 현재완료가 미래완료를 대신한다.
   take care of: ~를 처리하다.
   [번역] 그 보고서를 다 읽은 다음에 내가 그것을 처리하겠다.
   [정답] (D)

7. Investors _____ fascinated by the stock market for a long time.

   (A) is being (B) has been
   (C) are being (D) have been

   계속을 나타내는 현재완료시제가 적합하다.
   for a long time: 오랫동안
   investor: 투자자
   stock market: 증권시장
   [번역] 투자자들은 오랫동안 증권시장에 매료되어 왔다.
   [정답] (D)

8. "What are you doing in that corner?"
   "I _____ to find my pen."

   (A) try (B) tried
   (C) had tried (D) am trying

   「순간적인 시점」에서의 동작은 진행형 시제를 사용한다.
   [번역] "모퉁이에서 무엇을 하고 있니?"
         "나는 펜을 찾고 있는 중이다."
   [정답] (D)

9. By next year the scientists _____ three research projects in that area.

   (A) will have completed
   (B) will complete
   (C) have completed
   (D) will be completing

   전치사 by는 완료시제를 요구한다. 이 문장에서는 next year라는 미래표시 부사구가 있으므로 미래완료시제가 요구된다.
   [번역] 그 과학자들이 내년까지 그 분야의 3개 연구 사업을 마치게 될 것이다.
   [정답] (A)

10. The Earth's population _____ since the Second World War.

    (A) has nearly doubled
    (B) doubling nearly
    (C) nearly doubling
    (D) that has nearly doubled

    since가 과거 어떤 시점 이후로의 뜻이면 주절에 현재완료시제를 쓴다.
    [번역] 지구상의 인구는 제2차 세계대전 이후 거의 2배로 불어났다.
    [정답] (A)

Practice Test B

다음 문장의 밑줄 친 곳에서 올바르지 않은 것을 고르세요.

1. <u>Before</u> he died, the old man who <u>lives</u> next
   (A)   (B)
   door to the drugstore used <u>to feed</u> the pigeons
                                (C)
   <u>three times</u> a day.
      (D)

   부사절의 시제가 과거이므로 미루어 관계사절의 동사 시제도 과거시제가 타당하다.
   [번역] 약국 옆집에 살던 그 노인은 죽기 전에 하루 세 번씩 비둘기에게 먹이를 주곤 했다.
   [정답] (B) (lives → lived)

2. <u>When he retires</u>, Professor Jones <u>will be</u>
      (A)   (B)
   <u>teaching</u> here for <u>over</u> thirty years, but his
      (C)   (C)
   classes <u>are</u> never dull.
           (D)

   미래의 어떤 시점까지의 동작의 완료를 말하고 있으므로 B의 표현은 미래완료형이 타당하다.
   [번역] 존스 교수가 정년 퇴직할 때가 되면 그는 30년 이상의 기간동안 이곳에서 가르치게 될 것이다. 그러나 그의 수업시간은 지루하지가 않다.
   [정답] (B) (will be teaching → will have taught)

3. Italy's Tower of Pisa <u>has stand</u> dramatically
                          (A)
   tipped for 800 years, <u>ever since</u> workmen
                            (B)
   started <u>building</u> <u>it</u>.
              (C)   (D)

   완료형은 has+p.p.이므로 stood가 옳다.
   [번역] 이탈리아의 피사의 사탑은 인부들이 그것을 짓기 시작한 이후로 800년간 극적으로 기울어져 왔다.
   [정답] (A) (has stand → has stood)

4. <u>Many women</u> <u>have wrote</u> numerous articles
      (A)   (B)
   <u>about</u> important <u>issues in</u> economics.
      (C)   (D)

   have 다음에 과거분사가 나와서 완료형을 이루기 때문에 have written이 되어야 한다. have wrote란 영어는 존재하지 않는다.
   [번역] 많은 여성들이 경제학에 대한 중요한 주제에 관하여 많은 글들을 써왔다.
   [정답] (B) (have wrote → have written)

5. Jim and Dick <u>arise</u> early, filled <u>their</u> thermos
                    (A)   (B)
   jug <u>with</u> hot cocoa, and <u>noiselessly</u> slipped
          (C)   (D)
   out of the house. It was the first day of the
   hunting season.

   과거사실을 얘기하고 있기 때문에 arise의 과거형인 arose가 되어야 한다.
   [번역] 짐과 딕은 일찍 일어나서 그들의 보온병에 따끈한 코코아를 채우고, 소리 없이 집 밖으로 빠져 나왔다. 사냥철의 첫날이었다.
   [정답] (A) (arise → arose)

동사의 시제 · 127

Final Test

1. The dispute over who should be leader _____ before we got there.

    (A) be settled (B) will settle
    (C) had been settled (D) has been settled

    접속사 before로 미루어 과거 이전의 시제인 과거완료가 요구된다.
    [번역] 누가 리더가 될 것인가에 대한 논쟁은 우리가 그곳에 도착하기 전에 해결됐다.
    [정답] (C)

2. I don't know if it _____, but if it _____, I shall stay at home.

    (A) rains, will do (B) will rain, does
    (C) will rain, will do (D) rains, does

    첫 번째 [If-절]은 know의 목적어인 명사절이고, 두 번째 if-절은 조건의 부사절이다.
    [번역] 내일 비가 올지 모르겠지만, 만일 비가 오면 나는 집에 있겠다.
    [정답] (B)

3. If it _____ tomorrow, the roads will be closed.

    (A) snows (B) will be snowing
    (C) will snow (D) were snowing

    시간, 조건의 부사절에서는 현재시제가 미래시제를 대신한다.
    [번역] 내일 눈이 오면 그 도로들은 폐쇄될 것이다.
    [정답] (A)

4. Two thousand years ago Latin _____ the language which people spoke in Italy.

    (A) had been (B) was
    (C) was being (D) has been

    과거사실이므로 과거시제가 쓰인다.
    [번역] 2000년 전 라틴어는 이탈리아에서 사용되던 언어다.
    [정답] (B)

5. At ten o'clock he _____ a letter to the Prime Minister, but he didn't finish it.

    (A) wrote (B) had written
    (C) has written (D) was writing

    과거 진행형: 과거의 어떤 시점에서 진행 중인 순간적인 동작을 나타낸다.
    Prime Minister: 국무총리
    [번역] 10시에 그는 국무총리에게 편지를 쓰고 있었으나, 편지를 끝맺지 않았다.
    [정답] (D)

6. She has not _____ her mother for ten years.

    (A) saw (B) see
    (C) seen (D) to see

    경험을 나타내는 현재완료형이다.
    for ten years: 10년 동안
    [번역] 그녀는 10년 동안 어머니를 보지 못했다.
    [정답] (C)

7. When Henry arrived home after a hard day at work, _____.

    (A) his wife was sleeping
    (B) his wife slept
    (C) his wife has slept
    (D) his wife has been sleeping

과거의 어떤 시점에서 순간적인 동작을 나타내고자 하는 경우는 과거진행형시제를 쓴다.
[번역] 헨리가 직장에서 고된 일을 마치고 집에 돌아왔을 때, 그의 아내는 자고 있었다.
[정답] (A)

8. Before becoming President in 1928, Herbert Hoover _____ as Secretary of Commerce.

    (A) has served   (B) was served
    (C) had served   (D) serving

그 이전부터 과거의 어떤 시점까지를 나타낼 때에는 과거완료 시제를 사용한다.
Secretary of Commerce: 상무장관
[번역] 1928년에 대통령이 되기 전에는 허버트 후버는 상무장관으로 일했었다.
[정답] (C)

9. As a general rule, snakes _____ unless offended.

    (A) has not bitten   (B) do not bite
    (C) will not be biting (D) are not biting

일반적 성질이나 특성을 나타내는 경우에는 현재시제를 사용한다.
[번역] 일반적으로 뱀은 공격만 받지 않는다면 물지 않는다.
[정답] (B)

10. She thinks American films _____ more exciting than European films.

    (A) are to be   (B) are being
    (C) are   (D) was

현재의 동작·상태에 관한 내용이므로 단순현재시제이다.
[번역] 그녀는 미국 영화가 유럽 영화보다 더 흥미있다고 생각하고 있다.
[정답] (C)

11. Here _____ notebook and report that I promised you last week.

    (A) is the   (B) are the
    (C) was the   (D) has been a

본문의 주어가 notebook and report로 복수이므로 복수동사가 필요하다.
[번역] 지난 주에 내가 너에게 약속했던 노트와 레포트가 여기 있다.
[정답] (B)

12. I will go home for vacation as soon as I _____ my exams.

    (A) will finish   (B) finish
    (C) am finishing   (D) finished

때를 표시하는 접속사 as soon as가 유도하는 부사절에서는 현재시제가 미래시제를 대신한다.
[번역] 시험이 끝나면 휴식을 위해 집으로 갈 예정이다.
[정답] (B)

※ Select the part (A, B, C or D) which is not acceptable for standard written expression.

13. All experienced hunters know <u>that</u> wild
                                    (A)
    animals <u>became</u> <u>particularly</u> restless before
           (B)   (C)
    the <u>onset</u> of a storm.
         (D)

주절의 시제가 현재 시제 know이다. 따라서 종속절이 현재시점까지의 동작을 나타내므로 현재완료형이 타당하다.
wild animal: 야생동물
the onset of a storm: 폭풍의 시작
[번역] 모든 노련한 사냥꾼들은 야생동물들이 폭풍우가 몰아치기 전에는 특히 불안해하여왔다는 사실을 알고 있다.
[정답] (B) (became → have become)

14. <u>By this time</u> next week, Randy <u>not only</u>
        (A)   (B)
    <u>will have memorized</u> the words, but he <u>will</u>
          (C)   (D)
    <u>also learn</u> the melody of the new song.

not only ~ but also의 구조에서는 parallelism원칙을 따라야 하므로 (D)를 will also have learned로 바꾸어야 한다.
[번역] 다음 주 이 시간까지, 랜디는 그 새 노래의 가사를 암기하게 될 뿐만 아니라 곡도 배우게 될 것이다.
[정답] (D) (will also learn → will also have learned)

15. Coffee <u>is</u> my favorite hot drink, <u>even though</u>
          (A)   (B)
    it <u>kept</u> me <u>awake</u> at night.
       (C)   (D)

물질의 일반적인 특성표시는 현재시제로 나타낸다.
[번역] 비록 커피가 밤에 잠을 오지 않게 하지만, 커피야말로 내가 좋아하는 뜨거운 음료이다.
[정답] (C) (kept → keeps)

16. <u>Having missed</u> the geography class because
          (A)
    his watch <u>stops</u>, Maurice went to <u>the teacher</u>
                (B)   (C)
    and <u>asked</u> for the assignment.
         (D)

과거 사실에 대한 기록이므로 문장전체의 시제가 과거시제가 되어야 한다.
[번역] 시계가 고장나서 지리 수업을 빼먹은 후에 모리스는 선생님에게 가서 숙제에 관해 물었다.
[정답] (B) (stops → stopped)

17. Sheriff Hoggun felt <u>sullen</u> when he was
                      (A)
    compelled <u>to arrest</u> Mr. Guyot, his neighbor,
             (B)
    <u>who</u> he knew had never <u>stole</u> before.
     (C)   (D)

had + stolen의 형식이다.
[번역] 보안관 호건은 한 번도 훔친 적이 없는 것으로 알고 있던 그의 이웃 가이옷씨를 체포해야 했을 때 우울함을 느꼈다.
[정답] (D) (stole → stolen)

18. The crowd responded <u>with</u> a <u>hearty</u> welcome
                                  (A)   (B)
    as the ambassador and <u>his</u> party <u>steps</u> from
                                (C)   (D)
    the airplane.

    시제의 일치에 관한 문제이다. steps를 과거형태인 stepped로 고칠것.
    [번역] 대사와 그의 수행단이 비행기에서 내리자 군중들이 진정어린 환영으로 응대했다.
    [정답] (D) (steps → stepped)

19. <u>Some</u> critics maintain that when a work of
      (A)
    literature <u>lacked</u> reference to the general
               (B)
    experience of mankind, <u>it</u> fails <u>as</u> art.
                              (C)   (D)

    시제의 일치에 관한 문제이다. 일반적인 서술은 현재 시제를 사용한다.
    [번역] 일부 비평가들은 문학작품이 일반적인 인간경험과의 관련성이 없으면 그 작품은 예술로서 실패한 것이라고 주장한다.
    [정답] (B) (lacked → lacks)

20. If traffic problems are not solved <u>soon</u>,
                                       (A)
    <u>driving</u> <u>in</u> cities <u>becomes</u> impossible.
      (B)   (C)   (D)

    If절이 조건의 부사절이므로 현재시제로서 미래사실을 나타내고 있다. 그러나 주절의 시제로는 미래 조동사가 들어있는 will become이 맞다.
    [번역] 만일 교통문제가 곧 해결되지 않으면, 도시에서의 운전은 불가능해 질 것이다.
    [정답] (D) (becomes → will become)

21. During the Second World War <u>many of</u>
                                     (A)
    Poland's greatest cities, including Warsaw
    and Danzig, were <u>all but destroyed</u>, <u>their</u>
                          (B)   (C)
    museums looted and their historic buildings
    <u>had been burned</u>.
        (D)

    시제일치와 관련된 문제이다.
    looted and burned로 되어야한다.
    [번역] 제2차 세계대전동안 바르샤바, 단찌히등을 포함한 폴란드의 대도시들이 파괴되었으며, 박물관은 약탈당했고, 역사적인 건물은 불태워졌다.
    [정답] (D) (had been burned → burned)

22. The lawyer, Ben Bursine, <u>had presented</u> his
                                    (A)
    case so <u>successfully</u> that the jury <u>came</u> to its
              (B)   (C)
    decision <u>within</u> a short time.
             (D)

    사건이 시간상 순서대로 일어난 경우는 동일시제를 가지고 일어난 순서대로 쓰는 것이 보다 좋은 표현이다.
    [번역] 변호사 밴 버신은 그의 담당사건을 아주 훌륭하게 설명했기 때문에 배심원은 짧은 시간 안에 결정을 내렸다.
    [정답] (A) (had presented → presented)

Chapter 5

태
Voice

1 Grammar Preview

1 동작 수동태와 상태 수동태

1 동작 수동태

This rug was made by my aunt. (=My aunt made this rug.)
   (이 깔개는 우리 고모가 만드셨다.)   (우리 고모가 이 깔개를 만들었다.)
The house is painted every year. (=They paint the house every year.)
   (그 집은 매년 페인트 칠한다.)   (그들은 그 집을 매년 페인트 칠한다.)

2 상태 수동태

The door **is painted** white. (=They **have painted** the door white.)
   (그 문은 흰색으로 칠해졌다.)   (그들이 그 문을 흰색으로 칠했다.)
The house **is sold**. (=I **have sold** the house.)
   (그 집이 팔렸다.)   (나는 그 집을 팔았다.)

2 주의해야 할 수동태 전환

No one can solve the problem.
⋯▸ The problem ca**n't** be solved by **anyone**.
   (아무도 그 문제를 해결할 수 없다.)
They **saw** the boy **enter** the room.
⋯▸ The boy **was seen to enter** the room.
   (사람들은 그 소년이 방에 들어가는 것을 보았다.)
He **made** his boys **keep** a diary.
⋯▸ His boys **were made to keep** a diary by him.
   (그는 그의 소년들에게 일기를 쓰도록 했다.)
When **did** someone **invent** the radio?
⋯▸ When **was** the radio **invented**?
   (라디오를 언제 발명했습니까?)

If you **expose** a film to light while you **are developing** it, you **will ruin** the negatives.
⋯▶ If a film is **exposed** to light while it **is being developed**, the negatives **will be ruined**.
(필름은 현상하는 도중에 빛에 노출되면, 원판을 못쓰게 된다.)

3 by이외의 전치사를 사용하는 경우

He is satisfied **with** his job.
(그는 그의 일에 만족한다.)
The secret is known **to** everybody. (~에게 알려지다.)
(그 비밀이 모든 사람들에게 알려졌다.)
 cf. A man is known **by** the company he keeps.　판단의 기준
  (친구를 보면 그 사람을 알 수 있다.)
I am much interested **in** English.
(나는 영어에 관심이 많다.)
John is married **to** Mary.
(존은 메리와 결혼했다.)
I am rejoiced **at** your success.
(나는 너의 성공에 기뻤다.)

4 일반적으로 by phrase 없이 수동태를 사용하는 경우

행위자를 모르거나, 행위자가 누구인지가 중요하지 않은 경우에는 일반적으로 by phrase를 생략한다.

Rice **is grown** in Korea.
(쌀은 한국에서 재배된다.)
Our house **was built** in 1996.
(우리 집은 1996년에 지어졌다.)
My sweater **was made** in England.
(내 스웨터는 영국에서 만든 것이다.)
 cf. Life on the Mississippi **was written** by Mark Twain.　저자가 중요한 경우임
  (《미시시피강의 생활》은 마크 트웨인에 의해서 쓰여졌다.)

2 Grammar Check-up

I 주어진 단어를 이용하여 수동태나 능동태 중에서 적절한 형태로 변화시키오.

1. There was a terrible accident on a busy downtown street yesterday. Dozens of people (see) _____ it, including my friend, who (interview) _____ by the police.

2. In my country, certain prices (control) _____ by the government, such as the prices of medical supplies. However, other prices (determine) _____ by how much people are willing to pay for a product.

3. Right now Jim is in the hospital. He (treat) _____ for a bad burn on his hand and arm.

4. Proper first aid can save a victim's life, especially if the victim is bleeding heavily, has stopped breathing, or (poison) _____ .

5. I didn't expect Bob to come to the meeting last night, but he was there. I (surprise) _____ to see him there.

II 다음 각 문장의 태를 변화시키오.

1. What do you call this plant in English?

2. I have never heard her complain.

3. Who discovered the island?

4. They made her wait for over an hour.

5. She will have written the composition before you return.

III 두 문장의 의미가 같도록 하시오.

1. No one can solve the problem.
   = The problem _____ .

2. Everybody knows him very well.
   = He is _____ everybody.

3. The class consists of sixty students.
   = The class is _____ of sixty students.

4. People used to think that the earth was flat.
   = The earth _____ to be flat.

5. It is believed that he was diligent when young.
   = _____ to have been diligent when young.

정답 및 해설

Ⅰ 1. **saw** : 과거사실이므로 과거시제를 쓴다.
   was interviewed : by이하로 미루어서 수동태 구문임을 알 수 있다.
2. **are controlled, are determined** : by이하로 미루어서 수동태 구문임을 알 수 있다.
3. **is being treated** : 문장에 right now(바로 지금)의 표현이 있음으로 보아 현재진행시제가 요구됨을 알 수 있다.
4. **has been poisoned** : if절의 주어인 the victim에 3개의 동사구가 병렬구조로 연결되고 있다.
5. **was surprised** : be surprised는 '놀라다'의 의미이다. 본래 surprise는 타동사로서 '놀라게 만들다'라는 의미이다.

Ⅱ 1. What is this plant called in English?
2. She has never been heard to complain.
3. By whom was the island discovered?
4. She was made to wait for over an hour.
5. The composition will have been written by her before you return.

Ⅲ 1. **can't be solved by anyone** : 수동태에서 by no one, by nothing등은 문미에서 by 다음에 부정어를 둘 수 없다. 따라서 no = not~ any의 형식을 이용하여 문제를 해결하도록 한다.
2. **very well known to**
3. **made up** : consist는 수동태로 할 수 없는 동사이므로 같은 의미의 be made up of를 이용한다.
4. **used to be thought**
5. **He is believed** : 복문을 단문으로 만들기 위해서는 that절의 주어를 문장의 주어로 바꾸어 준다.

3 Grammar Focus

1 태의 종류와 전환

1 태의 기본형태(전환)

전환
- 능동태 ⇒ 주어 + 타동사 + 목적어의 어순
- 수동태 ⇒ 주어(목적어) + be동사 + p.p + by + 목적격형태(주어)

All the people in the world admire Kennedy.
   (세상의 모든 이들이 케네디를 존경한다.)
⋯▸ Kennedy **is admired** by all the people in the world.
   (케네디는 세상의 모든 이들에게(의해) 존경 받는다.)

2 수동태의 시제

❶ 기본형태 (be동사 + p.p)

시제	형태	예문
현재	be동사의 현재형+p.p	Mary **helps** John. (메리가 존을 돕는다.) ⋯▸ John is **helped** by Mary.
과거	be동사의 과거형+p.p	Mary **helped** John. (메리가 존을 도왔다.) ⋯▸ John **was helped** by Mary.
미래	will[shall]+be+p.p	Mary **will help** John. (메리가 존을 도울 것이다.) ⋯▸ John **will be helped** by Mary.

❷ 완료형태 (have been + p.p)

시제	형태	예문
현재완료	have[has] been p.p	Mary **has helped** John. (메리가 존을 도왔다.) ⋯▸ John **has been helped** by Mary.
과거완료	had been p.p	Mary **had helped** John. (메리가 존을 도왔었다.) ⋯▸ John **had been helped** by John.
미래완료	will[shall] have been p.p	Mary **will have helped** John. (메리가 존을 도울 것이다.) ⋯▸ John **will have been helped** by Mary.

❸ 진행형(be동사 + being + p.p)

현재 진행형	be동사의 현재형+being+p.p

Mary **is helping** John.
(메리가 존을 돕고 있다.)
⋯▶ John **is being helped** by Mary.

과거 진행형	be동사의 과거형+being+p.p

Mary **was helping** John.
(메리가 존을 돕고 있었다.)
⋯▶ John **was being helped** by Mary.

2 주의할 수동태

1 4형식의 수동태

목적어가 2개이기 때문에 수동태가 2가지이지만 다음과 같이 주의를 요하는 경우가 있다.

❶ 직접 목적어만이 수동태 주어가 되는 동사

다음의 동사가 4형식으로 쓰이면 능동태의 직접 목적어를 수동태의 주어로 쓸 수 있고, 능동태의 간접목적어는 수동태의 주어로 쓸 수 없다.

> **ex** make, write, buy, sell, bring, send, sing, read, etc.

She **sang** me a song. (그녀가 나에게 노래를 불러주었다.)
⋯▶ A song **was sung** me by her.

❷ 간접 목적어만이 수동태 주어가 되는 동사

다음의 동사가 4형식으로 사용되면 능동태의 간접 목적어만이 수동태의 주어가 될 수 있고, 직접 목적어는 수동태의 주어가 될 수 없다.

> **ex** forgive, pardon, envy, spare, save, call, kiss, etc.

He **forgave** me my negligence. (그는 나의 게으름을 용서해 주었다.)
⋯▶ I **was forgiven** my negligence by her.

② 보어가 원형 부정사인 경우

수동태에서는 to부정사로 바뀐다.

We made her do the work.
⋯▶ She **was made** to do the work. (우리는 그녀에게 그 일을 하도록 시켰다.)

③ 명령문의 수동태

긍정 명령문	Let + 목적어 + be + p.p
부정 명령문	Don't let + 목적어 + be + p.p Let + 목적어 + not + be(순서에 주의) + p.p

Don't touch the stone. (그 돌을 만지지 마시오.)
⋯▶ Let the stone not be touched.
　　Don't let the stone be touched.
cf. Let him do it at once. (그가 즉시 그것을 하게 하시오.)
　　⋯▶ Let it be done at once by him.

④ 의문문의 수동태 만드는 방법

순서 (1) 먼저 평서문으로 고친다.
　　(2) 그 평서문을 수동태로 바꾼다.
　　(3) 그 수동태를 다시 의문문으로 고친다.

❶ 의문사가 없는 의문문

Did you write the book? (네가 이 책을 쓴 거야?)
⋯▶ (1) You wrote the book.
　　(2) The book was written by you.
　　(3) Was the book written by you?

❷ 의문사가 있는 의문문

Who invented the machine? (누가 이 기계를 발명했나요?)
⋯▶ (1) Who invented the machine. (*)
　　(2) The machine was invented by whom. (*)
　　(3) By whom was the machine invented?

5 부정 주어인 경우의 수동태 만드는 방법

영어에서 부정어는 앞으로 가는 성향이 있다.
따라서 **수동태**에서도 by+부정어(no one, nobody...)는 성립하지 않는다.

No one has ever solved the problem. (누구도 그 문제를 푼 적이 없다.)
⋯▸ The problem has ever been solved **by no one**. (×)
⋯▸ The problem has **never** been solved (by **any** one). (○)

6 주어가 일반인이고 that절 속의 동사가 자동사인 경우의 수동태 만드는 방법

They say that he is rich. (사람들은 그가 부자라고 말한다.)
⋯▸ **It is said that** he is rich. (같은 의미의 복문 수동태 문장)
⋯▸ He **is said to** be rich. (같은 의미의 단문 수동태 문장)

that절 속의 동사가 타동사인 경우

They believe that he stole the money. (사람들이 그가 돈을 훔쳤다고 믿는다.)
⋯▸ It is believed that he stole the money.
⋯▸ He is believed **to have stolen** the money.
⋯▸ The money is believed **to have been stolen** by him.

7 재귀 목적어인 경우

주어+타동사+ oneself ⋯▸ 주어 + be + p.p + (by + 목적격)

She dressed herself in uniform. 동작 (그녀는 유니폼을 입었다.)
⋯▸ She was dressed in uniform. 상태

8 합성동사의 수동태

다음에 나오는 합성동사는 하나의 타동사로 간주하기 때문에 수동태 문장에서 사용될 수 있다.

❶ 자동사 + 전치사

> ex laugh at, look at, depend upon, care for, speak to, etc.

They **laughed at** the poor child. (그들은 그 가난한 아이를 비웃었다.)
⋯▸ The poor child **was laughed at by** them.

❷ 자동사 + 부사 + 전치사

> ex speak ill[well] of, look up to, look forward to,
> make up for, do away with, fall back upon, etc.

We **look up to** him. (우리는 그를 존경한다.)
⋯▸ He **is looked up to by** us.

❸ 타동사 + 목적어 + 전치사

> ex take care of, pay attention to, make use of,
> find fault with, make fun of, take notice of, etc.

She **took** good **care of** the child. (그녀는 그 아이를 잘 보살폈다.)
ⓐ The child **was taken** good **care of by** her.
ⓑ Good **care was taken** of the child **by** her.

❹ 타동사 + 부사

> ex give up, put off, put on, take off, put out,
> carry out, sell away, etc.

He **sold away** the book. (그가 그 책을 팔아버렸다(처분해 버렸다).)
⋯▸ The book **was sold away by** him.

9 수동태에서 by 이외의 전치사를 쓰는 경우

I am interested in Chinese art. (나는 중국 예술에 관심[흥미]이 있다.)
He **is satisfied with** his job. (그는 자신의 일에 만족한다.)
Ann **is married to** Alex. (앤은 알렉스와 결혼했다.)
The poet **is known to** everybody. (그 시인은 모두에게 알려졌다.)
A man **is known by** the company he keeps.
　(사람은 자신이 사귄 친구에 의해 알 수 있다.)
I **was caught in** a shower on my way home.
　(나는 집으로 가는 길에 소나기를 만났다.)

일반적으로 기쁨이나 놀람, 슬픔에는 at을 사용하고, 만족이나 불만족에는 with를 사용하며, 흥미, 실망, 종사 등에는 in을 사용하는 경향이 있다.

> be married[engaged] **to** / ~와 결혼하다[약혼하다]
> be covered **with** / ~로 덮여있다
> be known **as** / ~로서 알려지다
> be known **for** / ~로 유명하다
> be known **to** / ~에게 알려져 있다
> be known **by** / ~에 의해 알 수 있다(판단의 기준)
> be astonished **at** / ~에 놀라다
> be devoted **to** / ~에 헌신(몰두)하다

Grammar Drill

다음 문장에서 잘못된 부분을 고치시오.

문 제

1. I am interesting in his ideas.
2. I didn't go to dinner with them because I had already been eaton.
3. In class yesterday, I was confusing. I didn't understand the lesson.
4. I couldn't move. I was very frighten.
5. He was laughed by all his classmates.
6. He is well known by the people by his noble act.
7. One of my soldiers was killed by a gun.
8. I was spoken by a foreigner.
9. Where did you have your automobile repair?
10. The committee is consisted of five members.

해설 및 정답

1. **am interesting in → am interested in** : ~에 관심[흥미]이 있다.
2. **had already been eaten → had already eaten**
   : 주어가 사람이므로 be eaten 구문은 나올 수 없다.
3. **I was confusing → I was confused**
4. **I was very frighten → I was very frightened**
5. **was laughed by → was laughed at by**
   : laugh at는 하나의 타동사구를 이루기 때문에 생략할 수 없다.
6. **is well known by → is well known to** :
   be known to(~에게 알려지다.)와 be known by (판단의 기준)의 구별을 묻는 문제이다.   **by his noble act → for** his noble act
7. **by a gun → with a gun** : by는 행위자를 나타내고 with는 도구를 나타낸다.
   (한 병사가 총으로 살해되었다.)
8. **spoken → spoken to** : (외국인이 나에게 말을 걸어왔다.)
   speak to : ~에게 말을 걸다.
9. **repair → repaired** : 「have + 목적어 + 과거분사」의 형태를 묻는 문제이다.
   (어디서 자동차를 수리했니?)
10. **is consisted → consists** : consist(구성되다)는 수동태로 쓰일 수 없는 동사이다.

3 수동태의 종류

1 동작 수동태와 상태 수동태 (수동 형태가 동작보다는 존재하는 상태를 표현하는 때가 있는데 이것을 상태 수동태라고 한다.)

We paint our house **every year**. 〔동작〕 (우리는 매년 우리 집을 칠한다.)
⋯▶ Our house **is painted** every year.
Our house is painted **green**. 〔상태〕 (우리 집은 녹색으로 칠해져 있다.)
⋯▶ We **have painted** our house green.

> 상태수동을 능동형으로 바꾸려면 반드시 완료형으로 고쳐야 한다.
> 동작수동 일 때는 be 대신에 get, grow, become등을 쓰기도 하고
> 상태수동 일 때는 be 대신에 lie, remain, stand등을 쓰기도 한다.

2 능동 수동태

능동형으로 수동의 의미를 갖는 것을 말하는데 일반적으로 다음의 ❶~❹의 경우를 말한다.

❶ 특수동사

> ex sell, read, translate, wash, cut, peel, open, write, etc.

This knife **cuts** well. (이 칼은 잘 든다.)
This novel **sells** well. (이 소설은 잘 팔린다.)
The door **opened** of itself. (그 문은 저절로 열린다.)
This play **reads** better than it acts.
   (이 희곡은 무대에서 보는 것 보다 읽는 편이 재미있다.)
This orange **peels** well. (이 오렌지는 껍질이 잘 벗겨진다.)

❷ 부정사

He **is to blame**. = He should be blamed. (그가 비난받아야 한다.)
The house **is to let**. (이 집이 세 놓을 집이다.)

❸ 동명사

> 주어 + be worth + ~ing
> 사물 + need, want, deserve + ~ing

⇨ 위의 도표에서 보는 것처럼 need등의 동사 다음에 동명사가 목적어로 나오면 주어가 수동의 의미를 띠게 된다. 따라서 to부정사로 고치려면 수동형태로 고쳐야 한다. 대체로 need 다음에 동명사가 목적어로 나오는 경우는 주어가 개선되어질 필요가 있는 경우를 의미한다. 따라서 그러한 경우에만 대체로 동명사를 목적어로 쓰는 것이 용례라고 할 수 있다.

This book **is worth reading**. (이 책은 읽을 가치가 있다.)
This pencil **needs sharpening**. (이 연필은 깎아야겠다.)
The house **needs painting**. (그 집은 칠해야 한다.)
cf. I **need to** borrow some money. (나는 돈을 빌려야 한다.)
　　John **needs to** be told the truth. (존에게 진실을 말할 필요가 있다.)

❹ build, print

The book **is** now **printing**.
= The book is now being printed (그 책은 지금 인쇄 중이다.)
The house **is building**.
= The house is being built (그 집은 지금 건축 중이다.)

③ have [get] + 사물 + p.p

이러한 형태는 일종의 수동태라고 볼 수 있으며, 두 가지로 해석이 가능하다. 주어에 이익이 있으면 [시키다]라고 해석되고, 주어에 손해가 되면 [당한다]로 해석된다.

I **had my watch stolen**.
= My watch was stolen. (나는 시계를 도난당했다.)
I **had my watch mended**.
= was mended. (나는 시계를 수리시켰다.)

⇨ let, have <사역> 동사는 수동태 형식으로 쓸 수 없다.
　(let은 수동태로 바뀔 때 be allowed to의 형태로 바뀐다.)

He let me do it. = He allowed me to do it. (그는 내가 그것을 하도록 했다.)
⋯▸ I **was allowed to** do it by him.

④ **to 부정사나 동명사가 진주어인 문장의 수동태에서는 by + 동명사가 사용된다.**

It hurts the eyes **to read** in the dark. (어두운 데서 책을 읽는 것은 눈을 상하게 한다.)
⋯▶ The eyes are hurt **by reading** in the dark.

⑤ **수동태가 주로 사용되는 경우**

(1) 수동태의 주어에 더 관심이 있을 때.
(2) 능동태의 주어가 분명하지 않을 때.
(3) 능동태의 주어가 막연한 일반인 일 때.
(4) 행위자를 나타내지 않은 것이 좋다고 생각될 때.
(5) 앞 문장과의 연결상.(주어의 일치)

The blind boy was run over by a car. (그 장님 소년이 차에 치였다.)
English is spoken in Australia. (호주에서 영어를 사용한다.)
He was killed in the war. (그는 전쟁터에서 죽었다.)
Some things have been said here tonight that ought not to have been spoken. (하지 말았어야 할 말들이 오늘밤 여기서 말해졌다.)
He loves his neighbors, and is loved by them.
　(그는 이웃을 사랑하고, 그들로부터 사랑받는다.)

⑥ **관용적 용법의 수동형태**

다음의 수동형태들은 거기에 해당되는 능동형태의 문장이 없다.

I don't know where I am. I **am lost**. (나는 내가 어디에 있는지 모르겠다. 길을 잃었다.)
I can't find my purse. It **is gone**. (지갑을 찾을 수 없다. 지갑이 없어졌다.)
I **am finished with** my work. (내 일을 마치다.)
I **am done with** my work. (내 일을 마치다.)

⑦ **수동태로 바꿀 수 없는 타동사**

주로 상태나 소유를 나타내는 타동사는 수동태로 쓰일 수 없다.

ex become(어울리다), possess(소유하다), resemble(~을 닮다)
　　suit(~에 어울리다), have(가지고 있다), escape(피하다), stand(견디다)

Practice Test A

다음 _____ 안에 들어갈 적당한 표현을 고르세요.

1. His behavior deserves _____ by everyone.

   (A) respected
   (B) to respect
   (C) respecting
   (D) to have respected

   타동사 deserve의 목적어로 명사가 나오면 수동의 의미! 같은 의미의 to부정사로 고칠 때에는 수동형식을 쓴다.
   deserves respecting = deserves to be respected
   [번역] 그의 행동은 모든 사람에 의해 존경을 받을 만하다.
   [정답] (C)

2. The airport was temporarily _____ because of weather.

   (A) closed
   (B) stormed
   (C) delayed
   (D) eliminated

   문장의 주어가 airport이므로 동사 의미상 수동태가 적합하다.
   [번역] 날씨관계로 공항이 일시 폐쇄되었다.
   [정답] (A)

3. The floor was felt _____ beneath my feet.

   (A) to move   (B) move
   (C) shake   (D) have shaken

   능동태에서 지각동사, 사역동사의 목적격 보어로 쓰였던 원형부정사는 수동태에서는 to부정사로 바뀐다.
   [번역] 발 밑의 바닥이 움직이는 것을 느꼈다.
   [정답] (A)

4. Harvard University, which _____ in 1639, is one of the oldest universities in the United States of America.

   (A) found   (B) was found
   (C) founded   (D) was founded

   found-founded-founded(vt.): 설립하다.
   [번역] 1639년에 세워진 하버드 대학은 미국에서 가장 오래된 대학 중 하나이다.
   [정답] (D)

5. He doesn't mind _____ by his friends.

   (A) to be laughed
   (B) to be laughed at
   (C) being laughed at
   (D) being laughed

   이 문장은 비웃음을 받는다는 뜻이므로 수동태가 요구된다. 한편 mind는 동명사를 목적어 취하므로 동명사의 수동형태가 요구된다.
   [번역] 그는 친구들이 비웃는 것에 대해 신경 쓰지 않는다.
   [정답] (C)

6. Countries have different laws concerning which drugs can be _____ without a prescription.

   (A) took
   (B) bright
   (C) bought
   (D) compared

   prescription: 처방(전)
   [번역] 나라마다 처방전 없이 살 수 있는 약에 관한 법이 다르다.
   [정답] (C)

7. Several trees were _____ over during the storm.

   (A) blew
   (B) blows
   (C) blown
   (D) blowing

   blow over: 불어서 쓰러뜨리다.
   [번역] 나무 몇 그루가 폭풍우로 쓰러졌다.
   [정답] (C)

8. All appointments must _____ at least twenty-four hours in advance.

   (A) call for
   (B) have called
   (C) have confirmed
   (D) be confirmed

   confirm: 확인하다.
   [번역] 모든 약속은 최소한 24시간 이전에 미리 확인해야 한다.
   [정답] (D)

9. A young businessman with an MBA is _____ for his potential for growth.

   (A) to value
   (B) being value
   (C) valued
   (D) to be valuable

   MBA(Master of Business Administration): 경영학 석사.
   [번역] 경영학 석사 학위를 가진 젊은 사업가는 성장 잠재력 때문에 인정을 받는다.
   [정답] (C)

10. My brother _____ his friend's sister last year.

    (A) married to
    (B) married with
    (C) was married
    (D) was married to

    be married to~: ~와 결혼하다.
    [번역] 내 동생이 그의 친구 여동생과 작년에 결혼했다.
    [정답] (D)

Practice Test B

다음 문장의 밑줄 친 곳에서 올바르지 않은 것을 고르세요.

1. Your bank records cannot be checked by no one.
   (A)   (B)   (C)   (D)

   수동태 문장에서 by no one이란 표현은 비문법적이다. 부정어는 문미에 오지 않기 때문이다.
   bank records: 은행거래내역
   check: 검사하다, 조사하다
   [번역] 당신의 은행 거래내역은 누구에 의해서도 조사될 수 없다.
   [정답] (D) (no one → any one)

2. CLONAID, the first company in the world to
              (A)
   offer human cloning, owns by a religious
                        (B)
   organization called "The Raelian Movement."
   (C)   (D)

   주어(CLONAID)가 한 종교단체에 의해 소유되어지기 때문에 수동태로 쓴다.
   human cloning: 인간복제
   [번역] 인간복제를 제공하는 세계 첫 번째 회사인 CLONAID는 '라엘리언 운동' 이라고 불리는 종교단체의 소유이다.
   [정답] (B) (owns → is owned)

3. The board's decision was overturn by the
       (A)   (B) (C)
   president of the company.
            (D)

   주어(decision)가 기각의 대상이 되므로 수동태로 쓴다.
   be overturned: 기각되다
   [번역] 중역회의의 결정은 사장에 의해 기각되었다.
   [정답] (C) (overturn → overturned)

4. Those leaves on the lawn must have blown
                  (A)   (B)
   there during the night.
         (C)   (D)

   주어(leaves:낙엽)가 바람에 날려 온 대상이므로 수동태 문형이 요구된다.
   [번역] 잔디 위의 저 낙엽들은 밤새 바람에 날려 온 게 틀림없다.
   [정답] (B) (must have blown → must have been blown)

5. Argument is seldom used in advertisers, who
                (A)   (B)   (C)
   depend instead on skillful suggestion.
   (D)

   수동태 문장에서 행동의 주체가 advertisers이므로 by가 필요하다.
   [번역] 광고하는 사람들은 직접 말하지 않고 교묘하게 암시하는 방법에 의존한다.
   [정답] (B) (used in → used by)

태 • 151

Final Test

1. Adjust your microscope as you _____.

    (A) tell
    (B) to tell
    (C) told
    (D) are told

    as you are told = as I tell you
    [번역] 내가 말하는 대로 네 현미경을 조정해라.
    [정답] (D)

2. "If someone falls into deep water and can't swim, what will become of him?"
   "He will probably be _____."

    (A) drowning
    (B) drown
    (C) drowned
    (D) the drowning

    「익사하다」의 표현은 be drowned이다.
    [번역] "만일 누군가 깊은 물에 빠져서 수영할 수 없으면 어떻게 될까?"
    "그는 아마 물에 빠져 죽고말거야(익사할거야)."
    [정답] (C)

3. Milk proteins _____ for their high nutritional content.

    (A) valued
    (B) are they valued
    (C) are valued
    (D) to be valued

    무생물인 milk proteins가 주어이므로 동사(value)의 성격상 수동태가 요구된다.
    [번역] 유(乳) 단백질은 영양 성분이 높은 것으로 평가되고 있다.
    [정답] (C)

4. "How does Alma like her new work?"
   "She _____ with the hours."

    (A) can't satisfy
    (B) isn't satisfied
    (C) doesn't satisfy
    (D) hasn't satisfied

    be satisfied with: ~에 만족하다.
    [번역] "앨마는 그녀의 새 직장을 얼마나 좋아하니?"
    "그녀는 근무시간에 대해 불만이 있어."
    [정답] (B)

5. The first American manufacturing establishments _____ devoted to the grinding of grain.

    (A) they were
    (B) which were
    (C) were
    (D) being

    establishments가 주어이기 때문에 복수동사를 써야 한다. 또한 be devoted to는 '~에 전념하다'라는 의미의 표현이다.
    [번역] 최초 미국의 제조시설들은 정미업에 전념했다.
    [정답] (C)

6. "She _____ in 1960."

   (A) did marriage
   (B) was married
   (C) married
   (D) got married

   시간표시 부사를 동반하는 수동태 문장에서는 주로 get+p.p 형식을 사용한다.
   [번역] 그녀는 1960년에 결혼했다.
   [정답] (D)

7. "Your radio doesn't work."
   "Yes, it does. The plug _____. Just plug it in."

   (A) isn't connecting
   (B) hasn't connection
   (C) doesn't connect
   (D) isn't connected

   plug가 주어이기 때문에 동사의 의미상 수동형식이 요구된다.
   [번역] "네 라디오가 작동을 안해."
         "아니야, 잘 돼. 단지 플러그가 빠져있어서 그래. 플러그를 꽂아봐."
   [정답] (D)

8. "Car number 17 won the race."
   "Yes, but the driver came close to _____ killed."

   (A) being   (B) have been
   (C) be   (D) having been

   kill이 타동사인데도 목적어가 뒤에 나오지 않고 있는걸로 미루어 보아 수동태 형식임을 알 수 있다. 한편 여기서는 to가 전치사이므로 being killed가 되어야 한다.
   [번역] "17번 자동차가 그 경주에서 이겼다."
         "그래. 하지만 그 운전자는 거의 죽을뻔 했어"
   [정답] (A)

9. "What was the people's opinion of their leader?"
   "He was _____ to be clever but dishonest."

   (A) thought as
   (B) thinking
   (C) thought
   (D) they thought

   이 문장의 능동태는 People think him (to be) honest이다. 이처럼 능동문에서는 (to be)의 생략이 가능하지만 수동문에서는 생략할 수 없다.
   [번역] "그들의 지도자에 대한 국민들의 견해는 어땠니?"
         "그가 영리하지만 부정직하다고 생각하고 있었어."
   [정답] (C)

10. The coffee is very cold ; it needs _____.

    (A) hot
    (B) to be heated
    (C) to heating
    (D) be heated

    주어인 커피는 데워지는 대상이기 때문에 to be heated와 같이 수동형태가 문법적이다.
    needs heating = needs to be heated
    [번역] 커피가 매우 차다. 따뜻하게 데워야겠어.
    [정답] (B)

11. Are all telephone numbers _____ in the directory?

    (A) list
    (B) listed
    (C) listing
    (D) being listed

telephone numbers가 주어이므로 수동형태인 are listed가 되어야 한다.
[번역] 전화번호부에는 모든 전화번호가 다 수록되어 있니?
[정답] (B)

12. The American Red Cross _____ by Clara Barton.

    (A) organized it
    (B) was organized
    (C) that was organized
    (D) that it was organized

by Clara Barton이 있는 것으로 보아 수동태 형식이 요구된다.
[번역] 미국의 적십자는 클라라 바튼에 의해 설립됐다.
[정답] (B)

13. The distance from the Earth to the moon _____ measured today by radar or by laser beams.

    (A) is easy to
    (B) can easily be
    (C) easily being
    (D) can be easy to

문장주어가 The distance이고 동사가 measure이기 때문에 동사의 수동형태가 의미상 적합하다.
[번역] 지구에서 달까지의 거리는 오늘날 레이더나 레이저 광선에 의해 쉽게 측량할 수 있다.
[정답] (B)

14. Gold was originally valued for the magical powers that _____ to come from it.

    (A) have thought
    (B) were thinking
    (C) have been thinking
    (D) were thought

이 문장에서 관계대명사 that의 선행사는 the magical powers이기 때문에 동사 think의 수동형태가 나와야 한다.
[번역] 금은 본래 그것에서 유래한다고 생각되어 오는 마력 때문에 중시되어 왔다.
[정답] (D)

※ Select the part (A, B, C or D) which is not acceptable for standard written expression.

15. We are <u>suppose to</u> read <u>all of chapter</u> seven
               (A)   (B)
    and <u>answer</u> the questions for <u>tomorrow's</u> class.
        (C)   (D)

are supposed to read = should read
[번역] 우리는 제7장의 내용을 모두 읽고 내일 수업 시간의 질문에 답을 해야한다.
[정답] (A) (suppose to → supposed to)

16. The first <u>zoological garden</u> <u>in the United</u>
        (A)   (B)
    <u>States</u> <u>had established</u> in Philadelphia in
         (C)
    <u>1874</u>.
    (D)

> 분명하게 명시된 과거표시 부사구가 나오면 과거시제를 사용한다.
> [번역] 미국 최초의 동물원은 1874년 필라델피아에 설립되었다.
> [정답] (C) (had established → was established)

17. In the North Temperate Zone, <u>clocks</u> are
              (A)
    <u>typically</u> set one hour <u>ahead</u> for daylight
     (B)   (C)
    saving time in the spring and <u>setted</u> back to
              (D)
    standard time in the fall.

> set의 과거분사형은 set이다.
> the north temperate zone: 북반구 온대 지역
> daylight saving time: 일광 절약시간, 서머타임(D.S.T.)
> [번역] 북반구 온대지역에서는 일광절약시간 때문에 봄에는 한 시간 앞당겨 조정되고 가을에는 표준시간에 맞추어 늦춰서 조정된다.
> [정답] (D) (setted → set)

18. Before a new drug may be <u>to put</u> on <u>the</u>
            (A) (B)
    <u>market</u> in the United States, the
    <u>manufacturer</u> must <u>apply to</u> the Food and
     (C)   (D)
    Drug Administration.

> 문맥상 a new drug가 동작의 주체가 될 수 없으므로 수동형태가 적절하다.
> the Food and Drug Administration: 식품 및 약품관리국
> [번역] 미국에서 하나의 새로운 약품을 시장에 내보내기 전에, 제조업자는 식품 및 약품관리국에 반드시 출원을 거쳐야 한다.
> [정답] (A) (to put → put)

19. The <u>first</u> short story <u>publish by</u>
      (A)   (B)
    Washington Irving <u>was</u> "Rip Van Winkle,"
          (C)
    <u>which</u> appeared in 1819.
    (D)

> by가 있는 것으로 보아 수동태임을 쉽게 예측할 수 있다.
> [번역] 워싱턴 어빙이 출간했던 첫 단편소설은 1819년에 선보였던 「립 반 윙클」이었다.
> [정답] (B) (publish by → published by)

20. The electric <u>furnace</u> is used <u>extensively</u> to
        (A)   (B)
    produce the high-grade steel <u>is required</u> <u>for</u>
             (C) (D)
    <u>the manufacture</u> of steel alloys.

> 한 문장 안에 본동사가 두 개 이상 나올 수 없다. 따라서 이 문장에서는 C가 (which is) required의 형식이 되어야 한다.
> electric furnace: 전기로
> [번역] 전기로는 강철합금 제조에 필요한 순도 높은 강철을 생산하는데 광범위하게 이용된다.
> [정답] (C) (is required → required)

Chapter 6

법
Mood

1 Grammar Preview

1 명사절에 가정법동사를 쓰는 경우

He **insisted** that the new baby (**should**) **be named** after his grandfather.
(그는 새로 태어나는 아이는 할아버지의 이름을 본따서 지어야 한다고 주장했다.)
I **recommended** that she (**should**) **not go** to the concert.
(나는 그녀가 콘서트에 가서는 안 된다고 충고했다.)
It is **important** that they (**should**) **be told** the truth.
(진리를 듣는 일은 중요하다.)
It is **essential** that pollution (**should**) **be controlled** and eventually (**be**) **eliminated**. (오염은 조절되고 궁극적으로 제거되어야 한다.)
I **suggested** that she (**should**) **see** a doctor.
(나는 그녀가 의사의 진찰을 받아야 한다고 제안했다.)

⇨ insist가 미래에 대한 주장이 아닐 경우와 suggest가 「암시하다」의 뜻을 지닐 경우에는 가정법동사를 쓰지 않는다.
 cf. He **insists** that I **am** wrong. (그는 내가 잘못했다고 주장한다.)
  Her expression **suggests** that she **is** angry. (그녀의 표정은 그녀가 화가 났음을 암시해 준다.)

2 시제별 가정법 표현

If Denny **should call**, tell him I'll be back around five. `가정법 미래`
(만일 데니가 전화하면, 내가 5시쯤 올 거라고 말해주세요.)
If there **should be** another world war, the continued existence of the human race would be in jeopardy. `가정법 미래`
(만일 또 한 번 세계 전쟁이 일어난다면, 지금까지 지속 되어온 인류는 위기에 처할 것이다.)
If I **were** you, I **would accept** their invitation. `가정법 과거`
(만일 내가 너라면, 나는 그들의 초대를 받아들일 텐데.)
If I **hadn't slipped** on the ice, I **wouldn't have broken** my arm.
(만일 내가 빙판에서 미끄러지지 않았더라면, 팔이 부러지지 않았을 텐데.) `가정법 과거완료`
If I **had eaten** dinner, I **wouldn't be** hungry now. `혼합가정법`
(내가 만일 저녁 식사를 하였더라면, 지금 배고프지 않을 텐데.)

3 가정법과 직설법과의 관계

직설법 : It **rained** badly last night. The roads are muddy.
　　　　 (어젯밤에 비가 많이 내렸다. 길이 질퍽하다.)
가정법 : If it **had not rained** badly last night, the roads **would not be** muddy.
　　　　　　 (과거시제의 가정)　　　　　　　　　　　　　　　　(현재시제의 가정)
　　　　 (어젯밤에 비가 많이 내리지 않았다면, 길이 질퍽하지 않을텐데.)

직설법 : He **is** not a good student. He **didn't study** for the test last night.
　　　　 (그는 착실한 학생이 아니다. 그는 어젯밤에 시험공부를 하지 않았다.)
가정법 : If he **were** a good student, he **would have studied** for the test.
　　　　　 (일반적 사실의 가정)　　　　　　　　　(과거 시제의 가정)
　　　　 (그가 착한 학생이라면, 그는 시험준비를 하였을 텐데.)

4 IF의 생략

Were I rich, I could buy it.
　(만일 내가 부자라면, 나는 그것을 살 수 있을 텐데.)
　=**If I were** rich, I could buy it.
Had it not been for your help, I couldn't have done it.
　(너의 도움이 아니었더라면, 나는 그것을 할 수 없었을 텐데.)
　=**If it had not been** for your help, I couldn't have done it.
　　cf. Hadn't it been for your help, I couldn't have done it. (×)
Should anyone call, please take a message.　[가정법 미래]
　=**If anyone (should)** call, please take a message.
　(만일 누가 전화하면, 메세지를 받아두렴.)

2 Grammar Check-up

I ( )안에 있는 동사를 이용하여 문장에 맞게 고치시오. (일부 동사들은 수동태이다)

1. He insisted that the new baby(name) _____ after his grandfather.

2. The students requested that the test(postpone) _____, but the instructor decided against a postponement.

3. I requested that I(permit) _____ to change my class.

4. It is essential that pollution(control) _____ and eventually(eliminate) _____.

5. It is important that you(be, not) _____ late.

6. It is imperative that he(return) _____ home immediately.

7. The governor proposed that a new highway(build) _____.

8. She specifically asked that I(tell, not) _____ anyone else about it. She said it was important that no one else(tell) _____ about it.

II 조건 절의 if를 생략하여 다음 문장을 같은 의미가 되도록 고치시오.

1. The other team committed a foul, but the referee didn't see it. If the referee had seen it, our team would have won the game.

2. Your boss sounds like a real tyrant. If I were you, I would look for another job.

3. I'll be out of my office until 2:00. If you should need to reach me, I'll be in the conference room.

4. If Thomson had not dropped the ball, we would have won the game.

Ⅲ "if절"을 사용하여 다음 문장을 같은 의미의 문장으로 고치시오.

1. I would have visited you, but I didn't know that you were at home.

2. It wouldn't have been a good meeting without Rosa.

3. I stepped on the brakes. Otherwise, I would have hit the child on the bicycle.

4. Cathy turned down the volume on the tape player. Otherwise, the neighbors probably would have called to complain about the noise.

5. Jack would have finished his education, but he had to quit school and find a job in order to support his family.

(I) 명령, 제안, 주장, 요구를 나타내는 동사 다음에 오는 that절에서는 원형동사를 쓴다.
1. be named
2. be postponed
3. be permitted
4. be controlled / (be) eliminated
5. not be
6. return
7. be built
8. not tell / be told

(II) 가정법에서 접속사 if를 생략하면 주어와 조동사의 위치가 바뀐다.
1. Had the referee seen it, out team would have won the game.
2. Were I you, I would look for another job.
3. Should you need to reach me, I'll be in the conference room.
4. Had Thomson not dropped the ball, we would have won the game.
   (부정문일 경우 not은 주어 뒤에 오며 조동사와 축약이 되지 않음을 주의해야 한다. 예를 들어, Hadn't I seen it with my own eyes,로 시작되는 문장은 비문법적인 문장이다.)

(III) 가정법은 현재나 과거사실의 반대를 표현하므로 의미에 주의를 기울여야 한다.
1. I would have visited you if I had known you were at home.
2. It wouldn't have been a good meeting if Rosa hadn't been there.
3. If I hadn't stepped on the brakes, I would have hit the child on the bicycle.
4. If Cathy hadn't turned down the volume on the tape player, the neighbors....
5. Jack would have finished his education if he hadn't had to quit school and find a job in order to support his family.

3 Grammar Focus

1 가정법의 종류, 형태, 의미의 분석

종류	형태		뜻
	조건절	주절	
현재	If+S+원형(현재형)	S+조동사의 현재형+동사원형	현재나 미래의 불확실한 의심
과거	If+S+동사의 과거 (be 동사는 were를 쓴다)	S+조동사의 과거+동사원형	현재 사실의 반대 (현재로 해석할 것)
과거 완료	If+S+had+p.p	S+조동사의 과거+have+p.p	과거사실의 반대
혼합 가정법	If+S+had+p.p	S+조동사의 과거+동사원형	과거사실이 현재에까지 영향을 미치는 경우의 가정
미래	If+S+should[would]+동사원형 : 주어의 의지표현 If+S+were to+동사원형	S+조동사의 현재나 과거형+동사원형 S+조동사의 과거형+동사원형	(그럴 리 없지만)만일 ~이라면 불가능한 일의 상상(순수가정)

ex If you **should** fail again, your father will[would] be disappointed. : 미래의 강한 의심
(네가 또 실패하면, 네 아버지가 실망하실 거야.)

If you **would** succeed, you would have to work harder. : 주어의 의지에 따른 가능성을 나타낼 땐 would
(네가 성공하려면, 더 열심히 일해야 할 거야.)

If I **were to** be born again, I would be a teacher. : 순수가정(불가능한일)
(나는 다시 태어나면, 선생님이 될 거야.)

1 명령, 제안, 주장, 요구, 희망 등을 나타내는 동사
: that 절에서 (should)+동사원형을 쓴다.

He **suggested** that we (**should**) **go** to the theater.
(그는 우리에게 극장에 가라고 제안했다.)

2 혼합 가정법
: 과거 사실이 현재에 영향을 줄 때 사용하는 형태이다. If 절은 가정법 과거완료 형식을 취하고 주절은 가정법 과거형식을 취함.

If he **had worked** harder **then**, he **would be** well off now.
(그때 그가 더 열심히 일했더라면, 그는 지금 잘 살텐데.)

3 가정법 과거

If he **were** here right now, he **would help** us.
(만일 그가 지금 여기에 있다면, 우리를 도와줄 텐데).

4 가정법 과거 완료

If you **had told** me about the problem, I **would have helped** you.
(만일 네가 나에게 그 문제에 관해 말했다면, 내가 너를 도와주었을 텐데).

2 명령법을 사용한 양보구문

이때의 동사는 원래 가정법 현재이며 **비록 ~하더라도**로 해석되는 양보의 의미이다. 다음의 도표는 그 구문들을 모두 정리한 것이다.

(1) **명령형 [= 동사원형] + 의문사 + 주어 + will [may]**
Say what I will, he does not mind. = Whatever I may say, ~
(내가 무슨 말을 하든, 그는 마음을 쓰지 않는다.)

(2) **명령형 + as + 주어 + will [may]** *cf.* **형용사, (무관사의) 명사 + as + 주어 + 동사 ~**
Try as he would (= However hard he might try), he couldn't remember a word of the sermon. (아무리 애를 써도, 그는 그 설교를 한마디도 기억할 수가 없었다.)

(3) **Be + 주어 + ever so + 형용사**
Be it ever so humble (= However humble it may be), there is no place like home. (아무리 초라하더라도, 내 집만한 곳은 없다.)

(4) **Let + 목적어 + 원형동사 + 의문사 + 주어 + may(or will) [아무리 주어가 ~한다 해도]**
Let her say what she will (= Whatever she may say) I will go with her.
(그녀가 무슨 말을 한다해도, 나는 그녀와 같이 가겠다.)

(5) **명령형 + A or B**
Be it true or not, it is not worth considering.
(그것이 사실이든 아니든, 그것을 고려할 가치가 없다.)
(= Whether it is true or not, it is not worth considering.)

Grammar Drill

다음 (   ) 안의 동사를 문맥에 맞게 고치시오.

문 제

1. If I (be) a bird, I would fly to you.
2. If you had not helped him, he (fail) again.
3. If I (go) there, I could have met her.
4. If the sun (rise) in the west, I would not go.
5. It is about time that you (go) to bed.

해설 및 정답

1. **were** : 가정법 과거의 문장이다.
2. **would have failed** : if절의 동사가 had+p.p이므로 가정법 과거완료의 문장임을 알 수 있다. 따라서 가정법 과거완료의 시제에 맞는 주절의 형태를 사용해야 한다.
3. **had gone** : 가정법 과거완료의 문장이다.
4. **were to rise** : 실현 불가능한 가정을 할 때 were to를 사용한다. 이 문장에서 if = even if이다.
5. **went** : It is about time 다음에 나오는 절에서는 가정법 과거동사를 사용한다. 또한 should go를 사용할 수도 있다.

3 as if [as though] + 가정법 시제

1 as if + 가정법 과거

❶ as if + 가정법과거

주절과 as if절의 시점이 같을 때(마치 ~인 것처럼)

He *talks* **as if** he **knew** everything.
= In fact he doesn't know everything. (그는 마치 모든 것을 알고 있는 것처럼 말한다.)

He *talked* **as if** he **knew** everything.
= In fact he didn't know everything. (그는 마치 모든 것을 알고 있는 것처럼 말했다.)

❷ as if + 가정법 과거완료

as if절의 시점이 주절의 시점보다 한 시제 앞서거나, 과거의 경험을 의미할 때
(마치 ~이었던 것처럼)

He *talks* **as if** he **had read** the novel.
= In fact he has not read the novel. (그는 소설을 읽었던 것처럼 말한다.)
He *talked* **as if** he **had read** the novel.
= In fact he had not read the novel. (그는 소설을 읽었던 것처럼 말했다.)

4 조건절의 대용

다음의 여러 요소들 속에서 if절의 의미를 발견할 수 있다.

1 주어 (조건의 뜻이 내포되어 있는 경우)

A man of sense would not do such a thing.
= **If he were a man of sense**, he would not do such a thing.
  (만약 분별 있는 사람이라면, 그런 행동을 하지 않을 텐데.)
A closer examination of it might have revealed a new fact.
= **If you had made a closer examination of it**, it might have revealed
  a new fact. (그것을 좀 더 조사해 보았더라면, 새로운 사실을 적발할 수 있었을 텐데.)

2 to 부정사 (조건의 뜻이 내포되어 있는 경우)

It would be wrong **to steal**.
= It would be wrong **if we were to steal**. (훔치는 것은 나쁜 일이다.)
To hear him talk, you would think that he is clever.
= If you heard him talk, you would think that he is clever.
(만약 그가 말하는 것을 듣는다면, 너는 그가 영리하다고 생각할 것이다.)

3 분사 (조건의 뜻이 내포되어 있는 경우)

Left to herself, she would have been ruined.
= If she had been left to herself, she would have been ruined.
(그녀가 혼자 남겨졌더라면 타락하고 말았을 것이다).
Hearing him sing, you would take him for a singer.
= If you heard him sing, you would take him for a singer.
(만약 그가 노래 부르는 것을 듣는다면, 너는 그를 가수로 착각할 것이다.)

4 부사구 (조건의 뜻이 내포되어 있는 경우)

I would not do so **in your place**.
= I would not do so if I were in your place.
(내가 너의 입장이라면 나는 그렇게 하지 않을 것이다.)
There have been men who **by wise attention to this point** might have risen to any eminence.
(이 점에서 현명하게 주의했더라면 높은 지위에 올랐을 사람들이 있어왔다.)
= **if they had paid wise attention to this point**
(이 점에서 현명하게 주의했더라면)

5 전치사 (조건의 뜻이 내포되어 있는 경우)

With your permission I should like to do it.
= **If you permit,** I should like to do it.
(만일 당신이 허락한다면, 나는 그것을 하고 싶다.)

6 but that + 직설법 시제 (unless + 직설법시제[현대영어] / + 가정법시제[옛스런 표현])

But that I am poor, I could go abroad.
  (내가 가난하지 않다면 나는 외국에 갈 수 있을 텐데.)
= **If I were not poor**, ~ = Unless he is(or were) poor, ~

▷ **but that** 다음에는 직설법 시제를 써야 한다. 또한 unless처럼 자체에 부정의 의미가 들어 있는 경우에는 다음에 부정어를 넣으면 안 된다.

7 but for (=without)

가정법 과거 : If it were not for~ = Were it not for~
가정법 과거완료 : If it had not been for~ = Had it not been for~

Without water, nothing could live. (물이 없다면, 어떤 것도 살 수 없을 텐데.)
But for your help, I could not have done it.
  (당신의 도움이 없었더라면, 나는 그것을 할 수 없었을 텐데.)

8 관계사절 (조건의 뜻이 내포되어 있는 경우)

A man **who had common sense** would not do such a thing.
= A man, **if he had common sense**, would not do such a thing.
  (상식이 있는 사람이면 그러한 일을 하지 않을 것이다.)

9 otherwise

I wrote to him ; **otherwise** he would have worried about me.
= **if I had not written to him**,
  (나는 그에게 편지를 했다. 그렇지 않았더라면 그는 나에 관해서 걱정했을 텐데.)

10 문장밖에 조건의 뜻이 내포되어 있는 경우

A pin might have been heard to drop. (=if it had dropped의 뜻이 숨어있다.)
  (만일 핀이 떨어졌었다면 떨어지는 소리가 들렸을 것이다.)

5 가정법의 관용적 용법

1 I wish [= If only = Would that = Oh that] + 가정법 [~라면 좋을 텐데]

I **wish** I **were** rich= I am sorry(that) I am not rich. (내가 부자라면 좋을 텐데.)

2 It is about [hight / good] time(that) + 가정법 과거

It is (about)time you went to school. (지금 학교가야 할 시간이다.)
= It is (about)time you should go to school.
= It is (about)time for you to go to school.

3 조건문구의 연결사 (가정법 뿐 아니라 직설법에도 쓴다.)

> **ex**
> provided (that) = if, if ~only
> providing (that) = if, if ~only
> supposing (that) = suppose = if
> **granted (that)** = even if
> **granting (that)** = even if
> on condition (that) = if
> in case (that) = if
> **so long as** = if only

Granted (that) it were true, I would not believe it.
(비록 그것이 사실일지라도, 나는 그것을 믿지 않겠다.)
In case it rains, I will not come. (만일 비가 오면, 나는 오지 않겠다.)
Suppose [supposing] you were in my place, what would you do?
(네가 내 경우라면 너는 어떻게 하겠니?)

6 가정법과 직설법의 관계

가정법을 직설법으로 바꾸고자 할 때에는 아래와 같이 바꾼다.

가정법	직설법
If	As
긍정	부정
부정	긍정
과거	현재
과거완료	과거

If he **had** a boat, he **could** lend it to us.
　(그가 보트가 있으면, 그것을 우리에게 빌려줄 텐데.)
⋯▶ As he doesn't have a boat, he cannot lend it to us.
　　((사실은) 그가 보트가 없기 때문에, 보트를 우리에게 빌려줄 수 없다.)
If you **had been** here, you **could have seen** him.
　(만일 네가 여기 있었더라면, 그를 만날 수 있었을 텐데.)
⋯▶ As you was not here, you could not see him.
　　((사실은) 네가 여기에 없어서, 그를 만날 수 없었다.)

I **wish** I **had done** so. (내가 그렇게 했었더라면 하고 나는 바란다.)
　⋯▶ I **am** sorry I **did not do** so. (내가 그렇게 하지 않았던 것이 유감이다.)
I **wished** I **had done** so. (내가 그렇게 했었더라면 하고 나는 바랬다.)
　⋯▶ I **was** sorry I **had not done** so. (내가 그렇게 하지 못해서 나는 유감이었다.)

7 IF의 생략

If절에서 If가 생략되면 조동사가 문두로 나가서 도치구문이 된다.

If I **knew** his address, I could write to him.
　⋯▶ **Did I know** his address, I could write to him.
　　　(내가 그의 주소를 안다면, 나는 그에게 편지 쓸 수 있을 텐데.)
If I **had** tried harder, I could have succeeded.
　⋯▶ **Had** I tried harder, I could have succeeded.
　　　(내가 좀 더 열심히 노력했었더라면, 나는 성공했었을 텐데.)
If anyone **should** call on me, tell him that I am ill.
　⋯▶ **Should** anyone call on me, tell him that I am ill.
　　　(만일 누가 나를 찾아오면, 내가 아프다고 말하시오.)

Grammar Drill

다음 문장에서 어법상 잘못이 없도록 (   ) 안을 채우시오.

문제

1. Try (   ) you may, you can't finish the work.
2. (   ) I had no time, I could not have done it well.
3. I worked hard; (   ) I should have starved.
4. One more effort, (   ) you will solve the problem.
5. I move that the question (   ) put to a vote.

해설 및 정답

1. **as** : 명령형을 사용한 양보구문이다.
2. **Had** : Had I had no time = If I had had no time(시간이 없었더라면)
3. **otherwise** : if I had not worked hard(열심히 일하지 않았었다면 굶었을텐데)
4. **and** : 명령문 다음에 and를 쓰면 「~해라, 그러면」의 의미를 갖는다.
5. **be** : 명령, 제안, 주장, 요구를 나타내는 가정법 현재의 that절에서는 「(should)+동사원형」을 쓴다.   move : 동의하다, 제안하다

Practice Test A

다음 _____ 안에 들어갈 적당한 표현을 고르세요.

1. If it _____ the severe storm, they would have reached the top of the mountain.

   (A) was not for
   (B) were not for
   (C) were without
   (D) had not been for

   주절의 시제가 「would have reach」이므로 미루어 가정법 과거완료구문 If + 주어 + had + p.p.~, 주어 + 조동사 과거형 + have + p.p.이 요구된다.
   [번역] 심한 폭풍우가 아니었다면, 그들은 그 산 정상에 도달할 수가 있었을 텐데.
   [정답] (D)

2. He moved that a committee _____.

   (A) appoint
   (B) be appointed
   (C) have appointed
   (D) were appointed

   명령, 제안, 주장, 요구를 나타내는 구문은 that절에 「(should) + 동사원형」이 온다.
   [번역] 그는 위원이 임명되어야 한다고 제안했다.
   [정답] (B)

3. I don't think he will come. But if he _____ come, give him this message.

   (A) has   (B) should
   (C) had   (D) will

   가정법 미래는 현재 또는 미래의 실현 가능성이 거의 없을 때 쓴다. 가정법미래에서는 if절에 should를 쓴다.
   [번역] 나는 그가 올 거라고 생각하지 않아. 그러나 만약 그가 온다면 그에게 이 소식을 전해줘.
   [정답] (B)

4. She looked as if she _____ ill for a long time.

   (A) were   (B) had been
   (C) fell   (D) had fallen

   as if + 가정법 시제.
   In fact she has not been ill for a long time.
   [번역] 그녀는 마치 오랫동안 아팠던 것처럼 보였다.
   [정답] (B)

5. I worked hard; _____, I should have been dismissed.

   (A) if   (B) otherwise
   (C) and   (D) but for

   otherwise: 그렇지 않았더라면(=if ~ not).
   [번역] 나는 열심히 일했다. 그렇지 않았더라면 나는 해고되었을 텐데.
   [정답] (B)

6. Without oxygen, all animals _____ long ago.

    (A) would disappear
    (B) would be disappearing
    (C) would have disappeared
    (D) would have been disappeared

7. If I had known about the concert, I _____ too.

    (A) would go
    (B) had gone
    (C) will have gone
    (D) would have gone

8. He sometimes wishes he _____ better qualified for his job.

    (A) was   (B) can
    (C) will   (D) were

9. If I lost my key, I _____ able to lock the door.

    (A) wouldn't be
    (B) wouldn't have been
    (C) will not be
    (D) will not have been

10. Years later, she confessed, "Had Dad told me the truth, I _____ a far better daughter and a better wife, too."

    (A) could have been
    (B) can have been
    (C) will have been
    (D) have been

과거를 의미하는 ago라는 부사가 있으므로 가정법 과거완료시제이다.
without = if it had not been for; if it were not for
[번역] 산소가 없다면 모든 동물들은 오래 전에 사라졌을 텐데.
[정답] (C)

가정법 과거완료의 문장이므로 주절에는 「조동사의 과거형 + have + P.P.」가 요구된다.
[번역] 그 콘서트에 대해 알았더라면 나도 갔었을 텐데.
[정답] (D)

이 문장에서는 wish다음에 가정법 시제이므로 be동사는 were이다.
qualified for: ~의 자격이 있는
[번역] 그는 가끔 자신의 일에 더 나은 자격을 갖추었으면 하고 바란다.
[정답] (D)

현재사실의 반대를 표현하는 가정법 과거 구문이다.
[번역] 열쇠를 분실하면 나는 문을 잠그지 못할 것이다.
[정답] (A)

가정법 과거완료구문.
Had Dad told~ = If Dad had told~.
[번역] 수 년이 지난 후에 그녀는 고백했다. "만일 아버지께서 나에게 진실을 말씀하셨다면 나는 훨씬 더 훌륭한 딸과 아내가 되었을 텐데."라고.
[정답] (A)

Practice Test B

다음 문장의 밑줄 친 곳에서 올바르지 않은 것을 고르세요.

1. If I had a match <u>right now</u>, I <u>could have</u>
   (A)　　　　　　　(B)
   <u>lighted</u> this candle to <u>look for</u> the <u>lost</u> key.
   (C)　　　　　　　　(D)　　　　(D...)

   조건절의 동사가 had이므로 가정법 과거시제임을 알 수 있다. 가정법 과거시제의 주절은 '조동사의 과거형 + 동사원형' 형태가 되어야 한다.
   [번역] 내가 지금 성냥을 가지고 있다면, 이 양초에 불을 붙여서 잃어버린 열쇠를 찾을 수 있을 텐데.
   [정답] (B) (could have lighted → could light)

2. That's <u>why</u> the insurance <u>companies</u> suggest
   (A)　　　　　　　　(B)
   <u>that</u> everyone <u>gets</u> health insurance.
   (C)　　　　　(D)

   제안(suggest)을 나타내는 동사 다음에 나오는 that 절에서는 '(should) + 동사원형'의 형태를 쓴다.
   [번역] 그것이 바로 보험회사에서 모든 사람들에게 건강보험을 들도록 하는 이유이다.
   [정답] (D) (gets → get)

3. She spoke <u>to me</u> <u>as though</u> she <u>has known</u> me
   (A)　　　(B)　　　　(C)
   all her life <u>before</u>.
   (D)

   as though 다음에는 가정법 시제를 사용한다. 한편 이 문제에서는 주절의 시점이 과거(spoke)이므로 가정법 시제는 가정법 과거완료시제가 적합하다.
   [번역] 그녀는 마치 이전의 자신의 삶을 모두 알고 있는 것처럼 내게 말을 한다.
   [정답] (C) (has known → had known)

4. If you <u>saw</u> the amount of food he ate <u>for</u>
   (A)　　　　　　　　　　　　　(B)
   <u>breakfast</u> this morning, you would <u>understand</u>
   　　　　　　　　　　　　　　　(C)
   <u>why</u> he has grown so fat.
   (D)

   혼합가정법 시제를 묻는 문제이다.
   [번역] 만약 오늘 아침 그가 식사 한 양을 보았다면, 너는 그가 그토록 살이 찐 이유를 알 수 있었을 텐데.
   [정답] (A) (saw → had seen)

5. <u>Had I have been</u> in my <u>brother's</u> position,
   (A)　　　　　　　(B)
   I would have <u>hung up</u> the phone <u>in the</u>
   　　　　　　(C)　　　　　　　(D)
   <u>middle of</u> the conversation.

   주절 속의 동사형태가 would have hung 이므로 미루어서 가정법 과거완료 구문임을 알 수 있다. 따라서, (A)의 Had I have been은 If가 생략된 형태인 Had I been이 되어야 한다.
   [번역] 만약 내가 형의 입장이었다면, 대화 도중에 그 전화를 끊었을 텐데.
   [정답] (A) (Had I have been → Had I been)

Final Test

1. "Professor Brown is not very patient."
   "Frankly, I wish he _____ our problems a little better."

   (A) understood
   (B) understands
   (C) understand
   (D) can understand

2. "We're in danger now."
   "If you _____ to me, we wouldn't be in danger."

   (A) has listened
   (B) had listened
   (C) listen
   (D) would listen

3. _____, John would not have failed.

   (A) If he has listened to me
   (B) Had he listened to me
   (C) If he listened to me
   (D) As soon as he listened to me

4. The business is risky. But _____, we would be rich.

   (A) should we succeed
   (B) would we succeed
   (C) might we succeed
   (D) could we succeed

5. I got caught in traffic ; _____ I would have been here sooner.

   (A) however
   (B) although
   (C) anyway
   (D) otherwise

I wish 다음에는 가정법 시제의 동사가 온다. 따라서 직설법이 현재 시제이므로 가정법은 가정법 과거시제에 해당하는 형태가 요구된다.
[번역] "브라운 교수는 인내심이 많지 않으셔."
"솔직히 나는 교수님이 우리의 문제를 조금만 더 이해해 주셨으면 좋겠어."
[정답] (A)

이 문제는 혼합가정법 구문에 관한 것이다. 즉 과거의 동작이 현재에까지 영향을 미치고 있음을 나타낸다. 따라서 조건절에는 가정법 과거완료의 시제가 요구되며 주절에는 가정법 과거의 시제가 필요하다.
[번역] "우리는 지금 위기에 처해 있어."
"만일 네가 내 말에 귀를 기울였더라면 우리가 지금 위기에 처하지 않았을 텐데."
[정답] (B)

주절의 would not have failed로 보아서 가정법 과거완료구문임을 알 수 있다. 따라서 If절의 형태는 (B)의 Had he listened to me(=If he had listened to me)가 적합하다.
[번역] 존이 내 말에 귀를 기울였더라면 그는 실패하지 않았을텐데.
[정답] (B)

가정법 미래는 아주 불확실한 사실을 가정할 때 사용된다. 이 문제도 문장의 구조(should we succeed = If we should succeed)로 미루어보아 가정법 미래시제임을 알 수 있다. 한편 가정법 미래의 형태에서는 주절에 조동사의 현재형이나 과거형 모두 다 가능함을 알아야 한다.
[번역] 그 사업은 위험하다. 그러나 만일 성공한다면 우리는 부자가 될 것이다.
[정답] (A)

가정법에서 조건절의 대용어로 사용되는 otherwise(=그렇지 않았다면)를 묻는 문제이다.
[번역] 교통체증에 걸렸었어. 그렇지 않았더라면 좀 더 일찍 도착했을 텐데.
[정답] (D)

6. "Your grade on the mid-term exam is not so good."
   "That's true. If I had studied harder, I _____."

   (A) had a better grade
   (B) might had a better grade
   (C) might have had a better grade
   (D) might have better grade

과거의 사실이 현재에 일어난 결과에 영향을 주고 있으므로 혼합가정법시제를 사용해야 한다.
[번역] "네 중간고사 시험성적이 좋지 않아"
"맞아. 내가 더 열심히 공부했었더라면, 더 좋은 성적을 얻을 수 있었을 텐데."
[정답] (D)

7. "Your performance was very good."
   "I could have done better if I _____ more time."

   (A) have had   (B) had
   (C) had had   (D) will have had

주절의 could have done으로 미루어서 가정법 과거완료 구문임을 알 수 있다. 따라서 조건절의 형태는 (C)의 had had가 타당하다.
[번역] "네 연기가 아주 훌륭했어."
"시간이 더 있었다면 더 잘 할 수 있었을 텐데."
[정답] (C)

8. I would gladly have attended your wedding if you _____.

   (A) would have invited me
   (B) invited me
   (C) could have invited me
   (D) had invited me

과거사실의 반대이므로 가정법 과거완료시제이다.
[번역] 당신이 나를 초대했었더라면 기꺼이 당신의 결혼식에 참석했을텐데.
[정답] (D)

9. If you _____ see Mr. Allen, give him my regards.

   (A) should   (B) would
   (C) shall   (D) will

가정법 미래는 매우 불확실한 경우를 가정하는 경우이다. 이 때에는 if절에 조동사 should를 사용하는 것이 일반적이다.
[번역] 만일 앨런씨를 만나면 그에게 내 안부 좀 전해줘.
[정답] (A)

10. If he _____ the detective honestly, he would not have been arrested.

    (A) would have answered
    (B) answered
    (C) should answer
    (D) had answered

주절의 시제로 미루어보아 가정법 과거완료 시제임을 알 수 있다. 따라서 If절의 시제는 had+p.p.가 되어야 한다.
[번역] 그가 정직하게 그 형사에게 대답했더라면, 체포되지 않았을 텐데.
[정답] (D)

11. If you _____ to see Mary, what would you tell her?

    (A) are
    (B) were
    (C) must
    (D) will be going

가정법 미래는 If절에서 조동사 should나 were to를 사용한다.
[번역] 네가 만일 메리를 만난다면, 무슨 말을 할 거니?
[정답] (B)

12. "What do you think about German?"
    "If I had known German was so difficult, I _____ it up."

    (A) would never taken
    (B) will never take
    (C) would never take
    (D) would never have taken

If절의 시제로 미루어 이 문장은 가정법 과거완료 시제이다.
[번역] "독일어에 대해서 어떻게 생각하니?"
"독일어가 그렇게 어려운 줄 알았더라면, 나는 그것을 택하지 않았을 텐데."
[정답] (D)

13. "The taxi only took ten minutes to get to the hotel."
    "_____ you were coming today, I'd have met you at the airport."

    (A) Have I known
    (B) I have known
    (C) Had I known
    (D) I had known

주절의 시제로 미루어 if절은 가정법 과거완료시제이며 if가 생략되어 있다.
[번역] "택시로 그 호텔까지 가는데 10분 밖에 걸리지 않았어요."
"당신이 오늘 오는 것을 알았더라면 공항으로 마중 나갔었을 텐데."
[정답] (C)

14. "Did you leave very early last night, Miss Lewis?"
    "Yes, but I wish I _____ so early."

    (A) didn't leave
    (B) hadn't left
    (C) haven't left
    (D) couldn't left

과거 사실에 대한 가정이므로 가정법 과거완료 시제를 쓴다.
[번역] "루이스 양, 당신은 어젯밤에 아주 일찍 떠났습니까?"
"예, 하지만 저는 그렇게 일찍 떠나고 싶지 않았어요."
[정답] (B)

15. "Are you very mad about it?"
    "No, if I were I _____ work any longer."

    (A) wouldn't
    (B) am not
    (C) won't
    (D) don't

가정법 과거시제의 주절을 묻는 문제이다.
[번역] "당신은 그것에 매우 화가 난 상태입니까?"
"아니요, 만일 내가 화가 나 있다면 나는 일을 하지 않을 것입니다."
[정답] (A)

16. "The market won't be open tonight."
    "If I _____, I wouldn't have bothered to drive over here."

    (A) know
    (B) had known
    (C) known
    (D) would know

    if절의 시제는, 주절의 시제로 미루어보아, 가정법 과거완료를 써야한다.
    [번역] "그 시장은 오늘밤에는 문을 열지 않아."
    "그걸 알았더라면, 여기까지 차를 운전해서 오진 않았을텐데."
    [정답] (B)

17. "Do you think the thief entered through the garage door?"
    "No, If he had, I don't believe _____ broken the living room window."

    (A) he had
    (B) would he have
    (C) he has
    (D) he would have

    가정법 과거완료시제이다.
    [번역] "당신은 도둑이 차고 문을 통해서 들어왔다고 생각합니까?"
    "아니요, 만일 차고 문을 통해서 들어왔다면 거실의 유리창문을 부수지 않았을 거라고 믿어요."
    [정답] (D)

18. "Joe and I are going to Vermont this week."
    "If _____ my job, I'd come with you."

    (A) there weren't
    (B) there weren't for
    (C) it weren't
    (D) it weren't for

    주절의 시제로 미루어 if절은 가정법 과거의 문장임을 알 수 있다.
    [번역] "조와 나는 이번에 버몬트로 갈 예정이다."
    "일만 없다면, 나도 너와 함께 갈 텐데."
    [정답] (D)

19. If the United States had built more homes for poor people in 1995, the housing problems now in some parts of this country _____ so serious.

    (A) wouldn't be
    (B) will not have been
    (C) wouldn't have been
    (D) would have not been

    if절의 시제는 가정법 과거완료의 문장이고, 주절의 시제는 가정법 과거의 문장인 혼합가정법의 문장이다.
    [번역] 만일 미국이 1995년에 가난한 사람들을 위해서 더 많은 집들을 지었더라면, 지금 이 나라의 일부지역의 주택문제가 그렇게 심각하지는 않을텐데.
    [정답] (A)

※ Select the part (A, B, C or D) which is not acceptable for standard written expression.

20. If you <u>have taken</u> my advice <u>before doing</u> the work, you would <u>have been able</u> to do it <u>better</u>.
    (A)   (B)   (C)   (D)

가정법 과거완료 시제의 문장이다.
[번역] 네가 그 일을 하기 전에 내 충고를 받아들였더라면, 그 일을 더 잘 할 수 있었을 텐데.
[정답] (A) (have taken → had taken)

21. She <u>told</u> me about <u>the incident</u> as if she <u>saw</u> it with her <u>own eyes</u>.
    (A)   (B)   (C)   (D)

as if 다음에는 가정법 시제를 사용한다.
[번역] 그녀는 그 사건에 관해 마치 그녀 자신의 눈으로 보았던 것처럼 나에게 말했다.
[정답] (C) (saw → had seen)

22. If you <u>knew</u> how many pieces John <u>ate</u> for breakfast this morning, you would never have <u>doubted</u> why <u>he</u> is overweight.
    (A)   (B)   (C)   (D)

가정법 과거완료의 문장이므로 if절의 동사의 시제는 had known이 맞다.
[번역] 존이 오늘 아침 식사를 얼마나 했는지 안다면, 너는 그가 왜 그렇게 체중이 나가는지를 의심하지 않았을 것이다.
[정답] (A) (knew → had known)

23. Peter Cooper, a <u>wealthy</u> New Yorker, suggested <u>that</u> steam engines <u>was used</u> on the Baltimore and Ohio <u>Railroad</u>.
    (A)   (B)   (C)   (D)

제안을 나타내는 suggest 다음에 that절에서는 동사원형을 쓴다.
[번역] 부유한 뉴욕사람인 피터 쿠퍼는 스팀엔진을 볼티모어와 오하이오의 철로에서 사용할 것을 제안했다.
[정답] (C) (was used → be used)

24. <u>Had</u> anyone asked <u>him</u>, Barlow <u>could of</u> <u>told</u> the investigators some useful details about the robbery.
    (A)   (B)   (C)   (D)

Had anyone asked him~. = If anyone asked him~. 가정법 과거완료의 문장
[번역] 누가 그에게 물었더라면, 바로우가 조사관들에게 강도사건에 관한 몇 가지 유익한 단서들을 말했을 텐데.
[정답] (C) (could of told → could have (told))

25. If Greg <u>would have tried</u> <u>harder</u> to reach the
       (A)   (B)
    <u>opposite</u> shore, we would not have <u>had</u> to
       (C)   (D)
    pick him up in the boat.

가정법 과거완료 시제이므로 if절에서는 had tried가 맞다.
[번역] 만일 그레그가 맞은편 해안가에 이르도록 더 노력했었더라면, 우리는 그를 보트위로 끌어올릴 필요가 없었을 텐데.
[정답] (A) (would have tried → had tried)

26. As automation increases, the problems of
    unemployment will become <u>progressively</u>
                                (A)
    more serious <u>unless</u> more men and women
                    (B)
    <u>would be given</u> the training <u>necessary</u> for
         (C)   (D)
    white-collar positions.

unless이하는 조건의 부사절이므로 현재시제가 미래시제를 대신한다. 따라서 are given이 되어야 한다.
[번역] 점차 자동화되어감에 따라서, 보다 많은 남성과 여성들이 사무직에 필요한 훈련을 받지 않는다면 실업문제는 점점 더 심각해 질 것이다.
[정답] (C) (would be given → are given)

27. If the parents <u>had went</u> to the meeting, they
                      (A)
    <u>could have discussed</u> the problems <u>with</u> the
              (B)   (C)
    principal <u>himself</u>.
                 (D)

가정법 과거완료의 문장이므로 had gone이 되어야 한다.
[번역] 만일 부모님들이 그 회의에 갔다면, 교장선생님과 그 문제들을 논의할 수 있었을 텐데.
[정답] (A) (had went → had gone)

28. I wish I <u>knew</u> you <u>were arriving</u> today,
                (A)   (B)
    I <u>would have met</u> you <u>at</u> the station.
          (C)   (D)

I wish 다음에는 가정법 시제가 온다. 따라서 A의 knew를 had known으로 바꿔야 한다.
[번역] 네가 오늘 도착할 것이라는 것을 미리 알았더라면, 내가 역으로 너를 마중 나갔을 텐데.
[정답] (A) (knew → had known)

29. The report <u>would be</u> released last January if
                    (A)
    new developments <u>had not made</u> it
                          (B)
    necessary to revise all conclusions <u>drawn</u>
                                            (C)
    <u>from</u> the first <u>series</u> of experiments.
      (D)

조건절의 had not made로 미루어보아 이 문장은 가정법 과거완료의 구문임을 알 수 있다. 따라서 주절의 would be는 would have been으로 고쳐야 한다. 이 문장에서 it는 가목적어이며 to revise이하가 진목적어이다.
[번역] 만일 새로운 사실들이 처음에 한 일련의 실험으로부터 도출된 모든 결론들을 수정하게끔 만들지 않았더라면 그 보고서는 지난 1월에 발표되었을 것이다.
[정답] (A) (would be → would have been)

30. It is fortunate that we are not all(A) moulded after(B) one pattern ; otherwise(C) life will be(D) very monotonous.

otherwise는 if절 전체를 대신하는 부사이다. 따라서 will be를 would be로 바꿔야 한다.
[번역] 우리 인간이 한 가지 모습을 따라 만들어지지 않은 것이 다행한 일이다. 그렇지 않았다면 삶은 대단히 단조로울 텐데.
[정답] (D) (will be → would be)

31. If the ozone gases of the atmosphere did not(A) filter out the ultraviolet rays of the sun, life, as(B) we know it(C), would not have evolved on(D) earth.

주절의 시제로부터 이 문장이 가정법 과거완료 시제임을 알 수 있다.
[번역] 만일 대기의 오존가스가 태양의 자외선을 제거하지 않았더라면, 지구상에서 생명체는 진화하지 않았을 것이다.
[정답] (A) (did not filter out → had not filtered out)

32. Had(A) Dickens foresaw(B) that his novel would cause(C) such a commotion, he would not have(D) written it.

if가 생략되어 had가 앞으로 도치된 형태의 문장이다. 따라서 foreseen이 되어야 한다.
[번역] 디킨스가 자신의 소설이 그같은 동요를 불러일으키리라고 예견했더라면, 그 소설을 집필하지 않았을 것이다.
[정답] (B) (foresaw → foreseen)

33. It is(A) imperative that a graduate student maintains(B) a grade point average of(C) "B" in his(D) major field.

It is imperative 다음에 that절에서는 '(should) + 원형동사'를 사용한다.
[번역] 대학원생은 자신의 전공분야에서 평균평점 B 학점을 꼭 유지해야 한다.
[정답] (B) (maintains → maintain)

34. Had Lincoln have been(A) alive during World War II, he would have regarded(B) the racial situation in the armed(C) forces as a throwback(D) to pre-Civil War days.

if가 생략되고 had가 앞으로 도치된 경우이다.
[번역] 만일 링컨이 제2차 세계대전 중에 살았더라면, 군대에서의 인종 상태를 남북전쟁 이전 시대로의 환원으로 간주했을 것이다.
[정답] (A) (have been → been)

Chapter 7

부정사
Infinitive

1 Grammar Preview

1 목적을 나타내는 부정사

He came here (**in order**) **to study** English.
(그는 영어를 공부하기 위해서 여기에 왔다.)
cf. He came here for studying English. (×)

I went to the store **to buy** some bread.
(나는 빵을 사기 위해서 그 가게에 갔다.)
cf. I went to the store for some bread. (○)

→ 동사를 이용해 목적을 나타내고자 하는 경우에는 부정사를 사용하도록 한다.

2 be to + 동사원형

He **is to come** next week. 예정
(그는 다음 주에 올 예정이다.)

You **are to obey** the law. 의무
(너는 법을 준수하여야 한다.)

Not a soul **was to be** seen on the street. 가능
(거리에서는 한 사람도 볼 수가 없었다.)

He **was** never **to see** his country again. 운명
(그는 다시는 조국을 보지 못할 운명이었다.)

If you **are to succeed**, you must study hard. 의도
(만일 네가 성공하고자 한다면, 공부를 열심히 해야 한다.)

3 부정사와 시제와의 관련성

부정사를 목적어로 취하는 동사로 wish, hope, expect, intend, want와 같이 미래나 소망을 나타내는 동사들이 대부분인 점을 감안하면 부정사와 미래시제와의 연관성을 예측해 볼 수 있다.

Seoyeon always **remembers to lock** the door.
(서연이는 항상 문 잠그는 것을 기억한다.)

He often **forgets to turn off** all the lights before he leaves his house.
(그는 가끔 집을 나서기 전에 전등불을 모두 끄는 것을 잊는다.)

I **forgot to take** a book back to the library, so I had to pay a fine.
(나는 도서관에 책을 반납해야 하는 사실을 잊었다, 그래서 연체료를 물어야 했다.)

4 진행형과 부정사 목적어

부정사나 동명사가 모두 목적어로 올 수 있는 경우라 할 지라도 본동사가 진행형이면, 일반적으로 부정사를 목적어로 취한다.

The plane is **beginning to move** and my heart is **starting to race**.
(비행기가 움직이기 시작하니 내 마음이 뛰기 시작한다.)
It was **beginning to rain**.
(비가 내리기 시작했다.)

5 prefer와 준동사 목적어

When I travel, I *prefer* **driving** *to* **taking** a plane.
(나는 여행할 때, 비행기를 타는 것보다 운전하는걸 더 좋아한다.)
I *prefer* **to drive** *rather than* (**to**) **take** a plane.
(나는 비행기를 타는 것보다 운전하는 걸 더 좋아한다.)
Don't tell me his secret. I *prefer* **not to know** / **not knowing**.
(그의 비밀을 나에게 말하지 마라. 내가 모르는 편이 더 낫겠다.)

2 Grammar Check-up

I ( ) 안에 주어진 동사를 이용하여 그 적절한 형태를 쓰시오.

1. I prefer (take)_____ the subway rather than (drive)_____ to work.

2. She always remembers (turn)_____ off all the lights before she leaves her office.

3. The doctor ordered Mr. Kim (smoke, not)_____.

4. Could you please stop (whistle)_____? I'm trying (concentrate)_____ on my work.

5. The chair is broken. I need (fix)_____ it. The chair needs (fix)_____.

6. I have books and papers all over my desk. I need (take)_____ some time to straighten up my desk. It needs (straighten)_____ up.

7. The doctor made the student (stay)_____ in bed.

8. He got some kids in the neighborhood (clean)_____ out his garage.

9. I went to the bank to have a check (cash)_____.

10. Denny stopped at the service station to have the tank (fill)_____.

II 두 글이 같은 의미가 되도록 ( ) 안에 적절한 단어를 넣으시오.

1. He isn't such a person as to drive so fast.
   = He knows better ( ) ( ) drive so fast.

2. It was quite easy for me to find his office.
   = I had no difficulty ( )( ) his house.

3. He is such an honest man that he can't tell a lie.
   = He is ( ) honest a man ( ) ( ) a lie.

4. It is impossible to please John.
   = John is ( ) ( ) please.

5. The room was so small that we couldn't dance in it.
   = The room was too small ( )( )( ).

Ⅲ 다음 ( ) 안의 동사를 변형시켜 문장을 완성하시오.

1. She often forgets (lock) _____ the door.

2. He always remembers (turn) _____ off the air conditioning at night.

3. The show is beginning (start) _____ and everyone is starting (scream) _____.

4. I prefer (stay) _____ home than (to) go to the concert.

5. It was so quiet that you could have heard a coin (drop) _____.

6. I got my son (wash) _____ the car in the garage.

7. He ordered the room (clean) _____ by nine.

8. A man was seen (come) _____ out of the house.

9. Steps were heard (approach) _____ in the dark.

10. I could never get him (own) _____ his faults.

정답 및 해설

I
1. **to take, (to) drive**
2. **to turn** : remember의 목적어로 부정사가 나오면 미래사실을 표현한다.
3. **not to smoke**
4. **whistling, to concentrate**
5. **to fix, fixing** : need의 목적어로 동명사가 나오면, 주어가 수동의 의미이다.
6. **to take, straightening**
7. **stay** : 「make+목적어(사람)+원형부정사」의 형식을 묻는 문제이다.
8. **to clean**
9. **cashed** : 「have+목적어(사물)+p.p.」의 형식을 묻는 문제이다.
10. **filled**

II
1. **than, to** : know better than to~ = ~할 만큼 어리석지 않다.
2. **in, finding** : have no difficulty (in) ~ing = ~하는데 어려움이 없다.
3. **too, to, tell** : too~ to… = 너무 ~ 해서 …할 수 없다.
4. **impossible, to**
5. **to, dance, in** : 주어인 The room은 의미상으로는 dance in의 목적어이다. 따라서 room이 dance하는 것이 아니라 room안에서 dance하기 때문에 in이 꼭 필요하다.

III
1. **to lock** : forget + to infinitive : 해야 할 일을 잊다.
2. **to turn** : remember + to infinitive : 해야 할 일을 기억하다.
3. **to start, to scream** : 목적어로 부정사나 동명사 중 어느 것이든 선택할 수 있는 begin이나 start와 같은 동사들은 진행형 시제로 쓰였을 경우에 일반적으로 부정사를 목적어로 취한다.
4. **to stay** : prefer+부정사~ rather than+부정사 ~의 구문을 이해하자. prefer+동명사~ to+동명사~ (이 경우에 to는 전치사임)
5. **drop** : hear가 지각동사이므로 목적격 보어로는 원형부정사가 온다.
6. **to wash** : get+목적어+to 부정사의 구문이다. 이때 get는 사역의 의미이다.
7. **to be cleaned** : 6번과 같은 구조이다. 그러나 이 문장에서는 목적어인 the room이 행위의 주체가 아닌 대상이 되기 때문에 부정사의 수동형태가 되어야 한다.
8. **to come** : 능동태에서의 원형부정사는 수동태가 되면 to부정사로 바뀐다.
9. **to approach** : 8번 해설란 참조.
10. **to own** : 6번 해설란 참조.

3 Grammar Focus

1 명사적 용법

to부정사가 주어, 목적어(타동사, 전치사), 보어의 기능을 한다.

1 주어의 기능

To know oneself is difficult. (자기 자신을 아는 것은 어렵다.)
To take pictures here is forbidden. (이곳에서 사진 촬영은 금지되어 있다.)
⋯▶ **It** is forbidden to take pictures here.

위의 예문에서 보는 것처럼 형식주어 it은 일반적으로 동명사보다는 부정사와 더 빈번하게 사용된다. 그러나 때때로 형식주어 it과 함께 동명사가 진주어로 사용되는 경우가 있는데 그 경우는 화자가 특별한 상황에 관하여 말하고 있거나 또는 "동안에"라는 의미를 주고자 할 때다.

Tom was drunk. It was dangerous **riding** with him.
⋯▶ We were in danger while we were riding with him.
　　(톰이 술에 취했었다. 그와 함께 차를 타고 가는 것은 위험했다.)

2 목적어의 기능

I want **to read** this book. (나는 이 책을 읽고 싶다.)
I found it easy **to read** this book. (나는 이 책이 읽기 쉽다는 것을 알았다.)

📄 불완전 타동사가 부정사를 목적어로 취할 때 가목적어 it을 쓰는 동사가 있는데 아래의 동사들이 대표적이라고 할 수 있다.

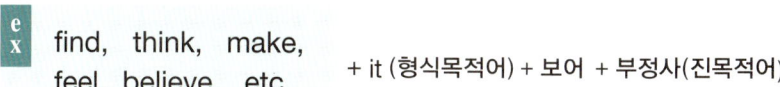

ex) find, think, make, feel, believe, etc. + it (형식목적어) + 보어 + 부정사(진목적어)

I found **it** difficult **to solve the question**.
　(나는 그 문제를 풀기가 어렵다는 것을 알았다.)

cf. 전치사 다음에는 부정사가 올 수 없다. 그러나 극히 예외적인 경우도 있다.

> **ex** about, except, save, but, than, etc.

I **am about to** start now. (나는 지금 막 출발하려고 한다.)
He has no ambition **except to** be rich.
　　(그는 부자가 되는 것을 제외하곤 어떤 야망도 없다.)

③ 보어의 기능

My only hope is **to continue** my study.
　　(나의 유일한 바램은 공부를 계속하는 것이다.)

📖 두 개의 부정사가 be동사의 양쪽에서 주어와 보어의 역할을 할 때는 [～하면 ～하게 된다]로 해석한다.

To see is **to believe**. (보는 것이 믿는 것이다; 보면 믿게 된다.)
To see her is **to love** her. (그녀를 보게 되면 그녀를 사랑하게 된다.)

④ 명사구의 기능 = [의문사 + to부정사]

He is learning **how to swim**. (그는 수영하는 방법을 배우고 있다.)
I don't know ┬ **what to do**. (무엇을 해야 할지)
(나는 모른다) │ **where to go**. (어디에 가야 할지)
　　　　　　　│ **when to do it**. (그것을 언제 할지)
　　　　　　　└ **whom to go with**. (누구와 함께 가야 할지)

② 형용사적 용법

부정사가 형용사의 기능을 하는 것을 말한다. 형용사가 하는 일은 크게 2가지인데, (대)명사 수식과 보어 기능을 하는 것이다.

① 명사를 수식하는 경우

I have **no friend to advise** me. (나를 조언해 줄 친구가 없다.)
　　　　　　　　 의미상 주어

There are **many sights to see** here. (여기는 구경할만한 곳이 많다.)
<u>　　　　　　　　　</u>
　　　의미상 목적어　　　　　: to see가 many sights를 수식한다.

I have **no pen to write** with. (나는 쓸 펜이 없다.)
　　　　　　<u>　　　　　　　</u>
　　　　　의미상 전치사의 목적어

I made a **promise to finish** it by tomorrow.
　　　　　　<u>　　　　　　　</u>
　　　　　부정사가 명사와 동격
(나는 내일까지 그것을 마치겠다고 약속했다.)

📁 **부정사와 관계대명사의 관계를 살펴보자.**

I have no house **in** which to live. (내가 살 집이 없다.)
⋯▶ I have no house to live **in**.

2 be동사의 보어로 사용되는 경우

이것을 일반적인 be to용법이라고 부르며, **be to**용법에는 다음과 같은 5가지 경우가 있다.

❶ 예정 : [∼하기로 되어 있다] = be due to, be going to

We **are to** arrive there at five. (우리는 거기에 5시에 도착하기로 되어 있다.)
He **is to** start at six tomorrow morning. (그는 내일 아침 6시에 떠날 예정이다.)
↪ be to 용법이 예정을 나타낼 때는 일반적으로 미래표시 부사(구)가 있다.

❷ 의무 : [∼하여야 한다] = must, should

You **are to** finish it by six. (너는 그것을 6시까지 끝마쳐야 한다.)
Such questions **are to** be avoided. (그러한 질문은 피해야만 한다.)

❸ 운명 : [∼할 운명이다] = be destined to, be doomed to

He **was** never **to** see his home again.
　(그는 자신의 집을 다시는 보지 못할 운명이었다.)
Man **is to** die. (인간은 반드시 죽는다.)

❹ 가능 : [∼할 수 있다] = can

일반적으로 부정어가 있고, be to다음에 수동형태(be+p.p)가 있으면 가능을 나타낸다.

No one was to be seen on the street. (거리에는 아무도 보이지 않았다.)
How **am** I **to** pay such a debt? (내가 어떻게 그런 빚을 갚을 수가 있을까?)

❺ 의도 : [~하려면] = intend to

 If you are to succeed, you must work hard.
  (성공하려면 열심히 공부해야 한다.)
 You must speak out if we are to remain friends.
  (우리가 친구로 지내려면 솔직히 말해야 한다.)

3 부사적 용법

부사는 동사, 형용사 및 다른 부사를 수식할 수 있는데 부정사가 이러한 기능을 하는 경우가 있다.

1 목적을 나타내는 경우 : [~하기 위하여]

He came **to see** me. (그가 나를 보기 위해 왔다.)
↪ 부정사가 동사 came을 수식하므로 부사적 용법이다.
I get up early(**so as**) **to be** in time for the first train.
 (첫 기차 시간에 맞추려고 나는 일찍 일어났다.)
↪ 이 경우 to부정사가 목적을 나타낸다는 것을 강조하기 위해서 to앞에 in order나 so as를 붙일 수 있다.

2 결과를 나타내는 경우 : [~해서 ~하다]

 (a) 무의지동사 [live, grow up, awake] 동사 다음에 to 부정사가 올 때
 (b) 동사 + [only to / never to] + V의 구문

One fine morning he **awoke to find** himself famous.
 (어느 화창한 날 아침 그가 잠에서 깨어 보니 유명해져 있었다.)
He got up **so** early **as to** be in time for the plane. (so~as to = so~that)
 (그는 일찍 일어나서 비행기 시간을 맞출 수가 있었다.)
He worked hard **only to fail**. (그는 열심히 했으나 실패했다.)

3 원인을 나타내는 경우 : [~하니] (감정의 원인)

감정표시(형용사, 동사)뒤에 오는 부정사는 대개 원인표시를 나타낸다.

I was **surprised to see** Tim at the meeting. (나는 그 모임에서 팀을 보고 놀랐다.)
I am very **glad to see** you. (널 보게 돼서 무척 기뻐.)
He was **pleased to hear** it. (그는 그것을 듣고 기분이 좋았다.)
We were **sorry to hear** the bad news. (우리는 그 좋지 않은 소식을 들어 유감이다.)

4 이유 · 판단의 근거 : [~을 보니]

> 추측을 나타내는 must be, cannot be, 의문문, 감탄문 등의 다음에 나오는 부정사는 이유, 판단의 근거를 나타낼 때가 많다.

He must be foolish **to say** like that.
　(그렇게 말하는걸 보니 그는 어리석은 게 틀림없다.)
How foolish I was **to trust** her. (그녀를 믿었다니 내가 참으로 어리석었다.)

5 조건 : [만일 ~이면]

I should be happy **to go** with you. (내가 너와 같이 갈 수 있다면 기쁠 거야.)
⋯→ I should be happy if I could go with you.

6 형용사, 부사를 수식하는 경우

English is hard **to learn**. : 형용사인 hard를 to 부정사가 수식하고 있다.
　(영어는 배우기가 어렵다.)
He is not old enough **to go** to school. : 부사인 enough를 to 부정사가 수식하고 있다.
　(그는 학교에 갈 정도로 나이가 들지 않았다.)

4 독립부정사

- to be sure / 확실히 /
- to make long story short / 간단히 /
- strange to say / 이상한 얘기지만 /
- so to speak / 말하자면 /
- to do one justice / 정당히 평가하면 /
- to make matters worse / 설상가상으로 /
- to be frank with you / 솔직히 말하면 /
- not to speak of / ~은 말할 것도 없이 /
  = to say nothing of = not to mention = let alone

Grammar Drill

다음 문장에서 잘못된 곳을 골라 바로 고치시오.

문 제

1. At the news she did nothing but to cry all day long.
2. They have no choice but confide their troubles to me.
3. I made them to finish their work by six.
4. There was no chair to sit in the room.
5. You had not better smoke too much.
6. You had better not to believe such a word.
7. She is enough old to help her mother in the house.
8. I have no money to buy the book.
9. He was seen enter the room in the morning.
10. You are necessary to get up early.

해설 및 정답

1. **to cry** → **cry** : 「do nothing but + 동사원형」의 형태가 온다.
2. **confide** → **to confide** : 「have no choice but +to부정사」(~하지 않을 수 없다)
3. **to finish** → **finish** : 사역동사인 make의 목적격 보어는 원형부정사가 온다.
4. **to sit** → **to sit on** : chair는 전치사 on의 목적어이다.
5. **had not better** → **had better not** : had better의 부정은 had better not이다.
6. **to believe** → **believe** : had better 다음에는 동사원형이 온다.
7. **enough old to help** → **old enough to help** : enough는 형용사나 부사를 후치 수식한다.
8. **buy the book** → **buy the book with** : money는 with의 목적어이다.
9. **enter** → **to enter** : 원형 부정사는 수동태의 문장에서는 to부정사가 된다.
10. **It is necessary for you to get up early.** : necessary는 사람 주어일 때 보어로 쓰지 못한다.

5 부정사의 시제

부정사의 시제에는 단순형과 완료형 두 가지가 있다.

> 단순부정사 ; to + 원형 : 본문의 시제와 동일 (또는 미래시제)
> 완료부정사 ; to have p.p : 본문의 시제보다 한 시제 앞선다.

1 단순형

❶ 술어동사와 같은 시제

술어동사가 **seem, happen, appear, be said, be believed, be thought**등인 경우에 단순부정사는 술어동사와 동일한 때를 나타낸다.

He seems **to be** ill. (그는 아픈 것처럼 보인다.)
⋯▸ It **seems** that he is ill.
They **say** that he **works** hard. (그들은 그가 열심히 일한다고 믿는다.)
⋯▸ He is said **to work** hard.

❷ 술어동사 보다 미래시제

hope, want, expect, intend, wish등의 미래동사 뒤에 부정사가 올 때 단순 부정사는 술어동사의 시제보다 이후의 때를 나타낸다.

I **hope to** succeed. (나는 성공하고 싶다.)
⋯▸ I hope that I shall succeed.
He **expects to** become a lawyer. (그는 변호사가 될 것으로 기대한다.)
⋯▸ He expects that he will become a lawyer.

2 완료형 : 술어동사의 시제보다 먼저 일어난 일을 나타낸다.

It seems that he was(or has been) ill.
⋯▸ He seems **to have been** ill.
　　(그가 아팠던 것처럼 보인다.)

📂 실현하지 못한 과거사실을 표현하는 방법에는 다음과 같은 방법들이 있다.

(a) 희망동사 : wish, hope, desire, intend
(b) 기대동사 : expect
(c) 약속동사 : promise
(d) be동사의 과거형 + 완료부정사(O)
　　be동사의 과거완료형 + 단순부정사(X)

의 ┌ 과거형 + 완료부정사
　 └ 과거완료형 + 단순부정사(또는 that절)

He **intended to have seen** the show.
= He **had intended to see** the show.
　(그는 그 공연을 보려고 했으나 (사실은) 보지 못했다.)
　cf. He intended to see the show, but he couldn't.

The fine art exhibition **was to have been opened** yesterday.
　(그 미술 전시회는 어제 열릴 예정이었으나 (사실은) 열리지 못했다.)

6 부정사의 의미상 주어

부정사의 의미상 주어를 나타내는 방법에는 **for** + 목적격과 **of** + 목적격 두 가지 형태가 있다.

(1) 의미상 주어
　(a) for + 목적격 + to부정사
　(b) of + 목적격 + to부정사
　　　(사람의 성질을 나타내는 형용사인 경우)
(2) 의미상 주어의 생략
　(c) 문장의 주어와 일치할 때
　(d) 문장의 목적어와 일치할 때
　(e) 일반인인 경우

1 부정사의 의미상 주어를 생략하는 경우

❶ 의미상 주어가 문장의 주어와 일치할 때

I expect **to succeed**.
⋯▶ I expect that I shall succeed.
　(나는[내가] 성공하기를 기대한다.)

He promised me **to come** again.
…▶ He promised me that he would come again.
(그는 나에게[그가] 다시 오겠다고 약속했다.)

❷ 의미상 주어가 문장의 목적어와 일치할 때

I expect you **to succeed**. (나는 네가 성공하기를 기대한다.)
…▶ I expect that you will succeed.
▷ [목적어+부정사]의 형태에서 일반적으로 목적어가 부정사의 의미상 주어가 된다.
단, promise 일 때는 예외적으로 문장의 주어가 의미상 주어가 된다. [1] ❶의 예문참조]
cf. I promised him to be there at one. (그에게 1시에 그곳에 가겠다고 약속했다.)

❸ 의미상 주어가 일반인인 경우

It is not easy **to learn** a foreign language. (외국어를 배우는 것은 쉽지 않다.)
It is wrong **to tell** a lie. (거짓말을 하는 것은 나쁘다.)

② 부정사의 의미상 주어를 명시하는 경우

문장의 주어와 부정사의 의미상 주어가 다른 경우이며, 2가지 방법이 있다.

❶ 일반적인 경우에는 「for + 목적격」이 부정사의 의미상 주어이다.

It is impossible **for you to solve** the question.
(네가 그 문제를 푸는 것은 불가능하다.)
It is time **for you to go** to bed. (너 자야할 시간이다.)
I work hard **for my family to live** in comfort.
(나는 내 가족이 안락하게 살 수 있도록 하기 위해 열심히 일한다.)

❷ 아래와 같이 사람의 성질이나 특성을 나타내는 형용사 다음에서는 「of + 목적격」
이 부정사의 의미상 주어가 된다.

> **ex** careful, careless, good, foolish, honest, kind, nice, silly, rude, etc.

It is kind **of you** to say so. (그렇게 말하다니 너는 참 친절하구나.)
…▶ It is kind that you say so.(×)
…▶ You are kind to say so.(○)
▷ 위 구문에서 of 다음의 사람을 주어로 한 구문은 가능하지만 It is~ that~의 구문은 불가능하다.

7 원형부정사

부정사가 to가 없는 형태로 쓰이는 것을 말하며 다음과 같은 경우에 원형 부정사를 쓴다.

1 지각동사 + 목적어 + 원형부정사 (분사형태도 가능)

I have **heard** him **sing**. (나는 그가 노래하는 걸 들었다.)

2 사역동사(make, have, let) + 목적어 + 원형 부정사

What **makes** you **think** so? (무엇이 너로 하여금 그렇게 생각하게 하니?)

3 help, bid + 목적어 + to부정사 또는 원형 부정사

수동태로 문장이 바뀌면 위의 문형에서 사용되는 원형부정사가 to부정사로 바뀌게 된다.

❶ 「let + 목적어 + 원형부정사」의 구문은 「allow + 목적어 + to 부정사」의 구문으로 바꿔 쓸 수 있다.

He **let** me **do** the work. (그는 나에게 그 일을 하게 시켰다.)
⋯▶ He **allowed** me **to do** the work.

❷ 「have + 목적어(사람) + 원형부정사」의 구문은 「get + 목적어(사람) + to 부정사」의 구문으로 바꿔 쓸 수 있다.

She had me take her child to her uncle's.
　(그녀는 내가 그녀 아이를 그녀의 삼촌댁에 데려다 주게 했다.)
　cf. She got me to take her child to her uncle's.

4 관용적인 표현

다음의 관용적인 표현들에서는 원형 부정사가 뒤따른다.

❶ had better + 원형 부정사 : ~하는 게 좋다.
　had best + 원형 부정사 : ~하는 게 가장 좋다.

　You **had better** consult the doctor. (너는 의사의 진찰을 받는 게 낫겠다.)

❷ do nothing but + 원형부정사 : ~하기만 한다.

　She **did nothing but** cry. (그녀는 울기만 했다.)

❸ ~하지 않을 수 없다.

> cannot (choose) but + 원형부정사
> = have no choice but + to 부정사
> = There is nothing for it but + to 부정사
> = cannot help ~ing

　I **can't but laugh**.
　⋯▶ I **can't help laughing**. (나는 웃지 않을 수 없다.)

8 기타

1 too~ to~ = so~ that~ can't~ : 너무 ~해서 ~할 수 없다.

This stone is **too** heavy for me **to** lift.
⋯▶ This stone is **so** heavy **that** I **cannot** lift it.
　　(이 돌은 너무 무거워서 내가 들어올릴 수 없다.)

그러나 too 다음에 아래와 같은 형용사가 나오면 다음처럼 의미가 바뀐다.

| too | ready, likely, apt, liable, prone, easy, eager, willing | to + R : 걸핏하면 ~하다. |

She is **too** ready **to** cry. (그녀는 걸핏하면 운다.)
He is **too** ready **to** promise. (그는 약속을 잘 한다.)

② 부정사를 부정할 때에는 [부정어 + 부정사] 어순이 된다.

He told me **never to do** it. (그는 나에게 그 일을 결코 하지 말라고 말했다.)

③ 대부정사

부정사의 반복을 피하기 위해 to만 쓰는 것을 대부정사라고 한다.

You may go if you want **to**. (가고 싶으면 가도 좋다.)

④ 분리 부정사

부사(구)가 부정사를 수식한다는 것을 확실히 나타내기 위해서 부사(구)를 to와 원형동사 사이에 넣는 경우가 있는데, 이것을 분리 부정사라고 한다.

To clearly understand it, he read it again and again.
 (그것을 완전히 이해하기 위해서 그는 그것을 반복해서 읽었다.)
 cf. He failed to entirely understand it. 부분부정
  (그는 그것을 완전히 이해하지는 못했다.)
 He entirely failed to understand it. 전체부정
  (그는 그것을 전혀 이해하지 못했다.)

⑤ 감탄문의 부정사

To think that such a little boy has betrayed me!
 (그렇게 어린 소년이 나를 배반했다고 생각해 봐라!)

⑥ 능동형식으로 수동의 뜻을 나타내는 부정사

You **are to blame**. (=to be blamed) (너는 비난받아야 한다.)
This is a house **to let**. (=to be let) (이 집이 세 놓을 집이다.)
There is no time **to lose**. (=to be lost) (지체할 시간이 없다.)
There is nothing **to fear**. (=to be feared) (두려워 할 것이 아무 것도 없다.)
This is a book **to read well**. (=to be well read) (이것은 잘 읽히는 책이다.)

Practice Test A

다음 _____ 안에 들어갈 적당한 표현을 고르세요.

1. The company expects _____ more people next year.

   (A) hiring (B) for hiring
   (C) to hire (D) to be hired

   expect처럼 주로 미래를 나타내는 동사는 to부정사를 목적어로 취한다.
   [번역] 그 회사는 내년에 더 많은 사람을 채용할 예정이다.
   [정답] (C)

2. The sales manager wants _____ all of the remaining parts by April 30.

   (A) selling (B) with selling
   (C) to sell (D) to be sold

   want는 to부정사를 목적어로 취한다.
   [번역] 영업부장은 4월 30일까지 모든 재고부품들을 판매하고자 한다.
   [정답] (C)

3. Please remember _____ out the light before you go to bed.

   (A) put (B) to put
   (C) putting (D) having put

   remember, forget뒤에 부정사가 오면 미래의 시간을 뜻한다.
   [번역] 잠자리에 들기 전에 불 끄는 것을 잊지 말아라.
   [정답] (B)

4. "Where did he go?"
   "He went to another store _____."

   (A) to buy slacks (B) for buying slacks
   (C) buy slacks (D) buying slacks

   동사를 이용하여 목적을 나타낼 때는 to부정사를 사용한다. 한편 (동)명사의 경우에는 목적을 나타낼 때 전치사 for가 사용된다.
   slacks: 느슨한 바지
   [번역] "그는 어디에 갔니?"
   "바지를 사러 다른 가게에 갔어."
   [정답] (A)

5. She got her son _____ the door.

   (A) fix (B) to be fixed
   (C) fixed (D) to fix

   get은 사역동사이며 목적격 보어로 to부정사를 취한다.
   fix: 고치다
   [번역] 그녀는 아들로 하여금 문을 고치도록 했다.
   [정답] (D)

6. Having received over eighty percent of the vote, Jane M.Byrne became the first woman _____ elected mayor of Chicago.

   (A) who she (B) she was
   (C) was to (D) to be

   '주격관계대명사 + be동사'를 'to부정사'가 대신할 수 있다.
   the first woman who was elected ~ = the first woman to be elected ~
   [번역] 80%이상의 표를 얻은 후에 제인 엠 번은 시카고의 첫 번째 여자 시장으로 선출되었다.
   [정답] (D)

7. It was so quiet that you could have heard a pin _____.

    (A) drop
    (B) to be dropped
    (C) to drop
    (D) to have dropped

hear가 지각동사이므로 목적격 보어로는 원형 부정사가 온다.
[번역] 너무 조용해서 너는 핀이 떨어지는 소리를 들을 수 있었을 것이다.
[정답] (A)

8. It took three hours _____ the clerk to sort the mail.

    (A) by
    (B) for
    (C) was
    (D) and

부정사의 의미상 주어는 「for+목적격」이다.
[번역] 직원이 우편물을 분류하는데 3시간이 걸렸다.
[정답] (B)

9. "Before you went abroad, what did your mother want you to do?"
"My mother asked me _____ John in California."

    (A) visited
    (B) to visit
    (C) visiting
    (D) visit

「ask+목적어+to부정사」 구문이므로 (B)가 적합하다.
[번역] "네가 외국에 나가기 전, 너희 어머니께서는 네가 어떻게 하기를 원하셨니?"
"어머니께서 캘리포니아에 있는 존을 만나보라고 하셨어."
[정답] (B)

10. Finally, the police _____ the thief go.

    (A) wanted
    (B) permitted
    (C) let
    (D) allowed

「let+목적어+원형부정사」의 구조를 묻는 문제이다.
[번역] "마침내, 경찰관은 그 도둑을 놓아주었다."
[정답] (C)

11. It is very stupid _____ to do such a thing.

    (A) of you
    (B) you
    (C) for you
    (D) that you

사람의 성질을 나타낼 때 'of+의미상 주어+to부정사'의 형식을 취한다.
[번역] 그런 일을 하다니 참으로 어리석다.
[정답] (A)

12. "Has Jim decided to argue with the instructor about his grades?"
"No, he said he would _____."

    (A) let the matter resting
    (B) let rest the matter
    (C) let the matter rest
    (D) let matter to rest

let the matter rest (here): 사건을 (이대로) 놓아두다. 구문상으로 보면 let이 사역동사이기 때문에 'let+목적어+원형동사'의 형태이다.
[번역] "짐이 학점에 대해 강사에게 따지기로 했니?"
"아니, 그냥 두겠다고 했어."
[정답] (C)

Practice Test B

다음 문장의 밑줄 친 곳에서 올바르지 않은 것을 고르세요.

1. She intends <u>taking</u> her <u>vacation</u> in September
              (A)   (B)
   <u>after</u> the project <u>is</u> completed.
    (C)   (D)

   intend는 부정사를 목적어로 취한다.
   take a vacation: 휴가를 얻다(보내다).
   [번역] 그녀는 그 일이 끝난 후인 9월에 휴가를 얻을 계획이다.
   [정답] (A) (taking → to take)

2. The neighbor <u>told</u> us <u>to not walk</u> on the lawn
             (A)   (B)
   <u>because</u> grass seed <u>had just been planted</u>.
    (C)   (D)

   부정사를 부정할 경우에는 부정어(not, never)가 부정사 앞에 온다.
   [번역] 이웃이 우리에게 잔디 씨를 방금 뿌렸다고 잔디밭을 밟지 말아달라고 말했다.
   [정답] (B) (to not walk → not to walk)

3. People complain that the costs of
   establishing a business <u>are</u> <u>so</u> much that <u>only</u>
                      (A) (B)   (C)
   the rich can afford <u>running</u> a company.
                  (D)

   can(not) afford + to부정사: ~할 여유가 있다.(없다.)
   the costs of establishing a business: 기업설비
   run a company: 회사를 경영하다.
   [번역] 사람들은 기업설립자금이 너무 많이 들어 부유한 사람들만이 회사를 경영할 수 있다는 사실을 불평한다.
   [정답] (D) (running → to run)

4. My supervisor, <u>just recently</u> employed, made
                (A)
   me <u>to work</u> <u>overtime</u> five times in <u>the past</u>
     (B)   (C)   (D)
   week.

   'make + 목적어 + 원형부정사'의 구문이다.
   [번역] 최근에 고용된 감독관은 지난주에 나로 하여금 다섯 번이나 시간외 근무를 하도록 시켰다.
   [정답] (B) (to work → work)

5. Jane <u>stepped on</u> the brake to make a stop <u>in</u>
        (A)   (B)
   <u>time</u> <u>to be avoiding</u> <u>hitting</u> a body.
    (C)   (D)

   부정사는 진행형으로 쓰이지 않는다.
   [번역] 제인은 소년을 치지 않도록 때 맞춰 브레이크를 밟았다.
   [정답] (C) (to be avoiding → to avoid)

Final Test

1. It is sometimes difficult _____ you have just met.

    (A) to make pleasant conversation among people
    (B) making pleasant conversation to people
    (C) making pleasant conversation to for people
    (D) to make pleasant conversation with people

    It ~ to부정사 구문에 대한 문제이다. 따라서 진주어에 해당하는 to부정사를 찾으면 된다. 「~와 대화하다」의 의미일 때는 전치사 with를 쓴다.
    [번역] 방금 만난 사람들과 유쾌한 대화를 나누기란 때때로 어렵다.
    [정답] (D)

2. _____ any aspect of society the sociologist must determine the laws influencing human behavior in social contexts.

    (A) Explain
    (B) To explain
    (C) One explains
    (D) The explanation of

    목적을 나타내는 부정사의 부사적 용법이다.
    [번역] 사회의 어떤 측면을 설명하기 위해서 사회학자는 사회적인 환경에서 인간행위에 영향을 주는 법을 규명해야만 한다.
    [정답] (B)

3. Some Democrats have also refused _____ confidential information like that acquired by the campaign.

    (A) to take   (B) taking
    (C) in taking   (D) to have taken

    타동사 refuse는 to부정사를 목적어로 취한다.
    confidential information: 비밀 정보
    [번역] 일부 민주당원들도 선거전에서 얻은 것과 같은 기밀 정보를 받아들이려 하지 않았다.
    [정답] (A)

4. My mother made me _____ my relatives before I came to college.

    (A) visiting   (B) visit
    (C) visited   (D) to visit

    「made + 목적어 + 원형부정사」의 구조를 묻는 문제이다.
    [번역] 나의 어머니는 내가 대학에 오기 전에 내 친척을 방문하도록 하셨다.
    [정답] (B)

5. "Are you going to mail this letter?"
   "No, I must have it _____ first."

    (A) to be addressed   (B) addressing
    (C) addressed   (D) address

    「have + 목적어 + 과거분사」의 구조를 묻는 문제이다.
    [번역] "이 편지를 부치실 건가요?"
           "아니요, 먼저 주소를 써야 해요."
    [정답] (C)

6. "What does he wish?"
   "He wishes _____."

   (A) he would cut his hair
   (B) to have his hair cut
   (C) cutting his hair
   (D) to cut his hair

   「머리를 자르다, 이빨을 빼다」등의 표현으로는 「have + 목적어 + p.p」의 구문을 이용한다.
   [번역] "그가 바라는 것이 무엇이죠?"
          "그는 머리를 자르고 싶어합니다."
   [정답] (B)

7. Professor Tate _____ about him.

   (A) heard the students to talk
   (B) heard the talk by the students
   (C) heard the students' talking
   (D) heard the students talk

   「지각동사(hear) + 목적어 + 원형부정사」의 구문을 묻는 문제이다.
   [번역] 테이트 교수는 학생들이 자신에 관하여 얘기하는 소리를 들었다.
   [정답] (D)

8. "Why was the official meeting called?"
   "_____ new officers."

   (A) Select   (B) Selecting
   (C) To select   (D) Of selecting

   목적을 나타내는 to부정사의 부사적 용법이다.
   [번역] "왜 회의가 소집되었습니까?"
          "임원을 뽑기 위해서 소집되었습니다."
   [정답] (C)

9. Billie Holiday's reputation as a great jazz-blues singer rests on her ability _____ emotional depth to her songs.

   (A) be giving
   (B) are given
   (C) to give
   (D) being given

   ability를 수식하는 형용사구가 들어갈 자리이므로 C, D가 해당된다. 그러나 D는 수동형태를 이루고 있어서 바로 뒤에 나오는 목적어를 받을 수가 없다.
   [번역] 위대한 째즈 블루스 가수로서의 빌리 할리데이의 명성은 노래에 감정적인 깊이를 더하는 그녀의 재능 때문이다.
   [정답] (C)

10. To develop spontaneity, to train themselves to behave logically and truthfully, and to listen and respond to their partners, _____.

    (A) to practice improvisation by actors
    (B) actors practice improvisation
    (C) when actors practice improvisation
    (D) the improvisation practiced by actors

    이 문장에서 주절에 사용될 주어는 to부정사의 의미상 주어와 동일하다.
    [번역] 자발성을 개발시키고, 스스로가 논리적이고 진실성있게 행동하도록 훈련하며, 자신들의 (연기) 파트너들의 말을 듣고 대답하는 능력을 훈련하기 위해서, 배우들은 즉흥연기를 연습한다.
    [정답] (B)

11. To help a friend solve the problem troubling him, _____.

    (A) a friend should be made known of his difficult situation
    (B) a man should be equipped with the kind of knowledge required
    (C) nothing is better than the offering of one's money
    (D) keeping one's promise is most important

    생략되어 있는 부정사의 의미상 주어가 주절의 주어와 일치하는 경우이다.
    [번역] 문제가 생긴 친구가 그 문제를 해결하도록 도우려면, 친구는 그 문제 해결에 필요한 지식을 갖추고 있어야 한다.
    [정답] (B)

12. A good student must know _____.

    (A) to study hard
    (B) to be a good student
    (C) how to study effectively
    (D) the way of efficiency in study

    '의문사 + to부정사'가 명사구를 이루어 타동사 know 의 목적어 역할을 한다.
    [번역] 우수한 학생은 공부를 효과적으로 하는 방법을 알아야 한다.
    [정답] (C)

13. To qualify for the job _____.

    (A) a high school diploma is needed
    (B) it is required that one has a high school diploma
    (C) one needs a high school diploma
    (D) a diploma from high school is necessary

    to qualify의 의미상 주어로 사람이 적합하다. 따라서 주절의 주어는 사람이 되어야 한다.
    [번역] 그 일자리에 자격을 갖추기 위해서는 고등학교 졸업장이 요구된다.
    [정답] (C)

14. Because of the accident grandmother will forbid my brother and me _____ in the river.

    (A) from swimming   (B) of swimming
    (C) for swimming   (D) to swim

    'forbid + 목적어(명사, 대명사) + to부정사': 목적어가 ~ 하는 것을 금하다.
    [번역] 그 사고 때문에 할머니는 내 동생과 내가 강에서 수영하지 못하게 하셨다.
    [정답] (D)

15. Anesthetics are used _____ insensitivity to pain during surgical operations.

    (A) the cause   (B) to cause
    (C) cause of   (D) causing

    목적을 나타내는 to부정사의 부사적 용법이다.
    [번역] 마취제는 수술 중의 통증에 대해 감각을 둔하게 하기 위해 사용된다.
    [정답] (B)

16. The timid mother _____ that they are never safe.

    (A) causes her children feel
    (B) causes he children feeling
    (C) causes her children to feel
    (D) feels her children cause

'cause + object + to부정사'의 형태에 관한 문제이다.
[번역] 소심한 엄마는 그녀의 아이들이 결코 안전하지 않음을 자녀들이 느끼게 하려 한다.
[정답] (C)

17. To relieve the pain, _____.

    (A) the medicine prescribed by the doctor was taken by the man
    (B) the doctor gave the man the medicine he prescribed
    (C) the man took the medicine prescribed by the doctor for him to take
    (D) the man took the medicine that was prescribed by the doctor

C의 예문은 구조상 특별히 잘못된 부분은 없지만 'for him to take' 부분이 redundant하므로 좋은 표현이 아니다.
[번역] 통증을 없애기 위해 그 남자는 의사가 조제한 약을 복용했다.
[정답] (D)

18. "I'll help you whenever you need me."
    "Good. I'd like _____ me tomorrow."

    (A) you helping   (B) that you will help
    (C) you to help   (D) that you help

동사 like는 'like + (대)명사 + to부정사'의 구문에 사용된다.
[번역] "당신이 필요로 할 때면 언제든지 도와 드릴게요."
"좋아요, 내일 도와주시면 좋겠어요."
[정답] (C)

19. Dave admitted that it's always difficult _____.

    (A) for him being on time
    (B) being on time for him
    (C) for him to be on time
    (D) on time for him

It~ for~ to의 구문에 관한 문제이다.
[번역] 데이브는 시간에 꼭 맞춰 도착하기란 항상 어려운 일임을 인정했다.
[정답] (C)

20. John said that he had to run in order _____.

    (A) that he catch the bus
    (B) that he can catch the bus
    (C) to catch the bus
    (D) to the bus he could catch

부정사로 목적을 나타내기 위해 in order나 so as를 쓴다.
[번역] 존은 버스를 잡기 위해 뛰었다고 말했다.
[정답] (C)

21. The duties of the secretary are to receive visitors _____.

    (A) opening the mail, she draws up documents
    (B) to open the mail and drawing up documents
    (C) to open the mail, and to draw up documents
    (D) to open the mail and they draw up documents

본동사(are)의 주격보어로 3가지의 어구가 등위접속사 and에 의해서 연결되기 때문에 같은 형태로 병렬구조를 이루어야 한다. 따라서 부정사형태인 C가 적합하다.
[번역] 비서의 임무는 방문객을 맞이하고, 우편물을 개봉하며, 문서를 작성하는 일이다.
[정답] (C)

※ Select the part (A, B, C or D) which is not acceptable for standard written expression.

22. Because museums <u>exist</u> to <u>preservation</u> and
                  (A)   (B)
    display objects of lasting interest, the <u>highest</u>
                                                  (C)
    standards should be used in <u>assembling</u> the
                                (D)
    collections.

부정사는 「to + 동사원형」이므로 B는 preserve가 타당하다.
preserve: 보존하다 (= keep, reserve)
[번역] 박물관들은 지속적인 흥미를 끄는 물건들을 보존하고 전시하기 위해서 존재하기 때문에 소장품을 모으는데 가장 높은 수준의 기준이 적용되어야 한다.
[정답] (B) (preservation → to preserve)

23. The function of Louis Sullivan architecture was <u>providing</u> large uninterrupted <u>floor</u> areas
            (A)   (B)
    and to allow <u>ample light</u> <u>into the interior</u>.
                 (C)   (D)

was의 보어로 나와있는 〈to allow〉와 parallel를 이뤄야 하므로 A는 to부정사구문이 되어야 한다.
[번역] 루이스 셜리반 건축의 기능은 확 트인 커다란 마루를 제공하여 풍부한 빛을 실내로 들여보내게 하는데 있었다.
[정답] (A) (providing → to provide)

24. I had hoped <u>to have learned</u> French before
                    (A)
    my trip <u>to Paris</u>, but I <u>did not have</u> any <u>extra</u>
           (B)   (C)   (D)
    money for course.

「had hoped + 단순 부정사」= 「hoped + 완료부정사」: 과거에 이루지 못한 일에 대한 유감을 나타낸다.
[번역] 나는 파리에 가기 전에 불어를 배우려고 했었는데, 강좌를 수강할 여분의 돈이 없었다.
[정답] (A) (to have learned → to learn)

25. Animals <u>living in</u> the desert have <u>to be</u>
                (A)   (B)
    <u>making a number of</u> curious biological
                (C)
    <u>adaptation</u>.
       (D)

부정사는 진행형으로 쓰이지 않는다.
[번역] 사막에서 사는 동물들은 많은 기이한 생물학적인 적응을 해야 한다.
[정답] (B) (to be making → to make)

26. Of course, he does not know <u>to read</u>, but he
    _(A)
    lets you <u>read</u> to him, <u>likes to hear</u> the same
    _(B)   _(C)
    tales <u>over and over again</u>.
    _(D)

'의문사 + to부정사'가 명사구를 이루어 타동사 know 의 목적어 역할을 한다.
[번역] 물론 그는 책을 읽을 줄 모르지만, 여러분으로 하여금 책을 읽어 달라고 시키며 같은 이야기를 반복해서 듣기를 좋아한다.
[정답] (A) (to read → how to read)

27. My counselor <u>suggested</u> that I make my
    _(A)
    professor <u>to change</u> my grade <u>since</u> I was sick
    _(B)   _(C)
    <u>the day of the exam</u>.
    _(D)

'make + 목적어 + 원형부정사'의 구문이다.
[번역] 나의 상담 선생님이 내가 시험 당일 아팠기 때문에 지도교수에게 성적을 고쳐 달라는 요구를 하라고 제안했다.
[정답] (B) (to change → change)

28. <u>By learning</u> all the roots and basic words,
    _(A)
    and learning <u>how take</u> a word apart to
    _(B)
    <u>determine</u> its real <u>meaning</u>, you can improve
    _(C)   _(D)
    your English.

'의문사 + to부정사'가 명사구를 이루어 타동사 learning의 목적어 역할을 한다.
[번역] 모든 어근과 어간을 배움으로써, 그리고 단어의 실제 의미를 알아내기 위해서 단어를 분석하는 법을 배움으로써 여러분은 영어를 향상시킬 수 있다.
[정답] (B) (to take → how to take)

29. <u>Aside from</u> the most important speech he
    _(A)
    had made <u>before</u> the Virginia Legislature,
    _(B)
    Henry urged the people of the state <u>help</u> the
    _(C)
    northern colonies <u>in their</u> fight.
    _(D)

'urge + 목적어 + to부정사'의 형태의 구문이다.
[번역] 버지니아 주 의회 앞에서의 가장 중요한 연설 외에도, 헨리는 버지니아 주 사람들에게 전투에서 북부 식민지를 도와달라고 호소했다.
[정답] (C) (help → to help)

30. <u>Most freshmen</u> don't know <u>to plan</u> <u>their</u>
    _(A)   _(B)   _(C)
    time when they first enter <u>college</u>.
    _(D)

'의문사 + to부정사'가 명사구를 이루어 타동사 know 의 목적어 역할을 한다.
[번역] 대부분의 신입생들이 처음 대학에 들어오면 시간계획을 세우는 법을 모른다.
[정답] (B) (to plan → how to plan)

Chapter 8

동명사
Gerund

1 Grammar Preview

1 「Need + 동명사」의 의미

The house **needs** paint**ing**.
(그 집은 칠할 필요가 있다.)
The house **needs** to be painted.
(그 집은 칠할 필요가 있다.)
This **needs** clean**ing** up. We need to clean it up before the company arrives.
(이것을 청소해야 한다. 우리는 손님이 도착하기 전에 청소해야 한다.)
↪ need의 목적어로 동명사가 나오면 주어가 수동의 의미를 갖는다.

2 advise와 동명사

He **advised** buy**ing** a Fiat. (그는 피아트(이탈리아산 자동차)를 살 것을 권했다.)
He **advised** me to buy a Fiat. (그는 나에게 피아트를 사도록 권했다.)
I was **advised** to buy a Fiat. (나는 피아트를 사도록 권유받았다.)
↪ advise다음에 (대)명사 목적어가 없는 경우에는 동명사가 목적어로 사용된다.

3 전치사 to의 목적어로 사용된 경우

I**'m used to** sleep**ing** with the window open.
(나는 창문을 열어둔 상태로 자는데 익숙해 있다.)
I**'m accustomed to** sleep**ing** with the window open.
(나는 창문을 열어둔 상태로 자는데 익숙해 있다.)
I**'m looking forward to** go**ing** home next month.
(나는 다음달에 집에 가는 것을 학수고대하고 있다.)
They **object to** chang**ing** their plans at this late date.
(그들은 이렇게 늦은 날짜에 계획을 바꾸는 것에 반대한다.)
Her work has **contributed to** our understand**ing** of this difficult subject.
(그녀의 작품은 이 어려운 주제를 우리가 이해하는데 기여했다.)

4 관용적 용법

We **had fun** play**ing** baseball.
(우리는 야구를 하며 즐거운 시간을 보냈다.)
We **had a good time** watch**ing** a movie.
(우리는 영화를 보며 즐거운 시간을 보냈다.)
I **had trouble**(**difficulty** / **a hard**[**difficult**] **time**) find**ing** his house.
(나는 그의 집을 찾는데 어려움을 겪었다.)
He **spends** most of his time study**ing**.
(그는 대부분의 시간을 공부하는데 쓴다.)
It is no use try**ing** to persuade her.
(그녀를 설득하려고 노력해도 소용없다.)
He **came near** be**ing** drowned.
= He **nearly escaped being** drowned.
(그는 하마터면 익사할 뻔 했다.)
What do you **say to** go**ing** to the theatre tonight?
(오늘 밤 영화보러 가는 게 어때?)

5 동명사와 부정사의 시제상의 차이

I remember seeing him at the party. 〔과거사실〕
= I remember that I saw him at the party.
(나는 파티에서 그를 보았던 것을 기억한다.)
Seoyeon always remembers to lock the door. 〔미래사실〕
= Seoyeon always remembers that she should lock the door.
(서연이는 항상 문을 잠그는 일을 기억한다.)

2 Grammar Check-up

I 다음 문장의 (   ) 안에 주어진 동사를 적절한 형태로 바꾸시오.

1. Don't forget (wash) _____ your hands before every meal.

2. Those shoes of yours need (mend) _____ .

3. I don't remember (read) _____ any of his novels.

4. I managed (finish) _____ (read) _____ the book before midnight.

5. Would you mind (watch) _____ the baby while I am away?

6. If the juice is too sour, try (put) _____ some sugar in it.

7. He always avoids (make) _____ any promise.

8. My brother won't let me (use) _____ his dictionary.

9. I must remember (post) _____ the letter on my way to school.

10. I will never forget (hear) _____ the pianist (play) _____ a Beethoven.

11. Try (study) _____ at least three hours a day.

12. I regret (have) _____ been so rude to her.

13. I regret (say) _____ that he has failed in the examination.

14. The women wouldn't stop (talk) _____ though I asked them to.

15. I wish my students would stop (think) _____ before (decide) _____ on their future course of life.

16. He tried (read) _____ the first few pages of the story to see if it is interesting.

17. You have to decide where you want to go to school next year. You can't postpone (make) _____ that decision much longer.

214 ▪ Chapter 8

18. I wanted to go to Mexico. Sally suggested (fly) _____ to Hawaii.

19. She mentioned (take) _____ the bus to school instead of walking.

20. I appreciate (be) _____ able to study in peace and quiet.

II 두 문장의 뜻이 같아지도록 (   )안을 채우시오.

1. No sooner had he seen me than he ran away.
   = (   ) (   ) me, he ran away.

2. Needless to say, health is above wealth.
   = It goes (   ) saying that health is above wealth.

3. It is impossible to account for tastes.
   = There is (   ) accounting for tastes.

4. He had no choice but to surrender.
   = He couldn't (   ) surrendering.

5. She narrowly escaped being drowned.
   = She came (   ) to being drowned.

정답 및 해설

I
1. **to wash** : 식사 전에 손을 씻는 것을 잊지 말아라 ; forget 다음에 to 부정사가 목적어로 오면 미래사실을 나타낸다.
2. **mending** : need의 목적어로 동명사가 나오면, 문장주어가 수동의 의미를 갖는다.
3. **reading** : 나는 그의 소설을 읽은 기억이 없다 ; remember 다음에 동명사가 목적어로 나오면 과거사실을 타나낸다.
4. **to finish, reading** : manage는 to부정사를 목적어로 취하고, finish는 동명사를 목적어로 취한다.
5. **watching** : mind는 동명사를 목적어로 취한다.
6. **putting** : try의 목적어로 동명사가 나오면,「시험삼아 해 보다」의 의미를 갖는다.
7. **making** : avoid는 동명사를 목적어로 취한다.
8. **use** : let는 목적격 보어로 원형부정사를 취한다.
9. **to post** : remember 다음에 to 부정사가 목적어로 나오면, 미래사실을 표현한다.
10. **hearing, play** : 나는 그 피아니스트가 베토벤 작품을 연주하는 것을 들었던 일을 잊을수가 없다.
11. **to study** : try의 목적어로 to 부정사가 나오면「~하려고 노력하다」의 뜻이다.
12. **having** : regret는 동명사나 부정사가 모두 목적어로 나올 수 있는데 그 의미는 서로 다르다. 동명사가 목적어로 나오면 과거에 일어난 어떤 일이 유감스럽다는 뜻이다.
13. **to say** : regret의 목적어로 to 부정사가 나오면, 어떤 나쁜 소식을 전하는 것이 유감스럽다는 뜻이다.
14. **talking** : stop은 동명사를 목적어로 취한다.
15. **to think, deciding** : stop to think = 곰곰이 생각하다. before는 전치사이므로 다음에 동명사를 목적어로 취한다.
16. **reading** : 그는 그 이야기가 재미있는지를 알아보기 위해서 그 책의 처음 몇 페이지를 읽어 보았다.
17. **making** : postpone은 동명사를 목적어로 취한다.
18. **going** : suggest 다음에 동명사를 목적어로 취하여「~을 제안하다」의 의미를 갖는다.
19. **taking** : mention의 목적어로 동명사가 온다.
20. **being** : appreciate의 목적어로 동명사가 온다.

II
1. **On[Upon] seeing** : 그가 나를 보자마자 그는 도망쳤다.　on[upon] ~ing : ~하자마자.
2. **without** : 건강이 부보다 낫다는 것은 말할 나위도 없다.
    It goes without saying that~ : ~은 말할 나위도 없다.
3. **no** : 취미는 각양각색이다. (설명할 수 없다) There is no ~ing… = It is impossible to~
4. **help** : 그는 항복하지 않을 수 없었다.
    can't help ~ing = have no choice but to 부정사 = ~하지 않을 수 없다.
5. **near** 또는 **close** : 그는 하마터면 익사할 뻔했다.
    come near (to)~ = narrowly escape ~ing = 하마터면 ~할 뻔하다.

3 문법해설

1 동명사와 현재 분사의 구별

1 동일한 점

- 형태가 서로 같다 `동사 원형 + ~ing`
- 동사의 성질을 갖는다 `목적어, 보어를 수반해 부사구의 수식을 받는다`

2 다른 점

❶ 역할이 서로 다르다

동명사 : 동사 및 명사의 역할을 한다.
현재분사 : 동사 및 형용사의 역할을 한다.
➡ 동명사는 명사의 역할을 하기 때문에 전치사의 목적어가 될 수 있으나 현재 분사는 형용사의 역할을 하기 때문에 전치사의 목적어가 될 수 없다.

❷ 동명사 : 용도, 목적을 나타낸다.
현재 분사 : 동작의 진행, 상태를 나타낸다.

❸ 강세의 위치에 차이가 있다

a sléeping car `동명사`
= a car for sleeping (침대차)
a sleeping báby `현재 분사`
= a baby who is sleeping (잠자고 있는 아이)

2 동명사의 명사적 성질

1 주어

Getting up early in the morning is good for the health.
　(아침 일찍 일어나는 것이 건강에 좋다.)
Playing baseball is fun. (야구를 하는 것은 재미있다.)

2 목적어

❶ 타동사의 목적어

Boys like **playing** baseball. (사내 아이들은 야구하는 것을 좋아한다.)

❷ 전치사의 목적어

He is excited about **playing** baseball. (그는 야구를 하는 것에 흥분한다.)
Thank you for your **answering** so promptly.
(답장을 빨리 주셔서 감사합니다.)

3 보어

The great pleasure is **writing** detective stories.
(큰 즐거움은 탐정소설을 쓰는 것이다.)

3 동명사의 동사적 성질

1 목적어를 취한다

Making **much money** is not the end and aim of life.
(많은 돈을 버는 것이 인생의 목적이나 목표가 아니다.)

2 보어를 취한다

My dream is becoming **a scientist**. (내 꿈은 과학자가 되는 것이다.)

3 부사구에 의해 수식된다

He enjoyed swimming **in the lake**. (그는 호수에서 수영하는 걸 좋아한다.)

4 동명사의 시제

단순형	원형 + ing : 술부 동사와 같은 시제 혹은 나중 시제
완료형	having + p.p : 술부 동사 보다 한 시제 앞선 시제

I **am** sure that he **is** a man of ability. 〖단순형〗
= I **am** sure of his **being** a man of ability.
　　(나는 그가 능력 있는 사람이라고 확신한다.)
I **am** sure that he **was** a man of ability in his youth. 〖완료형〗
= I **am** sure of his **having been** a man of ability in his youth.
　　(나는 그가 젊었을 때에 능력 있는 사람이었다고 확신한다.)

5 동명사의 의미상 주어

1 의미상 주어를 생략하는 경우

> 동명사의 의미상의 주어가
> (a) **일반 주어**이거나
> (b) 문장의 **주어와 일치**하는 경우, 그리고
> (c) 문장의 **목적어와 일치**할 경우에 생략한다.

2 의미상 주어를 명시하는 경우

> (a) 인칭 대명사는 소유격(or 목적격)을 사용한다.
> (b) 생물 명사는 ('s)를 사용한다.
> (c) 무생물인 경우는 목적격을 사용한다.

I don't like **my sister**('s) going to such a place.
　　(나는 내 여동생이 그런 곳에 가는 것을 좋아하지 않는다.)

6 동명사와 부정사

1 동명사를 목적어로 취하는 동사

> **ex** mind, enjoy, give up, avoid, deny, escape, resist, finish, practice, postpone, repent, consider, etc.

↳ (첫 번째 줄에 나온 동사들의 앞자를 따) megader로 기억해 외우는 것이 편리하다.

2 부정사를 목적어로 취하는 동사

> **ex** wish, hope, care, choose, expect, refuse, decide, mean, plan, agree, pretend, want, etc.(주로 미래[소망] 동사)

3 부정사와 동명사 둘 다 목적어를 취하는 동사

> **ex** begin, start, continue, neglect, regret, omit, propose, bear, cease, prefer, like, remember, forget, intend, etc.

📂 참고 사항

1. intend는 일반적으로 부정사를 목적어로 취하지만 때때로 동명사가 목적어로 나오는 경우도 있다. 그러나 의미상에는 차이가 없다.

   I intend to go to the meeting (○). (나는 그 모임에 갈 작정이다.)
   I intend going to the meeting (○). (나는 그 모임에 갈 작정이다.)

2. advise는 뒤에 명사나 대명사 목적어가 없으면 동명사를 목적어로 취한다.

   He advised buying a used car. (그는 중고차를 사라고 조언했다.)
   He advised me to buy a used car. I was advised to buy a used car.
   (그는 내게 중고차를 사라고 조언했다. 나는 중고차를 사라고 제안을 받았다.)

3. prefer + 동명사

   I prefer staying home to going to the concert.
   (콘서트에 가느니 집에 있는 게 더 낫겠다.)

   prefer + to부정사

   I prefer to stay home than(to)go to the concert.
   (콘서트에 가느니 집에 있는 게 더 낫겠다.)

4. It began to rain. / It began raining : 두 문장에 의미상 차이는 전혀 없다.
   (비가 내리기 시작했다.)
   It was beginning to rain. (비가 내리기 시작하고 있었다.)
   그러나 본동사가 진행형이면 이 예문처럼 대개 부정사를 목적어로 취한다.

④ 목적어로 부정사와 동명사가 왔을 때 뜻이 다른 경우

❶ 미래 사실 : remember + to부정사
   과거 사실 : forget + ~ing

   I remember **to see** her. (나는 그녀를 만날 것을 잊지 않는다.) [미래사실]
   I remember **seeing** her. (나는 그녀를 만난 적이 있는 것을 기억한다.) [과거사실]

❷ 동사 : deserve, need, want, require +~ing (수동의 의미)
   형용사 : be worth (= to be + p.p)

   My car **needs[wants] repairing.** (내 자동차를 수리할 필요가 있다.)

❸ try + 동명사 : 시험삼아 ~해 보다
        부정사 : ~ 하려고 노력하다

   I **tried growing** potatoes in this area.
   (나는 이곳에서 시험삼아 감자를 재배해 보았다.)
   I **tried to grow** potatoes in this area.
   (나는 이곳에서 감자를 재배하려고 노력했다.)
   The room was hot. I **tried opening** the window, but that didn't help.
   So **I tried turning** on the fan, but I was still hot. Finally I turned on
   the air conditioner. (방이 더웠다. 창문을 열어 보았으나 도움이 되질 않았다. 그래서 선풍기를 켜보았으나 여전히 더웠다. 결국 나는 에어컨을 켰다.)

❹ | like / hate | **+** | 동명사 : 일반적 사실(습관, 취미)
부정사 : 특정한 경우(어떤 특정한 때, 장소, 상황)

I **like reading** detective stories. (나는 탐정소설 읽기를 좋아한다.)
I am tired now, so I don't **like to** read anything now.
　　(나는 지금 피곤하다, 그래서 지금 어떤 것도 읽고 싶지 않다.)

❺ | be sure to : 화자의 확신
be sure of : 주어의 확신

He **is sure to** succeed. (나는 그가 성공하리라고 확신한다.)
He **is sure of** success. (그는 자신이 성공하리라고 확신한다.)

❻ | go on | **+** | ~ing : 계속해서 ~하다
to R : 쉬었다가 계속해서 ~하다

He **went on talking** about the accident.
　　(그는 그 사건에 관해서 계속 얘기했다.)
He **went on to talk** about the accident.
　　(그는 그 사건에 관해서 쉬었다가 계속해서 얘기했다.)

❼ | regret | **+** | to 부정사 : 어떤 나쁜 소식을 전하는 것이 유감스럽다는 내용
동명사 : 과거에 일어났던 어떤 일이 유감스럽다는 내용

I **regret to tell** you that you failed the test.
　　(나는 너에게 네가 시험에서 실패했다는 말을 전하게 되어 유감이다.)
I **regret lending** him some money. He never paid me back.
　　(나는 그에게 돈을 빌려주었던 일을 후회한다. 그는 결코 나에게 돈을 갚지 않았다.)

Grammar Drill

다음 문장에서 잘못된 부분을 고치시오.

문제

1. When I went to shopping last Saturday, I saw a man to drive his car onto the sidewalk.
2. He doesn't enjoy to play card games.
3. Some people prefer save their money to spend it.
4. The task of find a person who could help us wasn't difficult.
5. I am looking forward to go to swimming in the ocean.

해설 및 정답

1. **went to shopping → went shopping, to drive → drive**
   : 지각동사 saw의 목적격보어는 to부정사가 아니라 원형부정사를 쓴다.
2. **to play → playing** : enjoy는 동명사를 목적어로 취한다.
3. **prefer save their → prefer saving their, to spend → to spending**
   : prefer A to B의 구문에서, A와 B 둘 다 동명사를 쓴다.
4. **find → finding** : 전치사(of)의 목적어는 동명사이다.
5. **to go to swim → to going swimming**
   : look forward to(학수고대하다)의 구문에서 to는 전치사이다.

7 동명사와 관용적 용법

❶
> **There is no ~ing : ~할 수가 없다**
> = It is impossible to ~
> = We can not ~

There is no accoun**ting** for tastes.
　(취미는 설명할 수가 없다 : 취미는 천차만별이다.)

❷
> **It is no use[good] ~ing : ~해도 소용없다**
> = It is of no use[useless] to R
> = There is no use(in) ~ing
> = What is the use of ~ing?(수사의문문)

What **is the use of crying** over your misfortune?
　(당신의 불행에 대해 울어 봐야 무슨 소용이 있는가?)

❸
> **cannot help ~ing : ~하지 않을 수 없다**
> = cannot (choose) but + 원형
> = have no choice but + to R
> = have no alternative[option] but + to R
> = There is nothing for it but + to R

I **couldn't help laughing** at the funny sight.
　(나는 그 우스꽝스러운 광경을 보고 웃지 않을 수 없었다.)

❹
> **of one's own ~ing : 자신이 직접 ~한**
> = 과거 분사 + by oneself
> = 관계대명사 + S + 완료 시제 + oneself

This is the tree **of my own planting.**
= This is the tree which I have planted myself.
　(이것은 내 자신이 직접 심은 나무이다.)

❺ On ~ing = as soon as ; when~ : ~하자마자
in ~ing = when~ : ~할 때

On hearing this I changed my plans. (이것을 듣자마자 나는 계획을 바꿨다.)

❻ It goes without saying that~ : ~은 말할 필요도 없다
= It is needless to say that~
= It is a matter of course that~

It goes without saying that he will help us.
(그가 우리를 도우리라는 것은 말할 필요도 없다.)

❼ S + be worth ~ing : 할 만한 가치가 있다
= S + be worthy of ~ing
= S + be worthy to be p.p
= It is worth while ~ing + S
= It is worth while to R + S

This book **is worth reading** intensively.
(이 책은 집중해서 읽을 만한 가치가 있다.)

❽ be on the point[brink, verge, edge] of ~ing : 막 ~하려고 하다
= be about to R

He **was on the point of leaving**. (그는 막 떠나려 하고 있었다.)

❾ feel like ~ing : ~하고 싶은 마음이 들다
= feel inclined to R

I **felt like crying** to hear the news.
= I felt inclined to cry to hear the news.
(나는 그 소식을 듣고 울고 싶은 마음이었다.)

⑩
> come[go] near(to)~ing : ~할 뻔하다
> = be near ~ing
> = narrowly[nearly] escape ~ing

He was **near being** killed.
= He narrowly escaped being killed. (그는 하마터면 죽을 뻔했다)

📁 참고 사항

이 책은 읽을 가치가 있다.

This book is worth reading.
= This book is worthy of reading.
= This book is worthy of being read.
= It is worth while to read this book.
= It is worth while reading this book.
= This book is worth while to read.
= This book is worthy to be read.

📁 전치사 to 다음에 동명사가 오는 관용어구

1. look forward to ~ing : ~하기를 기대하다

- He is **looking forward to seeing** you again.
  (그는 너를 다시 만나기를 학수고대하고 있다.)
- I **look forward to going** home next month.
  (나는 다음달에 집에 가는 것을 학수고대한다.)

2. object to ~ing : ~을 반대하다, 싫어하다
= have an objection to ~ing

- I **objected to being** treated like that.
  (나는 그렇게 취급받는 것을 반대한다.)
- **Have** you any **objection to** my **wearing** this suit?
  (이 옷을 입는 것에 반대하니?)
- They **object to changing** their plans at this late date.
  (그들은 이렇게 늦은 날짜에 그들의 계획을 변경하는 것에 반대한다.)

3 **be opposed to ~ing : ~에 반대하다**

- He **was opposed to attending** the meeting.
  (그는 그 회의에 참석하는 것을 반대했다.)

4 **take to ~ing : ~에 탐닉하다, 골몰하다**

- Her husband **took to drinking** [*or* 명사 drink]
  (그녀의 남편은 술에 탐닉했다.)

5 **fall to ~ing : ~하기 시작하다**

- She **fell to sobbing** suddenly.
  (그녀는 갑자기 흐느껴 울기 시작했다.)

6 **be used to ~ing : ~에 익숙하다**
=be accustomed to ~ing

- He **is used[accustomed] to sitting up late** at night.
  (그는 밤늦게까지 자지 않는 것에 익숙해져 있다.)

  cf. He is accustomed to sit up late at night.
  I am accustomed to sleep with the window open.
  ⇨ 영국식 영어에서는 이런 표현도 가능하다

7 **be equal to ~ing : ~할 능력이 있다**

- Being ill, I **am** not **equal to making** a journey.
  (몸이 아파서, 나는 여행을 할 수가 없다.)

8 **What do you say to ~ing? : ~하는 게 어때?**
=How[what] about ~ing?

- **What do you say to playing** tennis? (테니스 하는 게 어때?)

9 **devote A to~ing : ~에 A를 바치다**

- He intends to **devote** his life **to curing** the sick in India.
  (그는 인도에서 병이 든 자들을 치료하는데 자신의 생애를 바칠 작정이다.)

10 with a view to ~ing : ~할 목적으로

- He went over to America **with a view to studying** physics.
  with the view of
  with the intention of
  for the purpose of

  (그는 물리학을 공부할 목적으로 미국으로 건너갔다.)

📂 GO + 동명사

go 다음에 관용적으로 동명사가 오는 경우가 있는데 대부분 여가 활동이다.

go bird watching /들새 관찰을 가다/	go hiking /하이킹 가다/
go sightseeing /관광가다/	go boating /보트[뱃]놀이 가다/
go hunting /사냥가다/	go skating /스케이트 타러가다/
go bowling /볼링하러 가다/	go jogging /조깅하러 가다/
go skiing /스키타러가다/	go camping /캠핑가다/
go mountain climbing /등산가다/	go sledding /썰매(작은 썰매) 타러가다/
go canoeing /카누놀이 하러가다/	go running /달리기하러 가다/
go swimming /수영가다/	go dancing /춤추러 가다/
go sailing /뱃놀이 가다/	go tobogganing /토보건(썰매종류) 타러가다/
go fishing /낚시질 가다/	go shopping /물건 사러가다/
go window shopping /(살 생각없이) 쇼원도를 구경하러 가다/	go shooting /사격하러 가다/

※ 다음의 예문에서 전치사는 to를 쓰지 않음에 주의하자.

go fishing **in** the lake (호수로 낚시질 가다)
go shopping **at** the department store (백화점에서 쇼핑을 하다)
go hunting **in** the forest (숲으로 사냥하러 가다)

Practice Test A

다음 _____ 안에 들어갈 적당한 표현을 고르세요.

1. The committee postponed _____ until tomorrow.

   (A) to vote
   (B) voted
   (C) vote
   (D) voting

   postpone은 동명사를 목적어로 취한다.
   [번역] 그 위원회는 표결을 내일로 연기했다.
   [정답] (D)

2. He wanted to visit Japan after _____ from Europe.

   (A) back
   (B) returned
   (C) get back
   (D) returning

   after는 전치사이므로 동명사가 목적어로 나온다.
   [번역] 그는 유럽에서 돌아온 후에 일본을 방문하고 싶어 했다.
   [정답] (D)

3. This box is easily broken. It wants _____ with care.

   (A) to handle
   (B) handling
   (C) to break
   (D) breaking

   want, need뒤의 동명사는 주어가 수동적인 의미를 갖는다.
   [번역] 이 상자는 쉽게 망가진다. 그것은 조심스럽게 취급해야 한다.
   [정답] (B)

4. I don't feel like _____ heavy meal now.

   (A) from eating
   (B) eating
   (C) to eat
   (D) of eating

   feel like ~ing = feel inclined + to부정사: ~하고 싶다
   [번역] 나는 지금 식사를 배불리 하고 싶지 않다.
   [정답] (B)

5. I never even considered _____ my professor.

   (A) disobeying
   (B) to be disobeying
   (C) disobey
   (D) to disobey

   consider는 동명사를 목적어로 취한다.
   [번역] 나는 우리 교수님의 말씀을 거역하겠다는 생각을 해본 적이 없다.
   [정답] (A)

6. I don't mind _____ in this room.

    (A) of your smoking
    (B) to your smoking
    (C) your smoking
    (D) for you to smoke

mind는 동명사를 목적어로 취하며 동명사의 의미상의 주어는 소유격이다.
[번역] 이 방에서는 담배를 피워도 괜찮습니다.
[정답] (C)

7. There is _____ the fact that the corporation has virtually gone bankrupt.

    (A) nothing to be said
    (B) nothing left out of
    (C) no denying
    (D) no denial in

There is no ~ing = It is impossible to + 동사 원형: ~하는 것은 불가능하다.
[번역] 그 회사가 사실상 파산했다는 사실을 부인할 수 없다.
[정답] (C)

8. He has a hard time _____ people, especially when they speak fast.

    (A) understanding   (B) to understand
    (C) knowing   (D) hearing

have a hard time[difficulty/trouble] (in) ~ing: ~하는데 어려움을 겪다.
[번역] 그는 그들을 이해하는데 어려움을 겪고 있다. 특히 그들이 빨리 말할 때 어려움을 겪는다.
[정답] (A)

9. We are looking forward _____ his answer.

    (A) received
    (B) to receive
    (C) to receiving
    (D) receiving of

look forward to: 여기서 to는 전치사: ~을 손꼽아 기다리다.
[번역] 우리는 그의 답변을 손꼽아 기다리고 있다.
[정답] (C)

10. He carried out the plan without his friends _____ about it.

    (A) knowing anything
    (B) know anything
    (C) to know nothing
    (D) being known

his friends는 동명사 knowing의 의미상의 주어이다.
[번역] 그는 친구들 모르게 그 계획을 실행했다.
[정답] (A)

Practice Test B

다음 문장의 밑줄 친 곳에서 올바르지 않은 것을 고르세요.

1. <u>In supply-side</u> economics, <u>a balanced</u> budget
      (A)   (B)
   results <u>from</u> <u>reduce</u> government spending.
            (C)   (D)

   전치사(from)의 목적어는 동명사이다.
   supply-side economics: 공급중시의 경제이론
   budget: 예산, 경비
   [번역] 공급중시의 경제이론에서 보면, 균형 잡힌 예산은 정부지출을 줄이는 데서 기인한다.
   [정답] (D) (reduce → reducing)

2. The human ribs are capable <u>to move</u> <u>so as</u> to
                                  (A)   (B)
   allow room for the lungs <u>to expand</u> <u>during</u>
                             (C)   (D)
   <u>breathing</u>.

   be capable of ~ing: ~를 할 수(있는 능력이) 있다
   human rib: 사람의 늑골
   [번역] 사람의 늑골은 호흡을 할 때, 폐가 확장할 수 있는 공간을 제공키 위해 움직일 수가 있다.
   [정답] (A) (to move → of moving)

3. The <u>embarrassed professor</u> <u>pleaded not guilty</u>
            (A)   (B)
   <u>to</u> the charge <u>of drive</u> while <u>intoxicated</u>.
   (C)   (C)   (D)

   전치사 of의 목적어 위치이므로 동명사형인 driving이 맞다.
   pleaded not guilty: 무죄를 주장하다.
   the charge of drive while intoxicated: 음주 운전 혐의
   [번역] 그 당황한 교수는 음주 운전 혐의 사실에 대해서 무죄를 주장했다.
   [정답] (C) (of drive → of driving)

4. Neither the inability to hear <u>nor</u> the inability
                                   (A)
   to vocalize will <u>necessarily</u> prevent a child <u>to</u>
                   (B)   (C)
   master a <u>linguistic</u> system.
          (D)

   prevent A from ~ing: A가 ~하는 것을 못하게 하다.
   [번역] 듣지도 못하고 발성도 못한다고 해서 반드시 어린아이가 언어 체계를 습득하지 못하는 것은 아니다.
   [정답] (C) (to master → from mastering)

5. After <u>to have</u> won the light-heavy weight
         (A)
   title <u>at the</u> 1960 Olympic Games, Muhammad
      (B)
   Ali <u>began</u> to box <u>professionally</u>.
      (C)   (D)

   전치사 after의 목적어로 동명사 형태인 having이 적합하다.
   [번역] 1960년 올림픽 경기에서 라이트 헤비급 우승을 한 후, 무하마드 알리는 프로 권투를 시작했다.
   [정답] (A) (to have → having)

Final Test

1. I could not help _____ around with a good deal of curiosity.

    (A) to be looked
    (B) being looked
    (C) having looked
    (D) looking

    cannot help ~ing: ~하지 않을 수 없다.
    [번역] 나는 상당한 호기심을 가지고 주위를 둘러보지 않을 수 없었다.
    [정답] (D)

2. "Good morning, Bill."
   "Did you have any trouble _____ through the snow?"

    (A) drove   (B) drive
    (C) driving   (D) to drive

    have a hard time [trouble / difficulty] ~ing: ~하는데 어려움을 겪다.
    [번역] "빌, 안녕."
    "눈길을 운전하는데 어려움이 있었니?"
    [정답] (C)

3. "Why don't you try to do that kind of work?"
   "I can't risk _____ something new right now."

    (A) do   (B) doing
    (C) of doing   (D) to do

    동사 risk는 동명사를 목적어로 취한다.
    [번역] "그런 류의 일을 한번 해 보지 그래?"
    "나는 지금 새로운 것을 모험할 수가 없어"
    [정답] (B)

4. Would you mind _____ that large stack of papers over there?

    (A) to hand me
    (B) handing me
    (C) hand me
    (D) to hand to me

    mind는 동명사를 목적어로 취한다.
    [번역] 저 서류 뭉치를 저에게 좀 주시겠습니까?
    [정답] (B)

5. "I never wrote that letter."
   "Why do you have to deny _____ that letter."

    (A) writing   (B) to write
    (C) write   (D) written

    deny는 동명사를 목적어로 취한다.
    [번역] "나는 그 편지를 쓴 적이 없어."
    "왜 너는 그 편지 쓴 사실을 부인하니?"
    [정답] (A)

6. A complete biography of a person's life is not written by merely _____ in chronological order.

    (A) the pertinent facts are to be listed
    (B) listing the pertinent facts
    (C) list of the pertinent facts
    (D) when the pertinent facts are listed

전치사 by의 목적어 위치이므로 동명사 형태를 취하고 있는 (B)의 listing이 적합하다.
biography: 일대기
chronological order: 연대에 따른 순서
[번역] 어떤 사람의 일생에 대한 완전한 전기는 단지 관련 사실의 목록을 연대순으로 기록함으로써 쓰여지는 것은 아니다.
[정답] (B)

7. "Have you seen the new play yet?"
   "No, but I'm certainly looking forward _____ it."

    (A) to seeing   (B) for seeing
    (C) to see   (D) of seeing

look forward to ~ing: ~을 고대하다.
[번역] "벌써 새로 나온 그 연극을 보았니?"
"아니, 하지만 정말 보고 싶어."
[정답] (A)

8. The faculty had doubts about _____ for the scholarship.

    (A) his to qualify
    (B) his qualifying
    (C) him qualifying
    (D) he to qualify

전치사 about의 목적어 위치이므로 동명사가 요구된다. 또한 동명사의 의미상 주어는 소유격을 쓰므로 (B)가 정답이다.
[번역] 교수진들은 그가 장학금을 받을 자격이 있는지 의문을 품었다.
[정답] (B)

9. Does Betty object to _____ for her every night?

    (A) your waiting   (B) that you wait
    (C) since you wait   (D) for waiting

object to의 목적어로는 (동)명사가 필요하다.
[번역] 베티가 네가 매일 밤 자신을 기다리는 걸 반대해?
[정답] (A)

10. She planned on _____ before anybody else arrived.

    (A) finishing to the work
    (B) to finish the work
    (C) finishing the work
    (D) the work to finish

전치사 on의 목적어 자리이므로 동명사가 적합하다.
[번역] 그녀는 사람들이 도착하기 전에 그 일을 다 끝마칠 계획을 세웠다.
[정답] (C)

11. Farmers look forward to _____ every summer.

    (A) participating in the country fairs
    (B) participate in the country fairs
    (C) be participating in the country fairs
    (D) have participated in the country fairs

look forward to의 구문에서 to는 전치사이다.
[번역] 농부들은 매년 여름 군단위 농산물 공진회에 참가하기를 고대한다.
[정답] (A)

12. I finally succeeded _____ by phone.

    (A) to reaching them
    (B) of reaching them
    (C) to reach them
    (D) in reaching them

succeed in ~ing: ~하는 데 성공하다.
[번역] 나는 마침내 그들과 전화로 통화하는 데 성공했다.
[정답] (D)

13. The people of Western Canada have been considering _____ themselves from the rest of the provinces.

    (A) to separate   (B) separated
    (C) separating   (D) separate

consider는 동명사를 목적어로 취한다.
[번역] 캐나다 서부 지역에 사는 이들은 자신들을 다른 지방들로부터 분리시키는 문제에 대해 생각해오고 있다.
[정답] (C)

14. Since Elizabeth Barrett Browning's father never approved of _____ Robert Browning, the couple eloped to Italy where they lived and wrote.

    (A) her to marry   (B) her marrying
    (C) she marrying   (D) she to marry

approved of에 걸리므로 전치사 of의 목적어인 동명사 marrying이 적합하다.
[번역] 엘리자베스 바렛 브라우닝의 아버지는 딸과 로버트 브라우닝과의 결혼을 절대 허락하지 않았기 때문에 그 두 사람은 이탈리아로 도망가 살면서 글을 썼다.
[정답] (B)

15. Americans _____ coffee with their meals.

    (A) accustomed to drink
    (B) are accustomed to drinking
    (C) have the custom to drink
    (D) are accustoming in drinking

be accustomed to ~ing: ~에 익숙해 있다.
[번역] 미국인들은 식사와 함께 커피를 마시는 것에 익숙해 있다.
[정답] (B)

16. "If you'd been here ten minutes earlier, you could have seen the doctor."
    "But I couldn't help _____. Traffic was heavy."

    (A) to be late   (B) being late
    (C) lateness   (D) that I am late

can't help ~ing: ~하지 않을 수 없다.
[번역] "만일 네가 10분만 일찍 이곳에 왔더라면, 의사를 만날 수 있었을 텐데."
"하지만 어쩔 수 없었어. 교통이 막혔어."
[정답] (B)

17. "May I help you? You've lots of things to carry."
    "Would you mind _____ for me?"

    (A) carrying these books
    (B) to carry these books
    (C) carry these books
    (D) will carry these books

mind는 동명사를 목적어로 취한다.
[번역] "도와 드릴까요? 운반할 물건이 많으시군요."
"이 책들을 옮기는 일을 거들어 주시겠습니까?"
[정답] (A)

18. "I'm very tired."
    "We really should stop _____ and go to bed."

    (A) to study   (B) from studying
    (C) of studying   (D) studying

stop은 목적어로 동명사를 취한다.
[번역] "무척 피곤해."
"우리 이제 공부 그만하고 자야겠다."
[정답] (D)

19. "Do you know Edward Wilson?"
    "The name sounds familiar, but I don't remember _____ him."

    (A) that I meet   (B) meeting
    (C) to meet   (D) of meeting

remember, forget 다음에 동명사가 오면 과거 사실을 나타내고 to부정사가 오면 미래 사실을 나타낸다.
[번역] "에드워드 윌슨을 아십니까?"
"이름은 귀에 익지만, 그를 만난 기억은 없습니다."
[정답] (B)

20. "What's the matter with that picture on the wall?"
    "It needs _____."

    (A) straightening
    (B) to be straightening
    (C) straightened
    (D) straighten

'need + ~ing = need + to be + 과거분사': need의 목적어로 동명사가 나오면 주어가 수동의 의미를 나타낸다. 따라서 같은 의미가 되도록 부정사로 고칠 때에는 부정사의 수동 형태를 취한다.
[번역] "벽에 걸린 그림이 뭐 잘못 됐니?"
"똑바르게 걸어야겠어."
[정답] (A)

21. "Does Juan want to leave?"
    "No, he would enjoy _____ here."

    (A) to stay (B) staying
    (C) of staying (D) for to stay

    enjoy는 동명사를 목적어로 취한다.
    [번역] "주앙은 떠나고 싶어하니?"
    　　　"아니, 그는 여기 머무르고 싶어한다."
    [정답] (B)

22. We went _____ with Charles last Saturday.

    (A) to swim (B) swimming
    (C) swam (D) swim

    go ing: ~하러 가다
    [번역] 우리는 지난 토요일에 찰스와 함께 수영하러 갔다.
    [정답] (B)

23. People everywhere enjoy _____.

    (A) talking the weather
    (B) talking about the weather
    (C) to take about the weather
    (D) talked about the weather

    talk about: ~에 관하여 이야기하다.
    [번역] 어떤 곳에서든지 사람들은 날씨에 관한 얘기를 좋아한다.
    [정답] (B)

24. Many people favor _____ more nuclear power plants.

    (A) to build (B) built
    (C) build (D) building

    favor는 동명사를 목적어로 취한다.
    [번역] 많은 사람들이 더 많은 핵 발전소를 세우는데 찬성한다.
    [정답] (D)

25. "How are you planning to travel to California?"
    "I haven't made up my mind but I'm considering _____ a train."

    (A) take (B) to take
    (C) taking (D) of taking

    consider는 동명사를 목적어로 취한다.
    [번역] "캘리포니아로 여행을 어떻게 가실 건가요?"
    　　　"아직 결정하진 않았지만 기차 여행을 고려하고 있습니다."
    [정답] (C)

26. "Did he miss his stop?"
    "The bus was so crowded that he had a hard time _____."

    (A) got off (B) getting off
    (C) to get off (D) get off

    have a hard time[trouble/difficulty] ~ing: ~하는데 어려움을 겪다.
    [번역] "그가 버스 정류장을 지나쳤니?"
    　　　"버스가 너무 붐벼서 내리는데 어려움을 겪었 겠지."
    [정답] (B)

※ Select the part (A, B, C or D) which is not acceptable for standard written expression.

27. Although Dr. Park could not attend, he
    (A)   (B)
    appreciated to receive an invitation.
                 (C)   (D)

appreciate는 동명사를 목적어로 취한다.
[번역] 비록 박 교수는 참석할 수 없었지만, 초대받은 것을 고마워했다.
[정답] (C) (to receive → receiving)

28. I am looking forward to meet you at your
                    (A)   (B)   (C)
    earliest convenience.
             (D)

look forward to ~ ing: ~을 학수고대하다
at one's convenience: 편리한 때에
[번역] 편하신 시간에 하루 속히 만나 뵙길 고대합니다.
[정답] (B) (meet → meeting)

29. We can discover the relative proportions of
                        (A)
    animal and vegetable foods consumed by
                               (B)
    prehistoric humans by analysis skeletal
                          (C)
    remains.
    (D)

by ~ing: ~함으로써
[번역] 우리는 뼈의 잔여물을 분석함으로써, 선사시대 사람들에 의해 소비된 동·식물의 상대적인 식사량의 비율을 알아낼 수 있다.
[정답] (C) (analysis → analyzing)

30. Banks are differentiated from other financial
              (A)
    institutions by their principal functions of
    (B)   (C)
    accepting deposits and to make loans.
                          (D)

전치사 of의 목적어가 and에 의해서 평행구조를 이루고 있으므로 동명사가 와야 할 자리이다.
[번역] 은행은 주요 기능이 예금을 받고 대출을 한다는 점에서 다른 금융 기관들과 다르다.
[정답] (D) (to make → making)

31. Members of the party were surprised by
                         (A)
    Jackson winning the election so easily.
    (B)   (C)   (D)

동명사의 의미상의 주어는 소유격이 원칙이다. 따라서 B를 Jackson's로 바꿔야 한다.
[번역] 그 정당의 당원들은 잭슨이 그 선거에서 그렇게 쉽게 승리한 것에 대해 놀랐다.
[정답] (B) (Jackson → Jackson's)

32. Color is the most important factor by
          (A) (B)   (C)
    judging the gem quality of a diamond.
    (D)

in ~ing: ~할 때(=when, while)
by ~ing: ~함으로써
[번역] 색상은 다이아몬드의 보석 가치를 결정짓는데 가장 중요한 요소이다.
[정답] (C) (by judging → in judging)

Chapter 9

분사
Participle

1 Grammar Preview

1 현재분사와 과거분사의 차이

1 현재분사 : 능동이나 진행의 의미를 갖는다.

It is an **amusing** story.
(그것은 재미있는 이야기이다. → 재미있게 만들어 주는 것은 이야기이다.)
I found myself in an **embarrassing** situation last night.
(나는 내 자신이 어젯밤 곤란한 상황에 처했음을 알았다.)
A **damaging** earthquake occurred recently.
(파괴적인 지진이 최근에 일어났다.)
It is a **confusing** problem.
(그것은 혼란시키는 문제이다.)
That **annoying** buzz is coming from the lamp.
(저 귀찮게 만드는 소리가 램프로부터 들려온다.)
⇨ 이처럼 현재분사는 어떤 동작이나 환경의 원인이 되므로 원인격이라고도 부른다.

2 과거분사 : 수동이나 완료의 의미를 갖는다.

They are **amused** students.
(그들은 즐거워하는 학생들이다. → 학생들이 재미를 경험하게 된다는 뜻이다.)
The **terrified** people ran for their lives.
(겁에 질린 사람들이 필사적으로 도망갔다.)
Villagers are still in the process of repairing the many **damaged** buildings and streets. (마을 사람들이 피해를 입은 많은 건물들과 도로들을 보수하고 있다.)
They are **confused** students.
(그들은 당황한 학생들이다.)
The **abandoned** car was towed away by a tow truck.
(그 버려진 차는 견인 트럭에 의해서 견인되었다.)
⇨ 이처럼 과거분사는 동작이나 환경의 경험을 나타내므로 경험격이라고도 한다.

2 분사구문 (주절과 종속절의 주어의 일치가 매우 중요하다.)

All this having been settled, he went home.
⋯▶ After all this had been settled, he went home.
   (이 모든 것이 해결된 후에 그는 집으로 갔다.)
Left to herself, she began to weep.
⋯▶ When she was left to herself, she began to weep.
   (그녀가 혼자 남겨졌을 때, 그녀는 울기 시작했다.)
The poison, **used in a small quantity**, will be a medicine.
⋯▶ The poison, if it is used in small quantity, will be a medicine.
   (독약도 만일 소량만 사용한다면, 약이 될 수 있다.)
It being fine, we went on a picnic.
⋯▶ As it was fine, we went on a picnic.
   (날씨가 좋았기 때문에, 우리는 소풍을 갔다.)

3 부대상황 (with + 목적어 + 목적격보어)

He went out **with his dog following.**
   (그는 밖으로 나갔고 그의 개도 따라 나왔다.)
With an eye bandaged, he could not write well.
   (한쪽 눈을 붕대로 감았기 때문에, 그는 잘 쓸 수가 없었다.)
He stared at me **with his eyes wide open.**
   (그는 눈을 크게 뜨고 나를 응시했다.)
He lay on the floor **with his boots on.**
   (그는 신발을 신은 채로 마루에 누웠다.)
He stands **with his legs apart and his hands on his hips.**
   (그는 발을 벌리고 손을 허리에 댄 채 서 있었다.)

2 Grammar Check-up

I 각 문장의 (   ) 안에 넣을 가장 적절한 어구를 고르시오.

1. Some books, if (   ) carelessly, will do more harm than good.

   (A) read
   (B) to read
   (C) in reading
   (D) reading

2. (   ) by surprise, he was at a loss what to do next.

   (A) Takes
   (B) Taken
   (C) Taking
   (D) To be taken

3. I could not make myself (   ) in the noisy class.

   (A) hear
   (B) to hear
   (C) heard
   (D) hearing

4. He came back, utterly (   ), from his long ride.

   (A) exhausted
   (B) exhausting
   (C) to be exhausted
   (D) to exhaust

5. How can I feel relaxed, with (   ) me like that?

   (A) your watch
   (B) you to watch
   (C) you watching
   (D) you watch

II 다음 (   ) 안의 어구 중에서 적절한 것을 고르시오.

1. I found the missing book (laying, lying, lied, lay) on the top shelf.

2. The mother looked (shock, shocked, shocking, to shock) at the sight.

3. He went out of the room, (satisfy, satisfied, satisfying, to satisfy) with the souvenir.

4. Don't keep the visitor (wait, to wait, waiting, waits) so long.

5. (See, To see, Seen, Seeing) from a distance, the castle is very beautiful.

6. Customers (arrives, arrived, arriving, to arrive) after six o'clock will find the store closed.

7. (Leave, Leaving, Left, To leave) on her own, she began to grow mature.

8. I wanted my room (paints, painting, painted, to paint) off-white, but my parents liked it light green.

9. There was so much noise that the speaker couldn't make himself (hear, hearing, to hear, heard).

10. He apologized for having kept the guests (wait, to wait, waiting, waited) for a long time.

Ⅲ 다음 (   ) 안의 동사를 적절한 형태로 바꾸시오.

1. The book, (write) in plain English, is suitable for beginners.

2. When did you have your typewriter (repair).

3. The knife wants (sharpen). We must have it (sharpen).

4. I received a letter (inform) me of his death.

5. (Walk) along the street, I had my purse (steal).

정답 및 해설

Ⅰ 1. (A) : if they are read carelessly의 문장을 분사로 만드는 문제이다.
   2. (B) : take는 본래 「공격하다」는 의미이다. 주절의 주어가 he이므로 분사구문의 분사가 taken 임을 예측할 수 있다.
      (As he was taken by surprise, he was at a loss what to do next.)
   3. (C) : make oneself p.p.의 구문이다.
   4. (A) : exhaust는 타동사로서 「지치게 만들다」라는 뜻의 동사이다.
   5. (C) : 「with + 목적어 + 분사」의 형태를 이용하여 부대상황을 표현한다.

Ⅱ 1. **lying** : lay는 타동사이므로 다음에 목적어가 없는 상황에서 laying은 사용될 수 없다.
   2. **shocked** : 어머니가 충격을 받았다는 의미이므로 경험적 형용사에 해당되는 과거분사가 적절하다.
   3. **satisfied** : 그가 만족되었으므로 경험적 형용사에 해당되는 과거분사가 적합하다.
   4. **waiting** : 「keep + 목적어 + ~ing」의 형태를 이용하여 계속을 표현한다.
   5. **Seen** : 주절의 주어가 무생물인 the castle이므로 주어는 보는 것이 아니라 보여지는 것이다. 따라서 과거분사형태가 적합하다.
   6. **arriving** : Customers who will arrive after six o'clock will find the store closed.
   7. **Left** : When she was left on her own, she began to grow mature.
   8. **painted** : 목적어와 목적격 보어의 관계가 수동적 관계이므로 과거분사 형태가 알맞다.
   9. **heard** : 「make + oneself + p.p.」 형태의 구문이다.
   10. **waiting** 「keep + 목적어 + ~ing」의 형태를 이용하여 계속을 표현한다.

Ⅲ 1. **written** : 책은 사람에 의해 쓰여지는 것이므로 과거분사인 written이 적합하다.
   2. **repaired** : 「have + 목적어 + p.p.」 형태를 이용하여 수동관계를 표현할 수 있다.
   3. **sharpening, sharpened** : want의 목적어로 동명사가 나오면, 주어가 수동의 의미를 갖는다.
   4. **informing** : I received a letter which informed me of his death.
   5. **Walking, stolen** : While I was walking along the street, I had my purse stolen.

3 Grammar Focus

1 분사의 형용사적 용법

1 한정적 용법

명사 앞이나 뒤에서 형용사가 그 명사를 직접 수식하는 것을 한정적 용법, 또는 제한적 용법이라고 한다.

- a **rising** tide (밀물)
- the people **concerned** (해당자)
- a **reserved** seat (예약된 좌석)

❶ 현재 분사 : 능동적인 동작의 계속 및 진행의 뜻을 나타낸다.

> 자동사의 현재분사 : 진행의 의미
> 타동사의 현재분사 : 능동의 의미

a **crying** baby = a baby who is crying (울고 있는 아이)
an **exciting** scene = a scene which excites us (손에 땀을 쥐게 하는 장면)

❷ 과거분사 : 동작의 완료나 수동의 의미를 표현한다.

> 자동사의 과거분사 : 동작이 완료된 상태 (결과)
> 타동사의 과거분사 : 수동적인 뜻

fallen leaves = leaves which have fallen (낙엽)
excited people = people who are excited (흥분된 사람들)

❸ **위치** (일반적으로 명사, 대명사의 앞 또는 뒤에 위치하여 수식)

분사 단독이면 명사 앞에 위치하며, 목적어, 보어 등이 뒤따라오는 경우에는 후치 수식이 일반적이다.

> 분사 + 명사
> 명사 + 분사 + 목적어
> 　　　　　　보어
> 　　　　　　수식어

A **burnt** child dreads the fire. (불에 데인 아이는 불을 무서워한다.) `전치수식`
Who is that boy **wearing** a big straw hat? `후치수식`
(큰 밀짚모자를 쓰고 있는 저 소년은 누구냐?)
A soldier **wounded** in the battle. (병사가 전쟁터에서 부상당했다.) `후치수식`
She was like one **enchanted**. (그녀는 마술에 걸린 사람 같았다.) `후치수식`

⤷ 분사가 대명사를 수식할 때는 단독일 때에도 뒤에 놓인다.
　　cf. Of **those invited** only a few came to the party.
　　　(초대받은 자들 중 극히 소수만이 파티에 참석했다.)

② **서술적 용법** : 서술 = 보어로 생각할 것

서술적 용법을 흔히 위치로 생각하기가 쉬운데 이것은 위치와는 관계없으며 문장의 보어 관계에 있는 경우를 서술적 용법이라고 부른다.

I stood **looking** at the picture. (나는 서서 그림을 보았다.) `주격 보어`
I heard him **speaking** English (나는 그가 영어로 말하는 것을 들었다.) `목적격 보어`

② 분사의 부사적 용법

> **분사 구문 만드는 법**
> (1) 종속절의 접속사를 없앤다.
> (2) 주절의 주어와 동일할 때에는 종속절의 주어를 없앤다.
>   주절의 주어와 다를 때에는 종속절의 주어를
>   주격 형태로 남겨둔다.
> (3) 종속절의 동사를 분사형으로 고친다.

1 시간 : 일반적으로 when, while, after, as 등의 접속사가 사용된 경우이다.

(a) While I was walking along the street, I met an old friend of mine.
　　　　　Walking along the street, I met an old friend of mine.
　　　　　　　(나는 거리를 걷다가, 옛날 내 친구를 만났다.)
(b) When I was left alone, I began to read.
　　　　　Left alone, I began to read. (혼자 남겨졌을 때, 나는 읽기 시작했다.)

→ 예문을 가지고 주어의 일치를 생각해 보자.
① 번 분사 구문에서 walking은 자동사의 현재 분사이므로 동작의 진행을 나타낸다. 따라서 주절의 주어 I가 walking의 의미 구조와 일치한다.
② 번에서도 Leave는 "~을 남겨두다"는 타동사이기 때문에 주어인 I가 남겨졌다는 수동의 의미가 되는 것이다. 만일 타동사를 분사 구문으로 만들고자 할 때에는 수동태가 아닌 경우에는 반드시 그 타동사의 목적어가 분사 구문에 명기(明記) 되어야 한다.

2 이유

As I didn't know what to do, I asked for his advice.
= **Not knowing** what to do, I asked for his advice.
　　　(무엇을 해야 할지 몰라서, 나는 그의 충고를 구했다.)
Tired, I went to bed early.
= As I was tired, I went to bed early.
　　　(피곤했기 때문에, 나는 잠자리에 일찍 들었다.)

3 조건 : If등의 접속사가 사용된다.

If you turn to the right, you will find the post office.
= **Turning** to the right, you will find the post office.
　　　(오른쪽으로 돌면, 너는 우체국을 찾을 것이다.)
Some books, if they are read carelessly, will do more harm than good.
= Some books, **read carelessly,** will do more harm than good.
　　　(어떤 책들은 만일 부주의하게 읽히면, 이익보다는 해가 더 많다.)

④ **양보** : though 등의 접속사가 사용된다.

Though I admit what you say, I still don't believe it.
= **Admitting** what you say, I still don't believe it.
  (비록 내가 네가 말하는 바를 인정한다 할 지라도, 나는 여전히 그것을 믿지 않는다.)
Though they were born of the same parents, they bear no resemblance to each other.
= **Born** of the same parents, they bear no resemblance to each other.
  (비록 그들은 같은 부모에게서 태어났지만, 서로 닮지 않았다.)

⑤ **부대 상황** (동시 동작) : as, while, and 등의 접속사가 사용된다.

As we sang and danced together, we had a good time.
= **Singing and dancing** together, we had a good time.
  (우리는 같이 노래하고 춤추면서 재미있는 시간을 보냈다.)
He was reading a book, and his wife was sewing by his side.
                      (= his wife sewing)
  (그는 책을 읽고 있었고, 그의 아내는 그의 곁에서 바느질을 하고 있었다.)
⇨ 동시 동작의 부대 상황은 「접속사+S+V」로 바꿔 쓰면 좋은 영어가 아니다.

⑥ **연속 동작** : and (그리고 ~하다) 의 의미가 된다.

I walked on tiptoe, and I approached the window.
= **Walking** on tiptoe, I approached the window.
  (나는 발끝으로 걸어서 유리창에 다가갔다.)

3 분사의 특별 용법

1 have + 사람 + 현재 분사 : ~을 계속 ~한 상태로 두다

> endure, experience, put, allow[permit]의 의미일 때 가능

I **had** him **waiting** for me in the next room.
(내가 그 남자를 옆방에서 기다리도록 했다.)
She **had** me **standing** for a long time outside.
(그녀가 나를 오랫동안 밖에 서 있게 했다.)
→ have+N+doing 구문은 주로 will not/cannot에 이어져 [N가 ~하는 것을 용서하지 않다]의 뜻이 된다. 다른 때는 몰라도 지금은 특정 행위를 금지하겠다는 뜻이다.
I won't have you **saying** such things.
(나는 네가 그런 말을 하는 것을 허락하지 않겠다.)
I won't have you **smoking** at your age.
(나는 지금 네 나이에 담배 피우는 것을 허락하지 않겠다.)

📂 참고 사항

see, feel등의 지각 동사의 목적격 보어로 to부정사가 나올 때가 있다. 이 때는 지각의 의미가 아니고 인식의 의미이다.

I saw it to be a mistake.
= I saw that it was a mistake. (나는 그것이 실수임을 알았다.)
  cf. I felt him to do the work.(×) (나는 그가 그 일을 하는 것을 느꼈다.)
       I felt him to be a queer man.(○) (나는 그가 이상한 사람이라고 느꼈다.)

2 have + 사람 + 과거 분사 (~을 당하다)

과거 분사 대신에 자동사의 원형 부정사가 사용되는 때가 있는데 이때에는 주어에 이익이 있으면 "시키다"로 해석하고 손해가 있으면 "당하다"의 의미로 해석한다.

He **had** his wife **die**. (그는 상처했다.)
I couldn't **make** myself **understood** in English.
(나는 영어로 이해시킬 수가 없었다.)

3 명사 + ed : 유사[의사]분사 : ~을 가진

He bought me a **blue-eyed** doll. (a doll with blue eyes)
　　(그는 나에게 푸른 눈을 가진 인형을 사주었다.)
This is a **long-tailed** monkey. (a monkey having a long tail)
　　(이것은 꼬리가 긴 원숭이다.)

> a one-legged man(=a man with one leg)
> (one-eyed)　　　　　　　　　　　(one eye)

4 the + 분사 : 복수 보통 명사, 단수 보통 명사, 추상 명사로 쓰일 때가 있다.

The plain was covered with **the wounded and the dying.**
　　　　　　　　　　　　　　　(= wounded and dying people)
(들판은 부상당한 사람들과 죽어 가는 사람들로 덮여 있었다.)

　cf. **The accused** was sentenced to death. (피고인은 사형 선고를 받았다.)
　　　The deceased was a great scholar. (고인은 위대한 학자였다.)
　　　The unknown is always mysterious and attractive.
　　　(= an unknown world)　　(미지의 세계는 항상 신비롭고 매력적이다.)
　　　The unexpected has happened. (예기치 않은 일이 일어났다.)

4 분사 구문의 시제

다른 준동사처럼 분사의 시제에도 단순형과 완료형 두 가지가 있다.

❶ 　단순 분사 : Root + ing의 형태를 취하며 주문의 시제와 일치한다.

Bathing in the river, he was drowned. (강에서 멱을 감다가 그는 익사했다)
(=While he was bathing)

❷ **완료 분사** : Having+p.p의 형태를 취하며 주문의 시제보다 한 시제 앞선다.

Having received no answer from him, I wrote again.
(=As I had received) (그에게서 답장을 받지 못했기 때문에 나는 다시 편지를 썼다.)
→ 답장을 받지 못했던 사실이 먼저 사실이며 다시 편지를 쓴 일은 나중 사실이다.

5 독립 분사 구문

분사 구문의 의미상 주어가 주문의 주어와 다를 때 분사의 앞에 분사의 주어를 첨가해 주는 형태를 말한다.

After the sun had set, we gave up looking for them.
= **The sun having set**, we gave up looking for them.
　　(해가 진 후로 우리는 그것들을 찾는 것을 포기했다.)
As it was fine, we went for a walk.
= **It being fine,** we went for a walk.
　　(날씨가 좋았기 때문에 우리는 산책을 갔다.)

We shall start tomorrow, ┌ if(the) weather permits.
　　　　　　　　　　　　└ **weather permitting.**

6 무인칭 독립 분사 구문

분사 구문의 의미상 주어가 막연한 일반인일 때는 생략할 수 있다.

Taking all things into consideration, this plan is impracticable.
(모든 것을 고려하면 이 계획은 실행 불가능하다.)

Strictly speaking　/ 엄격히 말해서 / (= if we speak strictly)
Frankly speaking　/ 솔직히 말해서 /
Roughly speaking　/ 대충(대략) 말해서 /
Briefly speaking　/ 간단히 말해서 /
Generally speaking　/ 일반적으로 말해서 /

7 분사의 강조형

분사 구문을 강조하는 방법에는 두 가지가 있다. 현재 분사를 강조하는 경우는 「as+주어+do동사」를 사용하고, 과거 분사를 강조하는 경우에는 「as+주어+be동사」를 사용한다.

❶ 현재 분사+as+주어+do 동사

Standing as it does on the hill, the villa commands a fine view.
(그 빌라는 언덕에 위치해 있기 때문에 전망이 좋다.)
➯ as it does는 현재 분사 standing을 강조하는 것으로 생략해도 문법상 문제되지 않는다.

❷ 과거 분사+as+주어+be 동사

Written as it is in plain English, the book is fit for the beginners.
(쉬운 영어로 쓰여 있으므로 그 책은 초보자에 적당하다.)
➯ as it is는 과거 분사 written을 강조한다.

8 Being을 생략하는 경우

문두에 주격 보어가 나오는 경우에는 그 주격 보어 앞의 being은 생략이 가능하다.

(Being) impatient of the heat, he left town for the country.
(더위를 참을 수 없으므로 그는 도시를 떠나 시골로 내려갔다.)
(Being) a man of social instincts, he had many acquaintances.
(사교성이 풍부한 사람이었으므로 그는 아는 사람이 많았다.)

9 With + 목적어 + 분사

> It was a misty morning, **with little wind blowing.**
> (=and little wind was blowing.)
> (안개 낀 아침이었으며 바람이 조금 불고 있었다)

참고 사항

다음 두 문장을 비교하고 **주어의 일치**를 다시 한번 생각해 보기 바랍니다.

Having read the book, it was thrown away. (×)
Having read the book, I threw it away. (○) (그 책을 읽고나서, 그것을 내버렸다.)

➪ 위 문장에서는 주절의 주어가 it인데 분사 구문이 having read~로 되어있다. 따라서 it이 능동적으로 읽는다는 의미가 되는데 it은 사물이기 때문에 능동적으로 읽을 수 없어서 비문이다. 반면에 밑에 있는 문장에서는 주절의 주어가 I이므로 능동적으로 읽는 것이 가능해 문법적인 문장이다. 이러한 주어와 동사와의 올바른 관계를 이른바 주어의 일치라고 부른다.

Grammar Drill

다음 영문의 밑줄친 곳에 적절한 분사형태로 채우시오.

문 제

1. The problem confuses the students. It is a _____ problem.
2. The students are confused by the problem. They are _____ students.
3. The game excites the people. It is an _____ game.
4. The people are excited by the game. They are _____ people.
5. The story amuses the children. It is an _____ story.
6. The children are amused by the story. They are _____ children.
7. The class bores the students. It is a _____ class.
8. The students are bored by the class. They are _____ students.
9. The strange noise frightened the child. It was a _____ sound.
10. The work exhausted the men. It was _____ work.

해설 및 정답

1. **confusing** : 문제가 학생들을 혼란하게 만들기 때문에 원인격 형용사인 현재분사가 적합하다.
2. **confused** : 학생들은 혼란을 겪으므로 경험적 형용사인 과거분사가 적합하다.
3. **exciting** : 경기가 사람들을 흥분시키기 때문에 원인격 형용사인 현재분사가 적합하다.
4. **excited** : 사람들이 흥분되기 때문에 경험격 형용사인 과거분사가 적합하다.
5. **amusing** : 이야기가 아이들을 흥미있게 만들어주므로, 원인격인 현재분사가 적합하다.
6. **amused** : 아이들이 이야기로부터 흥미를 느끼기 때문에 경험격인 과거분사가 적합하다.
7. **boring** : 수업이 학생들을 지루하게 만들기 때문에 원인격인 현재분사가 적합하다.
8. **bored** : 학생들이 지루해하기 때문에 경험격인 과거분사가 적합하다.
9. **frightening** : 소리가 아이를 놀라게 만들었으므로 원인격인 현재분사가 적합하다.
10. **exhausting** : 그 일이 사람들을 지치게 만들었으므로 원인격인 현재분사가 적합하다.

Practice Test A

다음 _____ 안에 들어갈 적당한 표현을 고르세요.

1. _____ the news, the chairman burst into angry words.

   (A) Heard about (B) To hear
   (C) Heard   (D) Hearing

   When he heard the news, the chairman ~ → Hearing the news, the chairman ~
   [번역] 그 소식을 듣고 회장은 화가 나서 소리쳤다.
   [정답] (D)

2. She was pretty exhausted, but most people didn't think the trip was _____ at all.

   (A) exhausting
   (B) exhaust
   (C) exhaustion
   (D) exhausted

   trip과 관계되는 분사로는 원인격 분사인 exhausting이 적합하다.
   [번역] 그녀는 매우 피곤했지만, 대부분의 사람들은 그 여행이 사람들을 지치게 만들지 않았다고 생각한다.
   [정답] (A)

3. After seeing the movie, _____.

   (A) the book was read by him
   (B) the book made him want to read it
   (C) he wanted to read the book
   (D) the reading of the book interested him

   분사 seeing의 의미상 주어는 문맥상 사람임을 알 수 있다. 따라서 주절의 주어는 반드시 사람이 되어야 하므로 C가 정답이 된다.
   [번역] 그는 그 영화를 본 후, 그 책을 읽고 싶어했다.
   [정답] (C)

4. Walking along the road _____.

   (A) a bus knocked him down
   (B) he was knocked down by a bus
   (C) he was by a bus knocked
   (D) a bus knocked down him

   분사 구문에서 가장 중요한 사항은 주어의 일치이다. 즉, 주절의 주어는 walk를 능동적으로 하는 사람이 되어야 문장 형식상 맞다.
   [번역] 길을 따라 걷다가 그는 버스에 치였다.
   [정답] (B)

5. The cabinet _____ the documents was locked for the night.

   (A) filling   (B) taking
   (C) writing   (D) containing

   the cabinet containing~ = the cabinet which contained
   contain: to have something inside.
   [번역] 서류가 들어있는 캐비넷은 밤에는 잠겨 있었다.
   [정답] (D)

6. _____ no bus service, we had to walk all the way to the lake.

   (A) There being (B) It being
   (C) We having   (D) Being

There being no bus service,~ = As there was no bus service,~
[번역] 우리는 버스편이 없어서 호수까지 걸어야 했다.
[정답] (A)

7. _____ little money, I cannot afford to travel abroad.

   (A) But having (B) As having
   (C) Having   (D) Had I

Having little money, ~ = As I have little money, ~
[번역] 나는 돈이 없어서 해외여행을 할 수 없다.
[정답] (C)

8. The roads were often very slippery, _____ transportation between the cities.

   (A) making   (B) linking
   (C) forcing (D) disrupting

disrupting~ = which disrupt~
disrupt: (교통을) 불통케 하다
[번역] 길이 가끔씩 매우 미끄러워서 두 도시 간의 교통이 두절됐다.
[정답] (D)

9. I found the book very _____.

   (A) amuse   (B) amusing
   (C) amused   (D) to amuse

현재 분사는 능동이나 진행의 의미가 있고 과거 분사는 수동이나 완료의 의미가 있다.
[번역] 나는 그 책이 매우 재미있음을 알았다.
[정답] (B)

10. Can you make yourself _____ in English?

    (A) understand
    (B) understanding
    (C) understood
    (D) to understand

make oneself p.p의 구문: oneself와 p.p의 관계는 수동관계임.
= Can you express yourself in English?
[번역] 너는 영어로 의사 표현할 수 있니?
[정답] (C)

11. You had better have your tooth _____ out by the dentist.

    (A) pull   (B) to pull
    (C) pulled   (D) to be pulled

have + 목적어(주로 사물) + p.p.: ~을 시키다, 당하다
[번역] 너는 치과에 가서 이를 빼는 게 좋겠다.
[정답] (C)

Practice Test B

다음 문장의 밑줄 친 곳에서 올바르지 않은 것을 고르세요.

1. The <u>surprised</u> message about <u>the</u> salary <u>cuts</u>
      (A)   (B)   (C)
   made everyone <u>very</u> unhappy.
                    (D)

   message에는 원인격인 surprising이 의미상 적합하다. 그 소식이 사람을 놀라게 만들기 때문!
   [번역] 봉급삭감에 관한 그 놀랄 만한 소식은 모든 사람을 매우 불행하게 만들었다.
   [정답] (A) (surprised → surprising)

2. The <u>interesting</u> crowd <u>listened</u> <u>carefully</u> to <u>the</u>
        (A)   (B)   (C)   (D)
   speech.

   군중들은 흥미를 느끼게 되므로 경험격인 과거분사가 필요하다. (= The speaker made the crowd interested.)
   [번역] 흥미를 느낀 군중들은 그 연설을 주의 깊게 들었다.
   [정답] (A) (interesting → interested)

3. On Sunday, after <u>visiting</u> other <u>interested</u>
                      (A)   (B)
   parts of the city, Mary <u>will</u> go to the airport
                              (C)
   and <u>fly</u> home.
        (D)

   other parts of the city which are interesting의 의미이므로 other interesting parts of the city가 맞는 표현이다.
   [번역] 일요일에 그 도시의 흥미로운 장소들을 둘러본 후에 메리는 공항으로 가 집으로 돌아갈 것이다.
   [정답] (B) (interested → interesting)

4. We can supplement our own ideas <u>with</u>
                                        (A)
   information and <u>data</u> <u>gathering</u> from our
                      (B)   (C)
   reading, our observation, <u>and so forth</u>.
                                  (D)

   information and data (which were) gathered from
   [번역] 우리는 독서나 기타 관찰들로부터 얻어진 정보나 자료에 우리만의 생각을 덧붙일 수 있다.
   [정답] (C) (gathering → gathered)

5. An old woman <u>worked</u> in the station in the
                    (A)
   evening was <u>accidentally</u> hurt <u>by</u> a bottle
                  (B)   (C)
   <u>thrown</u> by some passenger.
     (D)

   An old woman (who was) working
   [번역] 그날 저녁에 그 역에서 일하고 있던 한 노인은 어떤 승객이 던진 병에 의해 불의의 사고를 당했다.
   [정답] (A) (worked → working)

Final Test

1. _____ in that area, I didn't know where to go.

   (A) Having been lost
   (B) Having lost
   (C) I lost
   (D) I had lost

   완료 분사 구문의 문제.
   be lost: 길을 잃다
   [번역] 그 지역에서 길을 잃었기 때문에 나는 어디로 가야 할 지를 몰랐다.
   [정답] (A)

2. The company had to reduce its work force because of the _____ economic situation.

   (A) robust   (B) defense
   (C) imposing   (D) worsening

   worsen(vi.): 보다 악화되다
   자동사의 현재 분사 형태는 진행의 의미이다.
   [번역] 그 회사는 악화되어 가는 경제적 상황 때문에 인력을 감축해야 했다.
   [정답] (D)

3. "What did they think about the plan?"
   "Everyone was so happy and _____ about it."

   (A) exciting   (B) excite
   (C) excited   (D) excites

   사람이 주어인 경우에 보어로 쓰일 수 있는 분사는 위 예문에서 excited이다.
   [번역] "그들은 그 계획에 대해 어떻게 생각했습니까?"
   "모두 매우 행복해하면서 흥분했어요."
   [정답] (C)

4. "Jane said that you had read the book three times."
   "Yes, I found it very _____."

   (A) be amusing (B) amuse
   (C) amusing   (D) amused

   it이 the book을 받고 있으므로 분사는 amusing이 적합하다.
   [번역] "제인은 네가 그 책을 세 번 읽었다고 말했어."
   "그래, 나는 그 책이 매우 재미있었어."
   [정답] (C)

5. "Who is the new biology professor?"
   "He's the man _____ to the secretary now."

   (A) which is talking
   (B) talking
   (C) that he is talking
   (D) that talks

   the man을 수식해주는 형용사[절]가 요구되므로 (B), (D)가 가능하지만, 문맥상 진행의 의미를 내포하고 있는 (B)가 더욱 적절한 표현이다.
   [번역] "누가 새로운 생물학 교수입니까?"
   "지금 비서와 얘기하고 있는 사람입니다."
   [정답] (B)

6. "What is the weather like there?"
   "Hawaii has rather mild weather _____ other places."

   (A) comparing with
   (B) comparing to
   (C) compared with
   (D) comparison to

비교의 대상이 사물임을 먼저 인식하면 compared with를 쉽게 떠올릴 수 있다.
mild weather compared with other ~ = mild weather (when it is) compared with other ~
compare with: 비교하다
compare to: ~에 비유하다
[번역] "그곳의 기후는 어떠니?"
       "하와이는 다른 곳과 비교해 볼 때 약간 온화한 편이야."
[정답] (C)

7. "What would you like for your birthday?"
   "I'd like the _____ works of Maugham."

   (A) collected   (B) collection
   (C) collecting   (D) collect

정관사 the로 미루어 보아 밑줄 친 부분에는 명사 works를 수식할 수 있는 형용사가 들어가야 한다.
cf. the work (which are) collected
    → the collected works (전집)
[번역] "생일 선물로 너는 무엇을 좋아하니?"
       "난 (서머셋)몸의 전집을 좋아해."
[정답] (A)

8. Having the highest marks in his class, _____.

   (A) the college offered him a scholarship
   (B) a scholarship was offered him by the college
   (C) he was offered a scholarship by the college
   (D) a college scholarship was offered to him

문맥상 분사 구문의 주어는 사람임을 알 수 있다.
Having the highest marks in his class = As he had the highest marks in his class
[번역] 그의 학급에서 최고 점수를 획득했기 때문에, 그는 대학에서 장학금을 받았다.
[정답] (C)

9. Children often _____ bright, shiny objects.

   (A) fascinating in
   (B) fascinating with
   (C) are fascinating
   (D) are fascinated by

유혹되는 것은 어린이들이므로 수동 형태인 be fascinated by가 적합하다.
[번역] 아이들은 종종 빛나고 반짝이는 물건에 매혹된다.
[정답] (D)

10. The answer _____ is incorrect.

    (A) giving to that question
    (B) give to that question
    (C) given to that question
    (D) gave to that question

give가 타동사이므로 A, B, D는 give의 목적어가 없어 답이 될 수 없다.
[번역] 그 문제에 주어진 답이 맞지 않다.
[정답] (C)

11. _____ , glasses can correct most sight defects in healthy eyes.

   (A) When well fitted
   (B) Well fitted if
   (C) Well fitted when
   (D) If well fitted when

12. While traveling in Europe, _____ .

   (A) Jane Adams was stirred by the social reform movement
   (B) it was the social reform movement that stirred Jane Adams
   (C) the social reform movement stirred Jane Adams
   (D) Jane Adams, stirred by the social reform movement

13. _____ in all parts of the state, pines are the most common trees in Georgia.

   (A) Found   (B) Finding them
   (C) To find them   (D) They are found

14. "A man was killed."
    "Where is the body of the _____ man?"

   (A) murder   (B) murdered
   (C) murdering   (D) having murder

15. "Was the rally successful?"
    "No, because the number of _____ was smaller than we had expected."

   (A) people who attend
   (B) attended people
   (C) people attending
   (D) attendance of people

분사 구문에서는 주어의 일치가 가장 중요하다.
[번역] 안경은 잘 맞추면, 건강한 눈에 있어 대부분의 시력 결함을 교정할 수 있다.
[정답] (A)

종속절의 동사가 traveling이므로, 주절의 주어는 travel의 능동적 주어가 될 수 있는 사람이 문법적인 표현이다. D는 주절의 본동사가 없어서 비문이다.
[번역] 유럽을 여행하는 동안에 제인 애덤스는 사회 개혁 운동에 감동받았다.
[정답] (A)

소나무는 발견되는 대상이므로 과거 분사인 found가 맞다.
[번역] 소나무는 조지아주 전역에서 볼 수 있기 때문에 조지아주에서 가장 흔한 나무이다.
[정답] (A)

the man who is murdered = the murdered man = 피살자
[번역] "한 사람이 살해됐어."
"피살된 사람의 시신은 어디에 있어?"
[정답] (B)

…the number of people (who were) attending (the rally) was…
[번역] "그 대회는 성공적이었니?"
"아니, 참가한 사람 수가 예상보다 적었어."
[정답] (C)

16. The most common form of candle is a hard cylinder of paraffin with a wick _____ through its center.

    (A) running
    (B) and run
    (C) runs
    (D) ran

'with + 목적어 + 분사'를 이용하여 부대 상황을 나타내는 표현이다.
[번역] 양초의 가장 흔한 형태는 그 중심부에 심지를 넣어 파라핀유로 만든 단단한 원통형태이다.
[정답] (A)

17. The acids, salts, and vitamins that fruits furnish are very helpful in keeping a _____.

    (A) is a balanced and healthful diet
    (B) balanced and healthful diet
    (C) balanced and healthful is a diet
    (D) diet and a healthfully balanced

부정관사 a가 있으므로 다음에는 명사가 나와야 한다. 그런데 and가 있으므로 평행구조도 만족시켜야 한다.
[번역] 과일이 제공하는 산, 염, 비타민, 따위들은 균형있고 건강에 좋은 규정식을 유지하는데 상당한 도움이 된다.
[정답] (B)

18. With the start of the penny papers in the 1830's the number of people _____ a newspaper rose considerably.

    (A) regularly reading
    (B) were reading regularly
    (C) regularly reading what
    (D) who reading regularly

people을 꾸며주는 형용사구로서 적합한 표현은 (A)이다. 우선 분사를 수식하는 부사는 그 앞에 위치하는 것이 일반적이므로 (B)와 (D)는 적합하지 않으며 (C)의 경우에는 what이 필요없다.
[번역] 1830년대에 1페니짜리 신문의 등장과 함께, 신문을 정기 구독하는 사람들의 수는 상당히 증가했다.
[정답] (A)

19. An accumulation of wax in the ear canal may immobilize the eardrum, _____ a partial loss of hearing.

    (A) caused
    (B) are caused
    (C) causing
    (D) causes

causing ~ = which causes ~
[번역] 귀구멍에 귀지가 쌓이면, 고막 작동이 안 되어 부분적인 난청을 가져올 수 있다.
[정답] (C)

20. The jet stream is a narrow current of _____.

    (A) air is fast-flowing
    (B) air flows fast
    (C) air is flowing fast
    (D) fast-flowing air

air가 전치사 of의 목적어이며, fast-flowing이 air를 수식하고 있다.
[번역] 제트기류란 빠른 속도의 공기가 좁은 영역에 걸쳐서 흐르는 것이다.
[정답] (D)

21. Today I went to a Chinese restaurant. I ordered a bowl of chicken noodle soup. The food was delicious. That was a _____ meal.

    (A) satisfying
    (B) satisfied
    (C) satisfaction
    (D) satisfy

과거 분사는 수동이나 완료의 의미이며, 현재 분사는 능동이나 진행의 의미이다.
[번역] 나는 오늘 중국 음식점에 갔다. 나는 치킨 누들 수프를 주문했다. 그 음식은 맛있었다. 그것은 만족스런 식사였다.
[정답] (A)

22. "I heard that the trip exhausted Helen."
    "Yes, she really looked _____."

    (A) exhausted
    (B) exhausting
    (C) exhaust
    (D) exhaustion

여행이 헬렌을 지치게 만든 것으로 과거 분사가 필요하다.
[번역] "나는 그 여행 때문에 헬렌이 지쳤다는 말을 들었어."
"맞아, 헬렌은 정말 지칠대로 지쳐 보이더라."
[정답] (A)

23. Standing on a busy street corner and peering into the darkness, _____.

    (A) and the stranger realized that had no place to go
    (B) no place was available for the stranger to go
    (C) the stranger realized that he had no place to go
    (D) a shot sounded and the vicious hunter appeared presently

standing의 의미상 주어는 사람이다.
[번역] 혼잡한 거리 모퉁이에 서서 어둠 속을 들여다보면서, 그 낯선 사람은 갈 곳이 없다는 것을 알았다.
[정답] (C)

24. According to the conditions of my scholarship, after finishing my degree, _____.

    (A) my education will be employed by the university
    (B) the university will employ me
    (C) employment will be given to me by the university
    (D) I will be employed by the university

finishing의 의미상 주어는 이 문장에서 사람(I)임을 확인하자.
[번역] 내 장학금의 조건에 따르면, 나는 학위 과정을 마친 후 대학에 고용될 것이다.
[정답] (D)

25. In Pennsylvania, some of the soil _____ for agriculture is found along Lake Erie.

   (A) best suited
   (B) is best suited
   (C) suits it best
   (D) the best is suited

...the soil (which is) best suited for agriculture...
[번역] 펜실베니아에서는 농업에 가장 적합한 토지중 일부가 이리호를 따라서 발견된다.
[정답] (A)

26. Lobsters have compound eyes that consist of hundreds of lenses _____.

   (A) together they are joined
   (B) joined together
   (C) that when joined together
   (D) together are joined

... lenses (which are) joined together
[번역] 바닷가재는 서로 결합된 수 백 개의 렌즈로 이루어진 복안을 하고 있다.
[정답] (B)

27. _____, he washed the cup and put it away.

   (A) Having drank the coffee
   (B) Drinking the coffee
   (C) Having drunk the coffee
   (D) After drank the coffee

After he had drunk the coffee, he washed the cup and put it away.
[번역] 커피를 마신 후, 그는 컵을 씻어 정리했다.
[정답] (C)

28. Returning to my apartment _____.

   (A) my watch was missing
   (B) I found my watch disappeared
   (C) I found my watch missing
   (D) the watch was missed

disappear는 이 경우에 의미상 맞지 않는다.
[번역] 내가 아파트에 돌아왔을 때 나는 시계가 없어진 걸 알았다.
[정답] (C)

29. Asked if he could come to the party that night, _____.

   (A) nobody said anything
   (B) they did not get an answer from him
   (C) nothing was said by him
   (D) John nodded his head and left the room

When he were asked if he could come to~
[번역] 그가 그날 밤 파티에 올 수 있냐는 질문을 받았을 때, 존은 고개를 끄덕이고 그 방을 떠났다.
[정답] (D)

※ Select the part (A, B, C or D) which is not acceptable for standard written expression.

30. Beverly Hills, a residential community <u>surrounding</u> by the city of Los Angeles, is
    (A)
    <u>famous</u> for its <u>luxurious</u> homes and many
    (B)   (C)
    exclusive <u>shops</u>.
              (D)

전치사 by로 미루어 a residential community (which is) surrounded by~의 구문임을 알 수 있다.
residential community: 주거 지역
exclusive: 고급의
[번역] 로스엔젤레스시에 둘러싸인 주거 지역인 비버리 힐즈는 호화 주택과 고급 상점이 많기로 유명하다.
[정답] (A) (surrounding → surrounded)

31. There was <u>a nobility</u> <u>about</u> this simple
            (A)   (B)
    minded person <u>which</u> was <u>most engaged</u>.
                   (C)   (D)

nobility와 관련되기 때문에 D는 engaging(매력있는)이 되어야 한다.
[번역] 이 솔직한 사람에게는 매우 매력적인 숭고함이 있다.
[정답] (D) (most engaged → most engaging)

32. <u>Wind and rain</u> continually hit against the
    (A)
    <u>surface</u> of the Earth, <u>broken</u> large rocks into
    (B)   (C)
    <u>smaller and smaller</u> particles.
    (D)

콤마가 부대 상황을 나타내고 있으므로 broken을 breaking으로 바꿔야 한다.
[번역] 비바람이 커다란 바위를 더 작은 돌멩이 조각으로 부수며 끊임없이 지면을 때렸다.
[정답] (C) (broken → breaking)

33. <u>At last</u> we found <u>the exhausting</u> animal
    (A)   (B)
    <u>lying</u> there, <u>sick</u>.
    (C)   (D)

지친 것은 동물이므로 exhausted가 맞다.
[번역] 마침내 우리는 지쳐버린 동물이 병들어 누워 있는 것을 발견했다.
[정답] (B) (exhausting → the exhausted)

34. <u>After</u> a long negotiation with <u>their</u>
    (A)   (B)
    employers, the workers decided to <u>call off</u>
                                       (C)
    their <u>intending strike</u>.
          (D)

intended strike: 계획된 파업
[번역] 고용주들과의 긴 협상 후에, 근로자들은 그들의 계획된 파업을 철회하기로 결정했다.
[정답] (D) (intending strike → intended strike)

35. The hurricane, <u>coming</u> <u>while</u> it did, <u>took</u> the
       　　　　　　　　(A)　　　(B)　　　　　(C)
    Florida coastal community <u>by surprise</u>.
    　　　　　　　　　　　　　　　(D)

현재 분사를 강조하는 방법은 '현재 분사 + as + 주어 + do동사'이다.
[번역] 허리케인이 플로리다 해안 지역을 불시에 급습했다.
[정답] (B) (while → as)

36. <u>The participation</u> athletes <u>soon</u> discover
    　　　(A)　　　　　　　　　　(B)
    that the decathlon <u>offers</u> many satisfactions,
    　　　　　　　　　　　(C)
    <u>even though</u> it is a grueling physical and
    　(D)
    mental challenge.

participating (현재분사): 참가하는
[번역] 참가하는 운동 선수들은 10종 경기가, 비록 격심한 육체적인 그리고 정신적인 도전이지만, 많은 성취감을 가져다준다는 사실을 곧 발견한다.
[정답] (A) (participation → participating)

37. The advantages of computerized <u>typing</u> and
    　　　　　　　　　　　　　　　　　　(A)
    <u>editing</u> are now being <u>extending</u> to all the
    　(B)　　　　　　　　　　　(C)
    <u>written</u> languages of the world.
    　(D)

진행형의 수동태 형식이 와야 하므로 과거분사인 extended가 적합하다.
[번역] 컴퓨터화된 타이핑과 편집의 편리한 점은 이제 전 세계의 모든 문자언어로 확대되고 있는 중이다.
[정답] (C) (extending → extended)

38. <u>Having eaten</u> the cherry pie, I <u>struck</u> several
    　(A)　　　　　　　　　　　　　　　　(B)
    pits and <u>nearly</u> <u>broke</u> a tooth.
    　　　　　　(C)　　　(D)

내용상 분사 구문과 주절의 시제가 동일하기 때문에 단순 분사 구문 형태의 Eating이 적합하다.
[번역] 체리파이를 먹다가 여러 개의 씨를 깨물어서 하마터면 나는 이빨이 깨질뻔했다.
[정답] (A) (Having eaten → Eating)

39. <u>Humbled</u> by <u>the loss of</u> prestige, <u>his plans</u>
    　(A)　　　　　(B)　　　　　　　　　　(C)
    <u>changed</u> to a <u>considerable</u> extent.
    　　　　　　　　　(D)

[번역] 명예훼손으로 인한 피해 때문에 그는 자신의 계획을 상당히 변경했다.
[정답] (C) (his plans changed to~ → he changed his plans to~)

40. Writing in a terse, lucid style, the book
    (A)
    describes the author's childhood experiences
    (B)   (C)
    in Louisiana just before the outbreak of the
              (D)
    Civil War.

주절의 주어가 the book이므로 분사 구문은 written 이 맞다.

[번역] 간결하고 이해하기 쉽게 쓰여진 그 책은 남북 전쟁이 일어나기 직전 루이지애나에서의 작가의 어린 시절의 경험을 묘사하고 있다.

[정답] (A) (Writing → Written)

41. The social studies, broad speaking, deal with
        (A)   (B)   (C)
    man's relationship to other men.
              (D)

broadly speaking = If we speak broadly

[번역] 대략적으로 말해서 사회과목은 사람들의 관계를 다룬다.

[정답] (B) (broad speaking → broadly speaking)

42. Quartz can easily be recognized because it
           (A)   (B)   (C)
    resembles pieces of broke glass.
                        (D)

과거 분사는 수동이나 완료를 나타낸다.
broken glass: 깨진 유리   quartz: 석영

[번역] 석영은 깨진 유리 조각을 닮았기 때문에 쉽게 알아 볼 수 있다.

[정답] (D) (broke → broken)

43. The average age of the Mediterranean olive
        (A)   (B)
    trees grow today is two hundred years.
         (C)   (D)

문장의 본동사는 is이다. 따라서 grow는 growing이 되어 olive trees를 수식하는 게 정상적인 문장 형태이다.

[번역] 오늘날 자라고 있는 지중해의 올리브 나무의 평균 수명은 200년이다.

[정답] (C) (grow → growing)

44. Some of the people visited St. Peter's placed
       (A)   (B)
    bouquets on the altar of their favorite saint.
             (C)   (D)

문장의 본동사는 placed이다. 따라서 Some of the people (who were) visiting St. Peter's placed bouquets ~로 이어져야 문법적인 문장이다.

[번역] 베드로 성당을 방문한 방문객들 중 일부는 자신들이 좋아하는 성인의 제단에 화환을 놓았다.

[정답] (B) (visited → visiting)

Chapter 10

전치사

Preposition

1 Grammar Preview

1 전치사와 접속사의 차이점

We were late to the meeting **due to** the heavy traffic. 전치사 + 구
(우리는 교통 체증 때문에 그 모임에 늦었다.)
Because of the cold weather, we stayed home.
(추운 날씨 때문에 우리는 집에 머물렀다.)
We were late to the meeting **due to** the fact that the traffic was heavy.
(우리는 교통 체증 때문에 그 모임에 늦었다.)
Because the weather was cold, we stayed home. 접속사 + 절
(날씨가 추웠기 때문에 우리는 집에 머물렀다.)

2 전치사의 용법 : 부사구

Ann is lying **on** the grass in the park right now.
(앤은 지금 공원의 잔디 위에 누워있다.)
⇨ on the grass in the park가 동사를 수식하고 있다.
He always sits **in** the front row.
(그는 항상 앞줄에 앉는다.)
⇨ the front row가 동사를 수식하고 있다.
San Francisco lies **to** the north of Los Angeles.
(샌프란시스코는 로스앤젤레스의 북쪽에 놓여있다.)
⇨ the north of Los Angeles가 동사를 수식하고 있다.

3 원인, 이유를 나타내는 전치사

❶ from : 직접적인 원인

He suffered **from** a headache. (그는 두통으로 고생했다.)
He was taken ill **from** overwork. (그는 과로로 병을 얻었다.)

❷ **through** : 간접적인 원인

> ex help, diligence, idleness, fault, neglect, careless 등이 뒤에 오는 경우가 대부분이다.

He passed the examination **through** hard work.
(그는 열심히 공부해서 그 시험에 합격했다.)
He lost his position **through** his idleness.
(그는 게으름 때문에 그의 자리를 잃었다.)

❸ **of**

Many people once **died of** cholera.
(많은 사람들이 한때 콜레라로 죽었다.) 〔내적인 원인으로 죽다〕
He **died of** cancer. (그는 암으로 죽었다.)
cf. He **died from** snakebite. (그는 뱀에 물려서 죽었다.) 〔외적인 원인으로 죽다〕

4 원료, 재료를 나타내는 전치사

of : 물리적 변화   from : 화학적 변화   into : 재료가 주어일 때

The house **was built of** brick. (그 집은 벽돌로 지어졌다.)
Wine is **made from** grapes. (와인은 포도로 만든다.)
Glass is **made into** bottles. (유리는 병으로 만든다.)
Barley is **made into** beer. (보리로 맥주를 만든다.)

5 till과 by의 차이

I will wait here **till** five. 〔동작·상태의 계속〕
(내가 여기서 5시까지 기다리겠다.)
I will be back **by** ten. 〔동작의 완료〕
(내가 10시까지 돌아오겠다.)

2 Grammar Check-up

I 다음 ( )안의 어구들 중에서 적당한 것을 고르시오.

1. The typhoon prevented them (in, from, of, by) sailing.

2. The city increased (concerning, on, of, in) population.

3. I concentrated my attention (on, to, in, for) the subject.

4. He hated having to share the hotel room (in, from, with, by) a stranger.

5. The town depends almost solely (for, in, on, with) the tourist trade.

6. Cows provide us (in, for, with, out of) milk.

7. We got to Washington (in view, in time, in place, in return) for the cherry blossoms.

8. What do you do (at, away, except, with) your clothes when they are worn out?

9. This is our secret. Can you keep (by, from, without, against) telling anyone about it?

10. Nobody likes to be found fault (by, in, with, for).

11. He was absent from office, as is often the case (of, for, to, with) him.

12. We had to put up (with, to, against, off) a lot of noise when the children were at home.

Ⅱ 다음 (   )안에 가장 적절한 전치사를 넣으시오.

1. She looks very charming, dressed (   ) white.
   (A) for　　　(B) in　　　(C) on　　　(D) with

2. We have already informed them (   ) the decision.
   (A) in　　　(B) of　　　(C) to　　　(D) with

3. We have supplied those families (   ) food.
   (A) for　　　(B) of　　　(C) off　　　(D) with

4. The noise of traffic prevented us (   ) hearing what the man said.
   (A) of　　　(B) off　　　(C) without　　　(D) from

5. I didn't greet you because I mistook you (   ) somebody else.
   (A) with　　　(B) of　　　(C) for　　　(D) by

6. In this mountainous area you can't rely (   ) the weather.
   (A) to　　　(B) by　　　(C) from　　　(D) on

7. Water is composed (   ) hydrogen and oxygen.
   (A) from　　　(B) in　　　(C) of　　　(D) with

8. We have freed you (   ) a great anxiety.
   (A) from　　　(B) on　　　(C) with　　　(D) without

9. They will consult us (   ) the plan.
   (A) about　　　(B) from　　　(C) of　　　(D) to

10. It started raining, so she made (   ) the nearest shelter.
    (A) for　　　(B) off　　　(C) out　　　(D) up

11. Will you help me (   ) the cleaning of the room?
    (A) of　　　(B) with　　　(C) in　　　(D) to

12. Susan delights (　) reciting such poems.
    (A) at　　　(B) in　　　(C) with　　　(D) on

13. The sentence is so vague that more than one meaning can be read (　) it.
    (A) of　　　(B) about　　　(C) into　　　(D) upon

14. Do you really think David is such a fool that he can't see (　) your scheme?
    (A) in　　　(B) over　　　(C) through　　　(D) out

15. When I can get (　) my exams, I'll take a long vacation.
    (A) under　　　(B) beyond　　　(C) behind　　　(D) through

16. The people praised him (　) his courage.
    (A) in　　　(B) to　　　(C) for　　　(D) as

17. I left my affairs (　) an experienced lawyer.
    (A) in　　　(B) to　　　(C) for　　　(D) by

18. He felt (　) his matches and found that he had only one left.
    (A) with　　　(B) for　　　(C) from　　　(D) on

19. He deprived himself (　) every luxury.
    (A) with　　　(B) by　　　(C) against　　　(D) of

20. Can you tell a goose (　) a duck?
    (A) to　　　(B) from　　　(C) for　　　(D) by

정답 및 해설

I
1. **from** : A prevent B from ~ing ; A때문에 B가 ~하지 못하다.
 (태풍 때문에 그들은 항해할 수가 없었다.)
2. **in** : increase in~ ; ~이 늘다, 증가하다.
3. **on**: concentrate on~ ; ~에 집중하다.
4. **with** : share with~ ; ~와 같이 사용하다.
5. **on** : depend on~ ; ~에 의존하다.
6. **with** : provide A with B ; A에게 B를 제공하다.
7. **in time** : in time for ; 시간에 맞게
8. **with** : do with ; 처분(처치)하다. (옷이 닳으면 당신은 그 옷을 어떻게 합니까?)
 ex) What did you do with my baggage? (내 짐을 어떻게 했어요?)
9. **from** : keep from ; 삼가다, ~를 하지 않다.
10. **with** : find fault with ; 헐뜯다, 비난하다.
11. **with** : as is often the case with him ; 그에게 흔히 있는 일이다.
12. **with** : put up with ; tolerate ; endure ; stand ; 참다, 견디다.

II
1. (B) : 착용을 나타내는 경우에는 전치사 in을 사용한다.
2. (B) : inform A of B ; A에게 B를 알리다. (통보하다.)
3. (D) : supply A with B ; A에게 B를 제공하다.
4. (D) : A prevent B from ~ing ; A때문에 B가 ~하지 못하다.
5. (C) : mistake A for B ; take A for B ; A를 B로 착각하다.
6. (D) : rely on ; 믿다, 의존하다.
7. (C) : be composed of~ ; ~로 구성되다.
8. (A) : free A from B ; A에게서 B를 덜어주다.   *cf.* free from ; ~이 없는
9. (A) : about ; ~에 관하여
10. (A) : make for ; ~로 향해 가다.
11. (B) : help A with B ; A가 B하는 것을 거들어 주다.
12. (B) : in ~ing ; ~할 때
13. (C) : read into ; ~로 해석되다.
14. (C) : see through ; 완수하다, 꿰뚫어보다.
15. (D) : get through = pass,   get through the exam; 시험에 합격하다.
16. (C) : 이유를 나타내는 전치사 for에 관한 문제이다.
17. (B) : leave A(사물) to B(사람) ; A를 B에 위임하다.
18. (B) : feel for ; 더듬어 찾다.
19. (D) : deprive A of B ; A에게서 B를 제거하다, 없애다.
20. (B) : tell A from B ; A와 B를 구별하다.

전치사 • 273

3 Grammar Focus

1 전치사의 개념 및 용법

전치사는 일반적으로 명사나 대명사 및 이에 준하는 단어의 앞에 놓여 형용사구나 부사구를 형성한다. 우리가 말하는 전명구란 「전치사+명사」다.

1 전치사의 용법

❶ 형용사구

The book **on the desk** is mine.
  (책상 위의 책은 내 것이다.)
  ⇨ on the desk가 명사를 수식하는 형용사의 기능을 하고 있으므로 형용사구라고 한다.

The book is **of use** to me.
  (그 책은 나에게 쓸모 있다.)
  ⇨ of use가 주격보어 (=useful)의 기능을 하고 있다. 따라서 형용사구이다.

I took it **for granted** that he was an American.
  (나는 그가 미국인이라는 것을 당연하게 받아들였다.)
  ⇨ for granted가 목적격 보어의 기능을 하고 있다. 따라서 형용사구이다.

❷ 부사구

The book is **on the desk**.
  ⇨ on the desk가 동사를 수식하고 있다. 따라서 부사구이다.

She is anxious **about her son**.
  (그녀는 아들을 몹시 걱정한다.)
  ⇨ about her son이 anxious라는 형용사를 수식하고 있다. 따라서 부사구이다.

The child speaks extremely well **for its age**.
  (그 아이는 나이에 비해서 말을 매우 잘 한다.)
  ⇨ for its age가 well이라는 부사를 수식하므로 부사구이다.

In short, you love her.
  (간단히 말해, 너는 그녀를 사랑하는 거야.)
  ⇨ 문장 전체를 수식하는 부사구이다.

2 전치사의 목적어

전치사는 반드시 목적어를 필요로 하는데 명사나 대명사 또는 동명사로 하는 것이 원칙이다. 그 외의 경우는 예외적인 것으로 이해하는게 좋다.

1 명사, 대명사, 동명사

I went **to** school.
➪ 전치사 to의 목적어가 명사 school이다.
He will come **instead of** me. (그가 내 대신으로 올 것이다.)
➪ 전치사 instead of의 목적어가 대명사 me이다.
He insists **on** going alone into dangerous place.
  (그는 위험한 장소에 혼자 가겠다고 주장한다.)
➪ 전치사 on의 목적어가 동명사 going alone이하다.

2 그 밖의 경우

❶ She was **about to start**. (그녀는 막 출발하려 했다.)
We had no choice but **to surrender**. (우리는 항복하지 않을 수 없었다.)
➪ 부정사를 목적어로 취하는 경우는 but, except, save등이며 관용적인 용법에 한한다.

❷ They gave him up **for** lost. 〔형용사. 분사가 목적어인 경우〕
  (그들은 그가 죽었을 것이라고 단념했다.)
➪ 사실은 lost앞에 being이 생략된 것으로 보아야 한다.
He is far **from** (being) happy. (그는 결코 행복하지 않다.)

❸ The boys played baseball **till** after sunset.
   (사내아이들이 해가 질 때까지 야구를 했다.)
There is some truth **in** what he says. (그의 말 속에 진실이 있다.)
➪ 전치사의 목적어가 절인 경우 생략되는 경우가 많다.

❹ We have not seen him **since** then. 〔부사가 목적어인 경우〕
   (우리는 그 이후로 그를 보지 못했다.)

3 전치사의 위치 및 생략

1 전치사의 위치

전치사는 목적어 바로 앞에 오는 것이 원칙이지만 분리되는 경우가 있는데 그 경우를 살펴보자.

❶ Where do you come **from**?
  ↳ 의문문에서 의문사가 목적어인 경우이다.

❷ This is the pen which wrote the letter **with**.
   (이것이 바로 내가 편지를 쓴 펜이다.)
  ↳ pen이 전치사 with의 목적어이다.

❸ He has no house **to live in**. (그는 살 집이 없다.)
  ↳ 전치사 in의 목적어는 house이다.
   He has no house **he lives in**.

❹ He was laughed at. 수동태 문장에서
   (그는 비웃음을 받았다.)

❺ My advice he would not listen **to**.
   (그는 내 충고를 들으려 하지 않았다.)
  ↳ 강조를 위한 도치이며 전치사 to의 목적어는 advice이다.

2 전치사의 생략

❶ **형용사적 대격** : 「of + 명사」의 형태가 보어로 쓰일 때

They are (of) the same size. (그들은 똑같은 크기이다.)

❷ **부사적 대격** : 시간, 거리, 방법, 정도 등의 부사구에서의 생략

She waited (for) two hours. (그녀는 두 시간을 기다렸다.)
He walked (for) ten miles. (그는 10마일을 걸었다.)

❸ 관용적으로 동명사 앞의 전치사가 생략되는 경우

I had no difficulty (in) finding her. (나는 그녀를 찾는데 어려움이 없었다.)

❹ 「be + 형용사 + 전치사」의 목적어로 명사절이 나오는 경우 관용적으로 생략된다.

I was afraid (that) I might wound her pride.
= I was afraid of wounding her pride.
　　　(내가 그녀의 자존심을 상하게 하지 않았을까 염려가 됐다.)

4 전치사의 용법

1 때를 나타내는 전치사

❶
at : 짧은 시간(분, 시, 정오, 밤, 일몰, 새벽 등)
in : at보다 비교적 긴 시간(오전, 오후, 연, 월, 계절, 세기 등)
on : 요일과 일정한 날짜나 특정한 날의 아침, 오전, 오후, 밤 등

He had lunch **at** noon. (그는 정오에 식사를 했다.)
New term begins **in** March. (새 학기는 3월에 시작한다.)
cf. School begins **at** nine o'clock. (수업은 9시에 시작한다.)
　　↪ at 대신에 from을 쓰지 않도록 주의
I was born **on** 24th of August **in** 1959.
　　(나는 1959년 8월 24일에 태어났다.)

 at dawn (새벽에)　at sunset (일몰에)　at midnight (한밤중에)
　 in the morning (아침에)　in the afternoon (오후에)　in the evening (저녁에)
　 in the twentieth century (20세기에)　on Christmas day (크리스마스날에)

↪ this, next, last 등이 붙으면 on이나 in을 붙이지 않는다.
　cf. on Sunday next = next Sunday

❷
> **in** : 현재를 기준으로 하여 「지나서」(경과)
> **within** : 일정한 기간 「이내에」
> **after** : 과거를 기준으로 하여 「지나서」

He will return **in** a week. (그는 일주일 지나서 돌아올 것이다.)
He will call on me **within** a few days. (그는 며칠 내에 나를 방문할 것이다.)
He came back **after** a month. (그는 한 달 지나서 돌아왔다.)

❸
> **by** : 동작의 완료(~까지)
> **till** : 계속(~까지)

I shall be back **by** six. (내가 6시까지 돌아오겠다.)
I will stay here **till** next Friday. (나는 다음 주 금요일까지 여기서 머무르겠다.)
  ↪ till과 until은 stay, wait, work, study등 계속의 의미가 있는 동사와 함께 쓰이는 것이 보통이며 by는 return, come back, arrive, reach, finish 등과 같이 반복성이 없는 동사와 쓰이는 것이 보통이다.

❹
> **for** : 「~동안」 일정기간을 나타내며 수사가 나오는 경우가 많다.
> **during** : 「~동안에」 상태, 사건이 계속되는 기간을 나타내며 특정한 기간인 경우가 많다.
> **through** : 「~동안 쭉」 「처음부터 끝까지」

The war lasted **for** three years. (그 전쟁은 3년간 지속되었다.)
I was in the army **during** the war. (나는 전쟁 중에 군대에 있었다.)
I stayed at my uncle's **through** the vacation.
  (나는 방학 내내 삼촌 댁에서 머물렀다.)

❺
> **from** : 「~부터」 (단순히 일정 사실의 발생 기점을 표시함)
> **since** : 「~이래로」 (계속되는 동작, 상태의 기점)

From now on I will believe you. (지금부터 나는 너를 믿겠다.)
I have not heard from him **since** last month.
  (지난달 이래로 나는 그로부터 소식을 듣지 못했다.)

2 장소 표시 전치사

❶
> **at** : 비교적 좁은 장소 (마을, 읍, 역)
> **in** : 넓은 장소(대도시, 국가)

The library is located **at** Jongro **in** Seoul. (그 도서관은 서울 종로에 있다.)
cf. The drugstore is **at** the corner. (약국이 길 모퉁이에 있다.)
   Put it **in** the corner. (그것을 구석에 두어라.)

❷
> **on** : (표면에 접촉하여) 위에　　**beneath** : (표면에 접촉하여) 아래
> **over** : (공간) 바로 위에　　　　**under** : (공간) 바로 아래에
> **above** : ~ 위쪽에 (보다 높이 떨어져)　**below** : ~ 아래 (보다 떨어져)
> **up** : 위쪽으로 (운동을 나타냄)　　**down** : 아래쪽으로 (운동을 나타냄)

There are some books **on** the table. (테이블 위에 책이 몇 권 있다.)
I see many flies **on** the ceiling.
   (나는 많은 파리들이 천정에 붙어 있는 것을 보았다.)
↳ 우리가 볼 때에는 파리가 천장 아래에 붙어 있는 것처럼 보이지만 파리들의 입장에서 보면 그들은 천장 위에 앉아 있기 때문에 on을 쓴다.

The ship sank **beneath** the waves. (그 배가 파도 아래로 가라앉았다.)
There is a long bridge **over** the river. (강 위로 긴 다리가 있다.)
They lay down **under** a tree. (그들은 나무 아래에 누웠다.)
The birds flew **above** the trees. (새들이 나무 너머로 날아갔다.)
The sun has sunk **below** the horizon. (태양이 지평선 아래로 사라졌다.)
He was climbing **up** the mountain. (그는 산 위를 오르고 있었다.)
He was running **down** the stairs. (그는 계단을 뛰어내려오고 있었다.)

❸
> **before** : 「~ 의 앞에」 (정지상태)
> **behind** : 「~의 뒤에」 (정지상태 및 운동)
> **after** : 「~의 뒤에, ~ 을 쫓아」 (운동상태)

You must stand **before** me. (너는 내 앞에 서 있어야 한다.)
The sun was **behind** the clouds. (해가 구름 뒤에 있었다.)
The dog was running **after** the cat. (개가 고양이를 쫓고 있었다.)

❹ **between** : 「~(둘)사이」
among : 「~(셋 이상)사이」

There is a long river **between** the two villages. (두 마을 사이에 긴 강이 있다.)
He is popular **among** the students. (그는 학생들 사이에서 인기가 있다.)

③ 운동, 방향의 전치사

❶ **to** : ~으로 : go, come, get, return, send 뒤에 쓰여 도착점을 나타낸다.
for : ~로 향하여 : start, leave, sail 등의 뒤에 쓰여 목적지점을 나타낸다.
toward(s) : ~쪽으로 : turn, rush등의 뒤에 쓰여 단순한 운동의 방향을 나타낸다.

He went **to** the school. (그가 학교에 갔다.)
He left **for** Seoul. (그는 서울을 향해 떠났다.)
She turned **toward** me. (그녀는 내 쪽으로 돌렸다.)

❷ **across** : ~을 가로질러, ~을 횡단하여
along : ~을 따라서, ~을 끼고
through : ~을 관통해서

He ran **across** the street. (그는 도로를 가로질러 달렸다.)
We walked **along** the street. (우리는 길을 따라 걸었다.)
The river flows **through** the city. (그 강은 도시를 관통해서 흐른다.)

❸ **in** : ~안에 (정지된 상태, 또는 어느 장소 내에서의 이동을 나타낸다.)
into : ~안으로 (들어가는 운동 또는 장소의 이동을 나타낸다.)
out of : ~의 밖으로
from : ~로부터 (출발점을 나타낸다.)

There was no one **in** the room. (방에는 아무도 없었다.)
He came **into** his office. (그는 사무실 안으로 들어왔다.)
They came **out of** the hotel. (그들은 호텔 밖으로 나갔다.)
He started **from** his school. (그는 학교를 출발했다.)

4 원인, 이유를 나타내는 전치사

❶
> from : ~으로, ~ 때문에 [직접적인 이유]
> through : ~으로, ~ 때문에 [간접적인 이유]
>   일반적으로 다음에 help, diligence, idleness, fault, neglect, carelessness 등이 온다.
> of : ~(병)으로 죽다 = die of

He was taken ill **from** eating too much.
  (그는 너무 많이 먹어서 병이 났다.)
He was dismissed **through** neglect of duty.
  (그는 직무가 태만해서 해고되었다.)
She died **of** cancer. (그녀는 암으로 죽었다.)
  ⇨ 죽음의 원인이 내적인 원인일 때 die of를 쓴다.
cf. She died **from** overwork. (그녀는 과로로 죽었다.)
  ⇨ 죽음의 원인이 외적인 원인일 때에는 die from을 쓴다.

❷
> at : ~을 듣고, ~을 보고 [감정의 원인]
> over : ~을, ~으로, ~ 때문에 [감정의 원인]

I was much pleased **at** the news. (나는 그 소식을 듣고 몹시 기뻤다.)
He mourned **over** his sudden death. (그는 그의 갑작스런 죽음을 슬퍼했다.)

5 목적을 표시하는 전치사

> for : 목적, 준비에 일반적으로 쓰인다 : 「~하기 위하여」
> on : 일반적으로 errand, business, journey, trip 등의 단어 앞에 붙는다.
> after : 「추구」

Many people go abroad **for** study. (많은 사람들이 공부하기 위해서 외국에 나간다.)
I sent my servant **on** errand. (나는 나의 부하를 심부름 보냈다.)
They set out **on** a trip. (그들은 여행을 떠났다.)
He is always seeking **after** wealth. (그는 항상 부를 추구한다.)

6 결과를 나타내는 전치사

> to : 동작의 결과
> into : 변화의 결과
> to + 소유격 + 감정의 추상명사 : 「~하게도」(문장전체를 수식하는 결과적 용법)

He was frozen [burnt, starved] **to** death. (그는 얼어[불에 타, 굶어] 죽었다.)
Heat changes ice **into** water. (열은 얼음을 물로 변화시킨다.)
To my disappointment, my son failed in the examination.
   (실망스럽게도 내 아들이 시험에 실패했다.)

7 원료, 재료를 나타내는 전치사

> of : 재료의 성질을 보존할 때 (일반적으로 물리적 변화)
> from : 형태. 성질변화 (일반적으로 화학적 변화)
> into : 재료, 원료가 주어일 때.

This building is made **of** stone. (이 건물은 돌로 만들어져 있다.)
Wine is made **from** grapes. (와인은 포도로 만든다.)
Soybean is made **into** soy sauce. (콩으로 간장을 만든다.)

5 동사와 전치사와의 관계

1 제거, 상기를 나타내는 of

> rob A of B : A에게서 B를 제거하다. = steal B from A

↪ deprive, clear, cure, ease, rid, strip등도 같은 유형의 동사.

They **deprived** him **of** his property. (그들은 그에게서 그의 재산을 빼앗았다.)
Someone **robbed** her **of** her purse. (누군가 그녀에게서 그녀의 지갑을 빼앗았다.)

> **remind A of B** : A에게 B를 생각나게 하다.

⇢ warn(경고하다), inform(통지하다, 알려주다)등도 같은 계통의 동사이다.

② 제공을 나타내는 with

> **provide A with B** : A에 B를 제공하다.

⇢ present(선물하다), supply, furnish 등도 같은 유형의 동사
　cf. provide [supply] B for A
　　 present [furnish] B to A

Tom **presented** Mary **with** a book. (톰이 메리에게 책을 선물했다.)
= Tom **presented** a book **to** Mary.
My brother **supplied** me **with** extra spending money.
　(형이 내게 여분의 용돈을 주었다.)
⇢ 신으로부터 물려받은 경우는 일반적으로 be endowed [blessed, talented] with처럼 수동형태로 쓰인다.

③ 방해, 금지를 나타내는 from

> **A prevent B from ~ing** : A 때문에 B는 ~하지 못한다.

⇢ keep, stop, prohibit, hinder등도 같은 의미로 쓰일 수 있으나 forbid는 이 구문에 쓸 수 없다는 점에 주의해야 한다. forbid 다음에는 to부정사가 오기 때문이다.

Business **prevented** me **from** go**ing** there.
　(사업 때문에 나는 그곳에 가지 못했다.)
We **prevented** the fire **from** spread**ing**.
　(우리는 불이 번지지 못하게 했다.)

4 설득의 방향을 나타내는 into, out of

| talk / persuade / argue | + | A into ~ing / A out of ~ing | = | A를 설득하여 ~하게 하다. / A를 설득하여 ~못 하게 하다. |

I **persuaded** him **to go** [**into going**] to the party.
(나는 그를 설득하여 파티에 가게 했다.)

He **persuaded** me **out of** my trip.
(그는 나를 설득시켜 여행을 그만두게 했다.)

5 「간주」를 나타내는 as, for

| regard / look upon / count | + | A as B | = A를 B로 간주하다. = take A for B |

I **regard** the contract **as** having been broken.
(나는 그 계약이 파기된 것으로 간주합니다.)

6 「구별」을 나타내는 from

| tell / distinguish / separate / know | + | A from B | = A와 B를 구별하다. |

It is important to **distinguish** good **from** evil.
(선과 악을 구별한다는 것은 중요한 일이다.)

7 기타

> depend[rely, count] on A for B : B를 A에 의존하다.
> turn[look, appeal, resort] to A for B : B를 A에 호소하다.

He **depends on** writing **for** living.
 (그는 저술로 생계를 꾸려 나간다.)
He **appealed to** me **for** further information.
 (그는 더 상세하게 알고 싶다고 내게 말해왔다.)

Grammar Drill

다음 문장의 잘못된 부분을 고치시오.

문 제

1. I finally killed the fly by a roll-up newspaper.
2. You can make the drink taste better with adding sugar.
3. Can I pay by my credit card?
4. He could only reach the window with standing on a ladder.
5. The parcel is so big it would cost a fortune to send it with air.
6. I think she's coming by the train.
7. He got the nail out of his shoe by a key.
8. I spoke to her by the phone.
9. The survivors were eventually found in the morning of Friday, 21st January.
10. If she gets really feverish at the night, give her two of these tablets.
11. He would always arrive around ten in night carrying suitcase and a bunch of flowers.
12. Northern Sweden is beautiful, but I wouldn't go at the middle of January.

해설 및 정답

1. **by → with** : with : 도구   by : 행위자
2. **with → by** : by~ing : ~함으로써
3. **by → with** : 또는 by credit card도 가능하다.
4. **with → by** : by~ing : ~함으로써
5. **with → by** : by air : 항공편으로
6. **by → on** : 또한 by train도 가능하다.
7. **by → with** : 도구를 나타낼때는 with를 쓴다.
8. **by → on** : 또한 by phone도 가능하다.
    ↳ 목적어로 나오는 명사 앞에 관사가 있거나 목적어로 나오는 명사가 복수형이면, 일반적으로 by를 사용하지 않는다.
9. **in → on** : 특별한 날에는 on을 쓴다.
10. **at → in** : 일반적인 밤(night)에는 at를 사용하지만, 특별한 밤인 경우나, the middle of가 따르는 경우에는 at을 쓰지 않고 in을 사용한다.
11. **in → at**
12. **at → in** : 10번 해설란 참조.

Practice Test A

다음 _____ 안에 들어갈 적당한 표현을 고르세요.

1. The messenger left the package _____ the receptionist's desk.

   (A) by
   (B) until
   (C) at
   (D) to

   장소를 나타내는 전치사 at이 적합하다.
   [번역] 배달부는 이 소포를 접수원 책상 위에 남겨 두었다.
   [정답] (C)

2. Return all completed forms in the enclosed envelope _____ March 3.

   (A) by
   (B) on
   (C) for
   (D) until

   '~까지'의 완료를 표현할 때는 by이다.
   completed forms: 완성된 서류양식
   [번역] 동봉한 봉투에 서류양식 일체를 다 써넣어 3월 3일까지 보내시오.
   [정답] (A)

3. This conclusion has created a major controversy _____.

   (A) to the professors
   (B) among the professors
   (C) between the professors
   (D) with the professors involved

   between은 둘 사이의 관계를 나타내고 있는 반면, among은 셋 이상의 관계에서 사용된다.
   [번역] 이 결론은 교수들 사이에서 큰 논쟁을 일으켜 왔다.
   [정답] (B)

4. It is difficult for the casual observer to distinguish _____ artificial and natural lakes.

   (A) to
   (B) therefore
   (C) onto
   (D) between

   distinguish between A and B: A와 B를 구별하다
   [번역] 무관심한 관찰자가 인공호수와 자연호수를 분간하는 것은 어려운 일이다.
   [정답] (D)

5. There are many flies _____ the ceiling.

   (A) under
   (B) beneath
   (C) on
   (D) below

   천장, 벽 따위의 표면에 붙어 있는 경우는 on을 쓴다
   [번역] 천장에 파리가 많다.
   [정답] (C)

6. He speaks English so well that he is taken _____ a native.

   (A) by   (B) at
   (C) in   (D) for

take A for B: A를 B로 간주하다.
native: 본토인
[번역] 그는 영어를 아주 잘해서 원어민으로 간주된다.
[정답] (D)

7. I shall finish reading this book _____ the end of this week.

   (A) till   (B) by
   (C) to   (D) since

finish는 완료를 의미하므로 전치사 by가 적격이다.
[번역] 나는 이 책을 이번 주 말까지 끝낼 예정이다.
[정답] (B)

8. Many people were burned _____ death in a fire last night.

   (A) to   (B) by
   (C) from   (D) in

결과를 나타내는 전치사 to를 사용해야 한다.
be frozen to death: 얼어 죽다.
be burned to death: 불에 타 죽다.
[번역] 많은 사람들이 어젯밤 화재로 불에 타 죽었다.
[정답] (A)

9. This company has been in competition _____ that company for many years.

   (A) at   (B) to
   (C) with   (D) from

in competition with: ~과 경쟁하여
[번역] 이 회사는 수년 동안 저 회사와 경쟁해 왔다.
[정답] (C)

10. If you do not know a word, you should _____ in the dictionary.

    (A) see around   (B) see it
    (C) look it up   (D) look it over

look up: (사전 따위를) 찾아보다
[번역] 단어를 모르면 사전에서 찾아야 한다.
[정답] (C)

11. I have met many friends _____ the three years I have been abroad in Europe.

    (A) during   (B) in
    (C) on   (D) for

정관사 the가 있는 점으로 미루어 특정기간임을 알 수 있다.
[번역] 나는 유럽에 있는 3년 동안 많은 친구들을 만났다.
[정답] (A)

Practice Test B

다음 문장의 밑줄 친 곳에서 올바르지 않은 것을 고르세요.

1. <u>Because</u> carelessness, the couple will <u>lose</u> <u>their</u>
   (A)   (B)   (C)
   <u>lives'</u> savings in this uncalled-for mess.
   (D)

   because는 접속사이고 because of가 전치사이다. carelessness가 명사이므로 전치사가 필요하다.
   [번역] 부주의함 탓에 그 부부는 이 엉뚱한 일로 평생 모은 돈을 잃게 될 것이다.
   [정답] (A) (because → because of)

2. <u>Despite</u> of the heavy snow <u>last night</u>, <u>none</u> of
   (A)   (B)   (C)
   the classes <u>has been canceled</u> at the university.
               (D)

   '~에도 불구하고'의 관용표현은 in spite of 또는 despite이다. 특히 despite는 다음에 전치사가 오지 않고 곧바로 목적어를 취한다.
   [번역] 어젯밤의 많은 눈에도 불구하고 그 대학에서는 지금까지 강좌가 하나도 취소되지 않았다.
   [정답] (A) (Despite → In spite)

3. <u>While</u> the nineteenth century, North
   (A)
   American <u>architects</u> developed distinctive
            (B)
   <u>variations</u> of the European <u>architectural</u>
   (C)   (D)
   models.

   while은 접속사이므로 절이 따라온다. 그런데 이 문장에서는 명사구를 목적어로 취하고 있으므로 A를 같은 의미를 갖고 있는 전치사로 바꿔줘야 한다.
   [번역] 19세기 동안 북미의 건축가들은 유럽 건축양식의 독특한 변형을 개발했다.
   [정답] (A) (While → During)

4. <u>The word</u> "classic" <u>comes of</u> the Latin and
   (A)   (B)
   <u>initially</u> <u>meant</u> "superior."
   (C)   (D)

   기원이나 유래를 나타내는 전치사는 from을 쓴다.
   [번역] classic이라는 단어는 라틴어에서 유래된 것인데 원래는 superior를 뜻했다.
   [정답] (B) (comes of → comes from)

5. It is <u>surprising</u> that a <u>good</u> swimmer like <u>he</u>
          (A)   (B)   (C)
   has <u>neglected to learn</u> about artificial
       (D)
   respiration.

   like는 전치사의 기능을 하므로 목적격이 나와야 한다.
   [번역] 그와 같이 훌륭한 수영선수가 인공호흡에 관해 배우기를 게을리했다는 것은 놀라운 일이다.
   [정답] (C) (he → him)

Final Test

1. One man was chosen from _____ the rest.

   (A) between (B) in
   (C) of   (D) among

   from among the rest: 나머지 중에서
   [번역] 한 남자가 나머지 사람들 중에서 선출되었다.
   [정답] (D)

2. During the twentieth century there has been much concern _____ the relationship between social conditions and mental health.

   (A) over
   (B) that over
   (C) and over
   (D) that

   밑줄 바로 다음에 명사구가 나오고 있으므로 전치사가 필요하다.
   over: ~에 관해
   [번역] 20세기 동안 사회조건과 정신건강간의 관련성에 대해 많은 관심이 있어 왔다.
   [정답] (A)

3. "Where does he live?"
   "He lives _____ 144 Wall Street."

   (A) at   (B) in
   (C) on   (D) by

   '번지' 표시 전치사는 at을 쓴다.
   [번역] "그는 어디에 사니?"
   "월 스트리트 144번지에 살아."
   [정답] (A)

4. _____ modern offices becoming more mechanized, designers are attempting to personalize them with warmer, less severe interiors.

   (A) If
   (B) But
   (C) With
   (D) Once

   with + 명사(구) + 동사 ~ing(분사):
   부대상황을 나타내는 전치사 with의 용법이다.
   [번역] 현대식 사무실들이 한층 더 기계적으로 되어 감에 따라 디자이너들은 그 사무실들을 더 온화하게, 또 덜 삭막한 실내장식을 하여 인간적인 분위기로 만들려고 시도하고 있다.
   [정답] (C)

5. Jim Thorpe, Pennsylvania, a town in the eastern part of the state, was named _____ one of the greatest American athletes.

   (A) in honor of   (B) the honors
   (C) for honored   (D) to honoring

   in honor of: ~을 기념하여
   [번역] 미대륙의 동부지역에 위치한 펜실베니아주의 짐 쏘프시는 미국의 가장 위대한 육상선수 중 한 명을 기념하여 그의 이름을 딴 것이었다.
   [정답] (A)

6. Sidney Poitier received the Academy Award _____ best male actor in 1963 for his performance in Lilies of the Field.

   (A) the
   (B) for
   (C) was
   (D) and

'자격, 특성, 가치'의 전치사 for가 문법적으로 옳다.
the Academy Award for best male actor: 아카데미 남우주연상
[번역] 시드니 포이티어는 Lilies of the Field란 영화에서의 연기로 1963년에 남우주연상을 수상했다.
[정답] (B)

7. Democratic countries take it _____ granted that peace is normal.

   (A) by   (B) in
   (C) with   (D) for

take (it) for granted~: ~을 당연한 일로 생각하다
[번역] 민주국가들은 평화가 정상적인 환경임을 당연히 여긴다.
[정답] (D)

8. The man _____ is my brother-in-law.

   (A) of the dark beard
   (B) with the dark beard
   (C) to the dark beard
   (D) with the dark beard on

with the dark beard: 검은 턱수염을 가진
소유나 부속의 개념은 전치사 with를 쓴다.
[번역] 검은 턱수염을 가진 사람은 내 처남이다.
[정답] (B)

9. Nevada has a limited water supply _____ light rainfall.

   (A) because its
   (B) is it because
   (C) is because its
   (D) because of its

because of는 전치사이므로 뒤에는 절이 오지 못하고 구의 형태가 온다.
[번역] 네바다 주는 얼마 되지 않는 강우량 때문에 급수량이 제한되어 있다.
[정답] (D)

10. "What did you say about the lawn mower?"
    "I objected to _____."

    (A) its price so high
    (B) it has such a high price
    (C) its high price
    (D) it is high priced

object to에서 to는 전치사이다. 따라서 목적어로는 명사 상당어구가 온다.
[번역] "당신은 그 잔디 깎는 기계에 대해 뭐라고 하셨죠?"
"가격이 너무 비싼 것에 대해 반대했습니다."
[정답] (C)

11. "Were you ever able to give the Johnsons the message?"
 "Yes, I finally succeeded _____ by phone."

 (A) to reaching them
 (B) of reaching them
 (C) to reach them
 (D) in reaching them

succeed in ~ ing: ~하는데 성공하다
[번역] "존슨씨네 가족에게 소식을 전할 수 있었습니까?"
 "예, 결국 전화로 통화할 수 있었습니다."
[정답] (D)

12. "Dave just telephoned. He's coming to see us."
 "That's good. I haven't seen him _____ two months."

 (A) since   (B) for
 (C) until   (D) before

일정기간 동안을 표현할 때에는 전치사 for를 사용한다.
[번역] "데이브가 막 전화했었어. 우리를 보러 올거래."
 "잘 됐다. 두 달 동안 데이브를 보지 못했었는데."
[정답] (B)

13. "Why did you always clean your father's garage?"
 "Simply because it was expected _____."

 (A) me to
 (B) for me to
 (C) with me
 (D) of me

expect A of[from] B:
B(사람)에게서 A(일)를 기대하다
Don't expect too much of[from] your sons.
(아들들에게 지나친 기대를 걸지 마시오.)
We expect the doctor to examine John.
= We expect John to be examined by the doctor.
 (그 의사가 존을 진찰할 것이라고 생각한다.)
[번역] "너는 왜 항상 네 아버지의 차고를 청소하니?"
 "내가 그 일을 하도록 되어 있기 때문이야."
[정답] (D)

14. I am _____ your temper.

 (A) fed up by
 (B) fed up with
 (C) fed up because of
 (D) fed up to

be fed up (with): ~에 싫증나 있다, 물려 있다, 신물이 나다
[번역] 나는 너의 짜증에 넌더리가 난다.
[정답] (B)

15. When I met Jenny's sister, I took a liking _____ her immediately.

 (A) to   (B) for
 (C) on   (D) in

take a liking for: ~을 좋아하다
[번역] 내가 제니의 누이를 만났을 때 나는 곧 그녀를 좋아하게 되었다.
[정답] (B)

16. "Are you and Jack friends?"
    "We're are good friends, even though we differ _____ many subjects."

    (A) in
    (B) with
    (C) from
    (D) of

    differ from = be different from
    [번역] "너와 잭은 친구 사이니?"
    "비록 많은 점이 다르지만 우리는 좋은 친구야."
    [정답] (C)

17. _____ his cold, he came first in the athletics meet.

    (A) Regardless
    (B) In spite
    (C) In spite of
    (D) Despite of

    in spite of = regardless of = despite ~: ~에도 불구하고
    [번역] 감기에도 불구하고 그는 육상경기에서 1등으로 들어왔다.
    [정답] (C)

18. "I used to want to be a politician."
    "I always dreamed _____ the conductor of an orchestra."

    (A) to become
    (B) that I will become
    (C) to becoming
    (D) of becoming

    dream of: ~을 꿈꾸다
    [번역] "나는 정치가가 되고 싶었다."
    "나는 항상 오케스트라를 지휘하는 사람이 되고자 꿈꾸었었지."
    [정답] (D)

19. "How did you get your car out of the ditch?"
    "_____ it."

    (A) Push
    (B) Having pushed
    (C) From pushing
    (D) By pushing

    by ~ ing: ~함으로써 (수단을 나타냄)
    [번역] "당신은 그 도랑에서 어떻게 차를 끌어냈나요?"
    "밀어서 꺼냈어요."
    [정답] (D)

20. "I like your new cell phone very much."
    "I bought it because it was _____ yours."

    (A) like
    (B) similar of
    (C) like as
    (D) as

    like = similar to
    [번역] "네 휴대전화기가 무척 마음에 드는걸."
    "네 것과 비슷한 것이라 샀어."
    [정답] (A)

21. "Wasn't Joan supposed to be here by now?"
    "Don't worry. She'll be here _____ twenty minutes."

    (A) by at least
    (B) around
    (C) at nearly
    (D) in about

시간의 경과를 나타내는 전치사로는 in을 사용한다.
[번역] "조앤은 지금 이곳에 와 있어야 되지 않나요?"
       "걱정마세요. 약 20분후에 조앤이 이곳에 올 거예요."
[정답] (D)

22. "Mr. Smith said we could ride to Miami with him."
    "Are you going to take advantage _____ his offer?"

    (A) of   (B) with
    (C) by   (D) to

take advantage of: 이용하다, 받아들이다
[번역] "스미스씨는 우리가 그와 함께 마이애미까지 여행할 수 있다고 말했어."
       "너는 그의 제안을 좋은 기회로 이용할 생각이니?"
[정답] (A)

23. "Will the child recover?"
    "Right now, there's no way _____."

    (A) for knowing
    (B) to have known
    (C) of knowing
    (D) to be known

There is no way of ~ ing: ~할 방법이 없다
[번역] "그 아이가 회복될까요?"
       "지금은 알 수 없습니다."
[정답] (C)

24. "Are you sure there's nothing wrong with this laptop?"
    "Well, all of the parts seem to be _____."

    (A) in working order
    (B) in order to working
    (C) in work order
    (D) in order to work

in working order: 작동하고 있는
[번역] "이 랩탑 컴퓨터에 이상이 없다고 확신하세요?"
       "글쎄요, 모든 부품이 제대로 작동하고 있는 것으로 보입니다."
[정답] (A)

※ Select the part (A, B, C or D) which is not acceptable for standard written expression.

25. Almost half from Pennsylvania's industrial
    (A)   (B)
    workers are engaged in the processing of
             (C)   (D)
    metals.

half 뒤의 부분표시 전치사는 of이다.
[번역] 펜실베니아주 산업근로자들의 거의 절반이 금속제품 공정에 종사하고 있다.
[정답] (B) (from → of)

26. The professor was considering postponing
                       (A)   (B)
    the examination until the following week
                              (C)
    because the students' confusion.
    (D)

because는 접속사이고 because of는 전치사이다.
[번역] 그 교수는 학생들의 혼동 때문에 시험을 다음 주로 연기할 것을 고려 중이었다.
[정답] (D) (because → because of)

27. Adult education programs must be designed
    (A)   (B)
    so the diverse needs of the participants in
    (C)   (D)
    mind.

'의도, 용도, 목적' 표시 전치사는 for가 적합하다.
[번역] 성인 교육 프로그램은 참석자들의 다양한 요구에 맞춰 계획되어야 한다.
[정답] (C) (so → for)

28. Some societies express strong feelings by
                        (A)   (B)
    means for collective rhythmical body
          (C)   (D)
    movements.

by means of: ~에 의하여
[번역] 일부 사회에서는 집단적으로 율동이 가미된 몸짓을 통해 격한 감정을 드러낸다.
[정답] (C) (for → of)

29. Since no one else has volunteered, Sheila will
    (A)   (B)   (C)
    be responsible to supply food for the trip.
                     (D)

be responsible for: ~을 책임지다
[번역] 지원자가 아무도 없기 때문에 쉴라는 그 여행의 식량조달을 책임지게 될 것이다.
[정답] (D) (to supply → for supplying)

30. Ellen <u>would prefer</u> <u>going to</u> the theater more
    (A)   (B)
    frequently, but her schedule <u>prevents</u> her
                                   (C)
    <u>attending at</u> more than one play a month.
    (D)

A prevent B from ~ ing: A때문에 B가 ~하지 못하다
[번역] 엘렌은 극장에 더 자주 가고 싶지만, 일정때문에 한 달에 한 번 이상 갈 수가 없다.
[정답] (D) (attending at → from attending)

31. <u>With passing</u> the referendum to establish the
    (A)
    civilian review board, the voters <u>have made</u>
                                        (B)
    <u>certain</u> that the actions of the police <u>will be</u>
    (C)   (C)
    <u>observed</u> <u>more closely</u>.
    (D)

by ~ ing: ~함으로써
[번역] 시민조사위원회를 설립하기 위한 국민투표를 통과시킴으로써 유권자들은 경찰의 활동이 좀 더 치밀하게 조사되어야 한다는 것을 확실시했다.
[정답] (A) (With passing → By passing)

32. Afrikaans is <u>the only</u> language of European
                  (A)
    origin that is <u>not spoken</u> in Europe ; it <u>has</u>
                    (B)   (C)
    Dutch roots but is <u>similar with</u> Flemish.
                        (D)

similar to = like
[번역] (남아프리카의) 공용 네덜란드어는 유럽에서 사용되지 않는 유일한 유럽 기원의 언어이다. 그것은 네덜란드어에 뿌리를 두고 있지만 플라망어와 비슷하다.
[정답] (D) (similar with → similar to)

33. The human ribs are capable <u>to move</u> <u>so as</u> to
                                  (A)   (B)
    allow room for the lungs <u>to expand</u> <u>during</u>
                               (C)   (D)
    <u>breathing</u>.

be capable of: ~을 할 수 있는
[번역] 인간의 갈비뼈는 호흡 중에 허파가 확장할 공간을 제공하도록 움직일 수 있다.
[정답] (A) (to move → of moving)

34. <u>Upon completing</u> his examination <u>over</u> the
    (A)   (B)
    patient, the doctor offered his <u>judgment</u> of
                                      (C)
    <u>her</u> condition.
    (D)

examination of ~: ~의[에 대한] 조사
[번역] 환자에 대한 조사를 마치자마자 그 의사는 그녀의 상태에 대해 판단을 내렸다.
[정답] (B) (over → of)

35. Professor Ball <u>insisted to publish</u> his result of
      (A)
    the experiments <u>even though</u> it <u>could not</u> be
                     (B)   (C)
    confirmed by researches <u>conducted</u> by
                              (D)
    others.

insist on ~: ~을 주장하다
[번역] 볼 교수는 비록 다른 사람들이 수행한 연구에 의해서 확인될 수는 없다고 할 지라도 자신의 실험결과를 발표하자고 주장했다.
[정답] (A) (insisted to publish → insisted on publishing)

36. <u>Directed</u> by D.W. Griffith in 1915, "The Birth
     (A)
    of a Nation" <u>provided</u> the screen <u>for</u> <u>its</u> first
                   (B)   (C)   (D)
    major spectacle.

provide A with B = provide B for A: A에게 B를 제공하다.
[번역] 1915년에 D. W. 그리피스 감독이 만든 "한 민족의 탄생"이란 작품은 스크린상에 최초로 커다란 볼 거리를 제공했다.
[정답] (C) (for → with)

37. As a result <u>from hearing</u> the radio
                 (A)
    announcement, Craig <u>has written</u> <u>to</u> <u>offer</u>
                          (B)   (C) (D)
    <u>himself</u> as a member of the panel for next
    week.

as a result of: ~의 결과로
[번역] 라디오 발표를 들은 결과, 크렉은 다음주 그 토론회의 구성원으로서 자기 자신을 제안하는 글을 썼다.
[정답] (A) (from hearing → of hearing)

38. <u>Because</u> he was <u>greatly</u> <u>troubled by</u> his
     (A)   (B)   (C)
    conscience, Hamlet was incapable <u>to kill</u> the
                                       (D)
    king.

be incapable of ~ing: ~을 할 수 없는
[번역] 햄릿은 양심상 크게 고민했기 때문에 왕을 죽일 수가 없었다.
[정답] (D) (to kill → of killing)

39. The gap that separates the poor <u>and</u> the
                                      (A)
    affluent <u>has been</u> a prime <u>source</u> of tension,
              (B)   (C)
    division and violence <u>in many</u> countries.
                            (D)

separate A from B: A와 B를 분리[구별]시키다.
[번역] 가난한 자와 부자를 구별시키는 격차는 여러 나라에서 긴장, 불화, 폭동의 주된 원인이 되어 왔다.
[정답] (A) (and → from)

Chapter 11

접속사
Conjunction

1 Grammar Preview

1 등위접속사와 평행구조

1 And

He is waving his arms **and** (is) shouting at us.
(그는 팔을 흔들며 우리를 향해 소리치고 있다.)
Judy, Smith, **and** Nicole are coming to dinner.
(주디, 스미스, 그리고 니콜이 저녁식사를 하러 올 예정이다.)
She raised her hand, snapped her fingers, **and** asked a question.
(그녀는 손을 들고, 손가락으로 딱 소리를 내면서 질문했다.)
I hope to go to that university **and** study under Dr. Park.
(나는 그 대학에 진학해 박 교수님의 지도를 받으며 공부하고 싶다.)
He should have broken his engagement to Sue **and** married Mary instead.
(그는 수와의 약혼을 파기하고 그 대신에 메리와 결혼했어야 했다.)

2 But

These shoes are old **but** comfortable.
(이 신발은 오래됐지만 편하다.)
I looked for my pen **but** couldn't find it.
(나는 펜을 찾았지만 찾을 수가 없었다.)
I have met his mother **but** not his father.
(나는 그의 어머니를 만났지만 그의 아버지는 만나지 못했다.)
Jim would like to live in Seoul **but** not (in) Busan.
(짐은 서울에서 살고 싶어하지만, 부산에서는 살고 싶어하지 않는다.)

3 Or

In my spare time, I enjoy reading novels **or** watching television.
(여가시간에 나는 소설을 읽거나 텔레비젼을 보는걸 좋아한다.)
Jim wants to watch TV **or** (to) listen to some music.
(짐은 텔레비전을 보거나 음악을 듣고 싶어한다.)

2 등위상관접속사 (근자일치법(rule of proximity)에 유의하자)

1 Not only ~but also

Not only my brother **but also** my friends are here.
 (내 동생뿐만 아니라 내 친구들도 여기에 있다.)
Not only he **but also** his parents are very kind to me.
 (그뿐만 아니라 그의 부모님도 나에게 매우 친절하시다.)
 cf. His parents **as well as** he are very kind to me.

2 Either ~or / Neither ~nor

You can **either** write **or** phone to order a copy.
 (너는 편지나 전화로 책을 주문할 수 있다.)
I left it **either** on the table **or** in the drawer.
 (나는 그것을 책상 위나 서랍 안에 두었다.)
The hotel is **neither** spacious **nor** comfortable.
 (그 호텔은 넓지도 안락하지도 않다.)
Both my father **and** my brother **are** here.
 (우리 아버지와 형님 두분 다 여기에 계신다.)

3 부사절의 위치에 따른 콤마의 용례

Because he was tired, he went to bed.
 (그가 피곤했기 때문에 그는 잠자리에 누웠다.)
He went to bed **because he was tired.**
 (그가 피곤했기 때문에 그는 잠자리에 누웠다.)

2 Grammar Check-up

I 다음 문장들 중 틀린 곳을 고치시오.

1. Unless he does not work harder, he will certainly fail.

2. No sooner had he left, it began to rain.

3. The reason why he was absent is because he was ill.

4. They have neither read the book nor the magazine.

5. His only fault is what he has no fault.

6. Your questions are all so difficult that can hardly be answered.

7. The general was not only kind to his men but also to his enemies.

8. Let a man to learn as early as possible honestly to confess his ignorance, or he will be a gainer by it in the long run.

9. In my spare time, I enjoy taking care of my aquarium and to work on my stamp collection.

10. My home offers me a feeling of security, warm, and love.

II 다음 문장의 밑줄 친 곳에 적절한 어구로 채우시오.

1. _____ he brings the money for our lunch, we'll go right down to the cafeteria.
   (A) Because of   (B) As soon as   (C) Due to   (D) Until

2. _____ saying was so important that I asked everyone to stop talking and listen.
   (A) What the professor was   (B) Which the professor was
   (C) That the professor was   (D) Because the professor was

3. _____ extremely bad weather in the mountains, we're no longer considering our skiing trip.

   (A) Due to   (B) Because   (C) Since   (D) Due to the fact that

4. The price of airline tickets has gone down recently, _____ the tickets cost less, more people are flying than before.

   (A) too   (B) due to   (C) because of   (D) because

5. For the most part, Gunwook spends his time playing, eating, and _____ a lot.

   (A) slept   (B) sleeping   (C) sleep   (D) he is sleeping

6. _____ Seoyeon reaches the age of sixteen, she will be able to drive.

   (A) Having   (B) Since   (C) Once   (D) Because

7. Our village had _____ money available for education that the schools had to close.

   (A) so little   (B) such little   (C) so much   (D) such much

8. Cars have become much more complicated. _____, mechanics need more training than in the past.

   (A) Because   (B) Therefore   (C) So that   (D) For

9. As rust eats iron, _____ care eats the heart.

   (A) and   (B) so   (C) but   (D) or

10. There is nothing so hard _____ it becomes easy by practice.

    (A) but   (B) that   (C) as   (D) until

Ⅰ 1. **does not work → works** : unless(=if~ not) 자체가 부정어이므로 다음에는 부정의 표현이 나올 수 없다.

2. **it 앞에 than을 넣는다.** : 「no sooner + had + p.p~ than + 과거시제」 = ~하자마자 곧 ~하다.

3. **because → that** : is 다음에 주격보어가 나와야 한다. 보어기능을 할 수 있는 절은 접속사 that이 이끄는 명사절이 되어야 한다. because를 접속사로 사용하면 부사절이 되므로 보어 구실을 못한다.

4. **neither read → read neither** : neither A nor B의 구문에서 A와 B는 같은 유형이 나와야 한다.

5. **what → that** : 이 위치에는 접속사가 필요한 위치이므로 that이 적합하다. what은 관계대명사의 기능을 한다.

6. **that다음에 they를 넣을것.** : so~ that… 구문에서 that은 접속사이므로 다음에 반드시 주어와 동사가 나와야 한다. 이 문장에서 주어로는 your questions를 받을 수 있는 they가 적합하다.

7. **not only kind → kind not only** : not only A but also B의 구문에서 A와 B의 위치에는 동일한 유형의 품사가 나와야 한다.

8. **to learn → learn, or → and** : 'Let + 목적어(사람) + 원형부정사'의 구문이다.

9. **to work → working** : 접속사 and는 동일한 형태의 품사를 연결시킨다. 따라서 이 문제에서는 동사 enjoy의 목적어에 해당되는 동명사 working이 되어야 한다.

10. **warm → warmth** : 문제의 warm의 위치는 전치사 of의 목적어 위치이다. 한편 of의 목적어에 해당되는 3개의 명사가 A, B, and C의 형태를 취하고 있으므로 warmth가 되어야 한다.

Ⅱ 1. (B) : 주절이 미래시제이므로 종속절은 때나 조건의 부사절을 이끄는 접속사가 필요하다.

2. (A) : 그 교수가 하고 있는 말은 너무 중요해서 나는 모든 사람들에게 말을 멈추고 경청하도록 했다.
What (the professor was saying) was so important that ~
　　　　　S　　　　　V　　S.C

3. (A) : bad weather라는 명사구를 수식해야 하므로 전치사가 필요하다. 나머지는 모두 문장을 연결시키는 접속사이다.

4. (D) : 문장을 연결시켜야 하므로 접속사가 필요하다. 그런데 because of나 due to는 품사가 전치사이므로 문장을 연결시켜주지 못한다.

5. (B) : 평행구조에 대한 문제이다. 따라서 playing, eating, and sleeping이 되어야 한다.

6. (C) : 주절이 미래시제이기 때문에 종속절의 접속사는 때나 조건의 의미를 갖는 접속사가 필요하다. (서연이가 16살이 되면 그녀는 운전할 수 있다.)

7. (A) : 근본적으로 so는 품사가 부사이고, such는 품사가 형용사이다. 따라서 명사를 수식하고 있는 형용사를 꾸미기 위해서는 부사인 so가 적절하다. 그런데 C는 의미상 배치되므로 답은 A이다.

8. (B) : 이 위치는 부사가 들어갈 위치이다. 두 문장을 연결시키는 기능이 아니고 앞 문장이 마침표로 끝났기 때문에 접속부사인 therefore가 적합하다.

9. (B) : 녹이 쇠를 갉아 먹듯이 근심은 마음을 갉아 먹는다 : (just) as~ so~

10. (A) : 연습에 의해 쉬워지지 않을 만큼 어려운 것은 없다.
    부정어 ~but(=that not)~

3 Grammar Focus

1 접속사의 종류

> 문장 내에서 단어와 단어, 구와 구, 그리고 문장과 문장을 연결해 주는 역할을 하는 것을 접속사라고 한다. 특별히 주의할 점은 문장과 문장을 연결하는 경우에는 접속사가 반드시 필요하다는 사실이다. 문장 간의 연결은 전치사가 하지 못하고 접속사가 하는데도 많은 한국인이 이 사실을 구별하는데 어려움을 겪는다.

1 형식에 의한 분류

❶ 단순 접속사 : 한 단어로 되어 있는 접속사

> ex) and, but, or, if, when, because, etc.

❷ 구 접속사 : 두 개 이상의 단어로 되어 있는 접속사

> ex) as soon as, as well as, as long as, now that, etc.

❸ 상관 접속사 : 문장 내에서 다른 어구와 연결되는 접속사

> ex) both A and B, not only A but (also) B, either A or B, etc.

2 용법에 의한 분류

❶ 등위 접속사 : 대등한 관계에 있는 단어, 구, 절을 연결하는 접속사를 등위 접속사라고 한다.

> ex) and, but, or 등이 있으며 이러한 접속사를 사용하는 경우를 평행구조(parallel structure)라고 한다.

❷ 종속 접속사 : 주절에 명사절, 형용사절, 부사절 등의 종속절을 연결시키는 접속사를 말한다.

> ex) when, though, as, because, if, whether, etc.

2 등위 접속사

1 And

❶ 일반적 용법

Tom **and** Mary are good friends. (톰과 메리는 좋은 친구다.)
⇨ 「명사+and+명사」의 평행 구조를 이루고 있다.
He waved a flag **and** the train began to start.
(그가 깃발을 흔들자 기차가 출발하기 시작했다.)
⇨ ~하자 ~하다.

❷ 특별 용법

(a) 명령문(상당어구) + and : ~해라. 그러면 ~할 것이다.

Study hard, **and** you will succeed.
(열심히 공부해라. 그러면 너는 성공할 것이다.)

(b) 단일 개념을 나타내는 경우

Slow **and** steady wins the race.
(천천히 그리고 착실한 것이 경주에서 이긴다.)
cf. He bought a **watch and chain**. (그는 줄 달린 시계를 하나 샀다.)

(c) and + 동사원형이 to 부정사의 대용으로 쓰이는 경우 :
come[go, try, send, write] + and + 동사원형

Please **come and see** me tomorrow. (내일 나를 만나러 오십시오.)
(= come to see)
I will **try and solve** the problem. (내가 그 문제를 풀기 위해 노력하겠다.)
(= try to solve)

(d) **형용사 [nice, good, fine, rare] + and + 형용사** : and가 부사적 의미로 쓰인다.

It is **good and hot** today. (오늘은 날씨가 매우 덥다.)
　　　(= very hot)
I am **rare and hungry**. (나는 배가 매우 고프다.)
　　　(= very hungry)

(e) **「그런데도」의 뜻을 갖는 경우(but의 의미)** : 놀람, 불만의 표시

He is very rich, **and** he goes everywhere on foot.
　　(그는 매우 부자인데도 모든 곳을 걸어서 다닌다.)

(f) **both A and B = at once A and B** : A이기도 하고 B이기도 한

She is **both** beautiful **and** intelligent.
　　(그녀는 아름답기도 하고 총명하기도 하다.)

2 But

❶ **일반용법** : 상반되는 의미의 구어, 구, 절을 대등한 관계로 연결시킨다.

They are poor **but** happy. (그들은 가난하지만 행복하다.)
He is young **but** wise. (그는 젊지만 지혜롭다.)

❷ **특별용법**

(a) **Indeed~, but[and yet]~** : 과연 ~이기는 하지만 (=Though)
= It is true (that)~, but [and yet]~ = To be sure ~but [and yet]~

Indeed it is a good plan, **but** it is hard to practice.
= **Though** it is a good plan, it is hard to practice.
　　(그것이 좋은 계획이기는 하지만 실행하기는 어렵다.)

(b) **not A but B : A가 아니라 B이다.**

He is **not** a poet, **but** a novelist. (그는 시인이 아니라 소설가이다.)

(c) **not only A but (also) B : A뿐만 아니라 B도 = B as well as A**

Not only you **but also** I was in the wrong.
(너뿐만 아니라 나도 잘못이 있다.)

③ Or

❶ 선택

Which do you like better, spring **or** summer?
(봄과 여름 중에서 어떤 계절을 더 좋아하니?)

❷ 명령문~, or~ : ~하라, 그렇지 않으면 ~일 것이다(=unless~)

Start at once, **or** you will miss the plane.
= **Unless** you start at once, you will miss the plane.
(즉시 출발하지 않으면 너는 비행기를 놓칠 것이다.)

❸ 양보

Rain or shine, I will not put off my departure.
(비가 오든 햇볕이 나든 나는 출발을 연기하지 않을 것이다.)
I thought of her, **waking or sleeping.** (나는 자나깨나 그녀를 생각했다.)

❹ namely = that is: 「즉」의 의미를 갖는 경우

He has been studying botany, **or** (=namely) the science of plants.
(그는 식물학, 즉, 식물의 과학을 공부해오고 있다.)

4 For

앞 문장에 대한 부가적인 이유 또는 간접적인 이유, 판단의 근거를 나타내며 문두에 올 수 없고 항상 뒤에 놓는다. 종속접속사로 쓰이는 because는 문장의 앞이나 뒤, 어느 곳에나 올 수 있다는 점에서 다르다. (직접적이고 객관적인 이유를 나타낸다.)

He must be ill, **for** he looks pale. (○)
　(그는 아픈 게 틀림없다, 왜냐하면 창백해 보이기 때문이다.)
He must be ill, **because** he looks pale. (×)
I am very hungry, **for** I have eaten nothing since this morning.
　(배가 몹시 고프다, 왜냐하면 오늘 아침부터 아무것도 먹지 못했기 때문이다.)

5 So

He was born and brought up in America, (and) **so** he can speak English.
　(그는 미국에서 나고 자랐다. 그래서 영어로 말 할수 있다.)

3 종속 접속사

1 명사절을 이끄는 종속 접속사 : that, whether, if, etc.

❶ 주어

That she is wrong is undoubtful. (그녀가 틀렸다는 것은 의심할 여지가 없다.)
= It is undoubtful that she is wrong.

❷ 보어

The question is **whether** he is honest or not.
　(문제는 그가 정직한가 그렇지 않은가 이다.)

❸ 목적어

I don't know **if** he will come. (그가 언제 올지 나는 모른다.)

❹ 동격절 (문법적으로는 명사절, 해석은 형용사적으로 한다.)

I know the fact **that** she is kind. (나는 그녀가 착하다는 사실을 안다.)

⇨ be doubtful, doubt, wonder 등이 긍정일 때에는 접속사 that을 사용하지 않고 if[whether]를 사용한다.
   cf. It is doubtful **if** he will succeed. (그가 성공할지는 의심스럽다)
      I don't doubt **that** he will succeed. (나는 그가 성공하리라는 것을 의심하지 않는다.)

📁 주의

종속접속사로 쓰이는 경우 but의 용법은 다양하다.

(a) I do not doubt **but** he will come.
         (=but that=that)
  (나는 그가 올 것을 의심하지 않는다.)

No man is so old **but** (**that**) he may learn.
           (=that~ not)
(사람은 아무리 나이가 많아도 배울 수 있다.)

(b) It never rains **but** it pours. (비가 오면 억수로 쏟아진다.)
       (=if~ not)

2 부사절을 이끄는 종속 접속사

❶ 때의 부사절

> **ex** when, while, after, since, before, as, till, etc.

(a) **when** : ~할 때, ~인데도(though, although), ~이라면(if)

He was sleeping **when** I visited him.
  (내가 그를 방문했을 때 그는 자고 있었다.)
He threatened to leave **when**[=**although**] he had no intention of leaving. (떠날 생각은 추호도 없으면서 가버리겠다고 위협했다.)
Who(m) should I invite, **when**[=if] you refuse to come?
  (네가 오지 않겠다면 누구를 초대해야 하지?)

(b) **while** : ~하는 동안에, 비록 ~이지만, ~인데 대하여 (반대, 비교, 대조, 양보)

While (I was) napping, I had a strange dream.
  (낮잠 자는 동안에 이상한 꿈을 꾸었다.)

Make hay **while** the sun shines. (기회를 놓치지 말아라.)
While he hates English, he makes good marks in it.
(그는 영어를 싫어하는데도 성적이 좋다.)

(c) **till, until**

ⓐ 계속

I will be here **till** [**until**] he comes. (그가 올 때까지 나는 이곳에 있겠다.)

ⓑ 결과 : till 앞에 콤마가 올 때

He drove wildly, **till** he ran into a truck.
     (=and at last)
(그는 난폭하게 운전해서 결국 트럭을 들이받았다.)

ⓒ 정도 : ~할 정도까지

The girl ran **till** she was out of breath. (소녀는 숨이 찰 때까지 달렸다.)

ⓓ 부정어와 함께 : not~ till[until]~ : 「~ 하고서야 비로소 ~하다」로 해석할 것

We do **not** know the value of health **till** we have lost it.
→ **Not till** we have lost health **do** we know its value. `부정어구의 도치`
→ **It is** not till we have lost health **that** we know its value.
(우리는 건강을 잃고서야 비로소 건강의 가치를 알게된다.) `It-that 강조구문`

(d) 「~하자마자 ~했다.」의 표현 (각 문장의 시제에 유의할 것)

As soon as
The moment
The instant
The minute   he saw me, he ran away.
Directly
Immediately
Instantly

= He **had no sooner seen** me **than** he ran away.
= **Had** he **no sooner seen** me **than** he ran away.
= **Hardly [scarcely] had** he **seen** me **when [before]** he ran away.
= **On seeing me,** he ran away. (그는 나를 보자마자 도망쳤다.)

(e) **before**

ⓐ It will not be long before + 주어 + 현재형 동사 : 머지않아(곧) ~할 것이다.
= Before long[soon] + 주어 + will + 동사

It will not be long before the sun **rises** in the east.
= **Before long[=soon]** the sun **will** rise in the east.
(곧 태양이 동쪽에서 떠오를 것이다.)

ⓑ 부정의 과거 완료형 + 시간, 거리의 부사 + when[before] : 미처 ~하기도 전에 ~하다.

I had not gone a mile when [before] it began to rain.
(미처 1마일도 못 가서 비가 내리기 시작했다.)

(f) **since : 「~한 이래로」**

It is ten years **since** he died.
= He **has been** dead for ten years.
= Ten years **have passed since** he died.
= He **died** ten years ago. (그는 10년 전에 죽었다.)

❷ 원인, 이유의 부사절

(a) **because, since, as, etc.**

➪ because를 수반하는 부정문은 전후 관계에 따라 의미가 달라진다.

not A because B : B하다고 해서 A하는 것은 아니다.
not A because B : B때문에 A하지 않다.

I did **not** leave him **because** he was poor.
ⓐ 나는 그가 가난하다고 해서 그의 곁을 떠나지는 않았다. (가난했지만 떠나지 않았다.)

ⓑ 나는 그가 가난해서 그의 곁을 떠난 것은 아니다.
(그의 곁을 떠난 것은 그가 가난했기 때문이 아니다.)
I did **not** leave him, **because** he was poor.
(그가 가난했으므로 나는 그의 곁을 떠나지 않았다: 그가 도움을 필요로 했으므로.)
As he was very tired, he went to bed.
(그가 매우 피곤했기 때문에 그는 잠자리에 누웠다.)
Since you are no longer a child, you should know better.
(너는 이제 어린애가 아니기 때문에 철들어야 한다.)

(b)
> **now(that) :** seeing[considering] that

Now that spring has come, we had better repair the house.
(봄이 왔으니 집을 수리하는 편이 낫겠다.)
Seeing [Considering] (that) he was still young, the salary was not a bad one. (그는 아직도 젊기 때문에 급료가 나쁜 것은 아니다.)

(c)
> **that :** [~이기 때문에] (구어체에서는 that대신에 because를 쓰기도 한다.)

If I find fault, it is **that** I want you to study.
(너를 나무라는 것은 네가 더 열심히 공부하기를 원하기 때문이다.)

> **not because A but because B**
> = not that A but that B : A때문이 아니라 B때문이다.

I gave it up **not because**[= **not that**] I disliked it, **but because**[**but that**] I could not do it. (내가 그것을 포기한 것은 그것을 싫어하기 때문이 아니라 그것을 해낼 수 없었기 때문이었다.)

❸ 목적표시 부사절

> **(so) that ~may[can] :** ~하기 위하여
> = (in order) that ~may[can]

He works hard **that** / **so that** / **in order that** he **may** succeed.
(그는 성공하기 위해 열심히 일한다.)

= He works hard **to** / **so as to** / **in order to** succeed. (단문)

> **lest∼ should∼** = **for fear(that)∼ should∼**
> = **so that∼ may not∼** = **in order[so as] not to∼**
> : ∼하지 않기 위하여

He got up early **lest** he **should** miss the first train.
(그는 첫 차를 놓치지 않기 위해서 일찍 일어났다.)
Be careful **lest** you (**should**) fall from the tree.
(나무에서 떨어지지 않도록 조심해라.)

> **in case∼ should∼** : ∼일지 모르니, 만약 ∼이라면

Take an umbrella **in case** it **should** rain.
(비가 올 경우에 대비하여 우산을 들고 가거라.)

❹ 결과 표시 부사절

> **so∼ that∼** : 너무 ∼해서 ∼하다.

He is **so** clever **that** he can do it.
He was **so** kind **that** he showed me the way.
= He **had the kindness to show** me the way.
(그는 친절하게도 나에게 길을 안내해 주었다.)

📁 주의

> 부정어(no, not, never, etc) **so∼ that∼**
> : ∼할 만큼 ∼하지 않다. (뒤에서부터 해석할것)

접속사 • 315

He is **not so** poor **that** he can not buy a book.
(그는 책 한 권을 살 수 없을 정도로 가난하지는 않다.)
He is **not so** rich **that** he can buy a piano.
(그는 피아노를 살 수 있을 만큼 부유하지 않다.)
It was raining heavily, **so that** we could not go out.
(비가 몹시 오고 있었다. 그래서 우리는 나갈 수가 없었다.)

❺ 양태, 비교, 비례표시 부사절

Do **as** you are told. (네가 들은 대로 해라.)
(**Just**) **as** the lion is king of beasts, **so** is the eagle king of birds.
(사자가 짐승의 왕이듯 독수리는 새의 왕이다.)

Grammar Drill

다음을 읽고 잘못된 부분을 고치시오.

1. By obeying the speed limit, we can save energy, lives, and it costs us less.
2. The pioneers labored to clear away the forest and planting crops.
3. Either Mr. Anderson or Ms. Wiggins are going to teach our class today.
4. Both my mother talked to the teacher and my father.
5. I have to study four hours every day because of my courses are difficult.
6. I can't understand the lectures in my grammar class, therefore my roommate lets me borrow her notes.
7. Because my country is located in a subtropical area, so the weather is hot.
8. Unless I study very hard, I will pass all of my exams.
9. My shoes and pants got muddy. Even though I walked carefully through the wet street.
10. Despite I prefer to be an English teacher, I am studying in the Business School.

---

1. **it costs us less → money, expense, etc.** : 동사(save)의 목적어(energy, lives, and~)들이 평행구조를 이루고 있으므로 같은 형태의 구조가 요구된다. 따라서 목적어들이 문장이 아닌 명사(구)들이므로 명사(구) 상당어구가 요구된다.
2. **planting → plant** : 등위 접속사(and)에 의해서 to부정사에 연결되므로 동사원형이 요구된다.
3. **are → is** : A or B의 구문에서 동사의 수는, 근자일치법에 의해 B에 일치시킨다.
4. **Both my mother and my father talked to the teacher.**
5. **because of → because** : because of는 전치사이기 때문에 절을 이끌지 못한다. 따라서 절이 따라오기 위해서는 접속사인 because가 요구된다.
6. **~class, therefore~ → ~class. Therefore~** : therefore는 부사의 범주에 들어가므로 두 문장을 연결시키지 못한다.
7. **Because my country is located in a subtropical area, the weather is hot.**
   또는 My country is located in a subtropical area, so the weather is hot.
8. **Unless I study very hard, I won't pass all of my exams.**
   또는 If I study very hard, I will pass all of my exams.
9. **My shoes and pants got muddy even though I walked carefully through the wet street.**
10. **Despite my preference[Despite preferring / Despite the fact that I prefer/ Although I prefer / Even though I prefer] to be an English teacher, I am studying in the Business School.**

Practice Test A

다음 _____ 안에 들어갈 적당한 표현을 고르세요.

1. Dozen is to twelve _____ score is to twenty.

    (A) as   (B) and
    (C) but   (D) that

    A is to B {as or what} C is to D:
    A와 B의 관계는 C와 D의 관계와 같다.
    [번역] 다스와 12의 관계는 스코어와 20의 관계와 같다.
    [정답] (A)

2. All manufactured products can be classified as either consumer goods _____ producer goods.

    (A) for   (B) by
    (C) so   (D) or

    등위상관접속사의 either가 명시되어 있으므로 or가 뒤따른다.
    consumer goods: 소비재
    producer goods: 생산재
    [번역] 모든 제품들은 소비재 또는 생산재 그 어느 하나로 분류될 수 있다.
    [정답] (D)

3. Fountain pen inks dissolve in water, _____ ballpoint pen inks dissolve in alcohol.

    (A) but   (B) but what
    (C) but there are   (D) but what are

    문법적으로 대등한 관계에 있으면서 동시에, 문맥상 상반되는 내용이므로 but이 적합하다.
    [번역] 만년필용 잉크는 물에 녹으나 볼펜용 잉크는 알콜에 녹는다.
    [정답] (A)

4. The ship changed its course _____ there was a storm.

    (A) because   (B) because of
    (C) due to   (D) on account of

    절이 뒤따르기 때문에 접속사가 들어갈 위치이다.
    [번역] 배는 폭풍우를 만나서 진로를 바꾸었다.
    [정답] (A)

5. I will try to finish this work _____.

    (A) up until you can come
    (B) before you come
    (C) up to the time you are able to come
    (D) until you come

    until은 계속을 나타내기 때문에 동작의 완료를 뜻하는 finish와는 어울리지 않는다.
    [번역] 네가 오기 전에 이 일을 끝내기 위해 노력할 것이다.
    [정답] (B)

6. _____ Alice _____ John are here.

    (A) Both, and   (B) Neither, nor
    (C) Either, or   (D) Not only, but also

    동사가 are이므로 복수 주어를 골라야 함.
    [번역] 앨리스와 존은 둘 다 여기에 있다.
    [정답] (A)

7. It is _____ what one does _____ what one tries to do that makes a man strong.

   (A) not, as (B) not, rather
   (C) not, but (D) from, than

   not A but B: A가 아니라 B이다.
   [번역] 사람을 강하게 만드는 것은 그가 행하는 것이 아니라 그가 행하려고 노력하는 것이다.
   [정답] (C)

8. The order must be delivered by Tuesday; _____ we will have to look for another supplier.

   (A) unless (B) excepting
   (C) maybe (D) otherwise

   otherwise는 부사로써 접속사와 비슷한 기능을 하는 접속부사이다.
   [번역] 주문품은 화요일까지 배달되어야 한다. 만약 그렇지 않으면 다른 공급처를 구해야 할 것이다.
   [정답] (D)

9. The library was built last year, _____ already it is too small.

   (A) or (B) and
   (C) where (D) because

   절을 연결하기 위한 접속사가 필요하다.
   [번역] 그 도서관은 작년에 세워졌는데 이미 규모가 너무 작다.
   [정답] (B)

10. As rust eats iron, _____ care eats the heart.

    (A) or (B) and
    (C) so (D) but

    just as~ so~: 마치 ~하듯이, ~하다.
    [번역] 녹이 쇠를 갉아먹듯이 걱정은 마음을 갉아먹는다.
    [정답] (C)

11. There is nothing so hard _____ it becomes easy by practice.

    (A) but (B) that
    (C) as (D) until

    부정어 다음에 but이 오면 「but=that~not」의 의미이다.
    [번역] 연습에 의해 쉬워지지 않을 만큼 어려운 것은 없다.
    [정답] (A)

12. The telephone company requires _____ bills be paid by the first of the month.

    (A) that (B) and
    (C) if (D) how

    require의 목적절이 요구된다. 이렇게 요구를 나타내는 경우에는 that절에 「(should) + 원형 동사」가 사용된다.
    [번역] 전화회사는 요금을 매월 1일까지 지불하라고 요구한다.
    [정답] (A)

Practice Test B

다음 문장의 밑줄 친 곳에서 올바르지 않은 것을 고르세요.

1. <u>The prices</u> of homes are <u>as high</u> <u>that</u> most
   (A)   (B)   (C)
   people <u>can't afford</u> to buy them.
          (D)

   so ~ that .... : 너무 ~해서 ....하다.
   [번역] 집 값이 너무 비싸서 대부분의 사람들은 살 여유가 없다.
   [정답] (B) (as high → so high)

2. A <u>package</u> finally arrived, <u>however</u> it was not
      (A)   (B)
   <u>the one</u> I <u>had expected</u>.
      (C)   (D)

   일반적으로 however는 부사로 취급한다. 이 위치에서는 문장과 문장을 연결해 주는 접속사가 필요하다.
   [번역] 물품이 마침내 도착했다. 그러나 그것은 내가 기다렸던 것이 아니었다.
   [정답] (B) (however → but)

3. <u>The</u> secretary could not make <u>copies</u> of the
      (A)   (B)
   report <u>although</u> <u>the</u> copier was broken.
              (C)   (D)

   접속사 although를 because나 since로 바꾸어야 의미가 연결된다.
   [번역] 비서는 복사기가 고장나서 복사를 할 수 없었다.
   [정답] (C) (although → because 또는 since로 바꾼다.)

4. The doctor had <u>too</u> <u>many</u> <u>patients</u> <u>that</u> he
                  (A)   (B)   (C)   (D)
   could not see them all.

   so ~ that ~: 너무 ~해서 ~하다.
   [번역] 의사는 환자들이 많아서 그들을 모두 진찰할 수가 없었다.
   [정답] (A) (too → so)

5. The cost of a college education has risen <u>as</u>
                                              (A)
   <u>rapidly</u> <u>during</u> <u>the past several years</u> that it is
      (B)   (C)
   now <u>beyond the reach</u> of many people.
          (D)

   「so~ that~: 너무 ~하므로 ~하다」라는 원인과 결과를 나타내는 구문임을 알 수 있다.
   [번역] 지난 수년 동안에 대학 교육비가 급등했기 때문에 오늘날에는 많은 사람들의 힘이 미치지 않게 되었다.
   [정답] (A) (as rapidly → so rapidly)

320 ▪ Chapter 11

Final Test

1. It matters little who finds the truth _____ the truth is found.

    (A) because (B) so that
    (C) so long as (D) as

    matter = be important   so long as = if only
    [번역] 진실이 발견되기만 하면 누가 발견하든 상관없다.
    [정답] (C)

2. Not a day passed by _____ he repented what he had done.

    (A) without (B) but
    (C) that (D) so

    but = if~ not
    [번역] 하루가 가면 반드시 그는 자기가 한 일을 후회한다
    [정답] (B)

3. _____ an organism dies, bacteria cause it to decay.

    (A) How
    (B) That
    (C) When
    (D) Either

    주절은 콤마 이하부분에 나와 있으므로, 빈칸에는 부사절의 접속사 중에서 의미에 맞춰서 넣으면 된다. 이 문장의 문맥상 의미로 보아 때를 나타내는 접속사 when이 적합하다.
    [번역] 유기체가 죽으면, 박테리아가 그 유기체를 부식시킨다.
    [정답] (C)

4. The pigment in a paint not only creates a decorative and functional color _____ affects the mechanical properties of the paint.

    (A) or (B) that
    (C) but also (D) and then

    not only~ but(also)~ : ~뿐만 아니라 ~도
    pigment: 안료, 색소
    mechanical properties: 기술적인 특성
    [번역] 페인트에서 안료는 장식적이고 기능적인 색상을 만들어낼 뿐 아니라, 페인트의 기술적인 특성에도 영향을 미친다.
    [정답] (C)

5. _____ milk is readily digested by most people, the calcium, phosphorous, and other nutrients in it are promptly and effectively utilized by the body.

    (A) So
    (B) Therefore
    (C) Because
    (D) Consequently

    이유를 나타내는 종속접속사인 because가 적합하다.
    phosphorous: 인의, 인을 함유한
    nutrient: 영양물
    [번역] 대부분의 사람들이 우유를 쉽게 소화시키기 때문에, 그 속에 들어있는 칼슘, 인 그리고 다른 영양분이 신속하고 효과적으로 인체에 이용된다.
    [정답] (C)

6. _____ of a newspaper nor the number of pages in an edition has ever been standardized.

   (A) The page size is neither
   (B) Neither is the page size
   (C) The page size, neither
   (D) Neither the page size

   nor가 있는 점으로 미루어 neither~ nor~의 구문임을 알 수 있다.
   [번역] 신문편집에서 페이지의 크기뿐만 아니라 페이지의 수도 규격화되어오지 않았다.
   [정답] (D)

7. A flower, or any substance containing water, will become as hard as steel _____ dipped into liquid air.

   (A) by
   (B) if
   (C) due to
   (D) so that

   종속접속사 if다음에 it is가 생략된 것으로 보면 된다.
   [번역] 꽃이나, 또는 수분을 함유하고 있는 어떤 물질은 액화 공기 속에 넣게 되면 쇠처럼 단단해진다.
   [정답] (B)

8. Katherine Anne Porter enjoyed a reputation as one of the finest literary stylists of the United States _____ her publications were few.

   (A) why
   (B) because of
   (C) despite
   (D) even though

   밑줄 다음에 절의 형태가 나왔기 때문에 밑줄 친 곳에는 접속사가 들어가야 한다. 한편 주절과 종속절의 내용으로 미루어 문맥상 양보를 나타내는 접속사가 적합하다.
   [번역] 캐서린 앤 포터는 비록 발행한 작품 수는 적었지만 미국에서는 가장 화려한 문장가 중의 한 사람으로 평판을 받았다.
   [정답] (D)

9. Homemaking in preindustrial America required _____ and skill.

   (A) and strength
   (B) both strength
   (C) strength additional
   (D) strength besides

   본동사가 required이므로 both strength and skill이 본동사의 목적어 역할을 한다. 한편 and는 등위접속사 이므로 같은 형태의 품사가 연결되어야 한다.
   homemaking: 가사, 가정
   [번역] 산업화 이전의 미국에서 가사는 힘과 기술을 필요로 하였다.
   [정답] (B)

10. "Did you remember to give Maria the money you owe her?"
    "Yes. _____ I saw her, I remembered."

    (A) While
    (B) The instant
    (C) Suddenly
    (D) Momentarily

    두 문장을 연결하기 위해서는 접속사가 필요하다.
    [번역] "당신은 메리에게 갚아야 할 돈을 기억했나요?"
    "예, 내가 그녀를 보는 순간 기억이 났어요."
    [정답] (B)

11. Just as too much harmony is tiresome in music, _____ .

    (A) the life of too many benefits annoys us
    (B) so, in life, too many benefits annoy us
    (C) we are annoyed with lives also of too many benefits
    (D) much benefits annoy us in life

just as A, so B: A가 하듯이 B도 하다.
[번역] 음악에 너무 화음이 많으면 지루해지는 것처럼, 인생에서 너무 많은 혜택은 좋지 않다.
[정답] (B)

12. A knot is a joining of two pieces of rope _____ of cord.

    (A) with   (B) or
    (C) because   (D) where

문장구조나 의미로 볼 때 등위접속사 or가 필요하다.
[번역] 매듭은 로프나 코드의 두 부분을 연결해 주는 이음매이다.
[정답] (B)

13. At thirteen _____ at a district school near her home, and when she was fifteen, she saw her first article in print.

    (A) the first teaching position that Mary Jane Hawes had
    (B) the teaching position was Mary Jane Hawes' first
    (C) when Mary Jane Hawes had her first teaching position
    (D) Mary Jane Hawes had her first teaching position

전체구조로 볼 때에 밑줄친 부분에는 완전한 문장이 와야 한다. (when절은 삽입절임)
[번역] 13세에 메리 제인 호스는 그녀의 최초의 교직을 집 근처에 있는 학군 내의 학교에서 가졌으며, 15세가 되자 첫 번째 논문을 출판했다.
[정답] (D)

14. "Will college close down because of the strike?"
    "Nobody knows. _____ made a statement about it."

    (A) The administration, and not the students either, have
    (B) Both the administration and the students have
    (C) Neither the administration nor the students have
    (D) Either the administration or the students haven't

neither~ nor의 구문. (B)는 의미상 모순되어 들어갈 수 없다.
[번역] "그 파업 때문에 학교가 휴교할 건가요?"
"아무도 모르지요. 학교당국이나 학생들은 그것에 대해 아무 말도 하지 않았어요."
[정답] (C)

15. When they were written, many nursery rhymes were intended not for children _____ for adults.

    (A) nevertheless   (B) but
    (C) instead of   (D) on the other hand

    not A but B: A가 아니라 B이다.
    [번역] 동요가 처음에 만들어질 때에는, 많은 동요들이 어린이들을 위해서가 아니라 어른들을 위해서 만들어졌다.
    [정답] (B)

16. "You should put the money in the bank."
    "It's my money ; _____ I can do whatever I want to with it."

    (A) but   (B) so
    (C) yet   (D) or

    문장 내용상 '그러므로'에 해당되는 so가 적합하다.
    [번역] "너는 그 돈을 은행에 예금해야 한다."
    "그건 내 돈이야. 그래서 나는 그 돈으로 내가 하고 싶은 대로 할 수 있어."
    [정답] (B)

17. The moment they met, they knew that _____.

    (A) friendship would be happen
    (B) friendship they would have
    (C) they would be friends
    (D) they would have friendliness

    주어의 일관성이나 표현 등에 있어서 가장 자연스런 문장은 (C)이다.
    [번역] 그들은 만나자마자 그들이 친구가 될 것이라는 것을 알았다.
    [정답] (C)

18. "Whenever I have to write a paper, I don't know where to begin."
    "I have the same problem, but _____ the paper seems to write itself."

    (A) starting
    (B) having started once
    (C) once I start
    (D) after to start

    일단 시작하면 글이 저절로 써진다는 의미이다. 한편 once I start에서 once는 「일단 ~하면」의 의미이다.
    [번역] "나는 논문을 쓸 때마다 어디서 시작해야 할지를 모르겠어."
    "나도 마찬가지인데 일단 시작하면 잘 써지는 것 같아."
    [정답] (C)

19. In a period of inflation, the value of money drops as _____.

    (A) prices rise
    (B) prices go the other way
    (C) up go the prices
    (D) prices arise

    as prices rise: 가격이 오름에 따라
    [번역] 인플레이션 기간동안, 물가가 상승함에 따라 화폐의 가치는 하락한다.
    [정답] (A)

20. "As soon as I sat down, I fell asleep."
    "I didn't realize how _____."

    (A) tired you were
    (B) were you tired
    (C) you were tired
    (D) tired were you

how tired가 형식상 하나의 접속사처럼 쓰이고 있다.(명사절의 어순문제)
[번역] "나는 앉자마자 잠이 들었다."
       "나는 네가 얼마나 피곤한지 알지 못했어."
[정답] (A)

21. "Well, here I am at last."
    "Good! I was worried _____ be back on time."

    (A) if that you'd
    (B) so you'd
    (C) whether you wouldn't
    (D) that you wouldn't

be worried about + 구, be worried that + 절: ~을 걱정하다.
[번역] "마침내 도착했구나."
       "잘됐어! 나는 네가 정시에 도착하지 못할까봐 걱정했어."
[정답] (D)

※ Select the part (A, B, C or D) which is not acceptable for standard written expression.

22. The <u>snowfall</u> in the Rocky Mountains
         (A)
    <u>averages</u> between 22 <u>or</u> 30 <u>feet</u> each year.
      (B)   (C)   (D)

between이 앞에 나와 있으므로 between~ and~의 구문임을 알 수 있다.
[번역] 로키산맥의 강설량은 매년 평균 22피트 내지 30피트이다.
[정답] (C) (or → and)

23. Roberto Clemente was <u>recognized</u> for both
                              (A)
    his <u>great</u> humanitarianism and <u>because his</u>
         (B)   (C)
    outstanding <u>skill</u> on the baseball field.
                  (D)

병렬구조의 법칙 때문에 both~ and~에 의해 연결되는 것은 동일한 형태이어야 한다. 따라서 C의 because는 불필요한 요소이다.
[번역] 로베르토 클레멘테는 그의 인도주의와 야구장에서의 뛰어난 기량으로 인해 인정을 받았다.
[정답] (C) (because his → his)

24. Since infection <u>can cause</u> both fever <u>as well</u>
                      (A)   (B)
    <u>as</u> pain, it is a good idea <u>to check</u> <u>his</u>
     (C)   (C)   (D)
    temperature.

이 문장에 both가 나와 있는 점으로 미루어 보아 B의 as well as는 and로 바꾸어야 한다. 즉, both A and B의 구문이다.
[번역] 전염병은 열과 고통을 일으키므로, 체온을 체크해 보는 일이 좋은 생각이다.
[정답] (B) (as well → and)

25. A jewel is an ornament <u>fashioned</u> from
    (A)
    <u>precious</u> metals or <u>stones</u>, either alone <u>and</u> in
    (B)   (C)   (D)
    combination.

either~ or의 구문이므로 and를 or로 고쳐 주어야 한다.
ornament: 장신구
[번역] 보석은 귀금속이나 값비싼 돌이 단독으로 또는 결합된 형태로 이루어진 장신구이다.
[정답] (D) (and → or)

26. Although DDT was first <u>produced</u> in 1874,
    (A)
    <u>but it was</u> not widely <u>used</u> <u>until</u> the second
    (B)   (C)   (D)
    quarter of this century.

두 문장을 연결시키기 위해서는 하나의 접속사가 필요하다. 따라서 (B)의 but는 삭제해야 한다.
[번역] 비록 DDT가 1874년에 처음 만들어졌다고 할지라도 금세기 중반까지는 그렇게 널리 사용되지 않았다.
[정답] (B) (but it was → it was)

27. <u>Since</u> the Industrial revolution, the primary
    (A)
    sources <u>of</u> energy, other <u>than</u> human muscle
            (B)   (C)
    and manual labor, have been such fossil fuels
    <u>like</u> oil, coal, and gas.
    (D)

such~ as~의 구문이다.
[번역] 산업혁명 이래로 주된 에너지원은 인간의 근육이나 육체노동이 아닌 석유, 석탄, 가스와 같은 화석연료였다.
[정답] (D) (like → as)

28. The idea <u>where</u> electricity <u>cannot</u> be created
              (A)   (B)
    or destroyed <u>seems</u> to imply that electrons
                 (C)
    and protons cannot be <u>created</u> or destroyed.
                          (D)

(A)에는 동격의 접속사 that이 필요하다.
[번역] 전기는 창조될 수 없으며 파괴될 수도 없다는 생각은 전자와 양자가 창조될수 없고 파괴될 수 없다는 것을 의미하는 것처럼 보인다.
[정답] (A) (where → that)

29. Neither John <u>and</u> his father was able to wake
                 (A)
    <u>up</u> early <u>enough</u> <u>to catch</u> the morning train.
    (B)   (C)   (D)

neither A nor B: A도 B도 ~하지 않다.
[번역] 존도 그의 아버지도 아침 기차를 탈 수 있을 만큼 일찍 일어나지 못했다.
[정답] (A) (and → nor)

Chapter 12

관계사

Relative Pronoun

1 Grammar Preview

1 관계대명사의 종류

1 주격

The student **who** sits next to me is from Japan.
(내 옆에 앉아있는 학생은 일본에서 온 학생이다.)

2 목적격

The man **who**(**m**) I met was Dr. Park. (내가 만난 사람은 닥터 박이었다)

3 소유격

Bob has a painting **whose** value is inestimable.
(밥은 가치를 평가할 수 없을 만큼 귀중한 그림을 가지고 있다.)
I live in a dormitory **whose** residents come from many countries.
(나는 기숙사에서 생활하는데 기숙사생들은 여러 나라에서 왔다.)

2 관계대명사의 생략관계

1 타동사의 목적격

The movie (**which**/**that**) we saw last night was very good.
(우리가 어젯밤에 본 영화는 매우 좋았다.)

2 전치사의 목적격

The music **to which** we listened last night was good.
(어젯밤에 우리가 들었던 그 음악은 좋았다.)
The music (**which**/**that**) we listened to last night was good.
(어젯밤에 우리가 들었던 그 음악은 좋았다.)

③ 주격 관계대명사의 생략

There is a man (**who**) wants to see you. (There is ~의 구문에서)
　　(너를 만나고 싶어하는 사람이 한 명 있다.)
He is not the man (**which/that**) he used to be. (be동사의 보어 위치에서)
　　(그는 과거의 그가 아니다.)
⇨ 선행사가 사람이라도 인격, 직업, 성격, 인물 등을 나타낼 때에는 which/that을 사용한다.

③ 전치사 + 관계대명사와 관계부사의 관계

The building **where** he lives is very old.
⋯▶ The building **in which** he lives is very old.
　　(그가 살고 있는 그 건물은 매우 오래 됐다.)
I'll never forget the day **when** I met you.
⋯▶ I'll never forget the day **on which** I met you.
　　(내가 너를 만났던 그 날을 나는 결코 잊지 않을 것이다.)

④ 이중제한

Can you mention anyone **that** we know **who** is as talented as Eric?
　　(당신은 우리가 알고 있는 사람으로 에릭만큼 재주 있는 사람을 말해줄 수 있습니까?)
There is no one **that** I know of **who** deserves to love you.
　　(내가 알고 있는 사람으로서 당신을 사랑할 만한 가치가 있는 사람은 없다.)

2 Grammar Check-up

I 다음 문장의 밑줄 친 곳에 알맞은 관계사를 쓰시오.

1. He is a man _____ I supposed was capable of such cruelty.

2. He _____ laughs last laughs best.

3. _____ with teaching and with writing, he was very busy.

4. The student _____ composition I read writes very well.

5. The building _____ he lives in is very new.

6. The building _____ he lives is very new.

7. There is no mother _____ loves her children.

8. You may invite _____ wants to see you.

9. In the car I saw a woman _____ I thought was my aunt.

10. Choose _____ you think is suitable.

II 다음 문장에서 틀린 곳을 고치시오.

1. It is important to be polite to people who lives in the same building.

2. London has many fine museums, where thousands of people visit everyday.

3. My sister has two children, who their names are Junwoo and Junhyung.

4. This is the work of a writer whom they say is greater than Shelley or Keats.

5. There are ten universities in Thailand, seven of them locate in Bangkok is the capital city.

6. He is a greatest man who I have ever known.

7. Never put off till tomorrow that can be done today.

8. Let children read such books that will make them better and wiser.

9. I went to Je-ju Island, where is one of the most beautiful views of Korea.

10. I met the girl whom I had been told was to be there.

Ⅲ 다음 문장들의 의미상 차이점을 말하시오.

1. He reached in the basket and threw away the apples that were rotten.

2. He reached in the basket and threw away the apples, which were rotten.

3. The students who had done well on the test were excused from class early.

4. The students, who had done well on the test, were excused from class early.

5. Who is there but loves his country?

6. Who is there that loves his country?

정답 및 해설

I
1. **who** : I supposed가 삽입되므로 밑줄친 곳에는 was capable of의 주어역할을 하는 주격 관계대명사가 필요하다.
2. **who** : He who~ = ~하는 사람.
3. **what** : what with A and what with B : 한편으로는 A하기도 하고, 또 한편으로는 B하기도 해서.
4. **whose** : 소유격 관계대명사는 whose를 사용한다.
5. **which** : 전치사 in의 목적어 역할을 하는 목적격 관계대명사 which나 that이 필요하다. 또한 생략도 가능하다.
6. **where** : 밑줄 다음의 문장이 완전한 문장이므로, 밑줄친 곳에는 관계부사가 온다.
7. **but** : 앞의 부정어가 나오는 문장에서는 유사관계대명사 but(=that~ not…)을 사용하는 경우가 많다.
8. **whoever** : 선행사가 없을 때에는 복합 관계대명사를 사용한다.
9. **who** : I thought가 삽입되었으므로, was의 주어 역할을 하는 주격 관계대명사 who가 요구된다.
10. **what** : you think가 삽입 되었으므로, is의 주어 역할을 하는 주격 관계대명사가 요구된다. 특히 이 문장에서는 선행사가 없으므로 what이 적절하다.

II
1. **lives → live** : 선행사가 복수 (people)이므로 동사도 복수형 동사를 쓴다.
2. **where → which** : where 위치에는 동사 visit의 목적어 역할을 할 수 있는 관계대명사 which가 필요하다.
3. **children, who their → children whose**
4. **whom → who** : they say가 삽입절이므로 is의 주어 역할을 하는 주격 관계대명사 who가 필요하다.
5. **~Thailand, seven of them locate in Bangkok is the capital city.** :
   ~Thailand, seven of which are located in Bangkok, (which is) the capital city. (comma에 주의 할 것)
6. **a → the, who → that** : 최상급 앞에는 정관사가 필요하다. 또한 최상급이 선행사일 경우에는 관계대명사 that을 쓰는 것이 일반적이다.
7. **that → what** : 관계대명사 that을 보면 선행사가 없다. 따라서 선행사를 자체 포함하는 관계대명사 what이 들어가야 한다.
8. **that → as** : 선행사가 such등이 있으면 유사관계대명사인 as를 사용한다.
9. **where → which** : 동사 is의 주어 자리이므로 주격 관계대명사 which가 필요한 위치이다.
10. **whom → who** : was의 주어역할을 하는 주격 관계대명사가 요구되는 위치이다.

III
1. 단지 몇 개의 사과만이 썩었었다.
2. 모든 사과가 썩었었다.
3. 단지 몇 학생들만이 면제받았다.
4. 모든 학생들이 면제받았다.
5. 조국을 사랑하지 않는 사람이 누가 있겠는가?
6. 조국을 사랑하는 사람이 누가 있겠는가?

3 Grammar Focus

1 관계대명사

> **관계대명사와 접속사의 비교**
> 관계대명사는 접속사+대명사의 기능을 하며, 접속사는 단지 두 문장을 연결시키는 기능밖에 없다. 따라서 관계대명사는 대명사로서 어떤 기능을 해야 하기 때문에 뒷 문장이 불완전한 문장이 되며 접속사나 관계부사는 뒷 문장이 완전한 문장이 온다.

1 관계대명사의 종류와 격변화

관계대명사에는 선행사가 사람일 때 사용하는 who와 사물이 선행사일 때 사용하는 which, 그리고 사람과 사물 모두에 사용할 수 있는 that이 있으며, 선행사 자체를 포함하는 what이 있다. 그리고 관계대명사가 이끄는 절 안에서 관계대명사가 어떤 역할을 하느냐에 따라 주격, 소유격, 목적격 등으로 나뉘게 된다.

선행사	주격	소유격	목적격	역할
사람	who	whose	whom	형용사절
동물, 사람	which	whose, of which	which	형용사절
사람, 동물, 사물	that	–	that	형용사절
선행사 포함됨	what	–	what	명사절

❶ Who의 용법

(a) I have **a friend. He** lives in seoul.
 ⋯▶ I have **a friend who** lives in Seoul. 　주격
　　(나는 서울에 사는 친구가 있다.)

(b) This is the **man. His** wife is an actress.
 ⋯▶ This is the **man whose** wife is an actress. 　소유격
　　(이 사람은 아내가 여배우이다.)

(c) I know **the girl.** You wanted to see her.
 ⋯▶ I know **the girl whom** you wanted to see. 　목적격
　　(나는 당신이 만나고 싶어했던 그 여자를 안다.)

(d) I employed **a man.** I thought **that he** was honest.
　　　　　　　　　　　I thought **him** to be honest.
　⋯→ I employed **a man who** I thought was honest.
　　　　　　　　　　whom I thought to be honest.
　　　　　　　　(나는 정직하다고 생각한 사람을 채용했다.)

❷ **Which의 용법**

선행사가 사물(동물이나 무생물)일 때 사용된다. 관계대명사 which는 또한 선행사가 구(phrase), 형용사(adjective), 그리고 절(clause)일 때 사용되는 관계대명사이다.

(a) This is **the dog. The dog** barked at me last night.
　⋯→ This is **the dog which** barked at me last night.
　　　　(이 개가 어젯밤에 나를 보고 짖었던 개이다.)

(b) This is **the word.** I cannot understand the meaning of it.
　⋯→ This is **the word** ○ **the meaning of which** I can't understand.
　　　　　　　　　　　　　○ **of which the meaning** I can't understand.
　　　　　　　　　　　　　○ **whose meaning** I can't understand.
　　　　　　　　　　　　　○ **which** I can't understand the meaning of.
　　　　　　　　　　　　　○ **of which** I can't understand the meaning.
　(이것은 내가 그 의미를 이해하지 못한 낱말이다. = 나는 이 낱말의 의미를 이해할 수 없다.)
　↪ whose meaning에서 whose 다음에 the가 들어가지 않음에 주의해야 한다. 그것은 형용사편의 대명형용사가 겹쳐 나올 수 없다는 점을 기억하면 쉽게 이해될 것이다.

(c) They tried **to persuade her**, **which** was found impossible.
　　　　(그들은 그녀를 설득하려 했으나 그것은 불가능한 것으로 밝혀졌다.)
　↪ which의 선행사는 to persuade her이다.
　He is **rich**, **which** I am not. (그는 부자인데 나는 부자가 아니다.)
　↪ which의 선행사는 형용사 rich이다.
　He says he saw me there, **which** is a lie.
　　　　(그는 저기서 나를 보았다고 말하는데, 그 말은 거짓말이다.)
　↪ which의 선행사는 바로 앞에 나오는 절이다.

(d) 선행사가 사람의 성격, 인물, 직업, 신분을 나타낼 때에는 which나 that을 쓴다.
　He is not **what** he used to be. (그는 과거의 그가 아니다.)
　= He is not the man **that** he **used to be**.
　　↪ 이 때에 used to는 상태를 나타내므로 used to be를 was로 바꿔 쓸 수가 있다.
　She is not the cheerful woman **which** she **was**. ［which는 was의 보어］
　　　　(그녀는 과거와 같은 쾌활한(성격의) 여자가 아니다.)

(e) 선행사가 child나 baby처럼 성별이 분명하지 않을 때에는 which를 쓸 수 있다.
   He kissed the child which was in its mother's arms.
   (그는 어머니의 팔에 안겨있는 그 아이에게 입을 맞추었다.)

❸ **That의 용법**

(a) 제한적 용법에만 쓰이고 계속적 용법에는 쓸 수 없다.
   I want a man **that**(=who) can speak English well.
   (나는 영어로 말을 잘 할 수 있는 사람을 원한다.)

(b) that 앞에는 전치사가 올 수 없다.
   This is the house **in which** he lives. (○) (이곳이 그가 사는 집이다.)
   This is the house **in that** he lives. (×)
   → 관계대명사 that 앞에 전치사 in이 있어서 비문이다.

(c) 다음과 같은 경우에는 that 을 쓰는 것이 일반적이다.

> ⓐ 선행사가 사람 + 사물, 사람 + 동물인 경우
> ⓑ 선행사에 the + 최상급, the + 서수, the only, the very, the last, all, every, any, no등이 있는 경우
> ⓒ 선행사가 의문사인 경우이거나 의문사로 시작될 때
> ⓓ 선행사가 something, anything, everything, nothing등인 경우

ⓐ Look at **the girl and her dog** that are coming this way.
   (이 쪽으로 오고 있는 저 소녀와 그녀의 개를 보아라.)
ⓑ He is **the greatest** poet **that** Korea has ever produced.
   (그는 한국이 배출한 가장 위대한 시인이다.)
ⓒ **Who that** I know believes such a thing?
   (내가 아는 누가 그러한 것을 믿겠는가? = 믿지 않는다는 의미임.)
   Who is there **but** hopes for happiness?
   (행복을 바라지 않는 자가 누가 있겠는가? = 누구나 다 행복을 바란다는 뜻임.)
ⓓ I read **everything that** came into my hand.
   (나는 수중에 입수되는 모든 것을 읽었다.)

(d) 관계대명사 that은 소유격이 없다.

> the same~ that : 동일 물건일 경우
> the same~ as : 동일 종류인 경우

This is **the same** watch **that** I lost yesterday.
(이것은 어제 내가 잃어버린 바로 그 시계이다.)
This is **the same** watch **as** I lost yesterday.
(이것은 어제 내가 잃어버린 것과 같은 종류의 시계이다.)

형용사절에 있어서 콤마의 중요성

다음 두 가지가 일반적으로 기본적인 방향이라고 할 수 있다.

> 첫째, 형용사절이 수식하는 명사를 밝힐 필요가 있는 경우에는 콤마(,)를 쓰지 않는다.
> 둘째, 만일 형용사절이 단순히 추가적인 정보만을 제공한다거나 형용사절이 수식하는 명사를 확인할 필요가 없으면 콤마(,)를 사용한다.

① The professor who teaches Chemistry 101 is an excellent lecturer.
(화학 101을 가르치는 교수님은 아주 강의를 잘하신다.)
➪ 이 문장에는 콤마를 쓰지 않았다. 왜냐하면, 형용사절이 그 교수가 어떤 교수임을 밝히는데 필요하기 때문이다.

② Professor Wilson, who teaches Chemistry 101, is an excellent lecturer.
(화학 101을 가르치는 윌슨 교수님은 강의를 아주 잘 하신다.)
➪ 이 문장에 콤마를 쓰는 이유는 형용사절이 Professor Wilson이 누구인지를 확인할 필요가 없기 때문이다. 우리는 그의 이름이 나와있기 때문에 그가 누구인지 이미 알고 있다. 형용사절은 단지 추가적인 정보만을 제공해 준다.

③ Hawaii, which consists of eight Principal islands, is a favorite vacation spot. (하와이는, 8개의 주요 섬으로 이루어져 있는데, 유명한 휴양지이다.)

④ Mrs. Smith, who is a retired teacher, does volunteer work at the hospital.
(스미스 부인은, 퇴직 교사인데, 병원에서 자원해서 일하신다)
➪ ②, ③, ④에서처럼 형용사절이 고유명사를 수식하는 경우에는 콤마(,)를 사용한다.

⑤ Mr. Lee, whom I met yesterday, teaches chemistry.
➪ 이 경우에는 whom 대신에 that을 쓸 수 없다. 왜냐하면 관계대명사 that 앞에는 콤마(,)를 사용할 수 없기 때문이다.

⑥ 콤마는 의미상의 차이를 가져올 수 있다.

We took some children on a picnic. The children, who wanted to play soccer, ran to an open field as soon as we arrived at the park.

(우리는 몇 명의 어린이들을 소풍에 데려갔다. 그 어린이들은 축구를 하고 싶어서 공원에 도착하자 들판으로 달려나갔다.)

We took some children on a picnic. The children who wanted to play soccer ran to an open field as soon as we arrived at the park. The others played a different game.

(우리는 몇 명의 어린이들을 데리고 소풍을 갔다. 축구를 하고싶은 어린이들은 우리가 공원에 도착하자마자 들판으로 달려나갔다. 나머지 어린이들은 다른 게임을 하고 놀았다.)

※ 차이 : 콤마를 사용하는 경우는 모든 아이들이 축구를 하고 싶어서 들판으로 뛰어갔다는 의미이다. 콤마를 사용하지 않는 경우는 단지 일부 어린이들만이 축구하기를 원한다는 의미이다.

❹ What의 용법

관계대명사 what의 특별한 점은 선행사를 내포하고 있다는 점이다. 따라서 선행사가 없는 경우에는 항상 what을 생각하고 있어야 하며 나중에 설명할 복합 관계대명사와의 구별이 요구된다. 또한 what은 명사절을 유도하기 때문에 주어, 목적어, 보어의 기능을 하는 것이 일반적 용법이며, what에는 특별한 관용적 용법이 많으므로 철저히 암기해 두어야 할 것이다.

ⓐ 일반적 용법 : 명사절을 이끌어 주어, 목적어, 보어의 기능을 한다.

What [=**That which**] **he said** proved to be false. 주어
(그가 한 말이 거짓으로 판명되었다.)
He explained **what** he had observed. 목적어
(그가 보았던 것을 설명했다.)
This is **what** I asked for. 보어
(이것이 내가 요구한 것이다.)

ⓑ 관용적 용법

ⓐ
What one is : one의 사람됨, 인격, 인물
What one has : one의 재산
What one does : one의 행위

➪ one은 일반인칭이므로 인칭과 시제에 따라 동사가 변화한다.

My parents have made me **what I am.**
(나의 부모님이 오늘과 같은 나로 만드셨다.)

I respect him for **what he is**, not for **what he has.**
(나의 그의 재산 때문이 아니라 그의 인격 때문에 그를 존경한다.)

A man is to be measured by **what he is** and **what he does** in life.
(사람은 인생에 있어서 그의 인격과 그가 하는 일에 의해서 평가되어야 한다.)

ⓑ **A is to B what[or as] C is to D :**
A가 B에 대한 관계는 C가 D에 대한 관계와 같다.
= What C is to D, A is to B
= Just as C is to D, so is A to B

Reading is to the mind **what [as]** food is to the body.
= **What** food is to the body, reading is to the mind.
= **Just** as food is to the body, so is reading to the mind.
(독서와 정신에 대한 관계는 음식과 육체에 대한 관계와 같다.)

ⓒ **What with A and(what with) B :**
한편으로는 A때문에 또 한편으로는 B때문에 (중복된 원인, 이유)
What by A and (what by) B :
한편으로는 A에 의해서 또 한편으로는 B에 의해 (중복된 수단)

What with fatigue and **(what with)** hunger, he fell down.
(피곤하기도 하고 배도 고프고 하여 그는 쓰러졌다.)
What by threats and **(what by)** entreaties he married her.
(위협도 하고, 간청도 하여 그는 그녀와 결혼했다.)

ⓓ **What you[they, people, we] call**
= what is called
= so-called 소위, 이른바

He is **what we call** a self-made man.
(그는 이른바 자수성가한 사람이다.)

ⓔ **What is + 비교급 : 더욱 더 ~한 것은**

He is clever, and **what is better still,** very brave.
(그는 총명하다. 그리고 더욱 더 좋은 것은 매우 용감하다.)

He lost his way, and $\begin{bmatrix} \text{what was worse} \\ \text{to make matters worse} \end{bmatrix}$ it began to rain.
(그는 길을 잃었다. 그리고 더욱 더 나쁜 것은(설상가상으로) 비가 내리기 시작했다.)

2 제한적 용법과 계속적 용법

계속적 용법에서 주의할 점은 관계 부사의 when, where는 계속적 용법이 가능하지만 관계대명사 that은 계속적 용법으로 사용할 수 없다는 점이다.

❶ 제한적 용법

관계대명사가 선행사를 수식 또는 제한하는 형용사절의 역할을 하는 경우를 말하며 관계대명사 앞에 콤마가 없는 경우가 일반적이며 뒤에서부터 올려 해석한다.

He had two sons **who** became doctors. (그는 의사가 된 두 아들이 있었다.)

❷ 계속적 용법

관계대명사가 선행사를 수식 또는 제한하지 않고 부연 설명하는 경우이며 일반적으로 관계대명사 앞에 콤마가 있으며 위에서부터 내려 해석한다 계속적 용법의 관계대명사는 접속사+대명사로 바꿔 쓸 수 있으며 접속사는 문맥에 의해 결정된다.

I met a boy, **who** showed me the way. [=and he~]
(나는 어떤 소년을 만났는데 그 소년이 나에게 길을 안내해 주었다.)
He bought a dictionary, **which** he has seldom used. [=but~ used it]
(그는 사전을 하나 샀지만 거의 사용하지 않았다.)
cf. There were few passengers **who** escaped without serious injury.
   (중상을 입지 않고 탈출한 승객은 거의 없었다.)
 There were few passengers, **who** escaped without serious injury.
   (승객은 거의 없었는데 그들은 중상을 입지 않고 탈출했다.)

3 관계대명사의 생략 : 제한적 용법인 경우

❶ 타동사나 전치사의 목적격인 경우

The man (**whom**) **I met** yesterday is a famous chemist.
(내가 어제 만났던 그 사람은 훌륭한 화학자이다.)
He has no friend (**whom**) he can depend **upon**.
(그는 의지할 수 있는 친구가 없다.)

※ 주의
- I bowed to the gentle man, **whom** I knew well.
  (나는 그 신사에게 인사했다. 왜냐하면 나는 그를 잘 알기 때문이다.)
- I know the gentleman **with whom** she is talking.
  (나는 그녀가 함께 말하고 있는 그 신사를 안다.)
  ➡ 위의 예문에서처럼 목적격 관계대명사 앞에 콤마(,)가 있거나 목적격 관계대명사 바로 앞에 전치사가 나오는 경우에는 목적격이라 할지라도 관계대명사를 생략할 수가 없다.

❷ 보어인 경우

He is not the man (**that**) he **was** ten years ago. 〔주격 보어〕
(그는 10년 전의 그가 아니다.)
He is not the man (**which**) his father wanted him to be. 〔목적격 보어〕
(그는 그의 아버지가 원했던 그런 인물이 아니다.)

❸ 주격 관계대명사의 생략

(a) 주절에 There[Here] is~, It is~ 등이 있을 때는 주격 관계대명사도 생략이 가능하다.

There is a lady (**who**) wants to see you.
(너를 만나고 싶어하는 숙녀가 있다.)
Here is a book (**which**) will interest you.
(너가 흥미있어할 책이 한 권 있다.)

(b) It is~ that의 강조 용법에서 주격 관계대명사의 생략이 가능하다.

It was Jack (**that**) told me about it.
(나에게 그것에 관해서 말했던 사람은 바로 잭이었다.)

(c) 관계대명사 절 속에 there is[are]가 있을 때 주격 관계대명사의 생략이 가능하다.

He is one of the greatest scientists (**that**) **there are** in Korea.
(그는 한국에 있는 위대한 과학자들 중 한 사람이다.)
He taught me the difference (**that**) **there is** between right and wrong.
(그는 나에게 옳고 그름에는 차이가 있음을 가르쳤다.)

4 유사 관계대명사

❶ as의 용법

> 선행사에 **such, as, the same**이 있을 때 사용되며 절 전체를 선행사로 취하기도 한다.

(a) **As many** children **as** came here were given presents.
 = **All the** children **that** came here were given presents.
 (여기에 왔던 모든 어린이들에게는 선물이 주어졌다.)

  cf. as many[much] ~as = all the~ that~

(b) You have to eat **such** fruit **as** is good for your health.
 (너는 건강에 좋은 (그러한) 과일을 먹어야 한다.)

(c) This is the **same** camera **as** I lost yesterday.
 (이것은 어제 내가 잃어버린 것과 같은 종류의 카메라이다.) 〔동일종류〕
 This is the **same** camera **that** I lost yesterday.
 (이것은 어제 내가 잃어버린 바로 그 카메라이다.) 〔동일물건〕

(d) 계속적 용법의 as : 앞 문장 또는 뒷 문장 전체를 선행사로 한다.
 He was an American, **as** I know from his accent.
 (그는 미국인이었으며, 나는 그의 어투로 그가 미국인임을 알았다)
 As was expected, he performed the task with success.
 (기대했던 대로 그는 그 임무를 성공적으로 수행했다.)

※ 참고

절 전체를 선행사로 하는 관계대명사 as와 which의 구별

  which : 일반적으로 주절의 뒤에 놓인다.
  as   : 문두, 문미 모두다 가능하며 양태의 의미가 있어서 [~이듯이]의 의미
       가 내포되어 있다.

❷ but의 용법

> 선행사 앞에 부정어가 있는 경우에 사용하며 이 경우에 **but**은 자체에 부정의 의미가 내포되어 있으므로 전체적인 의미는 부정의 부정, 즉 강한 긍정의 의미가 된다.

There is **no** rule **but** has some exceptions.
= There is **no** rule **that** has **not** some exceptions.
= **Every rule** has some exceptions.
(예외 없는 규칙은 없다. = 모든 규칙에는 예외가 있다.)

There is **no** one **but** loves his own country.
= There is **no** one **that** does **not** love his own country.
= **Every one** loves his own country.
= **Who** is there **but** loves his own country? 수사의문문
(자기 나라를 사랑하지 않는 사람은 아무도 없다. = 모든 사람이 자기나라를 사랑한다.)

❸ than의 용법

> 우리는 흔히 **than**이 관계대명사의 기능을 하고 있음을 간과하기 쉬우므로 항상 뒷 문장이 불완전한 경우 그것을 보충하는 것이 관계대명사란 개념에 충실해야 한다. 선행사에 비교급이 있는 경우에 사용하는 관계대명사이다.

The next war will be **more cruel than** can be imagined.
(다음 전쟁은 상상할 수 있는 것보다 더 잔인할 것이다.)
He has **more** money **than** is needed.
(그는 필요이상의 돈을 가지고 있다.)

5 복합 관계대명사

관계대명사+ever의 형태로써 선행사를 포함하는 관계대명사이다.

❶ 명사절을 이끄는 경우

Whoever comes is welcome. 주어 기능
(오는 사람은 누구든지 환영이다.)
You may take **whichever you like**. 목적어 기능
(마음에 드는 것은 어떤 것이든 가져도 좋다.)

❷ 양보의 부사절을 이끄는 경우

Whatever may happen, I will go there.
= No matter what may happen, I will go there.
(무슨 일이 일어난다 할지라도 나는 거기에 갈 것이다.)

6 이중제한 (이중한정)

하나의 선행사가 두개의 관계대명사에 의해서 이중제한을 받는 경우를 말한다.

Is there **anything** **that** you want **that** you have not?

➪ 해석은 위에서부터 내리 해석한다.
(당신이 원하는 것인데 갖지 못한 것이 있습니까?)

참고

He visited **all**(**that**) he know **whom** he supposed to be public-minded.
(그는 자기가 알고 있는 사람 중 공공심이 있다고 생각되는 사람을 모두 방문했다.)
➪ 앞에 나오는 관계대명사는 생략되는 경우가 있다.

2 관계형용사

1 관계형용사

what과 계속적 용법의 which 다음에 오는 명사를 수식하는 경우를 말한다.

I said nothing, **which** made her angry. `관계대명사`
(나는 아무 말도 하지 않았는데 그것이 그녀를 화나게 만들었다.)
I said nothing, **which** fact made her angry. `관계형용사`
(나는 아무 말도 하지 않았는데 그 사실이 그녀를 화나게 만들었다.)
➪ 똑같은 의미라 할지라도 위의 문장에서는 which가 주어역할을 하므로 관계대명사이지만, 두 번째 문장에서는 which가 fact라는 명사를 수식하는 기능을 하므로 관계형용사이다.

I gave him **what** money (=all the money that) I had.
(나는 그에게 내가 가진 모든 돈을 주었다.)
He saved **what** little money he earned.
(그는 자기가 번 얼마 안 되는 돈 전부를 저축했다.)
➪ few, little은 강조를 위해서 붙는 말로서 [얼마 안 되는 것 모두 대]의 의미를 담고 있다.

2 복합 관계형용사

whichever, whatever가 그 다음의 명사를 수식하는 경우이다.

You may buy **whichever** book you like.
　(너는 네가 좋아하는 책은 무슨 책이든지 사도 좋다.)
You may read **whatever** book you like.
　(너는 네가 좋아하는 책은 무슨 책이든지 읽어도 좋다.)

Grammar Drill

다음 밑줄 친 곳을 적절한 관계사로 채우시오.

문제

1. My sister has two children, _____ names are Dongho and Aran.
2. She was probably the hardest working student _____ I've ever taught.
3. Lewis, the man _____ Johnson beat in the last World Championships, has broken the world record.
4. Nicole said something _____ I couldn't hear clearly.
5. The Royal Floridian is an express train _____ runs between New York and Miami.
6. I would like to write about several problems _____ I have faced since I came to United States.
7. At the airport, I was waiting for some relatives _____ I had never met before.
8. Tom was late, _____ surprised me.
9. It is difficult to predict _____ she will do next.
10. She had thought a lot about _____ she was going to say.

해설 및 정답

1. **whose** : 내 누이는 아이가 둘 있는데 그들의 이름은 동호와 아란이다; 소유격 관계대명사는 whose를 쓴다.
2. **that** : 선행사가 최상급이므로 관계사는 that이 적절하다.
3. beat의 목적어 역할을 하는 목적격 관계대명사가 요구되는 위치이기 때문에 **that**이나 **who(m)**, 그리고 생략도 가능하다.
4. **that** : 선행사가 ~thing으로 끝나는 경우의 관계사는 일반적으로 that을 사용한다.
5. **which/that** : 선행사가 train이며, 동사 runs의 주어 역할을 하는 주격 관계대명사의 위치이다.
6. faced의 목적어 역할을 하는 목적격 관계대명사가 요구되는 위치이기 때문에 **that**이나 **which**, 그리고 생략도 가능하다.
7. met의 목적어 역할을 하는 목적격 관계대명사가 요구되는 위치이기 때문에 **that**이나 **who(m)**, 그리고 생략도 가능하다.
8. **which** : 문장 전체를 수식하는 관계대명사는 which를 쓴다.
9. **what** : do의 목적어 역할을 하는 목적격 관계대명사를 필요로 하는 위치인데 선행사가 없으므로 선행사를 자체 포함하고 있는 관계대명사인 what이 적합하다.
10. **what** : say의 목적어 역할을 하는 관계대명사. 선행사가 없으므로 what이 적합하다.

Practice Test A

다음 _____ 안에 들어갈 적당한 표현을 고르세요.

1. A letter _____ is not properly typed is hard to read.

   (A) it
   (B) which it
   (C) that
   (D) that it

   밑줄 친 곳에는 적합한 관계사가 필요하다. (B)와 (D)는 it가 주어를 반복하기 때문에 들어갈 수 없다.
   [번역] 정확히 타이핑되지 않은 글자는 읽기가 어렵다.
   [정답] (C)

2. One place _____ I want to visit in my old age is Paris.

   (A) where
   (B) wherever
   (C) which
   (D) whenever

   visit의 목적어 역할을 하는 which가 적합하다.
   [번역] 내가 나이가 들어서 방문하고 싶은 곳은 파리이다.
   [정답] (C)

3. _____ I would like to point out is that your price is too high.

   (A) That
   (B) What
   (C) Which
   (D) Why

   point out의 목적어 역할을 하면서 선행사의 역할도 하는 어구가 적합하다.
   [번역] 내가 지적하고 싶은 것은 당신 제품의 가격이 너무 비싸다는 것입니다.
   [정답] (B)

4. There was no sign _____ said how to get to the office.

   (A) to
   (B) for
   (C) that
   (D) about

   said의 주어 역할을 하는 주격 관계대명사가 필요하다.
   [번역] 그 사무실에 가는 방법을 알려주는 어떤 표지도 없었다.
   [정답] (C)

5. He met as many persons _____ wanted to meet him.

   (A) that
   (B) who
   (C) whoever
   (D) as

   앞에 as가 나오면 유사 관계대명사 as를 쓴다.
   [번역] 그는 자기를 만나기를 원하는 모든 사람을 만났다.
   [정답] (D)

346 • Chapter 12

7. There is nothing in the world _____ teaches us some good lesson.

    (A) which (B) as
    (C) that   (D) but

부정어 다음에 나오는 but은 「that ~ not」의 의미를 지니고 있다.
[번역] 우리에게 어떤 교훈을 주지 않는 것은 이 세상에 아무 것도 없다.
[정답] (D)

8. Give up such argument _____ will lead to no result.

    (A) that   (B) as
    (C) which (D) what

such 뒤에는 유사 관계대명사 as가 온다.
lead to = produce
[번역] 결론도 없는 그런 논쟁은 그만 둬라.
[정답] (B)

9. He comes from the south, _____ I know from his accent.

    (A) as   (B) what
    (C) that (D) but

앞 문장 전체를 선행사로 하는 관계대명사는 which와 as가 있다.
[번역] 그는 남부 지방 출신인데, 나는 그의 말투로 알았다.
[정답] (A)

10. This is a proverb _____ meaning I cannot understand.
    (A) that   (B) whose
    (C) which (D) what

소유격 관계대명사는 사람이나 사물 모두 다 whose이다.
[번역] 이것은 내가 의미를 이해할 수 없는 속담이다.
[정답] (B)

11. Choose _____ you think is suitable.

    (A) which
    (B) what
    (C) where
    (D) whom

you think는 삽입절이다. 따라서 밑줄 친 부분은 is의 주어역할을 하는 관계대명사가 들어갈 위치인데 선행사가 없으므로 what이 적합하다.
[번역] 네 생각에 적절한 것을 골라라.
[정답] (B)

12. Mr. Park is the kind of manager _____ will always try to listen to his workers.

    (A) who
    (B) whom
    (C) when
    (D) which

주격 관계대명사 who가 적합하다.
[번역] 박씨는 항상 그의 근로자들의 말에 귀를 기울이는 그런 관리자다.
[정답] (A)

Practice Test B

다음 문장의 밑줄 친 곳에서 올바르지 않은 것을 고르세요.

1. It's very difficult <u>to calculate</u> how much <u>does</u>
                       (A)   (B)
    <u>an item cost</u> in dollars when one is
    accustomed <u>to computing</u> in <u>another</u>
                           (C)   (D)
    currency.

   calculate의 목적어 역할을 하는 의문사절은 명사절이므로 '의문사 + 주어 + 동사'의 순으로 되어야 한다. (how much an item costs)
   [번역] 다른 통화로 계산하는 데 익숙한 사람이 물건 값을 달러로 환산하기란 매우 어렵다.
   [정답] (B) (does an item cost → an item costs)

2. According to <u>educators</u>, students <u>what</u> are
                   (A)   (B)
    encouraged to study <u>at home will</u> <u>improve</u>
                            (C)   (D)
    their classroom performance.

   student가 선행사이며, 동사 are의 주어역할을 해야 하므로 관계대명사는 who가 적합하다.
   [번역] 교육학자에 의하면, 집에서 공부를 하도록 격려를 받은 학생들은 그들의 학업을 향상시킬 수 있다.
   [정답] (B) (what → who)

3. John was <u>the only</u> one of the boys <u>whom</u> as
                 (A)   (B)
    you know <u>was</u> not <u>eligible</u>.
                   (C)   (D)

   선행사 앞에 the only가 놓여 있으므로 관계대명사는 that을 쓴다.
   eligible: 적격의, 적임의
   [번역] 존은 당신도 아는 것처럼 자격 미달의 소년들 중 한 사람이다.
   [정답] (B) (whom → that)

4. The Tartar chief <u>controls</u> a thousand men, all
                       (A)
    of <u>which</u> must obey <u>his</u> orders <u>in both</u> war
        (B)   (C)   (D)
    and peace.

   선행사가 a thousand men이므로 관계대명사는 whom이 되어야 한다.
   [번역] 타타르족장은 천 명의 부하를 거느리고 있는데, 그들은 전쟁시나 평화시나 항상 족장의 명령에 복종해야 한다.
   [정답] (B) (which → whom)

5. The detectives <u>were</u> finally able <u>to arrest</u> the
                     (A)   (B)
    man <u>who his</u> finger prints <u>had been</u> found on
         (C)   (D)
    the table.

   소유격 관계대명사의 위치이므로 whose가 되어야 한다.
   [번역] 형사들은 마침내 탁자 위에 지문이 발견되었던 그 사람을 체포할 수 있었다.
   [정답] (C) (who his → whose)

Final Test

1. Who _____ is honest can do such a thing?

    (A) who
    (B) that
    (C) which
    (D) as

    선행사가 who일 때 관계대명사는 that을 쓴다.
    [번역] 정직한 사람이라면 누가 그런 일을 할 수 있겠는가?
    [정답] (B)

2. In the financial world, where knowledge is power, anyone _____ information in advance is in a position to profit from it.

    (A) receives
    (B) who does he receive
    (C) who receives
    (D) if he receives

    anyone이 문장의 주어이며 is가 본동사이다. 따라서 밑줄 친 부분에는 anyone을 선행사로 하는 관계사절이 필요하다.
    the financial world: 재계
    [번역] 아는 것이 곧 힘으로 통하는 재계에서는, 남보다 먼저 정보를 입수하는 사람이 그 정보로부터 이익을 얻을 수 있다.
    [정답] (C)

3. _____ need more information should go to the library.

    (A) Those who
    (B) Who
    (C) That which
    (D) Whom

    영어 문장에서는 주어 다음에 조동사가 오기 때문에 should go가 문장의 본동사이다. 한편 밑줄 친 곳에는 동사 need의 주어역할을 하는 주격 관계대명사와 그 선행사가 나와야 하므로 (A)가 적합하다.
    [번역] 더 많은 정보를 필요로 하는 사람들은 도서관으로 가야 한다.
    [정답] (A)

4. Numerous types of financial assistance are available to graduate students _____ GPA(Grade Point Average) is excellent.

    (A) who
    (B) whose
    (C) which
    (D) whom

    GPA를 수식해 줄 수 있는 소유격 관계대명사 whose가 적합하다.
    graduate student: 대학원생
    financial assistance: 재정 지원
    [번역] GPA 성적이 우수한 대학원생들에게는 여러 가지 형태의 재정 지원이 있다.
    [정답] (B)

5. This custom, _____, is slowly disappearing.

    (A) of many centuries ago origin
    (B) which originated many centuries ago
    (C) with many centuries of origin
    (D) originating for many centuries.

    이미 완전한 문장을 이루고 있으므로 밑줄 친 곳에는 관계사절과 같은 수식어구가 들어간다. (A), (C), (D)는 어순이 맞지 않는다.
    [번역] 수세기 전에 시작된 이러한 관습은 서서히 사라져가고 있다.
    [정답] (B)

6. Venus is perpetually covered by thick, opaque clouds _____ the planet's surface from view.

   (A) that they shield
   (B) they shield
   (C) the shield is
   (D) that shield

clouds를 선행사로 하면서 shield의 주어 역할을 하는 주격 관계대명사를 찾으면 된다. 한편 (A)는 관계사 다음에 주어인 they가 중복되어 있어서 비문법적이다.
perpetually: 영구히, 영속적으로
opaque: 불투명한   shield: 가리다
[번역] 금성은 그 행성 표면을 가리고 있는 짙은 불투명의 구름에 영구히 덮여 있다.
[정답] (D)

7. Penicillin is perhaps the drug _____ more lives than any other in the history of medicine.

   (A) what was saved   (B) which has saved
   (C) which saved   (D) who saves

선행사가 the drug이므로 관계대명사는 which가 적합하며, 본문의 시점이 현재로서 계속되는 상황을 진술하고 있으므로 (B)의 현재완료시제가 맞다.
[번역] 페니실린은 의학사에 있어 다른 어떤 약품보다 더 많은 생명을 구해온 약품일 것이다.
[정답] (B)

8. Horace Pippin, _____ wrist and arm were hurt badly in the First World War, nevertheless became an outstanding artist.

   (A) that   (B) whose
   (C) for whom   (D) of which

구문상 소유격 관계대명사가 와야하는 위치이다. 사람이나 사물 모두 다 소유격 관계대명사는 whose를 쓴다.
[번역] 호레이스 피핀은 제1차 세계대전에서 손목과 팔 부위에 심한 부상을 입었음에도 불구하고 유명한 예술가가 되었다.
[정답] (B)

9. Journalists are writers _____ gathering and presenting news.

   (A) themselves and to engage
   (B) being engaged they are
   (C) they are engaged in
   (D) who are engaged in

writers를 선행사로 하는 주격 관계대명사가 요구되는 위치이다.
be engaged in~: ~에 종사하다
[번역] 저널리스트란 뉴스를 모아서 전달하는 일에 종사하는 작가들이다.
[정답] (D)

10. Ironically, sails were the salvation of many steamships _____ mechanical failures.

    (A) they suffered
    (B) suffered
    (C) were suffered
    (D) that had suffered

many steamships를 수식하는 관계사절이 필요하다.
[번역] 아이러니컬하게도, 돛은 기계적 고장을 일으킨 많은 증기선의 구조 수단이 되었다.
[정답] (D)

11. "Did you ask the guard what happened?"
    "Yes, he told me all _____ he knew."

    (A) that which   (B) what
    (C) which   (D) that

    선행사가 all일 때에는 관계대명사 that을 사용한다.
    [번역] "너는 경비에게 무슨 일이 일어났었는지 물었니?"
    "그래, 그는 나에게 그가 알고 있는 모든 것을 말했어."
    [정답] (D)

12. All _____ is a continuous supply of fuel oil.

    (A) what is needed
    (B) that is needed
    (C) the thing needed
    (D) for their needs

    선행사가 all일 때에는 관계대명사 that을 사용한다.
    [번역] 필요로 되어지는 것은 계속적인 연료의 공급이다.
    [정답] (B)

13. Earthworms occur _____ adequate moisture and food and the necessary soil conditions are found.

    (A) and   (B) but
    (C) however   (D) wherever

    장소를 나타내는 관계 부사가 들어갈 자리이다.
    [번역] 지렁이는 적당한 습기와 양분 및 필요한 토양 조건이 발견되는 곳이면 어디서나 나타난다.
    [정답] (D)

14. A number is an abstraction _____ no physical existence.

    (A) has
    (B) that has
    (C) to have
    (D) which it has

    abstraction을 꾸며주는 주격 관계대명사가 나올 위치이다.
    [번역] 숫자는 물리적으로 존재하지 않는 추상적 개념이다.
    [정답] (B)

15. _____ brings about happiness has utility, according to the doctrine of utilitarianism.

    (A) It   (B) Whatever
    (C) Each   (D) Why

    선행사가 없을 때의 관계대명사 what(ever)에 관한 문제이다.
    [번역] 공리주의의 원리에 따르자면, 행복을 가져오는 것은 무엇이든지 유익하다.
    [정답] (B)

16. An air brake is _____ the power of compressed air to stop a wheel from turning.

    (A) a brake that uses
    (B) a brake used to
    (C) what any brake is used for
    (D) that brake is used for

a brake를 선행사로 하는 주격 관계대명사 that의 용법이다.
[번역] 에어 브레이크는 바퀴가 도는 것을 막기 위해서 압축 공기의 힘을 이용하는 브레이크다.
[정답] (A)

17. "What of Michael?"
    "After tonight, he would never be the same man _____ he was before."

    (A) what   (B) who
    (C) as   (D) but

선행사가 as, the same등에 수식될 때에 유사 관계대명사 as를 사용한다.
[번역] "마이클은 어떠니?"
"오늘밤 이후로 그는 이전과 전혀 다른 사람일 거야."
[정답] (C)

18. He was the only foreigner _____ I saw at the party.

    (A) whom   (B) that
    (C) who   (D) which

the only가 선행사를 수식하는 경우에 that을 사용한다.
[번역] 그는 내가 파티에서 보았던 유일한 외국인이다.
[정답] (B)

19. _____ space and time have been to physicists, liberty and equality have been and still are to democratic theories.

    (A) Since   (B) That
    (C) How   (D) What

what A is to B, C is to D(A와 B의 관계는 C와 D의 관계와 같다.)
[번역] 시공간과 물리학자와의 관계는 자유와 평등과 민주주의 이론과의 관계와 같았고 여전히 그러하다.
[정답] (D)

20. _____ chiefly lies behind slang is simply a kind of linguistic exuberance, an excess of word-making energy.

    (A) What   (B) That
    (C) It   (D) How

명사절을 이끌면서 선행사 자체를 포함하는 관계대명사는 what이다.
[번역] 속어의 이면에는 단순히 일종의 언어적인 풍요로움, 즉 지나친 조어력이 있다.
[정답] (A)

21. "What do you think about the boy."
    "The boy _____ I believed to be honest deceived me."

    (A) who
    (B) what
    (C) which
    (D) whom

    believed의 목적격 관계대명사가 필요하다. 이 문장에서는 deceived가 본동사이다.
    [번역] "그 소년에 대해 어떻게 생각하니?"
    　　　"내가 정직하다고 믿었던 그 소년은 나를 속였다."
    [정답] (D)

22. The behavior of gases is explained by _____ the kinetic theory.

    (A) what scientists call
    (B) what do scientists call
    (C) scientists they call
    (D) scientists call it

    what scientists call: 이른바 과학자들이 말하는
    [번역] 기체의 운동은 과학자들이 말하는 소위 운동이론에 의해 설명된다.
    [정답] (A)

23. The more arid the continent, the less the amount of annual precipitation _____.

    (A) runs off that
    (B) runs it off
    (C) that runs it off
    (D) that runs off

    arid: 건조한
    precipitation: 강수(량)
    run off: 흘러가 버리다
    [번역] 대륙이 건조하면 건조할수록, 흘러가 버리는 그 해의 강수량은 더 적다.
    [정답] (D)

24. _____ comes back first is supposed to win the prize.

    (A) Those who
    (B) Anyone
    (C) Whoever
    (D) The one who

    (D)는 문법적으로 틀리지는 않지만, anyone의 뜻을 가지고 있으면서 선행사가 포함된 관계대명사의 구실을 하고 있는 (C)보다는 제약이 강하여 이 문맥에 다소 부적절하다. 또한 comes가 단수 동사이므로, Those who는 올 수가 없다.
    whoever = anyone who이므로 단수 동사 comes와 어울린다.
    [번역] 먼저 돌아온 사람은 누구든 상을 받게 되어있다.
    [정답] (C)

25. Dams can be very beneficial to the areas _____.

    (A) in which they are built
    (B) building them where
    (C) which they are built
    (D) where are they built

    (D)도 where they are의 어순이면 정답이 될 수 있다.
    [번역] 댐은 건설되는 지역에 매우 유용할 수 있다.
    [정답] (A)

26. From time to time we must look up words _____.

 (A) meaning of which we do not know
 (B) whose meanings we are not familiar
 (C) we do not know their meanings
 (D) whose meanings we do not know

27. The farmer uses wood to build a house _____ to store grains.

 (A) with which
 (B) where
 (C) which
 (D) in which

28. This is the actress _____ his father claims has seduced his son!

 (A) who   (B) whom
 (C) that   (D) which

29. "Do you know Paul?"
 "I think so. Isn't he _____ smokes incessantly?"

 (A) who
 (B) the man
 (C) the man who
 (D) the person which

30. In the rain I saw a man _____ I thought was a detective.

 (A) whom   (B) who
 (C) that   (D) of whom

(B)에서는 familiar 다음에 with가 필요함.
[번역] 때때로 우리는 의미를 모르는 단어들을 찾아야 한다.
[정답] (D)

The farmer stores grains in a house.
[번역] 농부는 곡식을 저장할 집을 짓는데 나무를 사용한다.
[정답] (D)

his father claims는 삽입절이다.
[번역] 이 사람이 바로, 그의 아버지의 주장에 따르면, 자기 아들을 유혹했다는 그 여배우이다!
[정답] (A)

who 이하는 the man을 수식하는 관계사절이다.
[번역] "너 폴 아니?"
"알 것 같아. 끊임없이 담배를 피워대는 사람 아니니?"
[정답] (C)

I thought는 삽입절이다.
[번역] 빗속에서 내가 형사라고 생각했던 그 사람을 보았다.
[정답] (B)

31. One _____ desires and impulses are not his own has no character.

(A) whose (B) who
(C) whom (D) of whom

소유격 관계대명사는 whose이다.
[번역] 욕구와 충동이 자신의 것이 아닌 사람은 개인적 특성이 없다.
[정답] (A)

32. Mary Lyon, who _____ from 1797 to 1849, founded Mount Holyoke College in Massachusetts.

(A) she lived (B) living
(C) did she live (D) lived

주격 관계대명사 who에 어울리는 동사 lived가 들어갈 자리이다.
[번역] 1797년부터 1849년까지 살았던 메리 라이언은 마운트 홀요키 대학을 메사추세츠에 세웠다.
[정답] (D)

※ Select the part (A, B, C or D) which is not acceptable for standard written expression.

33. <u>Since</u> the Industrial Revolution, the primary
    (A)
    <u>sources</u> of energy, <u>other than</u> human
    (B)   (C)
    muscle and manual labor, have been such
    fossil fuels <u>like</u> oil, coal, and gas.
                  (D)

선행사 앞에 such가 나와 있으므로 유사 관계대명사 as를 써야 한다.
fossil fuel: 화석 연료
manual labor: 육체 노동
[번역] 산업혁명 이후로 사람의 근육이나 육체 노동이 아닌 주요 에너지원은, 석유, 석탄, 그리고 가스와 같은 화석 연료였다.
[정답] (D) (like → as)

34. Sam had a louder voice <u>as</u> the other speakers,
                              (A)
    but unfortunately the <u>louder</u> his voice
                            (B)
    became, the <u>less</u> attention <u>he</u> got.
                  (C)   (D)

선행사에 비교급 louder가 함께 쓰였으므로 유사 관계대명사인 than이 적당하다.
[번역] 샘은 다른 연설자들보다 더 큰 목소리를 가졌지만, 불행하게도 그의 목소리가 커지면 커질수록 청중들의 관심은 줄어들었다.
[정답] (A) (as → than)

35. Any meat <u>what</u> has <u>been preserved</u> <u>by</u>
              (A)   (B)   (C)
    <u>drying</u> is <u>called</u> "jerky."
      (D)

meat가 선행사이므로, 선행사를 포함하는 관계사 what은 나올 수 없다. 또한 선행사 앞에 any가 있으므로 관계대명사는 that이 적합하다.
jerky = jerk: 육포
[번역] 건조시켜 보존하게 되는 고기를 "육포"라 한다.
[정답] (A) (what → that)

관계사 ▪ 355

36. The architect's task is to design buildings
    (A)
    what are functional and beautiful.
    (B)   (C)   (D)

관계대명사 what은 선행사가 있는 문장에는 쓸 수 없다.
[번역] 건축가의 일은 기능적이고 아름다운 건물들을 디자인하는 것이다.
[정답] (B) (what → which)

37. There are many organizations which sole
         (A)   (B)
    purpose is to help mentally retarded
              (C)   (D)
    children.

소유격 관계대명사는 사람이나 사물 모두다 whose를 사용한다.
[번역] 정신 지체아들만을 돕기 위한 많은 기관들이 있다.
[정답] (B) (which → whose)

38. The columnist feels sure that who wins the
                   (A)   (B)
    election will have the support of both
                          (C)   (D)
    parties.

선행사가 없으므로 whoever가 적합하다.
[번역] 그 칼럼니스트는 그 선거에서 이기는 자는 누구든지 당의 지지를 받을 것이라고 확신한다.
[정답] (B) (who → whoever)

39. In such a large crowd the policeman had
       (A)
    considerable difficulty locating the woman
    (B)   (C)
    which had called for help.
    (D)

선행사가 the woman이므로 관계대명사 who가 적합하다.
[번역] 그 경찰관은 많은 군중들 속에서 도움을 청했던 그 여인을 찾아내는데 상당한 어려움을 겪었다.
[정답] (D) (which → who)

40. Although I expected something different,
    (A)   (B)
    I was still surprised by which he said.
         (C)   (D)

선행사가 없으므로 선행사를 자체적으로 포함하는 관계대명사 what이 들어가야 한다.
[번역] 나는 무엇인가 다른 것을 기대하긴 했지만 그가 말한 것에 깜짝 놀랐다.
[정답] (D) (which → what)

Chapter 13

명사
Noun

Grammar Preview

1 명사의 전용

I felt **the patriot** rise within me.
(나는 애국심이 솟아 오르는 것을 느꼈다.)
She was **a beauty** when young.
(그녀는 젊었을 때 미인이었다.)
I wish to become **a Shakespeare**.
(나는 셰익스피어와 같은 대 작가가 되기를 원한다.)
I met **a Smith** at the party.
(나는 파티에서 스미스라는 어떤 분을 만났다.)
He bought **a Ford** last year.
(그는 작년에 포드 제품의 차를 샀다.)
The country produces good **teas** and **tobaccos**.
(그 나라는 좋은 차와 담배를 생산한다.)
A big fire broke out in Seoul last night.
(어젯밤에 서울에서 큰 화재 사건이 있었다.)

2 집합 명사와 군집 명사의 비교

His family **is** a large one.   집합 명사
(그의 가족은 대가족이다.)
His family **are** all very well.   군집 명사
(그의 가족들은 모두 잘 있다.)
The committee **is** in favor of the plan.
(위원회가 그 계획에 찬성했다.)
The committee **were** divided in opinion.
(위원회 위원들은 의견이 분분했다.)

3 명사가 수식어로 사용되는 경우

It is a **three-credit** course.
　　(그것은 3학점짜리 강좌이다.)
She has a **seven-year-old** son.
　　(그녀는 7살 된 아들을 두고 있다.)
It is an **office** building.
　　(그것은 사무실 건물이다.)

4 물질 명사와 보통 명사

There's **a hair** in my soup. 보통 명사
　　(내 국에 머리카락이 하나 들어 있다.)
She has **golden hair**. 물질 명사
　　(그녀는 금발이다.)
Wooden house easily catch **fire**. 물질 명사
　　(목조건축은 쉽게 불이 붙는다.)
We have **many fires** in winter. 보통 명사
　　(겨울에는 화재 사건이 많다.)

5 have + the + 추상명사 + to부정사 : ~하게도 ~하다

He **had the kindness to show** me the way.
= He kindly showed me the way.
= He was kind enough to show me the way.
= He was so kind as to show me the way.
　　(그는 친절하게도 나에게 길을 안내해 주었다.)

6 명사의 소유격 표시 방법

The **baby's** toys are in her crib.
(그 아이의 장난감은 그녀의 침대에 있다.)
The **babies'** toys are in their cribs.
(그 아이들의 장난감은 그들의 침대에 있다.)
Did you read **yesterday's** newspaper?
(너는 어제 신문을 읽었니?)
The **children's** toys are all over the floor.
(어린이들의 장난감들이 마룻바닥 전체에 있다.)

7 가산 명사와 불가산 명사

1 가산 명사

She is wearing **a ring, three bracelets, and a necklace**.
(그녀는 한 개의 반지, 세 개의 팔찌, 그리고 한 개의 목걸이를 착용하고 있다.)
cf. She likes to wear **jewelry**. (그녀는 보석을 착용하는 걸 좋아한다.)
⇨ 보석류 전체를 뜻할 때는 불가산 명사이다.
I have **some pennies, nickles, and dimes** in my pocket.
(나는 주머니에 약간의 페니, 니클, 그리고 다임을 갖고 있다.)
cf. I have **some money** in my pocket.
(내 주머니에 돈이 약간 있다.)
⇨ 여러 종류의 화폐를 통칭하는 「돈」의 개념인 money는 불가산 명사이다.
I used **an iron** to press my shirt because it was wrinkled.
(나는 내 셔츠에 구김이 가 있어서 셔츠를 펴려고 다리미를 사용했다.)

2 불가산 명사

Don't eat too **much sugar**. (설탕을 너무 많이 먹지 말아라.)
I wish you **good luck**. (행운을 빈다.)
Sunshine is warm and cheerful. 〔자연 현상〕
　　(햇빛은 따뜻하고 상쾌하다.)
I have **a lot of homework** to do tonight.
　　(나는 오늘 밤 해야 할 숙제가 많다.)
　　cf. I have **many assignments** today.
　　　　(나는 오늘 숙제가 많다.)
This street always has heavy **traffic**, especially during rush hour.
　　(이 거리는 항상 교통량이 많은데, 특별히 출퇴근 시간에 그렇다.)

3 개념상 구별

Sugar is used in cooking and for making drinks. 〔불가산 명사〕
　　(설탕은 요리나 음료를 만드는데 사용된다.)
How **many sugars** do you like in your coffee? 〔가산 명사〕
　　(커피에 설탕을 얼마만큼 넣으십니까?)

Jane has brown **hair**. 〔불가산 명사〕
　　(제인은 갈색 머리이다.)
She has **a hair** on her jacket. 〔가산 명사〕
　　(그녀의 쟈켓 위에 머리카락이 하나 있다.)

This **light** is too poor to read by. 〔불가산 명사〕
　　(불빛이 너무 어두워서 (책을)읽기가 어렵다.)
A light was still burning in his study. 〔가산 명사〕
　　(그의 서재에 전등이 여전히 불을 밝히고 있었다.)

2 Grammar Check-up

I 다음 밑줄 친 곳에 적절한 어휘를 넣어 문장을 완성하시오.

1. He escaped death narrowly.
   = He escaped death by a hair's _____.

2. The task proved to be too difficult for him.
   = The task proved to be beyond his _____.

3. I paid twenty dollars for this book.
   = This book _____ me twenty dollars.

4. They live quite near the station.
   = They live at a stone's _____ of the station.

5. I don't know how to get there.
   = I have no _____ how to get there.

II 주어진 명사를 가지고 다음 문장을 완성하시오. (필요하면 s/es를 붙일 것)

ex			
luggage	river	homework	traffic
garbage	junk	stuff	hardware

1. The street is full of cars, trucks, and buses. This street always has heavy _____, especially during rush hour.

2. I put some banana peels, rotten food, and broken bottles in the waste can. The can is full of _____.

3. They have a rusty car without an engine, broken chairs, and old refrigerator in their front yard. Their yard is full of _____.

4. Paul has books, pens, papers, notebooks, a clock, scissors, a tape recorder, and some other things on his desk. He has a lot of _____ on his desk.

5. I went to the store to get some nails, hammers, and screws. In other words, I bought some _____ .

6. Tonight I have to read 20 pages in my history book, do 30 problems in algebra, and write a composition for English teacher. In other words, I have a lot of _____ to do tonight.

7. Ann took three suitcases, a shoulder bag, and a cosmetics case. In other words, she took a lot of _____ on her trip.

8. The Mississippi, the Amazon, and the Nile are well-known _____ in the world.

Ⅲ 다음 문장에서 틀린 부분들을 고치시오.

1. Every furniture in that room is made of wood.

2. One of my favorite place in the world is an island in the Caribbean Sea.

3. There are many equipments in the research laboratory, but undergraduates are not allowed to use them.

4. I have a five years old daughter and a three years old son.

5. Each states in the country has a different language.

Ⅳ 밑줄 친 곳에 (   )안의 단어를 이용하여 적절한 형태로 써 넣으시오.

1. The baby got two new _____. (tooth)

2. She cooked some _____ for dinner. (potato)

3. He caught several _____ in the lake. (fish)

4. The music hall has 3 _____. (piano)

5. I have a lot of _____ to do tonight. (homework)

6. The book has a lot of good _____. (idea)

7. I've learned a lot of new _____. (vocabulary)

8. I like _____ salads. I like salads that contain _____. (tomato)

9. She bought a pair of new _____. (glove)

10. My teacher gave me some good _____.(advice)

Ⅴ 다음 빈곳에 **many**나 **much** 중에서 알맞은 것을 넣으시오.

1. He doesn't have _____ money.

2. She hasn't gotten _____ mail lately.

3. I couldn't find _____ information in that book.

4. How _____ homework did the professor assign?

5. He hasn't met _____ people since he came here.

정답 및 해설

Ⅰ
1. **breadth** : by a hair[hair's breadth] = 간신히
2. **ability** : beyond one's ability = ~의 능력이 미치지 못하는, 할 수 없는
3. **cost** : cost「비용이 들다」라는 뜻으로, 목적어를 두 개 취할 수 있는 동사이다.
4. **throw** : at a stone's throw = 가까운 거리에
5. **idea** : have no idea = don't know

Ⅱ
1. **traffic** : heavy traffic = 격심한 교통량
2. **garbage** : garbage = (부엌의) 쓰레기, 음식 찌꺼기
3. **junk** : junk = 폐물, 고철, 쓰레기
4. **stuff** : stuff = 잡동사니, 재료
5. **hardware**
6. **homework**
7. **luggage** : luggage = 여행용 휴대품
8. **rivers**

Ⅲ
1. **every piece of furniture~** : furniture는 불가산 명사이다.
2. **place → places** : 「one of + 복수명사」 = 「복수명사들 중 하나」
3. **many pieces of equipment** : equipment는 불가산 명사이다.
4. **years → year** : 명사가 다른 명사를 수식하는 경우에는 앞에 나오는 명사를 단수형태로 한다.
5. **states → state** : each는 단수형의 명사를 수식한다.

Ⅳ
1. **teeth** : tooth의 복수형은 teeth이다.
2. **potatoes** : 식품 전체를 총칭하는 것이 아니고 potato만을 말하고 있기 때문에 복수 형태로 한다.
3. **fish** : 단, 복수 동형이다.
4. **pianos**
5. **homework** : homework는 셀 수 없는 명사이다. 따라서 복수형이 없다.
6. **ideas**
7. **vocabulary** : vocabulary는 셀 수 없는 명사이므로 복수형이 없다.
8. **tomato, tomatoes** : 명사가 다른 명사를 수식하는 형용사적 용법으로 쓰일 때에는 복수 형태로 할 수 없다.
9. **gloves**
10. **advice** : advice, news, information등은 복수로 할 수 없다.

Ⓥ 1. **much** : money는 불가산 명사이다. 따라서 much가 수식하는 것이 타당하다.
2. **much** : mail은 불가산 명사이다.
3. **much** : information은 불가산 명사이다.
4. **much** : homework는 불가산 명사이다.
5. **many** : people이 「사람들」을 뜻하면 복수형으로 쓴다.

3 Grammar Focus

> 명사는 문장에서 주어, 목적어, 보어등의 역할을 할 수 있다. 따라서 문장의 주요 성분으로 봐야한다. 명사는 크게 셀 수 있는 명사와 셀 수 없는 명사로 나뉜다. 셀 수 있는 명사에는 보통 명사와 집합명사가 해당되며 셀 수 없는 명사에는 물질 명사, 추상 명사, 고유 명사 등이 해당된다. 셀 수 있는 명사의 특징은 단수와 복수의 형태가 따로 있고 일반적으로 관사를 붙인다는 점이다. 반면, 셀 수 없는 명사의 경우는 복수형을 취하지 않고, 부정 관사는 원칙적으로 붙이지 않는다.

1 보통 명사 (Common Noun)

1 대표 단수 : 종족 전체를 나타낸다.

표현 방법 ➡ a(n) + 단수 보통 명사
the + 단수 보통 명사
복수 보통 명사

A [The] dog is a faithful animal.
= **Dogs** are faithful animal. (개는 충실한 동물이다.)
↪ 이 때에 A[The] dog은 대표 단수로서 종족 전체를 나타내며 dogs는 복수 형태로 종족 전체를 나타낸다.

2 추상 명사화 : the + 단수 보통 명사

The pen is mightier **than the sword**.
(=literary influence)　　　　　(=military power)
(문(文)은 무(武)보다 강하다.)

I felt **the patriot** rise in my heart at the sight of our national flag.
　　　　(=patriotism)
(나는 우리의 국기를 보았을 때 가슴속에 애국심이 솟아오르는 걸 느꼈다.)

What is learned in **the cradle** is carried **to the grave**.
　　　　　　　　(=childhood)　　　　　(=death)
(어릴 때 배운 것이 무덤까지 간다.)

When one is reduced to poverty, **the beggar** will come out.
(사람이 배가 고프면 거지 근성이 나오기 마련이다.)

He looked at it, and **the poet** in him moved.
(그는 그것을 보았다. 그리고 그의 시적인 기질이 움직였다.)
Man for **the field**, woman for **the hearth.** (남자는 바깥일, 여자는 집안일)

> the novelist /소설가적 기질/
> the judge /판사의 직분/
> the mother /모성애/
> the friend /우정/
> the thief /도둑근성/
> the father /부성애/

③ **형용사화** : 보통 명사 + of + a(n)~ = ~와 같은

He lived in a **palace of a** house. (그는 궁궐 같은 집에서 살았다.)
He was a **brute of a** man. (그는 짐승 같은 사람이었다.)

> a mountain of a wave /산 같은 파도/
> an angel of a wife /천사 같은 아내/
> *cf.* that fool of a John /저 바보 같은 존/
> a monster of stone /괴물 같은 돌덩이/

→ 위의 예문에서 특이한 점은 고유 명사인 존 앞에는 부정 관사를 붙이지만 물질 명사인 stone 앞에는 부정 관사 a를 붙이지 않는다는 점이다. 즉, 이 보통 명사+of+a(n)~의 용법에서는 물질 명사인 경우에는 부정 관사를 쓰지 않는 예외적인 경우로 정리해 두자. 물론 이 용법이 아닌 다른 용법의 경우에는 존과 같은 고유 명사에 부정 관사를 붙이지 않는 것이 일반적이다.

2 집합 명사 (Collective Noun)

각각의 사물이나 사람이 모여서 집합체를 형성하는 경우가 있는데, 이를 집합 명사라 한다. 그런데 이 집합 명사는 관사를 붙일 수도 있고 복수형으로 할 수도 있는 가산 명사이다.

① 가산 명사

A family lives in this house. (이 집에는 한 가족이 산다.)
Three **families** live in this small house. (이 작은 집에 세 가족이 산다.)

② 집합 명사와 군집 명사의 구별

> **집합 명사** : 전체를 단위로 하며 단수 취급한다.
> **군집 명사** : 개체를 단위로 하며 복수 취급한다.

His **family** is a large one. (그의 가족은 대가족이다.)
⇨ 전체가 단위이므로 집합 명사이며 따라서 단수 취급을 한다.
His **family** are all well. (그의 가족은 모두다 건강하다.)
⇨ 개체가 단위이므로 군집 명사이며 따라서 복수 취급을 한다.
The **committee** consists of twelve members. (그 위원회는 12명으로 구성되어 있다.)
⇨ 전체를 단위로 보는 집합 명사이다.
The **committee** were divided in their opinions.
　(그 위원회 위원들은 의견대로 나뉘어졌다.)
⇨ 개체를 단위로 보며 따라서 복수 취급을 하는 군집 명사이다.
The **audience** was small. (청중은 규모가 작았다.)
The **audience** were all deeply moved. (청중들이 모두 깊이 감동받았다.)
⇨ 개체를 단위로 하는 군집 명사.

③ police형 집합 명사

> **ex** police, clergy, gentry, peasantry, etc.

형태	「the+단수 형태」를 취한다.
의미	집단 전체를 의미한다.
용법	복수 취급을 한다.
기타	복수 형태는 안되며 부정 관사도 쓸 수 없다.

The public were in favor of his opinion. (대중들은 그의 의견에 찬성했다.)
The clergy were opposed to the plan. (성직자들은 그 계획에 반대했다.)

> **단수 표기 방법**
>
> 　the police (경찰관들) : a policeman (한 사람의 경찰관)
> 　the gentry (신사들) : a gentleman (한 사람의 신사)
> 　the clergy (성직자들) : a clergyman (한 사람의 성직자)
> 　the nobility (귀족들) : a nobleman (한 사람의 귀족)
> 　the aristocracy (귀족 정치) : an aristocrat 귀족(정치주의자)
> 　the peasantry (농부들) : a peasant (한 사람의 농부)

4 cattle형 집합 명사

ex cattle, people, vermin(해충), poultry(가금), etc.

형태 a, an, the등의 관사가 붙지 않으며 복수 형태도 불가능하다.
용법 그 자체로 항상 복수 취급을 한다.

Cattle feed on grass. (소는 주로 풀을 먹고산다.)
cf. a head of cattle (소 한 마리)
　　five head of cattle (소 다섯 마리)
　　⇨ 이 때에 head는 복수로 하지 않는다. 즉, 단수형으로 복수 취급을 한다.

There are many **people** on the beach. (해변가에 많은 사람들이 있다.)
The English are a practical **people**. (영국인은 실용적인 국민이다.)
There are many different **peoples** in Asia. (아시아에는 많은 다른 민족들이 있다.)
　⇨ 위의 예문에서 보듯이 people이 사람들이란 복수의 의미이면 s를 붙일 수 없으며 관사도 쓰지 못한다. 그러나 민족이나 국민의 의미일 때는 관사를 붙일 수도 있고 복수형으로 만들 수도 있다.

5 furniture형 집합 명사 (=집합적 물질 명사)

ex furniture, clothing, luggage, baggage, merchandise, machinery, produce, game, mail, washing, poetry, scenery, etc.

형태 a, an, the등의 관사를 붙일 수가 없고, 복수형도 불가능하다.
용법 그 자체로 항상 단수 취급을 한다. 양으로 취급하여 much, little등으로 수식한다.
개별화 a piece of~, an article of~ 등을 사용하여 개수를 나타낸다.

We have plenty of room, but **little furniture**.
　(우리는 넓은 방이 있으나 가구가 거의 없다.)
There are **three pieces of furniture** in my room.
　(내 방에는 석 점의 가구가 있다.)
She takes **much baggage** on her trip.
　(그녀는 여행갈 때 많은 짐을 가져간다.)
Much clothing is needed in cold countries.
　(추운 나라에서는 많은 의류가 필요하다.)

> **ex** machinery(집합 명사) → a machine(보통 명사)
> jewelry(집합 명사) → a jewel(보통 명사)
> poetry(집합 명사) → a poem(보통 명사)
> scenery(집합 명사) → a scene(보통 명사)
> photography(집합 명사) → a photograph(보통 명사)

6 부분을 나타내는 명사

부분을 나타내는 명사는 of 다음에 나오는 명사의 수에 의해서 동사의 형태가 결정된다.

> **ex** part, portion, half, the rest, the majority, 분수, etc.

(the)+부분을 나타내는 명사+of+the + ┌ **단수 명사, 불가산 명사 : 단수 동사**
                                                                                           └ **복수 명사 : 복수 동사**

⇨ 따라서 부분을 나타내는 명사는 다음에 나오는 명사에 의해 동사의 단수, 복수 형태가 결정된다.

The greater part of my **books are** in my library.
    (내 책들의 대부분은 내 서재에 있다.)
The rest of **milk is** rotten. (나머지 우유(남은 우유)는 상했다.)

3 물질 명사 (Material Noun)

1 불가산 명사이기 때문에 원칙적으로 복수로 쓸 수 없고, 관사를 붙일 수도 없지만 형용사구 또는 형용사절의 수식을 받아 특정화된 경우에는 정관사를 붙인다.

Water is indispensable to our life. `총칭`
    (물은 우리 생활에 없어서는 안 될 필수적인 것이다.)
The water in this glass is not good to drink. `특정`
    (이 유리잔에 있는 물은 마시기에 좋지 않다.)
The milk in the bottle went bad.
    (병 속에 있는 우유는 상했다.)

2 물질 명사의 개별화

She bought **a dozen cakes[bars] of** soap. (그녀는 비누 12장을 샀다.)

> ex
> a glass of milk   a cup of coffee
> a piece of chalk   a piece of bread
> a grain of rice   a shower of rain
> a gallon of gasoline   a sheet of paper
> a tube of toothpaste   a bottle of ink
>   etc.

4 추상 명사 (Abstract Noun)

1 불가산 명사이기 때문에 복수 형태를 취하지 않고, 관사를 붙이지 않는 것이 원칙이나 수식을 받아서 특정화된 경우에는 **the**를 붙인다.

Happiness cannot be bought with money.　총칭
　(행복은 돈으로 살 수 없다.)
People envy **the happiness of his family**.　특정
　(사람들은 그 가족의 행복을 부러워한다.)
The beauty of the scene was beyond description.　특정
　(그 장면의 아름다움은 말로 표현할 수가 없었다.)

2 전치사 + 추상 명사

❶ of + 추상 명사 = 형용사구

> ex
> of use = useful
> of sense = sensible
> of value = valuable
> of great value = very valuable
> of experience = experienced

He is **a man of ability**. (= an able man)
(그는 능력 있는 사람이다.)
This matter is **of no importance**. (= unimportant)
(이 문제는 중요하지 않다.)
I have never seen **a man of his wisdom.** (= a wise man)
(나는 그와 같이 지혜 있는 사람을 본 적이 없다.)
cf. a man of the world (세상 물정에 밝은 사람)

❷ **of 이외의 전치사 + 추상명사 = 부사구**

ex
in earnest = earnestly
in succession = successively
in comfort = comfortably
in reality = really
in haste = hastily
in private = privately
with kindness = kindly
with safety = safely
with patience = patiently
with energy = energetically
with accuracy = accurately

on purpose = purposely
on occasion = occasionally
to perfection = perfectly
to excess = excessively
by luck = luckily
by intention = intentionally
by accident = accidentally
without doubt = undoubtedly
without difficulty = easily
without fail = surely
with rapidity = rapidly

They handled the machine **with care**.(= carefully)
(그들은 그 기계를 주의 깊게 다루었다.)
He can speak English **with great fluency**.(= very fluently)
(그는 아주 유창하게 영어로 말할 수 있다.)

❸ **all + 추상 명사 = 추상 명사 + itself = very + 형용사**

He was **all eagerness** to hear about the matter.
= He was **eagerness itself** to hear about the matter.
= He was **very eager** to hear about the matter.
(그는 그 문제에 관해 듣는데 열중했다.)
cf. all + 복수 명사 : 강조
He is **all ears** = He is listening eagerly. (그가 경청하고 있다.)
He is **all eyes** = He is watching intently. (그가 열심히 보고 있다.)
She is **all smiles** = She looks very happy. (그녀가 활짝 웃는다.)

❹ **have + the + 추상 명사 + to 부정사 : ~하게도 ~하다.**

부사+동사
be+형용사+enough+to 부정사
be so+형용사+as to 부정사

He **had the kindness to show** me the way.
= He **kindly showed** me the way.
= He **was kind enough to show** me the way.
= He **was so kind as to** show me the way.
　　(그는 친절하게도 나에게 길을 안내해 주었다.)
He **had the boldness to jump** into the train in motion.
　　(그는 용감하게도 움직이는 기차에 뛰어올랐다.)

❺ **추상 명사의 수량 표시**

He gave me **a piece [word] of** information [advice, news].
　　(그는 나에게 한마디의 정보[충고, 소식]를 주었다.)
a case of theft (도둑질 한 차례)
a stroke [piece] of good luck (한 번의 행운)

5 명사의 전용

1 물질 명사의 보통 명사화

다음과 같은 경우에는 물질 명사가 보통 명사처럼 쓰인다.

종류　They sell **various wines** at that store.
　　　　(저 가게에서는 여러 종류의 와인을 판다.)
제품　She is dressed in **silks**.
　　　　(그녀는 비단옷을 입고 있다.)
사건　There broke out **a fire** in Busan last night.
　　　　(어젯밤에 부산에 한 건의 화재 사건이 있었다.)

개체   The boy threw **a stone** at the dog. (그 소년이 개에게 돌멩이를 한 개 던졌다.)
Waiter, **two coffees**, please. (웨이터, 커피 두 잔 주세요.)

2 추상 명사의 보통 명사화

다음과 같은 경우에는 추상 명사가 보통 명사처럼 쓰인다.

❶ 성질의 소유자

She was **a beauty** in her day. (그녀는 한창 때에 미인이었다.)
He is **a great success** as a novelist. (그는 소설가로 큰 성공을 거두었다.)

❷ 구체적인 행위

The gentleman had done me **many kindnesses**.
(그 신사는 나에게 많은 친절한 행위를 베풀었다.)

❸ 작품

She is writing **a composition**. (그녀는 작문을 쓰고 있다.)

3 고유 명사의 보통 명사화

다음과 같은 경우에는 고유 명사가 보통 명사처럼 쓰인다.

His wife is **a Stuart**.   가문의 한 사람
    (그의 아내는 스튜어트 가문 출신이다.)
There are **three Marys** in my class.   ~라는 이름을 가진 사람
    (우리 학급에 메리라는 이름을 가진 사람이 세 명 있다.)
A Newton cannot become **a shakespeare**.
    (뉴턴과 같은 위대한 과학자는 셰익스피어와 같은 위대한 문필가가 될 수 없다.)
A Mr. Jones came to see you.   a certain
    (존스씨라는 어떤 분이 당신을 만나러 왔었다.)
He had **a Rodin**.   작품
    (그는 로댕의 작품을 가지고 있다.)
His car is **a Ford**.   제품
    (그의 차는 포드 제품의 차다.)

6 명사의 수 (Number)

1 규칙 변화 (Regular Formation)

❶ 명사 + s

> **ex** 유성음 + s[z] : dog, pen, animal, etc.
> 무성음 + s[s] : desk, cat, hat, book, roof, cupl, etc.

⇨ 일반적으로 명사에 s를 붙이는 경우가 규칙 변화인데 유성음 다음에 s를 붙이면 [z]로 발음되고 무성음 다음에 s를 붙이면 [s]로 발음된다.
  cf. ┌ 단 모음 + ths[θs] ⇒ months, deaths, myths
      └ 이중 모음, 장 모음 + ths[ðz] ⇒ mouths, baths, oaths, paths
      ※ [장 모음 + rths]로 끝나는 명사의 복수형에서 어미의 ths는 [θs]로 발음한다.
        ⇒ births, hearths, fourths

❷ 명사의 어미가 -s, -ss, -ch[tʃ], -sh, -x인 경우는 es를 붙인다.

> **ex** bus, glass, dish, box, church, etc.

cf. stomach, patriarch(가장), monarch(군주)+s
  ⇨ 위의 예들은 -ch로 끝났지만 -ch의 발음이 [k]이기 때문에 es를 붙이지 않고 s만 붙인다.

❸ 자음 다음에 y가 오면 y를 i로 고치고 es를 붙이고, 모음 다음에 y가 오면 s만 붙인다.

> **ex** 자음 + y + ies : lady, city, baby, etc.
> 모음 + y + s   : boy, toy, monkey, etc.

❹ 자음 다음에 o로 끝나면 es를 붙이고 「모음 + o」로 끝나면 s만 붙인다.

> **ex** 자음 + o + ies : potato, hero, echo, etc.
> 모음 + o + s   : bamboo, radio, studio, etc.

⇨ 그러나 다음의 예에서 보듯이 외래어나 축약된 단어는 「자음 + o」로 끝나도 s만 붙인다.
  cf. piano(forte)s, solos, photo(graph)s,
       sopranos, auto(mobile)s, dynamos(발전기)

❺ **-f, -fe로 끝나는 말은 f를 v로 고치고 es를 붙인다.**

> ex wolf → wolves　　half → halves　　leaf → leaves
> 　　calf(송아지) → calves　loaf(덩어리) → loaves　shelf → shelves
> 　　knife → knives　　life → lives　　wife → wives

※ 그러나 다음 단어는 예외로 s만 붙인다.

> ex roofs, chiefs(수령), proofs(증명), cliffs, dwarfs, gulfs,
> 　　safes(금고), strifes(투쟁), griefs, etc.

❻ **문자, 숫자, 약어의 복수는 's를 붙여주면 된다.**

You use too many and's and but's in your composition.
　　(너는 너의 작문에 and와 but을 너무 많이 쓴다.)
There are three 7's in 7,977. (7977에는 7이 3개 있다.)

2 불규칙 변화(Irregular Formation)

❶ **모음 변화에 의한 경우**

> ex goose → geese　　foot → feet　　tooth → teeth
> 　　mouse → mice　　louse → lice　　man → men
> 　　woman → women　ox → oxen　　child → children

❷ **단, 복수 동형** : 아래 단어들은 단수와 복수 형태가 같다.

> ex sheep, deer, swine, salmon, trout, carp, species, series, corps, Japanese, Chinese, swiss, etc.

❸ **복합 명사**

(a) 중요 명사에 s를 붙이는 경우

> ex lookers-on(구경꾼)　　　　　fathers-in-law(장인, 시아버지)
> 　　passers-by(통행인)　　　　　sisters-in-law(형수, 시누이)
> 　　commanders-in-chief(사령관)

(b) man, woman을 포함한 복합 명사 : 양 요소를 둘다 복수로 한다.

> **ex** man servant : men servants
> woman teacher : women teachers
> *cf.* man eaters (식인종)
> woman haters (여자를 싫어하는 사람)

(c) 명사를 포함하지 않는 복합어는 마지막에 -s를 붙인다.

> **ex** forget me nots (물망초)　　have nots (무산자)
> merry go rounds (회전목마)　go betweens (중개인)
> touch me nots (봉선화)

(d) 명사 + 명사인 경우 : 일반적으로 뒤에 나온 명사를 복수 형태로 고쳐준다.
　　cf. tooth brushes　　tooth picks　　shoe stores

❹ 외래어 복수

(a) 라틴계 변화

| um ⇒ a | datum → data　　memorandum → memoranda |
| | medium → media |

| us ⇒ i | alumnus → alumni　　focus[foukəs] → foci [fousai] |
| | stimulus → stimuli |

| a ⇒ ae | formula → formulae |
| | antenna → antennae |

(b) 희랍어 변화

| on ⇒ a | a phenomenon → phenomena　　criterion → criteria |

| sis[sis] ⇒ ses[si:z] |
| oasis → oases　　crisis → crises　　analysis → analyses |
| basis → bases　　thesis → theses　　emphasis → emphases |
| hypothesis → hypotheses |

(c) 프랑스어 변화

| eau ⇒ eaux | bureau → bureaux　　plateau → plateaux (고원) |

2 특수한 형태의 복수형

❶ 절대 복수 : 항상 복수형으로 쓰이는 단어를 말하며 다음과 같은 경우들이다.

(a) 짝을 이루는 의류 및 도구의 명칭은 복수 형태를 취하며 복수 취급을 한다.

> **ex**
> 의류 : gloves, socks, shoes, pants, boots, stockings, etc.
> 도구 : scissors, tongs (부젓가락), etc.

cf. Where are my glasses? (내 안경이 어디 있지?)
  ➔ glasses가 짝을 이루는 도구이므로 복수 동사를 사용했다.
cf. There is a pair of spectacles on the desk. (책상 위에 하나의 안경이 있다.)
  ➔ spectacles는 복수이지만 a pair of 자체가 단수이므로 단수 동사를 사용했다.

(b) 학문명 : 복수 형태이지만 단수 취급을 한다.

> **ex**
> mathematics, physics, economics, politics, ethics, linguistics, etc.

(c) 기타

> **ex**
> 단수 취급 : news (소식), measles (홍역), billiards (당구), suburbs (교외)
> 복수 취급 : wages (임금), brains (두뇌)

❷ 이중 복수 : 복수형이 두 가지이며 복수형에 따라서 의미가 달라지는 단어들이다.

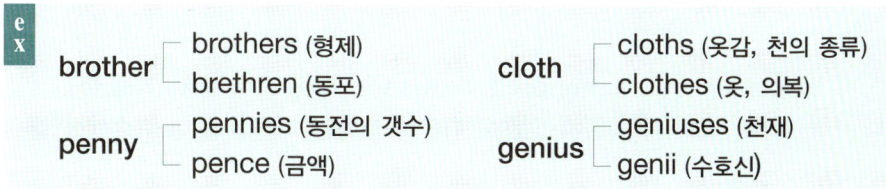

❸ **분화 복수** : 복수형이 되면 본래의 단어와 뜻이 달라지는 경우가 있는데 이것을 분화복수라고한다.

> **ex**
> color(색) – colors(기)   custom(습관) – customs(세관)
> pain(고통) – pains(수고)   advice(충고) – advices(통지)
> force(힘) – forces(군대)   number(수) – numbers(詩歌)
> arm(팔) – arms(무기)   quarter(1/4) – quarters(숙소)
> part(부분) – parts(재능)   content(만족) – contents(목차)
> letter(문자) – letters(문학)   good(선, 이익) – goods(상품)
> air(공기) – airs(태도)   provision(설비) – provisions(양식)

❹ **상호 복수** : 의미상 상관 관계가 있어서 단수 형태로는 성립되지 않은 경우가 있다. 이런 경우에는 복수 형태로 써주어야 하며 다음의 경우들이 대표적이라 할 수 있다.

> **ex**
> make friends with (~와 친구가 되다)
> change cars (차를 갈아타다)
> shake hands with (악수하다)
> take turns (at) ~ing (교대로 ~하다)
> be on good terms with (~와 사이가 좋다)

❺ **강한 뜻의 복수** : 강조하기 위해서 복수 형태로 만들어 주는 경우가 있는데 이때는 의미가 더 강화된다고 볼 수 있다. 예를 들어 wood는 목재를 뜻하지만 woods가 되면 '숲'의 의미가 되고 water의 경우도 waters가 되면 '바다'의 뜻이 되는 것 등이다.

> **ex** sands, heavens, woods, waters, etc.

❻ dozen, score, hundred, thousand 등은 복수 수사 뒤에 와도 s를 붙이지 않는다. 그러나 막연히 많음을 나타낼 때에는 다음과 같이 복수 형태를 취한다.

> *cf.* dozens of (수십의), hundreds of (수백의), etc.

❼ Thirty miles **is** a good distance. (삼십마일은 꽤 먼 거리이다.)
He comes here every three days. (그는 삼일마다 여기에 온다.)
(= every third day)

❽ 「수사＋명사」나 앞에 위치한 명사가 형용사적으로 쓰일 때에는 단수형으로 한다.

He is a **eight-year-old** boy. (그는 여덟 살짜리 소년이다.)
This is a **four-leaf** clover. (이것이 네 잎 클로버다.)
It is an **office** building. (이것은 회사 건물이다.)
cf. The building has **offices** in it. (이 건물 안에 회사가 있다.)

7 명사의 성

현대 영어에서는 명사의 성이 그렇게 중요한 역할을 하지 않지만 고대나 중세 영어에서는 중요한 역할을 했다. 오늘날의 독일어를 생각하면 이해하기 쉽다. 명사의 성에는 남성, 여성, 통성, 중성의 4종류로 분류할 수 있다.

1 성의 표시 방법

❶ 별개의 낱말을 쓰는 것

남성	husband	nephew	wizard(마법사)	bull	monk	bachelor	cock
여성	wife	niece	witch(마녀)	cow	nun	spinster	hen

❷ 어미를 변경하는 말

남성	lion	tiger	god	duke	widower	hero
여성	lioness	tigress	goddess	duchess	widow	heroine

❸ 성을 나타내는 말을 붙이는 방법

남성	bull-calf	he-goat	manservant	landlord
여성	cow-calf	she-goat	maidservant	landlady

② **통성 명사** : 한 단어에 남성과 여성 모두를 통합해서 사용하는 단어들이다.

예를 들어 parent(부모)라는 단어 속에는 father(남성)와 mother(여성)가 들어있는 것과 같다.

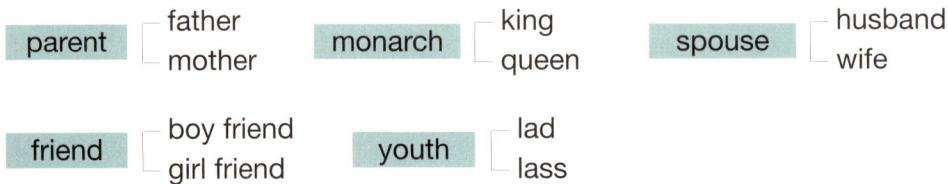

③ **무생물의 성**

- 남성 : 강하고 웅대하고 무서운 것은 일반적으로 남성 취급을 한다. 단, love는 남성 취급한다.
- 여성 : 섬세하고 아름답고 연약한 것은 일반적으로 여성 취급을 한다.

> **ex**
> 남성 : sun, time, fear, ocean, war, river, death, summer, winter, despair, anger, revenge, slaughter, love, etc.
> 여성 : moon, earth, nature, church, religion, liberty, mercy, city, hope, fortune, art, spring, peace, lake, etc.

cf. England is justly proud of **her** poets. (영국은 그 나라의 시인들을 자랑한다.)
America is rich in **its** natural resources. (미국은 천연 자원이 풍부하다.)
→ 위의 예문에서 보는 것처럼 어떤 나라의 정치, 경제, 사회, 문화 등을 언급하는 경우에는 여성 취급(her)을 하지만 단순한 지질학적인 의미일 때에는 중성 취급(its)을 한다.

8 격 (Case)

소유격의 형성 : 소유격의 형태에는 's를 붙이는 경우와 of를 사용하는 경우가 있는데 생물인 경우의 소유격은 's를 사용하고 무생물의 경우에는 of를 사용한다.

① **소유격의 형태**

- 생물 : ~'s
- 무생물 : of + 명사

❶ ~s로 끝나는 복수는 (apostrophe)만 붙인다.

　　ex　a girls' high school(여학교)　ladies' shoes (숙녀화)

❷ 고유 명사는 s로 끝나도 's를 붙인다.

　　그러나 sas, ses, sis, sos, sus로 끝나는 고유 명사와 Socrates, Columbus, Copernicus등의 경우에는 '(apostrophe)만 붙인다.

　　ex　Moses'[mouziz] law(모세의 계율),　Jesus' disciples(예수의 제자들)

❸ 복합 명사, 동격 명사 : 마지막에 오는 어미에 's를 붙인다.

　　ex　my father-in-law's stick (우리 장인 어르신의 지팡이)
　　　　my friend Tom's house (내 친구인 톰의 집)
　　　　This is **the mayor of New York's** residence. (이것은 뉴욕 시장의 관저이다.)
　　　　　　　　(하나의 어군을 형성함)

❹ 각자 소유 : Tom's and Mary's books.
　　공동 소유 : Tom and Mary's books.

② 무생물 소유격의 예외

❶ 의인화

　　Nature's law (자연의 법칙)　　　Heaven's will (하늘의 뜻)
　　Fortune's smile (행운의 미소)　　Truth's triumph (진실의 승리)

❷ 시간, 거리, 가격, 무게를 나타내는 경우에는 무생물이라 할지라도 's를 쓴다.

　　시간　today's paper (오늘의 신문)　a day's journey (1일간의 여행)
　　거리　ten miles' distance (10 마일의 거리)
　　가격　a dollar's worth of sugar (1달러 값어치의 설탕)
　　무게　a pound's weight (1파운드의 무게)

❸ 관용어구

> for mercy's sake = for goodness' sake = for pity's sake (제발)
> for conscience' sake (양심상) : sake앞의 단어의 어미가 [s]로 발음되면 (') 만 붙인다.
> for convenience' sake (편의상)
> at one's fingers' ends (~에 정통하여)
> at one's wit's(wits') end (어찌할 바를 몰라)
> to one's heart's content (마음껏, 실컷)

③ 소유격의 의미

❶ 소유 관계나 친족 관계

my uncle's house (내 삼촌의 집)
those women's children (저 여자들의 아이들)

❷ 저자, 발명가

Shakespeare's plays (셰익스피어의 연극)
Edison's gramophone (에디슨의 축음기)

❸ 용도, 목적격 관계

ladies' shoes (숙녀화)
Caesar's murderers (시저를 죽인 살인자들)

❹ 주격 관계

John's success (존의 성공)
my uncle's death (내 삼촌의 죽음)

❺ 동격 관계

life's journey (인생이란 여정)

4 **독립 소유격** : 소유격 다음의 명사가 생략된 형태를 말한다.

❶ **명사의 반복을 피하기 위한 경우**

This book is my father's (book). (이 책은 우리 아버지의 책이다.)
Lincoln's (character) was a noble character. (링컨의 인격은 고상하다.)

❷ **'s + 건물에 관한 명사가 나올 때 그 명사를 생략하여 쓰는 것이 일반적이다.**

> ex house, shop, store, office, church, temple, hospital, etc.

He is staying at his uncle's (house).
   (그는 그의 삼촌 집에서 머무르고 있다.)
I go to the barber's (shop) twice a month.
   (나는 한 달에 두 번 이발소에 간다.)

5 **이중 소유격** : a(n), this, that, some, any, no, another, which, what 등이 소유격과 함께 명사를 수식할 때는 반드시 뒤로 돌려서 「a, an + 명사 + of + 독립 소유격」의 형태를 취한다.

Look at her that book. (×)
Look at that book of hers. (○)
a my friend (×)
a friend of mine. (○)
➪ 이 문제에 대한 자세한 해설은 형용사 편에서 다루기로 한다.

Grammar Drill

다음 문장에서 잘못된 곳을 골라 바로 고치시오.

문제

1. The jury were picked on Tuesday.
2. Germanic and Greek people were often stereotyped as wild barbarians.
3. The majority of Germans opposes the new military training mission in Afghanistan.
4. My family are going to Florida on vacation.
5. Much clothing are needed when you visit Boston in Winter.
6. I met my teacher on the street in accident.
7. The good looking guy is the Clinton.
8. She felt a mother rise in her breast.
9. The journalist was all eager to listen what the politician said.
10. The French are very fashionable peoples, especially the Parisians.

해설 및 정답

1. **were → was** : the jury는 전체를 단위로 보는 집합 명사이다.
2. **people → peoples** : people이 민족이나 국민을 의미할 때는 뒤에 s를 붙인다.
3. **opposes → oppose** : majority와 같이 부분을 나타내는 명사는 다음에 나오는 명사에 의해 동사의 단, 복수가 결정된다.
4. **are → is** : my family가 가족 전체를 의미하므로 단수 취급한다.
5. **are → is** : clothing은 '의류'를 총칭하는 집합적 명사로 단수 취급한다.
6. **in → by** : 전치사와 추상명사가 합쳐지면 부사구를 이루는데, by와 accident가 만나면 우연히(accidently)라는 뜻이 된다.
7. **the → a** : ~의 가문, ~와 같은 사람 등의 뜻을 나타낼 때는 고유명사 앞에 a(an)을 붙여 보통명사처럼 사용한다. a Clinton: 클린턴 가문의 사람
8. **a → the** : 모성애는 the mother이다.
9. **eager → eagerness** : all + 추상명사는 강조의 뜻으로 쓰인다.
    all eagerness = very eager
10. **peoples → people** : The French는 프랑스 사람들, 국민들을 의미하며, 위 예문은 프랑스 사람들이 패션 감각이 뛰어나다는 말이다.

Practice Test A

다음 _____ 안에 들어갈 적당한 표현을 고르세요.

1. The committee _____ to its decision to limit the evidence.

   (A) adhere
   (B) adheres
   (C) have adhered
   (D) have been adhered

   문장의 its로 미루어 committee는 집합명사임을 알 수 있다. 따라서 단수 동사를 사용해야 한다.
   adhere to: 달라붙다, 지지하다.
   [번역] 그 위원회는 증인을 제한하기로 한 결정을 지지했다.
   [정답] (B)

2. "Have you traveled much?"
   "No, I have done _____ traveling."

   (A) few   (B) little
   (C) small   (D) less

   traveling은 불가산 명사이므로 little이 적합하다.
   [번역] "여행 많이 했니?"
   "아니, 나는 여행을 거의 하지 못했어."
   [정답] (B)

3. "The Johnsons have just moved into a larger house."
   "Did they have to buy _____ for it?"

   (A) many new furniture
   (B) much new furnitures
   (C) many new furnitures
   (D) much new furniture

   물질적 집합 명사인 furniture는 셀 수 없는 명사이므로 부정 관사를 붙일 수 없고 복수형으로 쓸 수 없다. 또한, 양을 나타낼 때는 (much, little, some)을 사용하며, 개수를 표시할 경우 a piece[article] of를 이용한다.
   [번역] "존슨씨네가 방금 큰 집으로 이사했어."
   "그들이 큰 집에 맞춰 새 가구를 많이 구입했어야 할까?"
   [정답] (D)

4. To schedule the early flight, passengers must book their _____ in person.

   (A) advance   (B) resolution
   (C) restoration   (D) reservations

   book one's reservations: 자리를 예약하다
   [번역] 이른 비행기편을 잡기 위해 승객들은 본인이 직접 예약해야 한다.
   [정답] (D)

5. The cake recipe on the package calls for a _____ of sugar.

   (A) cup   (B) cube
   (C) gallon   (D) particle

   sugar는 물질 명사이므로 a cup of~ 로 표현한다.
   recipe: 요리법   call for: ~을 요구하다
   [번역] 포장 위의 케익 만드는 요리법에 의하면 설탕 한 컵이 필요하다.
   [정답] (A)

6. Employees must pay income taxes on their entire _____.

   (A) files
   (B) salaries
   (C) salary
   (D) payed

   salary는 불가산 명사이다.
   income tax: 소득세   salary: 봉급
   [번역] 종업원들은 월급 전액에 대해 소득세를 내야 한다.
   [정답] (C)

7. There are three _____ living in this new house.

   (A) families
   (B) old family
   (C) family
   (D) of a family

   family는 집합 명사이다. 그러나 두 가족 이상이 되면 집합 명사의 수가 복수이므로 복수 취급해 준다.
   [번역] 이 새 집에는 세 가족이 살고 있다.
   [정답] (A)

8. Western art in the Middle Ages was primarily _____.

   (A) what religious expression
   (B) an expression of religion
   (C) religion expressed there
   (D) with religion expressed

   이 문장의 본동사는 was이므로 보어가 요구되며 문맥상 (B)의 내용이 타당하다.
   [번역] 중세의 서구 예술은 주로 종교의 표현이었다.
   [정답] (B)

9. Ball-point pens require _____ than fountain pens do.

   (A) the thicker the ink
   (B) an ink and thicker
   (C) a thicker ink
   (D) the ink is thicker

   than이 있는 걸로 보아 비교와 연관된 명사형이 와야 한다. 또한 물질 명사라 할 지라도 종류를 나타내는 경우에는 부정 관사를 붙여서 보통 명사화 할 수 있기 때문에 a thicker ink처럼 ink앞에 부정 관사를 쓸 수 있다. do는 require를 대신하는 대동사이다.
   [번역] 볼펜은 만년필보다 더 진한 잉크를 필요로 한다.
   [정답] (C)

10. "What do you think of the Prime Minister's address to the nation?"
    "I liked _____ of what he said."

    (A) more
    (B) several
    (C) much
    (D) many

    국무총리의 연설을 거의 다 좋아했다는 내용이므로, 양을 나타내는 much가 적합하다.
    [번역] "국무총리의 대국민 연설을 어떻게 생각하십니까?"
    "저는 많은 부분이 마음에 들었습니다."
    [정답] (C)

11. The _____ of water behind the dam was great, even in the dry season.

    (A) deep
    (B) great
    (C) volume
    (D) strong

    정관사 다음이기 때문에 명사가 필요하다.
    A, B, D는 모두 형용사이다.
    [번역] 건조기인데도 댐의 물의 양이 굉장히 많았다.
    [정답] (C)

Practice Test B

다음 문장의 밑줄 친 곳에서 올바르지 않은 것을 고르세요.

1. The food, including the <u>fruits</u> and <u>vegetables</u>, <u>were</u> on the <u>table</u>.
   (A)   (B)   (C)   (D)

   전체를 나타내는 말은 단수취급한다.
   food: {fruits, vegetables...}
   [번역] 과일과 채소를 포함하여 음식이 식탁 위에 있었다.
   [정답] (C) (were → was)

2. Please <u>open</u> the <u>curtains</u> and let more <u>lights</u> into the <u>room</u>.
   (A)   (B)   (C)   (D)

   light(햇빛)은 자연현상이다. 자연현상은 불가산명사이다.
   [번역] 방에 햇빛이 더 많이 들게 커튼을 젖혀 주세요.
   [정답] (C) (lights → light)

3. <u>Piece of</u> mail that is <u>postmarked</u> on Monday before noon and <u>sent</u> express can be delivered the next day <u>anywhere</u> in the US.
   (A)   (B)   (C)   (D)

   mail의 단위를 표현하는 방법은 a piece of나 two pieces of 등을 쓴다.
   postmark: 소인을 찍다   express: 속달로
   [번역] 월요일 오전에 소인이 찍힌 속달 우편물은 미국 어디로든 그 다음 날이면 도착할 수 있다.
   [정답] (A) (Piece of → A piece of)

4. <u>The yearly</u> <u>grow</u> of the Gross National Product <u>is often used</u> as an indicator of a <u>nation's</u> economy.
   (A)   (B)   (C)   (D)

   형용사의 수식을 받는 것은 명사이다. 따라서 growth가 적합하다.
   Gross National Product: 국민총생산(=GNP)
   indicator: 지표
   [번역] 연간 GNP 증가율은 한 나라의 경제지표로 자주 이용된다.
   [정답] (B) (grow → growth)

5. Water <u>plays</u> a <u>vital</u> role in the <u>healthy</u> of the body, but it is often considered <u>separately</u> from nutrients.
   (A)   (B)   (C)   (D)

   전치사 in 다음에는 목적어가 필요하므로 (C)를 health로 바꾸어야 한다. 왜냐하면 healthy는 형용사이기 때문에 목적어 역할을 할 수 없기 때문이다.
   vital: 극히 중요한   nutrient: 영양물
   [번역] 물은 우리 몸의 건강에 있어서 매우 중요한 역할을 하지만, 종종 영양물과는 별개인 것으로 여겨지고 있다.
   [정답] (C) (healthy → health)

Final Test

1. He is kindness itself.
   = He is _____ kindness.

   (A) every   (B) some
   (C) all   (D) too

   He is very[extremely] kind.
   [번역] 그는 매우 친절하다.
   [정답] (C)

2. He was interviewed by the newspaper _____.

   (A) report   (B) reporter
   (C) reported (D) reporting

   newspaper reporter: 신문 기자
   [번역] 그 신문 기자는 그와 인터뷰했다.
   [정답] (B)

3. He will be disappointed if you refuse his plan.
   = _____ will disappoint him.

   (A) Your refusing
   (B) Your refusal of his plan
   (C) Refusal of you to his plan
   (D) Refusing of yours about his plan

   if절을 명사 구문으로 바꾸는 문제이다.
   [번역] 네가 그의 계획을 거절하면 그는 실망할 것이다.
   [정답] (B)

4. All of the inspectors agree that _____ the goods were defective.

   (A) about
   (B) almost
   (C) most of
   (D) almost of

   almost는 부사이므로 명사를 직접 수식하지 못한다.
   [번역] 검사관들은 상품의 대부분이 불량품이라는 데 의견을 같이했다.
   [정답] (C)

5. _____ is very magnificent.

   (A) The King Palace of England's
   (B) The King of England's Palace
   (C) The King of England Palace's
   (D) The King's Palace of England

   군소유격은 마지막 단어에 's를 붙인다.
   [번역] 영국 왕의 궁궐은 매우 장엄하다.
   [정답] (B)

390 · Chapter 13

6. "Jack, did you see all the acts?"
   "No, when I got to the theater, they were already playing _____."

   (A) act two
   (B) second act
   (C) the act second
   (D) the act two

   순서를 표시할 경우, 명사 앞에 서수가 나오면 관사 the를 붙이고, 명사 다음에 기수가 나오면 명사 앞에는 무관사이다.
   ex) act one = the first act
       World War One = the first World War
   [번역] "잭, 너는 연극을 처음부터 끝까지 다 보았니?"
          "아니, 내가 극장에 들어갔을 때 벌써 2막을 공연하고 있었어."
   [정답] (A)

7. Lincoln, Nebraska, is an important manufacturing, insurance, and _____ center.

   (A) shipping of grain
   (B) to ship grain
   (C) grain was shipped
   (D) grain-shipping

   평행 구조에 의해 명사구가 와야 한다.
   [번역] 네브라스카주의 주도인 링컨은 주요한 제조, 보험, 그리고 곡물 선적 장소이다.
   [정답] (D)

8. "Was there much rain last night?"
   "Yes, there was a heavy _____."

   (A) storming   (B) downpour
   (C) lot of storm   (D) pouring down

   명사인 downpour가 형용사 heavy의 수식을 받는다.
   [번역] "지난밤에 비가 많이 내렸니?"
          "그래, 대단한 폭우가 왔어."
   [정답] (B)

9. "Where's my cup?"
   "It's on the _____."

   (A) kitchen counter
   (B) kitchen's counter
   (C) counter of the kitchen
   (D) counter of the kitchen's

   kitchen counter는 합성 명사이다.
   [번역] "내 컵이 어디에 있지?"
          "컵은 부엌 카운터 위에 있어."
   [정답] (A)

10. John said that he didn't do _____ paper work.

    (A) many
    (B) a great deals of
    (C) lots of
    (D) much

    양을 나타낼 때에는 much를 사용한다.
    [번역] 존은 그가 많은 서류 처리의 일을 하지 않았다고 말했다.
    [정답] (D)

11. This furniture is different from _____.

    (A) ones	(B) your
    (C) that one	(D) that

12. "Are those men in the blue uniforms policemen?"
    "Oh, no. They're _____."

    (A) bus drivers	(B) buses drivers
    (C) bus driver	(D) buses driver

13. "Won't you have more meat?"
    "No, thanks. I've had _____ enough already."

    (A) beyond	(B) more than
    (C) plenty	(D) greater than

14. Lack of money means that the _____ of free clinics must be reduced.

    (A) amount	(B) number
    (C) degree	(D) quantity

15. "What do you need?"
    "Two pounds _____ all I need."

    (A) being	(B) is
    (C) are	(D) have been

16. Although the town had been attacked by the storm several times, _____ was done.

    (A) a few damages
    (B) few damages
    (C) little damage
    (D) a little damage

---

furniture는 불가산 명사이므로 one으로 받을 수 없다.
[번역] 이 가구는 저 가구와 다르다.
[정답] (D)

bus driver의 복수형은 bus drivers이다.
[번역] "파란색 유니폼을 입은 저 사람들이 경찰관들이니?"
"아니, 그 사람들은 버스 운전사들이야."
[정답] (A)

이 문장에서 more는 명사로 쓰였음. 뜻은 그 이상(의 양).
[번역] "고기를 더 드시겠습니까?"
"아니, 됐어요. 많이 먹었는걸요."
[정답] (B)

진료소의 수를 나타내야 하므로 number가 적합하다.
[번역] 자금 부족으로 무료진료소의 수를 줄여야 한다.
[정답] (B)

시간, 거리, 가격, 무게를 나타내는 경우는 단수 형태를 사용한다.
[번역] "무엇을 필요로 합니까?"
"내가 필요로 하는 것은 2파운드입니다."
[정답] (B)

damage가 불가산 명사로 쓰이면 '손해, 파손'의 뜻이고 가산 명사로 쓰이면 '손해액, 배상금'의 뜻이다.
[번역] 비록 그 마을이 여러 번 폭풍의 공격을 받았지만 손해는 거의 없었다.
[정답] (C)

17. Charles Brown, _____, lost several games during the tournament.

    (A) usually has an excellent play
    (B) usually has excellent play
    (C) has usually excellent a play
    (D) usually has an excellent playing

play가 경기의 태도나 솜씨를 나타낼 때에는 불가산 명사이다.
[번역] 언제나 뛰어난 기량을 보였던 찰스 브라운은 그 토너먼트에서 몇 게임 졌다.
[정답] (B)

18. The new president was described as _____.

    (A) a man of promise
    (B) someone who would become more known
    (C) a man with a lot of future
    (D) a future great

a man of promise = a promising man: 전도유망한 사람
[번역] 새 대통령은 전도유망한 인물로 묘사되었다.
[정답] (A)

19. "What did you buy at the market?"
    "A quart of milk, two pounds of steaks, and four _____."

    (A) corn's ears   (B) ears of corn
    (C) corn ears   (D) ears of corns

four ears of corn
[번역] "시장에서 무엇을 샀습니까?"
"우유 1쿼트(병)와 스테이크 2파운드, 그리고 옥수수 4개를 샀습니다."
[정답] (B)

20. Thomas Jefferson is noted for his authorship of the Declaration of Independence and _____ in the common people.

    (A) for his belief
    (B) believer
    (C) while believing
    (D) believe

is noted for의 목적어가 and에 의해서 병렬구조 형식을 취하고 있다. 따라서 빈 곳에는 (for) his belief가 적합하다.
authorship: 원작자
[번역] 토마스 제퍼슨은 그가 독립 선언서를 작성한 점과 또한 일반 대중에 대한 그의 신념 때문에 유명하다.
[정답] (A)

21. "What does Roger Brown do for a living?"
    "He's one of the most successful _____ in the city."

    (A) newspaper reporter
    (B) newspaper's reporters
    (C) newspaper's reporter
    (D) newspaper reporters

합성 명사의 형태를 알 것.
one of + 복수 명사: 복수 명사 중 하나
[번역] "로저 브라운의 직업은 무엇입니까?"
"그는 도시에서 가장 성공한 신문 기자들 중 하나입니다."
[정답] (D)

22. The assignment for Monday is to write _____ about your hometown.

    (A) a five-hundred-word composition
    (B) a five-hundred-words composition
    (C) a five-hundreds-words composition
    (D) a five-hundreds-word composition

'명사 + 명사'의 형식에서 앞에 나온 명사가 형용사적으로 수식하는 경우에는 단수 형태를 취한다.
[번역] 월요일의 과제는 여러분의 고향에 대해 500자로 작문하는 것입니다.
[정답] (A)

23. Household furnishings should be designed primarily for _____.

    (A) comfort   (B) housing
    (C) beautiful   (D) everlasting

전치사(for)의 목적어 자리이므로 명사가 필요하다.
furnishings: 가구
[번역] 집안 가구는 편안함을 우선하여 디자인 되어야 한다.
[정답] (A)

24. Computer skills are a _____ for anyone working in an office today.

    (A) good   (B) desire
    (C) useful   (D) necessity

부정 관사가 있으므로 다음에는 명사가 와야 한다.
[번역] 컴퓨터 기술은 오늘날 사무실에서 근무하는 모든 사람에게 필수적이다.
[정답] (D)

25. That country, with abundant natural resources, remained extremely poor in _____.

    (A) the fifty   (B) the fifties
    (C) fifties   (D) a fifty

in the fifties: 50년대에
with abundant natural resources: 풍부한 천연 자원이 있었음에도 불구하고
[번역] 그 나라는 풍부한 천연 자원이 있었음에도 불구하고 50년대에 극도로 빈곤한 상태에 놓여 있었다.
[정답] (B)

※ Select the part (A, B, C or D) which is not acceptable for standard written expression.

26. Taxonomy <u>deals</u> <u>with</u> the <u>classify</u> of all
          (A)   (B)   (C)
    living <u>things</u>.
           (D)

정관사 the가 있는 것으로 보아 (C)는 명사형 classification으로 해야 한다.
taxonomy: 분류법
classification: 분류
[번역] 분류법은 모든 생물들의 분류를 다루는 것이다.
[정답] (C) (classify → classification)

27. Through the centuries <u>geographers</u> and
                                    (A)
    explorers have shown <u>enthusiastic</u> in
                            (B)
    <u>writing</u> about their <u>travels</u>.
     (C)   (D)

    타동사 shown의 목적어가 와야 하므로 (B)의 형용사를 명사로 바꾸어야 한다.
    geographer: 지질 학자
    [번역] 수세기를 통하여 지질 학자와 탐험가들은 그들 여행에 관한 작품을 쓰는데 있어서 의욕을 보여 왔다.
    [정답] (B) (enthusiastic → enthusiasm)

28. <u>Mathematic</u> and logic depend <u>extensively</u>
      (A)   (B)
    on the <u>deductive</u> <u>method</u> of reasoning.
            (C)   (D)

    mathematics: 수학
    the deductive method: 연역법
    [번역] 수학과 논리학은 넓게 보아 연역적 추론법에 근거하는 학문이다.
    [정답] (A) (Mathematic → Mathematics)

29. Sarah and Angelina Grimke <u>were among</u>
                                 (A)
    the first <u>womans</u> to <u>lecture</u> in <u>public</u> in the
          (B)   (C)   (D)
    United States.

    [번역] 사라와 안젤리나 그림케는 미국에서, 대중들 앞에서 가르친 최초의 여성들 중의 일부이다.
    [정답] (B) (womans → women)

30. After a careful inspection of the factory and
    <u>its</u> workers, the foreman <u>came to</u> the
    (A)   (B)
    conclusion that only <u>two thirds</u> of the
                            (C)
    available machinery <u>were being used</u>
                        (D)
    efficiently.

    machinery는 불가산 명사이다.
    [번역] 공장과 근로자들을 면밀히 조사한 후에, 공장장은 이용 가능한 기계류 중에서 단지 2/3만이 효과적으로 사용되고 있다는 결론에 도달했다.
    [정답] (D) (were being used → was being used)

31. <u>According to</u> a recent report, <u>the number</u> of
       (A)   (B)
    sugar <u>that</u> Americans consume <u>does not vary</u>
        (C)   (D)
    significantly from year to year.

    sugar는 불가산 명사다.
    [번역] 최근의 보도에 따르면, 미국인이 소비하는 설탕의 양은 연도에 따라 그다지 차이가 나지 않는다.
    [정답] (B) (the number → the amount)

32. <u>In added</u> to being a physician, Dr. Mary
       (A)
    Safford <u>was</u> a well-known <u>lecturer</u> on
            (B)   (C)
    women's physical <u>fitness</u>.
                       (D)

   전치사(in) 다음에는 명사 상당어구가 목적어로 온다.
   [번역] 메리 새포드 박사는 물리학자에다 여성 건강에 관한 유명한 강연자였다.
   [정답] (A) (In added → In addition to)

33. The Department of Fine Arts and
    Architecture <u>has</u> been criticized for <u>not</u>
                 (A)   (B)
    <u>having much</u> required courses scheduled
       (C)
    <u>for</u> this semester.
     (D)

   courses는 가산 명사다.
   [번역] 건축학과는 이번 학기에 계획된 필수강좌를 많이 갖지 않은 것 때문에 비난받았다.
   [정답] (C) (having much → having many)

34. In 1978 <u>astronomers</u> made the startling
              (A)
    <u>discovered</u> of a moon <u>orbiting</u> the <u>planet</u>
       (B)   (C)   (D)
    Pluto.

   startling의 수식을 받는 명사 discovery가 맞다.
   [번역] 1978년에 천문학자들은 명왕성 궤도를 도는 달에 관해 놀랄만한 발견을 했다.
   [정답] (B) (discovered → discovery)

35. He has <u>less</u> friends in <u>his</u> class now <u>than</u> he
             (A)   (B)   (C)
    had <u>last year</u>.
         (D)

   friends가 가산 명사이므로 less를 fewer로 고쳐야 한다.
   [번역] 그는 현재 자기 학급에 작년보다 더 적은 친구를 갖고 있다.
   [정답] (A) (less → fewer)

36. The <u>grow</u> of such <u>international</u> <u>organizations</u>
         (A)   (B)   (C)
    as the United Nations has changed the
    <u>meaning</u> of political neutrality.
       (D)

   정관사가 나오는 것으로 미루어 보아 다음에는 명사형이 요구됨을 알 수 있다.
   [번역] 유엔과 같은 국제기관의 성장은 정치적 중립의 개념을 변화시켰다.
   [정답] (A) (grow → growth)

Chapter 14

대명사
Pronoun

1 Grammar Preview

1 일반인을 나타내는 대명사

We should obey the laws. (사람은 법을 준수해야 한다.)
He is **what you call** a self-made man. (그는 소위 자수성가한 사람이다.)
They say that he works very hard. (사람들은 그가 매우 열심히 일한다고 한다.)

2 비인칭 대명사 IT

It's ten past twelve. (지금 시각은 12시 10분이다.)
It's our anniversary. (그 날은 우리의 기념일이다.)
It's a long time since they left. (그들이 떠난 지 오래 되었다.)
It was raining this morning. (오늘 아침 비가 내리고 있었다.)
If **it** is convenient I can see you tomorrow.   상황
   (상황이 괜찮으면 내일 나는 너를 만날 수 있다.)
Was **it** you **who** put these books on my desk?   It... that 강조 용법의 변형
   (이 책들을 내 책상 위에 올려 놓은 사람이 바로 너란 말이니?)
Her baby's due next month. She hopes **it** will be a boy.
   (그녀의 아기가 다음달 출산 예정이다. 그녀는 아기가 아들이기를 바란다.)

3 재귀 대명사

All of you did a good job. **You** should be proud of **yourselves**.
   (너희들 모두다 잘 했다. 스스로를 자랑스럽게 생각해야 한다.)
You did a good job, **Mary**. **You** should *pat yourself on the back*.
   (메리야, 잘했어. 너 자신을 격려해야 한다.)
When everybody else forgot his birthday, Tom decided to give **himself** a birthday present. (다른 모든 사람들이 그의 생일을 잊자, 톰은 자기 자신에게 생일선물을 하기로 결심했다).
She lives **by herself**. (그녀는 혼자서 살아간다.)
cf. **He himself** answered the phone, not his secretary.   강조 용법
   (그의 비서가 전화를 받지 않고 그 자신이 전화를 받았다.)

4 Other를 이용한 표현법

One of the countries I would like to visit is Korea. **Another** is France.
(내가 방문하고 싶은 나라들 중의 하나가 한국이다. 또 다른 나라는 프랑스이다.)
Two countries border on the United States. **One** is Canada. **The other** is Mexico. (두 나라가 미국과 국경을 접하고 있다. 그 중 하나가 캐나다이고 다른 하나가 멕시코이다.)
Some people are tall ; **others** are short.
(어떤 사람들은 키가 크고 또 어떤 사람들은 키가 작다.)
Some people are fat ; **others** are thin.
(어떤 사람들은 뚱뚱하고 또 어떤 사람들은 날씬하다.)
Some people are nearsighted ; **other people** are farsighted.
(어떤 사람들은 근시이고, 또 어떤 사람들은 원시이다.)
I need **another** ten dollars.
(나는 10달러가 더 필요하다.)
I will be here in **another** five days.
(내가 5일 후에 이곳에 오겠다.)

5 지시 대명사

Virtue and vice are before you ; **this**(후자 : vice) leads to misery, **that** (전자 : virtue) leads to peace.
(미덕과 악덕이 네 앞에 있다 ; 후자(=악덕)는 불행으로 이끌고 전자(=미덕)는 평화로 이끈다.)

2 Grammar Check-up

I 다음 밑줄 친 곳에 적절한 대명사를 넣으시오. (   )안에 동사들이 주어져 있으면 동사들 중에서 대명사와 맞는 것을 골라, 대명사와 동사를 같이 쓰시오.

1. I have a wonderful family. I love _____ very much, and _____ (love, loves) me.

2. I looked up some information about the average American family. I found out that _____ (consist, consists) of 2,3 children.

3. The audience clapped enthusiastically. Obviously _____ had enjoyed the concert.

4. The audience filled the room to overflowing. _____ (was, were) larger than I had expected.

5. The young couple finally saved enough money to make a down payment on _____ own house.

II (   )안에 적절한 대명사를 넣으시오.

1. He is (   ) an honest man that everybody trusts him.

2. The cost of living in Korea is higher than (   ) in China.

3. Virtue and vice are before you; this leads to misery, (   ) leads to peace.

4. It was at the party (   ) he met her.

5. A dog makes a good pet if (   ) is properly trained.

Ⅲ 다음 문장의 밑줄 친 곳에 적절한 것은?

1. Every girl was expected to prove _____ ability to cook.
   (A) its　　　　　　(B) her　　　　　　(C) themselves　　　　(D) their

2. It is _____ of your business whether I spend my money on a TV set or not.
   (A) not　　　　　　(B) nor　　　　　　(C) no　　　　　　　　(D) none

3. I invited five people to my party. Out of those five people, only John and Mary can come. _____ people can't come.
   (A) Another　　　　(B) The other　　　(C) Other　　　　　　(D) Others

4. There are many means of transportation. The airplane is one. _____ are the train, the automobile, and the horse.
   (A) The other　　　(B) Other　　　　　(C) Others　　　　　　(D) Another

5. Two countries border on the United States. One is Canada. _____ is Mexico.
   (A) Another　　　　(B) The other　　　(C) Other　　　　　　(D) Others

정답 및 해설

Ⅰ 1. **them, they love** : 각 구성원에 중점을 두기 때문에 군집명사이다. 군집명사는 복수 취급한다.
2. **it consists** : 가족 전체를 단위로 하기 때문에 집합명사이다.
3. **they** : 군집명사이므로 복수 취급한다.
4. **It was** : 이 문장에서는 청중의 규모를 하나의 단위로 보았기 때문에 집합명사이다.
5. **their**

Ⅱ 1. **such** : such~ that~ ; such 다음의 어순은 '부정 관사 + 형용사 + 명사'의 순서임에 주의하자. 반면에 so~ that~ 구문에서 so다음의 어순은 '형용사 + 부정 관사 + 명사'이다. 따라서 이 구문에서는 such가 적합하다.
2. **that** : The cost of living을 받는 대명사이다.
3. **that** : 전자 ; that   후자 ; this
4. **that** : It~ that~의 강조 용법을 나타내는 that이다.
5. **it**

Ⅲ 1. (B) : every girl이 단수이므로 소유격도 단수형태인 her가 적합하다.
2. (D) : It is none of your business. = 네가 알 바 아니다.
3. (B) : The other people = The others (나머지 전체 사람들).
4. (C) : 이것 외에도 교통수단은 또 있으므로 the others를 쓰지 않고 others를 쓴다.
5. (B)

3 Grammar Focus

1 인칭 대명사

1 일반인을 나타낼 때

we, you, they, one 등을 쓰며, 일반적으로 해석을 하지 않는다.

They speak English in America. (미국에서는 영어로 말한다.)
They say that honesty is the best policy. (사람들은 정직이 최상의 정책이라고 한다.)
We must obey our parents. (사람은 부모에 복종해야 한다.)
➪ 다음은 특정한 '사람들'을 가리키는 용법이다.
  cf. We must start at once. (우리는 즉시 떠나야 한다.)
  They are students. (그들은 학생들이다.)

2 막연한 사람을 나타내는 두 가지 표현법에 대해 알아보자.

> He who~   : 단수 (~하는 사람)
> Those who~ : 복수 (~하는 사람들)

He who does not advance falls backwards.
 (진보하지 않는 자는 퇴보한다.)
Heaven helps **those**(=people) **who** help themselves.
 (하늘은 스스로 돕는 자를 돕는다.)

2 IT 용법

1 비인칭 용법 : 시간, 날씨, 거리, 명암, etc.

It is five o'clock. (5시이다.)
What time is **it**?
= What time do you have?
= Do you have the time? (지금 몇 시니?)
It was rainy yesterday, but **it** is fine today.
 (어제는 비가 내렸는데 오늘은 화창하다.)

It is a long way to the station. (역까지는 긴 거리이다.)
How far is **it** from here to the school?
   (여기서 학교까지 거리가 얼마나 됩니까?)
It is quite dark in this room. (이 방은 아주 어둡다.)
I arrive at the hotel before **it** got dark. (어둡기 전에 호텔에 도착했다.)

2 관용적으로 쓰이는 it

How goes[is] **it** with you? (어떻게 지내십니까?)
It is all over with me. (이제 만사 다 끝장이다.)
We had a good time of **it**. (즐거운 시간을 보냈다.)
We must fight **it** out. (우리는 끝까지 싸워야 한다.) <small>타동사의 막연한 목적어</small>
There is nothing for **it** but to~ (~하지 않을 수 없다.)
If **it** were not for~ (~가 아니라면)

3 성별이 불분명한 경우나 baby, child 등은 대개 it으로 받는다.

4 가주어 진주어 용법과 강조 용법의 구별

It is A that~

위의 도표에서 A에 해당되는 어구가

- **강조 용법** : 명사, 대명사, 부사(구)면 강조 용법이고
- **진주어 용법** : 형용사면 가주어 진주어 용법으로 구별한다.

❶ 강조용법 구문에서 that의 기능

(a) 명사, 대명사를 강조할 때 : 관계 대명사의 기능을 한다.
(b) 부사를 강조할 때 : 관계 부사의 기능을 한다.

> **ex** I bought the book yesterday.
>   (나는 어제 그 책을 샀다.)
>   **It was** I **that** (=who) bought the book yesterday.
>   (어제 그 책을 산 사람이 바로 나다.)

It was the book **that** (=which) I bought yesterday.
(내가 어제 산 것이 바로 그 책이다.)
It was yesterday **that** (=when) I bought the book.
(내가 책을 샀던 것은 바로 어제다.)

❷ **강조 구문에서의 일치문제** : 강조되는 말에 동사를 일치시킨다.

It is **you** that (is, **are**) wrong. (잘못한 사람은 바로 너다.)
It is **you** Tom that (is, **are**) wrong. (잘못한 사람은 바로 너 톰이다.)
It is **not you but he** that (**is**, are) wrong. (잘못한 사람은 네가 아니고 바로 그다.)
⇨ 근자 일치법에 의해 동사에서 가까운 주어는 he이므로 동사는 is가 된다.

3 지시 대명사

❶ **this**는 앞, 뒤 문장을 모두 다 받을 수 있고 **that**은 앞 문장만을 받을 수 있다.

He did not answer the letter, and **this** made me the more angry.
(그가 그 편지에 답장하지 않았다. 그래서 그 사실이 나를 더욱 더 화나게 만들었다.)
⇨ this는 앞 문장을 지시함.
I must see him, **and that**[=I must see him] quickly.
(나는 그를 만나야 한다. 그것도 빨리.)
I want to tell you **this** ; We have no time to lose.
(나는 너에게 다음을 말하고 싶다 ; 우리가 지체할 시간이 없다.)
⇨ this는 바로 뒤에 나오는 문장을 나타냄.

❷ 한정 수식어가 따라올 때는 대명사는 it[they]을 쓰지 않고 that[those]을 쓴다.

The climate of Japan is milder than **that of Korea**.
(일본의 기후는 한국의 기후보다 온화하다.)
Their lives were like the lives of animals and not like **those** of human beings. (그들의 생활은 동물의 생활과 같았고 사람의 생활 같지 않았다.)
⇨ 이 문장에서 those는 lives라는 복수명사를 받는 대명사이다.

❸
전자	후자
that	this
the former	the latter
the one	the other
the first	the second

주의 1

the one과 the other는 문장의 내용에 따라 전자와 후자가 바뀔 수 있다. 즉, the one이 후자가 되고 the other가 전자가 될 수도 있다.

Work and play are both necessary to health ; **this** gives us recreation, and **that** gives us energy. (일과 놀이 둘 다 건강에 필요하다. 후자(play)는 휴양을 주고, 전자(work)는 정력을 준다.)

주의 2

대개의 경우 the one은 전자이고 the other는 후자이지만 그렇지 않은 경우도 있으니 문맥을 파악해야 한다.

Reading is to the mind what exercise is to the body. As by **the one**, health is preserved and strengthened, so by **the other**, virtue is kept alive and cherished. (독서와 정신과의 관계는 운동과 육체와의 관계와 같다. 운동에 의하여 건강이 보존되고 증진되는 것과 마찬가지로 독서에 의해 덕이 보존되고 존중된다.)
↳ 여기서 one은 exercise를, the other는 reading을 의미한다.

❹ 시간을 나타낼 때 현재를 중심으로 한 것은 this로, 현재와 접한 과거나 미래는 these로, 과거는 that이나 those로 나타낸다.

- this year (금년)
- these days (요즈음)
- that year (그 해)
- those days (그 당시)

cf. this day week ┌ 과거 : 지난주 오늘
                    └ 미래 : 내주 오늘

❺ Such

(a) 대명사적 용법

Jane is but a child and must be treated **as such**. child를 받음
(제인은 단지 어린애이며 따라서 어린애로 대우받아야 한다.)
I may have offended you, but **such**(=that) was not my attention.
(내가 너를 화나게 했었는지도 모른다. 그러나 그것은 내 의도가 아니었다.)
↳ 아래 문장에서 such는 앞 문장의 내용을 받는다. 따라서 this나 that 모두 다 가능하다.

(b) 형용사적 용법

I have never seen **such** a pretty girl as she.
(나는 그녀와 같이 예쁜 소녀를 본 적이 없다.)
Such was his anxiety that he lost his health.
= His anxiety was **such** [=so great] that he lost his health.
(걱정이 매우 커서 그는 건강을 해쳤다.)
You may use my car, **such as it is.** (내 차를 이용해도 좋다. 변변치 못하지만.)

❻ So

(a) 보어로 쓰일 때 : 앞에 나온 형용사, 분사, 명사를 받아 보어로 쓰일 때가 있다.

> If planes are dangerous, cars are much more **so**. (=dangerous)
> (만일 비행기가 위험하다면, 자동차는 훨씬 더 위험하다.)

(b) 목적어로 쓰일 때 :
think 등의 추측 동사(suppose, imagine, fear, expect, say, hope, etc.)의 지시 대명사는 so로 받는다.

> Will it be fine tomorrow? (내일 날씨가 좋을까요?)
>   I think **so**.   *cf.*   I hope so.
>   I think not.   I am afraid not.

---

(1) **So + 조동사 + 주어 = too, also**
She likes dogs, and so does her husband.
(그녀는 개를 좋아하는데 그녀의 남편도 그렇다.)
I am hungry. So am I.
(나는 배가 고프다. 나도 그래.)

(2) **So + 주어 + 조동사 = yes, indeed**
Ross seems to be an honest man.
(Ross는 정직한 사람인 것 같군요.)
So he is.
(그렇고 말고요.)

---

4 부정 대명사

1 One

One should always be polite. `일반인`
(사람은 항상 친절해야 한다.)
If you need a pencil, I'll lend you **one**. `a + 보통명사`
(만일 연필이 필요하면 내가 너에게 빌려주겠다)

I keep three dogs ; a black **one** and two white **ones**.　특별용법
(나는 3마리의 개가 있다. 한 마리는 검은 개이고, 두 마리는 하얀 개이다.)
→ 일반적으로 one은 부정관사를 붙일 수가 없고 복수형태를 취하지 못하지만 그 앞에 형용사가 있을 때는 부정관사를 붙이거나 복수형을 취할 수 있다.
cf. I received a letter from one Mr. Jones. <one=a certain>
(나는 존스씨라는 어떤 분으로부터 한 통의 편지를 받았다.)

📂 one을 쓸 수 없는 경우

(a) 셀 수 없는 명사(물질 명사, 추상 명사) 대신에 쓸 수 없다.

I like red wine better than ┌ white. (○)
　　　　　　　　　　　　　　└ white **one**. (×)

(나는 백포도주보다는 적포도주를 좋아한다.)

(b) 소유격 다음에는 one을 쓸 수 없다. 그러나 one이 형용사를 수반할 때는 소유격과 함께 쓰인다.

His house is better than my new **one**. (그의 집은 내 새 집보다 더 좋다.)

(c) 수사 다음이나 최상급의 형용사, 그리고 the+비교급 뒤에는 못쓴다.

He has two sisters; **the elder** is more beautiful than **the younger**.
(그는 누이가 둘 있는데 언니가 동생보다 더 아름답다.)

2 some과 any의 비교

Will you have **some** tea?　권유　(차 좀 마시겠습니까?)
→ 의문문에서 some을 쓰는 경우에는 권유를 나타낸다.
I met **some** boy.　some + 단수 보통 명사: 어떤
(나는 어떤 소년을 만났다.)
He has **some** hundred books.　some [= around = about] : 대략
(그는 대략 100권의 책을 가지고 있다.)
Any man has the right to live.　any + 단수 보통 명사 : 어떤 ~라도
(어떤 사람도 살 권리가 있다.)

3 another

❶ 하나 더(=one more)의 의미

Won't you have **another** cup of coffee?
(커피 한 잔 더 마시지 않겠습니까?)
I will come in **another** six months.
(6개월이 더 지나면 오겠다.)

❷ 역시(=also one), 같은 사람(=the same person)의 의미

If I am a liar, you are **another.**
(만일 내가 거짓말쟁이라면, 너 역시 같은 사람이다.)

❸ 다른(=a different~)의 의미

I don't like this hat. Show me **another** (hat).
(나는 이 모자가 마음에 들지 않네요. 다른 것을 보여주세요.)
There is **another** meaning in this sentence.
(이 문장에는 다른 의미가 있다.)

📂 each other와 one another는 상호 관계를 나타내며 실제 사용에 있어서는 each other와 one another가 서로 차이가 없다.

We write to each other every week. (우리는 매주 서로 편지한다.)
= We write to one another every week.
Please write on every other line. (한 줄 걸러서 쓰시오.)
I see her every other week. (나는 그녀를 격주로 만난다.)

📂 참고

부분 부정 : 부정어 + 전체를 나타내는 부사일 때에는 전체 부정이 아니라 부분 부정이 된다.

> **not + 전체를 표시하는 말 (all, every, both etc.)** : 모두[둘] 다 ~인 것은 아니다.
> **not + always[necessarily]** : 항상 ~인 것은 아니다[필연적으로 ~한 것은 아니다].
> **not + entirely[completely]** : 전적으로 ~인 것은 아니다.

I **don't** know **both** of them. 부분 부정
(내가 그들 둘 다 아는 것은 아니다.)

I know neither of them = I **don't** know **either** of them. 전체 부정
(나는 둘 다 모른다.)
The rich are **not always** happy. 부분 부정
(부자라고 항상 행복한 것은 아니다.)
The wicked are **never** happy. 전체 부정
(사악한 자는 결코 행복하지 않다.)
She was **not wholly** satisfied. 부분 부정
(그녀가 완전히 만족하지 않았다.)

4 all

❶ 셀 수 없는 경우 : 단수 취급

All is well that ends well. (끝이 좋으면 모든 것이 다 좋다.)

❷ 셀 수 있는 경우 : 복수 취급

All of them are kind. (그들 모두는 친절하다.)

5 관용적 용법

> **A is one thing B is another : A와 B는 별개의 것이다.**

One after the other ([둘이] 교대로)
One after another ([셋 이상이] 번갈아, 잇달아, 연이어)

He raised one hand after the other. (그는 손을 번갈아 들었다.)
The audience went away one after another. (청중이 잇달아 가버렸다.)

※ each other(두 명)　　one another(셋 이상) : 서로 서로

5 양을 나타내는 표현에 있어서 of의 사용방법

양의 표현 다음에 「of + specific Noun(특정 명사)」의 표현이 나온다. 여기에서 '특정 (specific)'이란 말은 ① 정관사 the가 있거나 ② 명사 앞에 소유격이 나오거나 ③ 명사 앞에 this, that, these, those등이 나오는 경우를 의미한다.

Most of **the** books on that table are mine.
(그 테이블 위에 있는 책들 대부분은 내 것이다.)
Most of **my** books are in English.
(대부분의 내 책은 영어 책이다.)
Most of **those** books are mine.
(대부분의 저 책들은 내 것이다.)

❶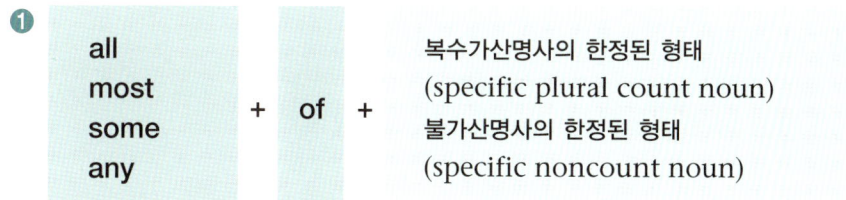

가산 명사구 : Most of those chairs are uncomfortable. (○)
　　　　　　(저 의자들 대부분이 불편하다.)
불가산 명사구 : Most of that furniture is uncomfortable. (○)
　　　　　　　(저 가구들 대부분이 불편하다.)
↪ 그러나 most 다음에는 불특정한 명사구가 올 수 있지만, most of 다음에는 올 수 없다.
　　cf. Most books are interesting. (○) (대부분의 책이 재미있다.)
　　　　 Most of books are interesting. (×)

❷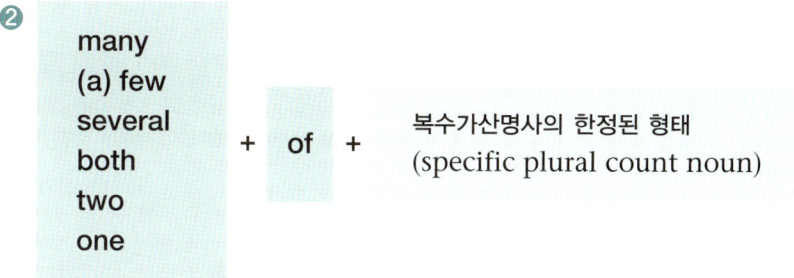

Many of those chairs are uncomfortable. (저 의자들 대다수가 불편하다.)

❸
much
(a) little　＋ of ＋ 불가산명사의 한정된 형태
　　　　　　　　　(specific noncount noun)

Much of that furniture is uncomfortable. (저 가구들 중 많은 가구들은 불편하다.)

↪ a lot of, lots of, a couple of, plenty of, a number of, a great deal of 등의 표현법이 다소 다르다고 볼 수 있다.
　　cf. I've read a lot of books (○) : nonspecific. (나는 많은 책을 읽었다)
　　　　 I've read a lot of those books (○) : specific. (나는 많은 저 책들을 읽었다)

> 📁 참고

(a) 명사가 한정된(specific)경우에는 all이나 both 다음에 나오는 of는 생략할 수도 있다.

All (of) the students in my class are here. (내 학급의 모든 학생들이 여기에 있다.)
I know both (of) those men. (나는 저들 둘 다 안다.)

(b) 명사가 한정되지 않은(nonspecific)경우에는 all 다음에 of는 나오지 못한다.

All students must have an I.D. card.(○)
(모든 학생들은 I.D카드를 소지해야 한다.)
All of students must have an I.D. card.(×)

6 one, each, every의 표현 방법

❶ one, each, every 바로 다음에는 단수 가산 명사(singular count noun)가 온다. 복수 명사나 불가산 명사는 올 수 없다.

One student was late to class. (한 학생이 수업에 늦었다.)
Each student has a schedule. (모든 학생은 시간표가 있다.) `개체에 중점`
Every student has a schedule. (모든 학생은 시간표가 있다.) `전체에 중점`
→ each는 화자가 개체에 중점을 둘 때에 주로 사용하고 every는 화자가 전체에 중점을 둘 때에 주로 사용한다.

❷ one of, each (one) of, every one of 다음에는 복수 가산 명사의 한정된 형태 (specific plural count nouns)가 나오며 불가산 명사는 나올 수 없다.

One of the students was late to class.
(학생들 중 한 명이 수업에 늦었다.)
Each (one) of the students has a schedule.
(학생들 각자가 시간표가 있다.)
Every one of the students has a schedule.
(모든 학생들은 시간표가 있다.)

7 재귀 대명사

인칭 대명사의 소유격이나 목적격에 -self, -selves가 붙어서 「인칭 대명사 자신」의 의미로 사용되는 것을 말하며, 타동사의 동작이 동작의 주체인 주어 자신에게 돌아오는 경우에, 또는 주어 자신을 강조하는 경우 등에 사용된다. 전자의 경우를 재귀 용법이라 부르고 후자의 경우는 강조 용법이라 부른다. 이러한 재귀 대명사는 다음과 같이 전치사와 함께 관용구로 사용된다.

1 전치사 + 재귀 대명사 : 관용구로 쓰인다.

ex
by oneself / 혼자서 (=alone) /
for oneself / 혼자 힘으로 (=independently) /
of itself / 저절로 (=spontaneously) /
in itself / 본래, 본질적으로 (=originally, naturally) /
beside oneself / 제정신이 아닌 (=mad, insane) /
in spite of oneself / 자신도 모르게 /
say to oneself / 독백하다. 혼잣말하다. /
have + 목적어 + to oneself / 독점, 독차지하다 /
keep + 목적어 + to oneself / 비밀로 하다 /

No man can live **by** and **for himself**.
(아무도 홀로, 그리고 혼자 힘으로 살 수 없다.)
The door opened **of itself**. (문이 저절로 열렸다.)
Work, **in itself**, is a rich source of happiness.
(일 그 자체는 풍부한 행복의 원천이다.)
He was **beside himself** with joy.
(그는 미칠 듯이 기뻐했다.)
The youngest son **has** his father's love **to himself.**
(막내 아들이 아버지의 사랑을 독차지하고 있다.)
He **keeps** the information **to himself.**
(그는 그 정보를 비밀로 하고 있다.)

2 타동사 + self 대명사 + 전치사

> **ex**
> pride oneself on = take pride in = be proud of / ~을 자랑하다 /
> avail oneself of = take advantage of / ~을 이용하다 /
> present oneself at = be present at / ~에 출석하다 /
> absent oneself from = be absent from / ~에 결석하다 /
> possess oneself of = be possessed of / ~을 갖고 있다 /
>   *cf.* be possessed with[by] / ~에(악령따위에) 흘리다 /
> employ / engage / occupy oneself in = be employed / engaged / occupied in / ~에 종사하다, 참여하다 /
> help oneself to / ~을 마음대로 쓰다(가지다) /

3 타동사 + self 대명사

> **ex**
> seat oneself = sit
> lay oneself = lie
> show oneself = appear
> kill oneself = commit suicide / 자살하다 /
> enjoy oneself / 즐기다 /

Grammar Drill

다음 문장에서 잘못된 곳을 골라 바로 고치시오.

문 제

1. The young player felt proud of themselves when he was chosen as a member of the national team.
2. The population of France is larger than those of England.
3. I have never seen so an attractive man as he.
4. I lost my cell phone yesterday, I think I need to buy it.
5. I was embarrassed when the twins greeted me. I couldn't remember neither of them.
6. He seemed to like the other glass of wine last night.
7. Janie promised her grandmother to visit her each other week.
8. One of the student started to scream while they witnessed the tragic scene there.
9. Every little girls in that room wants to be a famous TV star.
10. I went to NY with my parents last month but I'd like to go there of myself again.

해설 및 정답

1. **themselves → himself** : 동사의 목적어가 주어와 동일한 경우 목적어로 재귀대명사를 사용한다.
2. **those → that** : 단수(the population)를 대신하는 대명사이므로 that을 써야 한다.
3. **so an attractive man → such an attractive man** 또는 **so attractive a man**. : [such + 부정관사 + 형용사 + 명사]의 순서, [so + 형용사 + 부정관사 + 명사]의 순서
4. **it → one** : 특정한 cell phone이 아니라 많은 cell phone 중에서 막연한 하나를 의미하므로 one이 적합하다.
5. **neither → both** : 쌍둥이가 인사했을 때 못 알아보고 당황했다는 내용이다. both of them : 둘 다. 부정어 다음에 neither는 일반적으로 쓰이지 않는다.
6. **the other → another** : 또 다른 하나(one more)를 의미할 때는 another를 쓴다.
7. **each other week → every other week** : 격주마다
8. **student → students** : one of 다음에 오는 명사는 복수형으로 쓴다.
9. **girls → girl** : every 다음에는 단수 명사가 온다.
10. **of myself → by myself** : 전치사와 재귀대명사가 관용구로 쓰이는 경우다. By oneself는 홀로라는 뜻으로 alone과 같다.

Practice Test A

다음 _____ 안에 들어갈 적당한 표현을 고르세요.

1. His wife liked the painting so much that _____ decided to buy it.

    (A) she (B) his
    (C) it   (D) her

    his wife를 받는 대명사가 필요하므로 she가 적합하다.
    [번역] 그의 아내는 그 그림이 너무 좋아 그것을 사기로 결정했다.
    [정답] (A)

2. _____ is hardly possible to say what will happen.

    (A) You (B) That
    (C) He   (D) It

    가주어(It)와 진주어(to이하)에 관해서 묻는 문제이다.
    [번역] 어떤 일이 일어날지 알기 어렵다.
    [정답] (D)

3. Professor Park asked his assistant to translate the report, even though he could have done it _____.

    (A) him   (B) himself
    (C) them   (D) as she is

    재귀대명사의 강조용법을 묻는 문제이다.
    [번역] 박교수는 자기가 할 수 있었지만 조교에게 보고서를 번역하도록 했다.
    [정답] (B)

4. "Who are those boys?"
   "Those boys are friends of _____."

    (A) them   (B) they
    (C) their   (D) theirs

    이중 소유격은 of 다음에 주격·소유격이 바로 나올 수 없고 소유 대명사가 나온다.
    [번역] "저 소년들은 누구니?"
    "내 친구들이야."
    [정답] (D)

5. Each of us should do _____ duty.

    (A) his   (B) our
    (C) each   (D) one

    each가 문장의 주어이므로 단수 취급한다.
    [번역] 우리 각자는 우리의 의무를 다해야 한다.
    [정답] (A)

6. Unlike the budgets of some countries, _____ focuses chiefly on expenditures.

    (A) and the United States
    (B) the United States, which
    (C) that of the United States
    (D) which the United States

    앞에 나온 명사를 대신하는 경우에는 that [those]을 사용한다. 밑줄 친 부분은 미국이라는 단일 국가의 예산이므로 단수인 that이 적합하다.
    [번역] 일부 국가들의 예산과는 달리, 미국의 예산은 주로 지출에 초점을 맞추고 있다.
    [정답] (C)

7. In summer, some people go to the seaside, and _____ to the mountains.

    (A) another
    (B) ones
    (C) others
    (D) the others

some~ others~: 일부는 ~하고, 또 일부는 ~하다
some~ the others~: 일부는 ~하고, 나머지 전체는 ~하다
[번역] 여름에 어떤 사람들은 해변가로 가고, 또 다른 사람들은 산으로 간다.
[정답] (C)

8. Opportunities like this one do not present _____ often.

    (A) some
    (B) each one
    (C) everything
    (D) themselves

opportunities는 복수이므로 themselves를 써야 한다.
present oneself: 모습을 나타내다
[번역] 이러한 기회들은 자주 오지 않는다.
[정답] (D)

9. Today's libraries differ greatly from _____.

    (A) the past
    (B) those of the past
    (C) that are past
    (D) those past

비교 대상은 '오늘날의 도서관들'과 '과거의 도서관들'이다.
[번역] 오늘날의 도서관들은 과거의 도서관들과 매우 다르다.
[정답] (B)

10. Here are four suitcases, but I can carry only two. Please bring _____.

    (A) another
    (B) other
    (C) the others
    (D) others

한정된 나머지 전체를 위해서는 정관사가 필요하다.
the others: 나머지 전부
[번역] 여기에 4개 가방이 있는데 나는 2개 밖에 들 수가 없어. 다른 가방들 좀 들어 줘.
[정답] (C)

11. To some life is pleasure, to _____ it is suffering.

    (A) those
    (B) other
    (C) others
    (D) another

some~ others~: 일부는 ~하고, 또 다른 일부는 ~하다
[번역] 어떤 사람들에게 인생은 즐거운 것이고, 또 어떤 사람들에게 인생은 고통스러운 것이다.
[정답] (C)

12. Some fleas have one or two eyes, but others have _____.

    (A) none
    (B) never
    (C) not some
    (D) no

타동사 have의 목적어 위치이므로 명사나 대명사 등이 필요하다.
[번역] 어떤 벼룩들은 하나 혹은 두 개의 눈을 가진 반면에 눈이 하나도 없는 벼룩들도 있다.
[정답] (A)

Practice Test B

다음 문장의 밑줄 친 곳에서 올바르지 않은 것을 고르세요.

1. <u>Every one</u> who <u>is</u> anyone <u>was</u> invited to
      (A)   (B)   (C)
   attend the party for you and <u>me</u>.
                                  (D)

   everyone은 대명사로 '누구나, 모두'의 의미이며, every one은 each one(각자)의 뜻이다.
   who is anyone: 명성 있는 사람.
   [번역] 너와 나를 위한 파티에 유명 인사들이 모두 초대되었다.
   [정답] (A) (Every one → Everyone)

2. <u>There's</u> disagreement <u>among</u> industrialists <u>as</u>
     (A)   (B)   (C)
   <u>to whether</u> the products of this decade are
   inferior <u>to the past</u>.
            (D)

   현 10년간의 제품들과 과거의 제품들을 비교하기 때문에 비교대상인 제품들(products)을 나타내는 대명사 those가 반드시 필요하다.
   industrialist: 생산업자. 실업가.
   inferior to ~: ~보다 열등한
   [번역] 생산업자들 사이에서 현 10년 간 생산된 제품들이 이전의 제품들에 비해 질이 떨어진다는 점에 관해 이견이 있다.
   [정답] (D) (to the past → to those of the past)

3. I <u>thought</u> anyone could <u>have</u> <u>taken</u> it for
      (A)   (B)   (C)
   <u>themselves</u>.
     (D)

   anyone과 어울리는 재귀대명사는 단수형태인 himself가 적합하다.
   take it: 이해하다.
   [번역] 나는 누구나 스스로의 힘으로 이해할 수 있었을 거라 생각했다.
   [정답] (D) (themselves → himself)

4. <u>Dogs</u> possess hearing abilities <u>far superior</u> to
    (A)   (B)
   those <u>that of</u> their <u>owners</u>.
        (C)   (D)

   대명사 those가 있으므로 (C)의 that은 불필요하다.
   [번역] 개들은 그들 주인의 청력보다 훨씬 뛰어난 청력을 갖고 있다.
   [정답] (C) (that of → of)

5. Within most <u>political</u> systems, <u>each</u> civil
               (A)   (B)
   rights <u>have</u> <u>limits</u>.
       (C)   (D)

   each는 단수 명사를 수식하는 데 사용된다. 그런데 이 문장에서는 civil rights가 복수이기 때문에 each는 수식할 수 없고 all이 수식해야 한다.
   [번역] 대부분의 정치 조직 내에서 각 개인의 시민권은 한계가 있다.
   [정답] (B) (each → all)

Final Test

1. Every girl was expected to prove _____ ability to cook.

   (A) its
   (B) her
   (C) their
   (D) themselves

   girl에 어울리는 소유 형용사는?
   [번역] 모든 소녀들은 요리 능력을 입증해 보일 것으로 기대된다.
   [정답] (B)

2. It is _____ of your business whether I spend my money on a TV set or not.

   (A) not
   (B) nor
   (C) no
   (D) none

   It is none of your business. = Mind your own business.
   [번역] 내가 내 돈을 TV사는데 사용하든 안 하든 그것은 네가 참견할 일이 아니야.
   [정답] (D)

3. Nicole liked the painting so much that _____ decided to buy it.

   (A) it
   (B) her
   (C) him
   (D) she

   that이하의 주어는 주절의 주어(니콜)를 대신하므로 she를 쓴다.
   [번역] 니콜은 그 그림이 너무 좋아 그것을 사기로 결정했다.
   [정답] (D)

4. Health is more important than wealth ; _____ cannot give such true happiness as _____.

   (A) that, this
   (B) this, that
   (C) the former, the latter
   (D) such one, that one

   지시대명사 that은 '전자'에 해당되고 this는 '후자'에 해당된다.
   [번역] 건강이 재산보다 더 중요하다. 후자는 전자와 같은 진정한 행복을 가져다 주지 못한다.
   [정답] (B)

5. The computer is broken. Please fix _____.

   (A) her
   (B) him
   (C) them
   (D) it

   computer를 가리키는 대명사 it이 필요하다.
   fix: 수리하다, 고치다
   [번역] 컴퓨터가 고장났습니다. 수리해 주십시오.
   [정답] (D)

6. "Do the students in your class study hard?"
   "Some of them do. _____ just don't care."

   (A) The other
   (B) Another
   (C) Others
   (D) Some other

   some~ others~: 일부는 ~하고, 또 일부는 ~하다
   [번역] "너희 학급 학생들은 열심히 공부하니?"
   "열심히 공부하는 학생들도 있고, 관심도 없는 학생들도 있어."
   [정답] (C)

7. "Our city has changed a great deal."
   "It doesn't even resemble _____."

   (A) the one of three years ago
   (B) one three years ago
   (C) the one since three years
   (D) one from three years

resemble은 목적어를 취하는 타동사이므로 명사 상당 어구가 요구된다.
[번역] "우리 도시는 상당히 변했어."
       "우리 도시는 3년 전의 모습과도 달라."
[정답] (A)

8. _____ of the trees that thrive in smog-filled cities is the ginkgo.

   (A) One   (B) It is one
   (C) As one   (D) How one

본동사 is의 주어 역할을 할 수 있는 명사가 와야 한다.
[번역] 스모그로 가득 찬 도시에서 잘 자라는 나무들 중의 하나가 은행나무이다.
[정답] (A)

9. Some of our wedding vows were taken from the traditional ceremony, and some of them were written by _____.

   (A) my husband and I
   (B) my husband and me
   (C) my husband and my
   (D) my husband and mine

밑줄 친 부분은 전치사 by의 목적어 위치이므로 목적격이 나와야 한다.
[번역] 우리의 혼인 서약의 일부는 전통 예식에서 따온 것이고, 일부는 남편과 내가 쓴 것이다.
[정답] (B)

10. Bread, _____ of the world's most important foods, is made from flour.

    (A) one
    (B) is one
    (C) it is one
    (D) that it is one

Bread와 동격을 이룰 수 있는 요소가 요구된다. 따라서 명사 상당 어구가 필요하다.
[번역] 세계적으로 가장 중요한 식품 중의 하나인 빵은 밀가루로 만든다.
[정답] (A)

11. "Did you feed the baby milk?"
    "No, he can _____."

    (A) eat by himself
    (B) feed himself
    (C) eat himself
    (D) feed by himself

feed oneself: (남의 도움을 받지 않고) 혼자서 먹다
[번역] "당신이 그 아이에게 우유를 먹였습니까?"
       "아니오, 그 아이는 도움 없이 스스로 우유를 먹을 수 있습니다."
[정답] (B)

12. The primary responsibility in managing a dormitory rests with students _____.

    (A) by itself
    (B) only itself
    (C) themselves
    (D) theirs only

   rest with: ~에 달렸다.
   [번역] 기숙사를 관리하는 데 있어서 근본 책임은 학생들 자신에게 있다.
   [정답] (C)

13. "The tenor in the opera last night was very good."
    "Yes, he is a favorite _____."

    (A) to me
    (B) to mine
    (C) of mine
    (D) of me

   one's favorite: 좋아하는 사람이나 물건을 나타낼 때 쓰는 표현이다.
   She's a favorite of mine.
   = She's one of my favorites.
   = She's my favorite.
   [번역] "어젯밤 오페라에서 테너가 정말 훌륭했어."
   "그래, 그는 내가 가장 좋아하는 사람이야."
   [정답] (C)

14. All history confirms the doctrine that _____ rely upon the sword shall perish by it.

    (A) those who
    (B) if we
    (C) however we
    (D) during we

   the doctrine that에서 that은 동격을 나타내는 접속사이며 두 개의 동사 rely upon과 shall perish에 주어가 없는 점에 착안할 것.
   those who~: ~하는 사람들
   [번역] '무력에 의지하는 자들은 무력에 의해 망할 지어다.'라는 신조는 모든 역사가 입증한다.
   [정답] (A)

15. "Do you see all your friends here?"
    "Everyone except _____."

    (A) he
    (B) it
    (C) they
    (D) them

   except는 전치사이므로 다음에 목적격이 와야 한다.
   [번역] "넌 여기서 네 친구들을 모두다 보았니?"
   "친구들만 빼고 모두 다 봤어."
   [정답] (D)

16. "Do you have a TV set?"
    "Yes, _____."

    (A) I have it
    (B) I have one
    (C) I have
    (D) I certain have

   막연한 TV를 지칭하기 때문에 one으로 받는 것이 타당하다.
   [번역] "너 텔레비전 수상기 가지고 있니?"
   "그래, 하나 가지고 있어."
   [정답] (B)

17. "How many from your team entered the contest?"
    "_____ but one."

    (A) All
    (B) Any
    (C) Some
    (D) Many

all but one: 한 명만 빼고 전부 (but = except)
[번역] "너희 팀에서 그 대회에 몇 명이나 신청했니?"
      "한 사람만 빼고 전부 신청했어."
[정답] (A)

18. What makes a study scientific is not, of course, the nature of the things with which it is concerned but the method by which it deals with these things. "It" refers to _____.

    (A) a study
    (B) the nature
    (C) what
    (D) the method

이 문장에서 it은 a study를 지칭한다.
[번역] 어떤 학문을 과학적으로 만드는 것은, 물론 그 학문과 관련된 어떤 사물의 본질이 아니라 그 학문이 이러한 사물들을 다루는 방법에 있다. 이 문장에서 "It"은 학문을 지칭한다.
[정답] (A)

19. "Did Amy's parents leave her any money?"
    "No, She has to support _____ now."

    (A) by herself
    (B) herself
    (C) all alone
    (D) on her own

목적어가 주어와 동일인이면 재귀 대명사를 사용한다.
[번역] "에이미의 부모님이 그녀에게 돈을 남겨 주었니?"
      "아뇨, 그녀는 이제 스스로 벌어서 살아야 해요."
[정답] (B)

20. "Do you have my passport, Joe?"
    "Yes, I have _____ right here."

    (A) one
    (B) one passport
    (C) it
    (D) this

앞에 나온 명사를 대신할 경우 대명사 it을 사용한다.
[번역] "네가 내 여권을 가지고 있니, 조?"
      "응, 내가 지금 그것을 가지고 있어."
[정답] (C)

21. _____ that people should learn to dive when they are learning to swim.

    (A) Believing
    (B) It is believed
    (C) To believe
    (D) They are believed

It: 가주어, that절: 진주어
[번역] 사람들은 수영을 배울 때 다이빙도 배워야 한다고 믿고 있다.
[정답] (B)

※ Select the part (A, B, C or D) which is not acceptable for standard written expression.

22. Plants <u>rid them</u> of excess water <u>through</u>
         (A)   (B)
    transpiration, the evaporation <u>of extra</u>
                                        (C)
    moisture <u>from their</u> leaves.
                 (D)

주어인 plants가 타동사 rid의 목적어 역할을 하므로 재귀대명사인 themselves가 옳다.
transpiration: 증산 작용
evaporation: 증발 작용
[번역] 식물들은 잎사귀로 과다한 수분을 증발시키는 발산 작용을 통해 과다 수분을 없앤다.
[정답] (A) (rid them → rid themselves)

23. <u>Culture</u> and <u>society</u> are so interdependent
        (A)   (B)
    that they do not <u>occur</u> without each <u>another</u>.
                          (C)   (D)

본래 each other는 둘 사이에서, one another는 셋 이상 사이에서 쓰였으나, 현재는 구별없이 사용되고 있다.
[번역] 문화와 사회는 너무 상호 의존적이어서, 양자가 없다면 어느 한 쪽도 나타나지 않는다.
[정답] (D) (another → other)

24. Because there is <u>none</u> exact <u>definition</u> for
                         (A)   (B)
    biological aging, there is no way <u>to</u>
                                         (C)
    <u>determine</u> when the phenomenon <u>begins</u>.
         (D)

none은 대명사이고 no는 형용사이다. 따라서 명사인 definition을 수식하기 위해서는 형용사인 no가 옳다.
[번역] 생물학적 노화에 대한 정확한 정의가 없기 때문에, 노화 현상이 언제 시작되는지를 규명할 방법이 없다.
[정답] (A) (none → no)

25. <u>These</u> problem <u>had to be</u> solved, so he had
        (A)   (B)
    <u>to work</u> overtime for <u>five consecutive</u> days.
        (C)   (D)

this[these]는 형용사에 해당하는데 단수 명사를 수식하는 경우에는 this를 사용하고 복수 명사를 수식하는 경우에는 these를 사용한다. 이 문제에서는 problem이 단수이므로 this가 문법적으로 옳다.
[번역] 이 문제들은 해결되어야 할 것이었기에, 그는 연일 닷새 동안 계속해서 잔업을 해야 했다.
[정답] (A) (these → this)

26. <u>After he finishes</u> his duties at the farm,
          (A)
    Peter <u>often</u> <u>occupies</u> <u>his self</u> by <u>fishing</u>.
              (B)   (C)   (D)

[번역] 피터는 농장에서 일을 끝마친 후에 가끔 낚시에 몰두했다.
[정답] (C) (his self → himself)

27. <u>Their</u> ability <u>to glide</u> is <u>the basis</u> for the
       (A)   (B)   (C)
    popular belief that an albatross <u>sleeps</u> in the
                                      (D)
    air.

an albatross가 단수이므로 Its ability로 해야 한다.

[번역] 신천옹이라는 새가 공중에서 잠을 잔다는 일반적인 믿음의 토대는 그 새의 활공 능력이다.

[정답] (A) (Their → Its)

28. <u>It</u> is often easier <u>to select</u> the best tool for a
     (A)   (B)
    particular job <u>than</u> to use <u>them</u> correctly.
                (C)   (D)

the best tool을 대명사로 받는 문제임.

[번역] 특정한 일에 알맞은 가장 좋은 기구를 고르는 일은 그것을 정확히 사용하는 일보다 종종 더 쉽다.

[정답] (D) (them → it)

29. For <u>them</u> interested in nature, the club <u>offers</u>
         (A)   (B)
    hikes and overnight camping <u>each week</u>
                                  (C)
    <u>during</u> the summer months.
     (D)

For those (who are) interested in nature이므로 those가 되어야 한다.

[번역] 자연에 관심이 있는 사람들을 위해 그 클럽에서는 여름동안 매주 하이킹과 철야 캠핑 등을 제공한다.

[정답] (A) (them → those)

30. The others in the group—Richard, Carl, and
    <u>him</u>—refused <u>to join</u> us <u>on</u> the trip because
     (A)   (B)   (C)
    of the heavy rains that <u>were expected</u>.
                            (D)

주어와 동격이므로 주격이 와야 한다.

[번역] 그 그룹의 다른 사람들—리차드, 칼, 그리고 그 사람—은 예상되는 폭우 때문에 그 여행에 우리와 함께 합류하는 것을 거절했다.

[정답] (A) (him → he)

31. The weeks of summer training <u>are often</u> <u>as</u>
                                    (A)   (B)
    <u>tense for</u> sports writers as <u>it is</u> for football
     (C)   (D)
    players and coaches.

the weeks of summer training은 복수다.

[번역] 하계 훈련을 받는 몇 주간의 기간은 축구 선수와 코치들 만큼이나 스포츠 기자들에게도 때때로 긴장된다.

[정답] (D) (it is → they are)

32. The Pygmies <u>appear</u> <u>friendly and peaceful</u>,
    　　　　　(A)　　　　　(B)
    <u>but</u> they are deeply suspicious of <u>another</u>
    (C)　　　　　　　　　　　　　　　(D)
    tribes.

    another는 단수이므로 다음에 복수 명사가 곧바로 나올 수 없다.
    [번역] 피그미족은 우호적이며 평화스럽게 보이지만 다른 부족들을 상당히 의심한다.
    [정답] (D) (another → other)

33. The United States <u>themselves</u> <u>will play</u> a
    　　　　　　　　　　(A)　　　　　(B)
    leading role <u>if it can</u> render help to <u>other</u>
    　　　　　　　(C)　　　　　　　　　　　(D)
    countries.

    the United States는 단수 취급한다.
    [번역] 미국 자신이 다른 나라에 도움을 줄 수 있다면 미국은 지도적인 역할을 하려 할 것이다.
    [정답] (A) (themselves → itself)

34. Because <u>they use</u> energy only <u>for</u> motion,
    　　　　　(A)　　　　　　　　　(B)
    the snake has the ability <u>to live</u> longer
    　　　　　　　　　　　　　　(C)
    <u>without food</u> than human beings.
    　　(D)

    주절의 주어가 단수(the snake)이므로 종속절도 it uses가 맞는 표현이다.
    [번역] 뱀은 움직이는 데에만 에너지를 사용하기 때문에 사람보다 더 오랫동안 식량 없이 살 수 있다.
    [정답] (A) (they use → it uses)

35. You can easily <u>tell</u> from a person's face
    　　　　　　　　(A)
    <u>whether</u> <u>they are</u> telling the <u>truth</u>.
    　(B)　　(C)　　　　　　　　(D)

    a person이 단수이므로 he is가 맞다.
    [번역] 여러분은 어떤 사람의 얼굴을 보면 그 사람이 진실을 말하고 있는지를 쉽게 알 수 있다.
    [정답] (C) (they are → he is)

36. William the Conqueror <u>built</u> the Tower of
    　　　　　　　　　　　　(A)
    London to protect <u>himself from</u> <u>them</u> he <u>had</u>
    　　　　　　　　　　(B)　　　　(C)　　　　(D)
    <u>conquered</u>.

    막연한 사람을 나타낼 때 사용하는 대명사는 those이다. 반면에 them은 앞에 이미 나온 어떤 명사를 받을 때 사용하므로 여기에서는 those가 타당하다.
    [번역] 정복자 윌리엄은 피정복자들로부터 자신을 보호하기 위해 런던탑을 세웠다.
    [정답] (C) (them → those)

Chapter 15

관사
Article

1 Grammar Preview

1 부정관사

She is **a** student. (그녀는 학생이다.)
A dog is a faithful animal. `any의 의미`
  (개는 충직한 동물이다.)
He will stay for **a** month or two. `one의 의미`
  (그는 한 달이나 두 달 동안 머무를 것이다.)
A Mr.Kim wants to see you. `a certain의 의미`
  (김씨라는 어떤 사람이 당신을 만나고 싶어한다.)
Birds of **a** feather flock together. `the same의 의미`
  (유유상종)
We go to school five days **a** week. `per의 의미`
  (우리는 일주일에 5번 학교에 간다.)

2 정관사

This is **the** girl that I told you about. `수식`
  (이 사람이 바로 내가 너에게 이야기 했던 그 소녀이다.)
Open **the** door, please. `대화자가 알고 있을 때`
  (책을 펴 주세요.)
The cat is a friendly animal. `대표단수`
  (고양이는 다정한 동물이다.)
The earth moves around **the** sun. `천체명이나 유일물`
  (지구가 태양의 둘레를 돈다.)
She looked me in **the** face. `관용적 표현`
  (그녀가 내 얼굴을 쳐다보았다.)
He caught me by **the** hand. `관용적 표현`
  (그는 내 손을 잡았다.)
He hit me on **the** head. `관용적 표현`
  (그는 내 머리를 때렸다.)
They are paid by **the** week. `단위`
  (그들은 주 단위로 임금을 지급받는다.)

3 관사의 위치

She doesn't like **such a** dog. (그녀는 그러한 개를 좋아하지 않는다.)
What a pretty flower it is! (참으로 예쁜 꽃이구나!)
How pretty a flower it is! (참으로 예쁜 꽃이구나!)
He is **quite a** famous scholar. (그는 상당히 유명한 학자이다.)
He is **as wise a** boy as his brother. (그는 그의 형만큼이나 현명한 소년이다.)
She likes **both the** boys. (그녀는 두 소년들을 모두 좋아한다.)

2 Grammar Check-up

I 다음 문장들 중 (a) (b)의 의미를 서로 비교해 보시오.

1. (a) The novelist and doctor came to the party.
   (b) The novelist and the doctor came to the party.

2. (a) He was a poet and statesman.
   (b) He saw a poet and a statesman there.

3. (a) I am going to meet him next week.
   (b) I was going to meet him the next week.

4. (a) He has mental weakness.
   (b) He has a weakness for liquor.

5. (a) Speech is silver, silence is golden.
   (b) He made an after-dinner speech.

6. (a) Thousands of people lost their houses.
   (b) The English are a conservative people.

7. (a) She was in hospital.
   (b) The machine was sent to the hospital.

8. (a) He found himself in front of a church.
   (b) He went to church on sundays.

II 다음에서 필요한 곳에 관사를 넣으시오.

1. He had _____ great many books in his library.

2. They elected him _____ president of the new country.

3. Mt. Everest is _____ highest mountain in _____ world.

4. _____ speech he made at _____ party was _____ very impressive one.

5. _____ school begins at _____ eight-thirty in _____ morning.

6. _____ 9:00 express train for _____ Seoul left half _____ hour ago.

7. Which is _____ taller of _____ two?

8. They left for _____ United States _____ week before last.

9. I saw _____ half moon in _____ sky.

10. _____ Koreans are _____ polite people.

11. When I passed _____ Nam-san Park _____ day before yesterday, I saw _____ lot of boys playing _____ baseball.

12. _____ auto mobile running on _____ street over there is perhaps _____ Ford.

13. Come here and open _____ door for me, _____ boy.

14. _____ gentleman I spoke about will be _____ M.P. in _____ future.

15. He has _____ dog. It is _____ black and _____ white dog.

Ⅲ. 다음 문장 중에서 필요한 곳에 관사를 보충하시오.

1. Butter is sold by pound.

2. He caught me by arm.

3. General Eisenhower was elected President of United States in year of 1952.

4. It is too good chance to lose.

5. There are thousand students in our school.

6. Number of traffic accidents is increasing.

7. Number of cars were still parked in the lot.

8. We'll complete this work in day or two.

9. Child as he was, he thought he should not miss so good opportunity.

10. What beautiful watch and chain this is !

Ⅳ 다음 문장에서 틀린 곳을 바로 잡으시오.

1. A cow is an useful animal to man.

2. They speak the English in the New Zealand.

3. Queen Elizabeth is a big ship sailing across Atlantic.

4. I saw a tall and short man walking together in front of the Seoul Station.

5. Many a traveler pass the town from the morning till the night.

6. A little girl as she was she played a piano amazingly well.

7. I made it a rule to take walk before a breakfast.

8. He does not come to the office by a bus; he usually comes in a taxi.

정답 및 해설

I
1. (a) 소설가이기도 하고 동시에 의사인 사람 (b) 소설가와 의사 두 사람
2. (a) 시인이며 동시에 정치가인 사람 (b) 시인과 정치가 두 사람
3. (a) 현재의 어떤 시점에서 본 다음주 (b) 과거의 어떤 시점에서 본 그 다음주
4. (a) 약함 (mental weakness는 '저능'을 뜻한다)
   (b) 결점 (has a weakness for : ~에 결점을 가지고 있다.)
5. (a) 웅변 (웅변은 은이요, 침묵은 금이다.) (b) 연설
6. (a) 사람들 (수천명의 사람들이 그들의 집을 잃었다.) (b) 국민 (영국사람들은 보수적인 국민이다.)
7. (a) in hospital : 입원중인 (b) 병원의 건물
8. (a) 교회의 건물 (b) 교회의 예배

II
1. **a** : a great many (많은 수의) : a good many보다 뜻이 강함.
   (그는 서재에 많은 책을 가지고 있다.)
2. **president** : 보어인 president는 관직명을 나타내기 때문에 무관사이다.
3. **the, the** : 최상급에는 정관사를 쓴다.
4. **The, the, a** : speech는 he made에 의해 한정되기 때문에 정관사 필요하다. 또한 one에 형용사가 붙어서 수식하는 경우에는 관사가 필요하다. 따라서 a가 필요하다.
5. **×, ×, the** : '수업'을 의미할 때 school은 무관사이다.
6. **The, ×, an** : 정해진 시각의 기차이므로 정관사를 붙인다. 그러나 지명에는 무관사이다.
   half an hour : 30분
7. **the, the** : 두 사람을 뜻하는 of the two가 오는 경우에는 비교급에 정관사를 붙인다.
8. **the, the** : 복수고유명사인 United States에는 정관사가 붙는다.
   the week before last (week) (전전주)
9. **a, the** : a half moon (반월)
10. **The, a** : the Koreans는 한국인 전체를 대표한다.
11. **×, the, a, ×,** : the day before yesterday : 그저께.   구기 종목 앞에는 무관사이다.
12. **The, the, a** : a Ford (Ford 자동차)
13. **the, ×** : 대화자끼리 서로 알고 있을 때에도 정관사를 쓴다. 그러나 호격에서는 무관사이다.
14. **The, an, the** : M.P.에서 M[em]의 발음이 모음으로 시작되기 때문에 부정관사 an을 붙임에 주의하자.
15. **a, a, ×,** : a black and white dog (바둑이)

Ⅲ 1. **the pound** : 단위를 나타낼 때에는 정관사를 붙인다.
   2. **the arm** : 영어의 특수한 표현이다 : '타동사 + 목적어 + 전치사 + 정관사 + 신체부위'
   3. **the United States, the year** : of.... 의 한정을 받는 year에는 the를 붙인다.
   4. **a chance** : 'so, as, too, how(ever) + 형용사 + 부정관사 + 명사'의 어순을 취한다.
   5. **a thousand**
   6. **The number** : the number of (~의 수) (교통사고의 수가 증가하고 있다.)
   7. **A number** : a number of (많은 수의) (많은 차량들이 주차장에 주차해 있었다.)
   8. **a day** (우리는 이 일을 하루나 이틀 후에 마칠 겁니다.)
   9. **an opportunity** (비록 그가 어렸지만, 그는 그렇게 좋은 기회를 놓쳐서는 안된다고 생각했다.)
   10. **a beautiful** : watch and chain은 줄 달린 시계이므로 단수 취급한다.

Ⅳ 1. **an → a** : useful의 발음은 자음으로 시작하기 때문에 an은 사용할 수 없다.
   2. **the English → English,   the New Zealand → New Zealand**
   3. **The Queen Elizabeth** (Queen Elizabeth는 선박의 이름이다), **the Atlantic**
   4. **a short man,   the Seoul Station → Seoul Station**
   5. **pass → passes** : 'many a 단수명사'는 의미는 복수이지만 단수취급한다.
      the morning → morning,   the night → night
   6. **A little girl → Little girl,   a piano → the piano** (악기 앞에는 정관사를 붙인다.)
      : 영어에서 양보를 나타내려면 「명사 (또는 형용사) + as + 주어 + 동사」의 형태를 이용한다.
      이 형태에서는 명사 앞에 관사가 오지 않는다는 점에 주의하자.
   7. **walk→a walk,   a breakfast → breakfast** : 식사 앞에는 무관사이다.
   8. **a bus→bus** : by가 교통수단을 나타내는 경우에는 다음에 관사를 쓰지 않는다.

3 Grammar Focus

1 관사의 중요사항

관사는 원래 명사 앞에서 그 명사를 수식하기 때문에 형용사의 한 범주에 포함되며 구체적으로 대명형용사에 속한다.

1 부정관사 a/an은 발음에 의해서 결정된다

철자는 부정관사 a나 an을 선택하는데 있어서 어떤 역할도 하지 않는다는 점에 주의하자.

> **ex**
> a European   an M.P (Member of Parliament)
> a one-eyed man   an honest boy
> a uniform   an L.P

→ 위의 예문에서 European과 Uniform은 발음이 반모음 j로 시작되기 때문에 부정관사 a를 사용한다. 마찬가지로 one-eyed man도 one이 반모음 w로 발음이 시작되므로 부정관사 a를 사용한다. 반모음은 자음취급을 하기 때문이다. 반면에 M.P나 L.P의 경우는 발음이 [em pi], [el pi]처럼 모음으로 시작되므로 부정관사 an을 사용한다.

2 관사의 위치

관사는 다른 형용사 보다 앞에 위치 하지만 아래의 경우들은 그렇지 않기 때문에 주의를 해야한다.

❶ so, as, too, how(ever) + 형용사 + 부정관사 + 명사

He is **so** kind **a** man that all like him.
   (그는 아주 친절해서 모두가 그를 좋아한다.)
He is **as** brave **a** soldier as ever shouldered a gun.
   (그는 지금까지 총을 맸던 군인 중에서 어느 누구 못지 않게 용감하다.)
This is **too** good **a** chance to be lost.
   (이것은 놓치기에 너무 좋은 기회이다.)
How pretty **a** flower it is! (참 아름다운 꽃이구나!)
   cf. **What a** pretty flower it is!

❷ all, both, double + the + 명사

All the students were present. (학생들이 모두다 출석했다.)
Both the parents are in good health. (부모님 두 분 다 건강하시다.)
I will pay you **double the** price. (내가 그 가격의 갑절을 지급하겠다.)

❸ such, what, many + 부정관사 + 형용사 + 명사

Where have you been **such** a long time?
  (이렇게 오랫동안 너 어디에 있었니?)
What a wise boy he is!
  (그는 참으로 현명한 소년이구나!)

📂 참조

quite, rather의 경우는 위의 어순을 취하는 것이 일반적이지만 그렇지 않을 때도 있다.

He is **quite a** nice man.
  (그는 아주 좋은 사람이다.) : a quite라고 표현할 수도 있다.
He is **rather an** old man.
  (그는 다소 나이가 든 사람이다.) : a rather라고 할 수도 있다.

③ 보통명사 + of a + 명사의 구문

보통명사가 형용사로 대용되어 「～같은」의 뜻이 된다.

He lived in **a palace of a** house with an angel of a wife.
(그는 궁궐 같은 집에서 천사 같은 아내와 함께 살았다.)
a palace of a house = a house like a palace = a palatial house. (궁궐 같은 집)
an angel of a wife = a wife like an angel = an angelic wife. (천사 같은 아내)

cf. That fool of a Tom. (저 바보 같은 톰.)
  It is a monster of stone. (그것은 괴물 같은 돌덩이이다.)
  ➪ 원래 고유명사 앞에는 부정관사가 붙지 않지만 위의 예문에서 보는 것처럼 이 형식에서는 고유명사 Tom 앞에도 부정관사 a가 붙는다. 그러나 stone처럼 물질명사 앞에는 부정관사를 붙이지 않는다.

4 신체 부위를 나타내는 the를 이해한다.

He caught her **by** the arm. 「잡다」의 의미일 때 (그가 그녀의 팔을 잡았다.)
He struck me **on** the head. 「때리다」의 의미일 때 (그가 내 머리를 때렸다.)
He looked me **in** the eye. 「보다」의 의미일 때 (그가 내 눈을 보았다.)

cf. He slapped her on / in the face. (그가 그녀의 얼굴을 때렸다.)
↳ 이 경우에는 on 대신에 in 을 쓸 수도 있는데 예외적으로 기억해 두는 것이 편리하다.

5 주의해야 할 용법

We have breakfast at seven every morning.
(우리는 매일 7시에 아침 식사를 한다.)
I had **a** light breakfast.
(나는 아침 식사를 가볍게 했다.)
↳ 위 예문에서 보듯이 식사 앞에는 무관사이지만 형용사가 수식하는 경우에는 부정관사를 쓴다.

She died of cancer. (그녀는 암으로 죽었다.)
I have **a** ┌ headache. (두통)
         │ stomachache. (복통)
         └ toothache. (치통)
↳ 위 예문에서처럼 질병 앞에는 무관사이지만 두통이나 복통, 치통과 같은 흔히 있는 가벼운 질병에는 부정관사를 쓴다.

2 부정관사의 용법

1 one의 약한 뜻 : 해석할 필요가 없다.

I want to be **a** doctor. (나는 의사가 되고 싶다.)

2 one : 하나

Rome was not built in **a** day. (로마는 하루 아침에 이루어지지 않았다.)
A bird in the hand is worth two in the bush.
(손에 있는 한 마리 새는 숲 속에 있는 두 마리 새의 가치가 있다 : 구슬이 서말이라도 꿰어야 보배)

③ **any** : 어떤 ~라도(대표 단수)

An owl can see in the dark. (올빼미는 어두운 데에서도 볼 수 있다.)

④ **the same**

We are of **an** age. (우리는 동갑이다.)
Birds of **a** feather flock together. (유유상종)
Two of **a** trade seldom agree. (같은 장사를 하는 두 사람은 화합이 안 된다.)

⑤ **per** : ~마다

He makes it a rule to go there once **a** week.
(그는 일주일에 한 번씩 규칙적으로 그곳에 간다.)

⑥ **a certain** : 어떤~

What he says is true in **a** sense.
(그가 한 말이 어떤 의미에서는 사실이다.)
A Mr. Kim came to see you yesterday.
(김씨라는 어떤 분이 어제 당신을 만나러 왔었습니다.)

⑦ **some** : 어느 정도, 약간

He stared at me for **a** time. (그는 잠시동안 나를 노려보았다.)

3 정관사의 용법

① 앞에 나온 명사를 반복하는 경우에 정관사를 사용한다.

We have a dog, and all of us are fond of **the** dog.
(우리는 개 한 마리가 있는데 우리모두가 그 개를 좋아한다.)

2 전후관계로 보아 무엇을 가리키는지 명확한 경우에 정관사를 사용한다.

Open **the** door, please. (문 좀 열어주세요.)

3 명사가 수식어(구, 절 따위)로 한정될 때에 정관사를 사용한다.

Bring me **the** book **on the desk.** on the desk가 book을 한정함
(책상 위에 있는 책을 나에게 가져와라.)
This is **the** book **that I lost yesterday.** that절이 book을 한정함
(이것은 내가 어제 잃어버린 책이다.)
The water **of this well** is good to drink.
(이 샘물은 맛이 좋다.)
⇨ water가 물질명사이지만 of this well이 한정해 주기 때문에 the를 붙였다.
cf. Water is indispensible to us. (물은 우리에게 필수적이다.)

📂 **참고**

He is principal **of our school.** (그는 우리 학교의 교장선생님이다.)
⇨ 이 문장에서 of our school이 principal을 한정해 주기 때문에 정관사 the를 붙여야 하지만, 일반적으로 보어 위치에서는 관사가 생략된 채 사용되기 때문에 정관사 the가 붙지 않는다.

I need **a** man who can speak French. (나는 프랑스어를 말할 줄 아는 사람이 필요하다.)
⇨ 이 문장에서도 who이하가 man을 한정해 주기 때문에 정관사 the가 붙어야 하지만 프랑스어를 말할 수 있는 사람은 한 두 사람이 아니기 때문에 a를 붙였다.

4 유일물, 자연현상, 방위 등을 나타내는 경우에 정관사를 사용한다.

They returned safely from **the moon** to **the earth**.
(그들은 달에서 지구로 무사히 돌아왔다.)
The wind came from **the south.** (남쪽에서 바람이 불어왔다.)
⇨ 자연현상, 유일물이라 할지라도 형용사가 수식하면 부정관사를 쓴다.
cf. a full moon (보름달)　 a clear sky (맑은 하늘)　 a strong wind (강한 바람)

5 최상급, 서수사, same, very, only, last 등의 앞에 정관사를 사용한다.

Get off at **the** second stop. (두 번째 정거장에서 내리세요.)
cf. You have to buy **a second** (=**another**) pair of shoes.
　　　　(너는 또 다른 신발 한 켤레를 사야 한다.)
　　　I met her **a second time** (=**again**). (나는 그녀를 또 만났다.)

6 계량 단위 표시 : by + the + 단위표시 명사

Meat is sold **by the gram**. (고기는 그램 단위로 판다.)
He works **by the week**. (그는 주급으로 일한다.)
cf. He earns 200dollars **a** week. (~마다) (그는 일주일에 200달러를 번다.)

7 the + 보통 명사

❶ 추상 명사

I felt **the patriot** rise at the sight of our national flag.
　　　　(=patriotism 애국심)
　　　(나는 우리 국기를 보고 애국심이 솟아오르는 것을 느꼈다.)

❷ 대표 단수

The dog is a faithful animal. (개는 충실한 동물이다.)

8 The + 형용사

❶ 복수 보통 명사

The industrious will succeed. (부지런한 사람이 성공한다.)
　(=industrious people)

❷ 추상 명사

The true is not changed. (진실은 변하지 않는다.)
　(=truth)

4 정관사가 붙는 고유명사

1 강, 바다, 운하, 해협, 반도에는 정관사가 붙는다.

the Suez Canal (수에즈 운하)
the Malay Peninsula (말레이 반도)
➪ 호수나 만은 보통 정관사를 붙이지 않는다.

2 산맥, 군도, 복수형의 국명, 특수지명에 정관사를 붙인다.

the United States of America
the philippines
the Alps
the Sahara
the U.S.S.R. (Union of Soviet Socialist Republic)

3 선박, 열차, 항공기에 정관사를 붙인다.

the May flower   **the** KAL

4 공공건물에 정관사를 사용한다.

the White House (백악관)
the British Museum (대영 박물관)
the Red Cross Hospital (적십자 병원)
➪ 역, 다리, 공항, 항구, 공원에는 보통 the를 붙이지 않는다.
London Bridge   Gimpo Airport   Central Park

5 신문, 잡지, 서적에 정관사를 사용한다.

the Reader's Digest   **the** Divine Comedy (신곡)
the New York Times   **the** Korea Times
➪ 서적명이 인명일 때는 보통 the를 붙이지 않는다.
Hamlet   Jane Eyre

6. 고유명사에는 정관사가 붙지 않지만 형용사가 붙은 고유명사에는 정관사를 붙인다.

> **the ambitious** Caesar
> ↳ Honest Dick (little, great, old, young, dear, good, poor등 흔한 형용사가 고유명사 앞에 쓰이면 정관사를 붙이지 않는다.)

5 관사의 생략

1 호격

Waiter, bring my bill. (웨이터, 계산서를 가져다주세요.)

2 가족관계

father, mother, grandfather, baby...

3 칭호, 관직, 신분의 명사가 다음의 위치에 나오는 경우

❶ 고유 명사 앞

President Nixon (닉슨 대통령), Professor Smith (스미스 교수)

cf. the Emperor Nero (로마제국의 칭호)
the Kaiser Wilhelm (독일제국의 칭호)
↳ 위의 예문에서 보는 것처럼 로마제국이나 독일제국의 칭호와 같이 영어가 아닌 외래어인 경우에는 고유명사 앞에 칭호가 붙어도 정관사를 붙인다.

❷ 고유 명사와 동격

Elizabeth, Queen of England (엘리자베스 영국 여왕)

cf. Tom, the captain, played well. (주장 톰은 잘 싸워다.)
↳ 동격명사 다음에 of ~의 수식어가 따르지 않을 경우에는 the가 온다.

❸ 보어인 경우

He was appointed ***principal*** of our school. (그가 우리학교 교장으로 임명됐다.)
　　　　　　　　　S·C

They elected him ***chairman***. (그들은 그를 의장으로 선출했다.)
　　　　　　　　O·C

4 양보 구문

: 무관사의 명사[형용사]+as[though]+주어+동사

Hero as he was, he was afraid of coming war.
= Though he was **a** hero, he was afraid of coming war.
(그는 비록 영웅이었지만 다가올 전쟁을 두려워했다.)

5 건물, 장소 등이 본래의 목적으로 사용되는 경우

He should **go to church** more often. (그는 교회에 더 자주 가야 한다.)
She **went to bed** at ten. (그는 10시에 잠자리에 누웠다.)
He **went to sea**. = He became a sailor. (그는 선원이 되었다.)
cf. He went to the sea. (그는 바다에 갔다.)
They were **at table** then. (그들은 그때 식사 중이었다.)
cf. The bookstore is next to the church. (그 서점은 교회 옆에 있다.)
   Don't sit on the bed. (침대 위에 앉지 마라.)
   ➪ 침대는 본래의 목적이 앉는데 있지 않으므로 정관사 the가 쓰였다.

6 식사, 병, 학문, 운동경기의 이름

I had breakfast at six this morning. (나는 오늘 여섯시에 아침 식사를 했다.)
He is good at history. (그는 역사에 정통하다.)
Let's play baseball. (우리 야구하자.)
cf. She plays **the** violin everyday. (그녀는 매일 바이올린을 켠다.)
   ➪ 악기를 연주할 때에는 정관사 the를 쓴다.

7 통신, 교통수단

I will let you know the result **by telephone.**
(내가 당신에게 결과를 전화로 알려 주겠다.)
We went there **by bus**. (우리는 버스를 타고 그곳에 갔다.)
                (=in a bus)

8 a kind of~, a sort of~ 다음에 오는 명사

A bat is **a kind of** animal. (박쥐도 동물의 일종이다.)

9 전치사나 접속사로 연결되어 대조를 나타내는 관용적인 표현

day and night (=night and day) 밤낮(으로)
arm in arm (팔짱을 끼고)
east and west (동서)
north and south (남북) : 영어에서는 항상 north를 먼저 쓴다.
man and wife (부부)
They became man and wife. (그들은 부부가 되었다.)

10 man이 인간 전체나 남성의 의미로 쓰일 때

Man is mortal and God is immortal. (인간은 유한하고 신은 무한하다.)

Grammar Drill

다음을 읽고 잘못된 부분을 고치시오.

문제

1. I teach four days one week.
2. Have you got one match, please?
3. They cost $10 one kilo.
4. I've known him for one year or so.
5. Help! There's one mouse in the cupboard!
6. She's one cousin of the king's.
7. Can I have one little more rice?
8. One large quantity of petrol escaped from the tank.
9. We hadn't got one baseball bat, so we had to use one tennis racket.
10. Sri Lanka has the wonderful climate.
11. She has worked in a fashion industry since she left school.
12. The USA is a country with the high level of immigration.
13. How can we combine economic growth and respect for an environment.
14. Car exhaust emissions are having a major effect on a world's climate.
15. She has become the important figure in Norwegian politics.

해설 및 정답

※ 특별한 유형의 물건중의 하나를 지칭할 때에는 one을 사용하지 않고 a(n)을 사용한다.
  ex a cup of coffee. (비교 : one cup of coffee라고는 하지 않는다.)
  또한 숫자나 양의 표현에 있어서도 one을 사용하지 않고 a(n)을 사용한다.
  ex five times a day, 10 pence a litre, a quarter of an hour

1. **one → a** (나는 일주일에 4일을 가르친다.)
2. **one → a**
3. **one → a**
4. **one → a**
5. **one → a**
6. **one → a**
7. **one → a**
8. **one → a**
9. **one → a**
10. **the → a**

11. **a→the** : the fashion industry, the travel industry처럼 하나밖에 없는 특별한 분야에서는 the를 쓴다.
12. **with the high level→with a high level**
13. **an→the**
14. **a→the**
15. **the→an**

※ 이 세상에 유일한 사물의 경우에는 정관사 the를 사용한다. 그러나 그러한 특별한 사물이나 현상등도 어떤 개별적인 것으로 쓰이면 부정관사 a(n)를 사용한다.

　ex He could hear the wind whistling through the trees outside.
　　　(그는 바깥의 나무들 사이로 바람이 부는 소리를 들을 수 있었다.)
　　　There's a cold wind blowing from the north. (북쪽에서 찬 바람이 불어온다.)
　　　What are your plans for the future? (미래를 위한 네 계획이 뭐니?)
　ex She dreamt of a future where she could spend more time painting.
　　　(그녀는 그림 그리는데 더 많은 시간을 쓸 수 있는 미래를 꿈꿨다.)

또한 개인의 직업을 말할 때에는 부정관사 a(n)를 사용한다.

　ex Against her parent' wishes, she wants to be a journalist.
　　　(부모의 바램을 거스르고 그녀는 기자가 되고 싶어한다.)

그러나 개인의 직업의 위치나 특별한 위치를 말할 때에는 정관사를 사용하거나 무관사로 한다.
　　　He has been appointed (the) head of the company.
　　　(그가 그 회사의 사장으로 지명권을 행사해 왔다.)

Practice Test A

다음 _____ 안에 들어갈 적당한 표현을 고르세요.

1. If we do not see _____ soon, we will cancel the project.

    (A) one progress
    (B) a progress
    (C) the progress
    (D) some progress

   불가산 명사(progress)에는 부정관사를 쓸 수 없다.
   [번역] 만일 곧 진전을 보지 못하면, 우리는 그 사업을 포기할 것이다.
   [정답] (D)

2. _____ coastline of Massachusetts is 192 miles long.

    (A) Far   (B) The
    (C) Only   (D) About

   주어(coastline)가 형용사구(of Massachusetts)에 의해 한정되고 있으므로 정관사가 필요하다.
   [번역] 메사츄세츠주의 해안선의 길이는 192마일이다.
   [정답] (B)

3. He has one son and one daughter, and _____ is now at college.

    (A) a son   (B) son
    (C) the son   (D) one son

   앞에 나온 one son을 받기 때문에 정관사가 필요하다.
   [번역] 그는 아들 하나와 딸 하나를 두고 있다. 그리고 그 아들은 현재 대학생이다.
   [정답] (C)

4. The employees are paid _____.

    (A) by an hour
    (B) by a hour
    (C) by the hour
    (D) by hours

   단위를 나타낼 때에는 정관사를 사용한다.
   [번역] 종업원들은 시간당 보수를 받는다.
   [정답] (C)

5. _____ is a difficult subject for many students.

    (A) A statistic
    (B) Statistic
    (C) Statistics
    (D) The statistic

   학문 명은 일반적으로 관사를 붙이지 않으며, 단수 취급한다.
   [번역] 많은 학생들에게 통계학은 어렵다.
   [정답] (C)

6. The great poet and scholar _____ dead.

   (A) is (B) are
   (C) were (D) will

   관사가 하나인 점으로 미루어 한 사람(=단수)이다.
   [번역] 위대한 시인이자 학자인 그 사람이 죽었다.
   [정답] (A)

7. Philosophers are concerned with the true, the good, and _____.

   (A) a beauty (B) the beauty
   (C) beauty (D) the beautiful

   'the + 형용사'는 '추상명사'를 나타낸다
   [번역] 철학자는 진, 선, 미에 관심을 갖는다.
   [정답] (D)

8. She caught me by _____ sleeve.

   (A) the
   (B) a
   (C) that
   (D) my

   영어의 특수표현: 「타동사 + 목적어 + 전치사(on, by, in) + the + 신체부위」
   He hit me on ['때리다'의 뜻일 때] the head.
   He looked her in ['보다'의 뜻일 때] the face.
   He caught me by ['잡다'의 뜻일 때] the hand.
   [번역] 그녀는 내 옷소매를 붙잡았다
   [정답] (A)

9. "What is your nationality?"
   "I am _____."

   (A) Korean
   (B) a Korean
   (C) Koreans
   (D) the Korean

   A의 표현은 국적을 나타내는 표현이며 B는 국민의 한 사람임을 나타내는 표현이다. 따라서 "Where are you from?"이란 질문에는 A와 B가 모두 정답이 될 수 있으나 본 문장의 질문은 국적을 묻고 있기 때문에 A가 정답이다.
   [번역] "국적이 어디입니까?"
   "저는 한국인입니다."
   [정답] (A)

10. "Did Sylvia fly across the Caspian Sea?"
    "No, she crossed both ways by _____."

    (A) a ship (B) the ship
    (C) ships (D) ship

    by와 함께 쓰는 교통수단의 경우에는 'by + 무관사'의 형태를 취한다.
    [번역] "실비아는 카스피해를 비행기로 횡단했습니까?"
    "아뇨, 그녀는 왕복 모두 배로 횡단했습니다."
    [정답] (D)

11. The little boy likes playing _____ at the park.

    (A) basketball
    (B) a basketball
    (C) the basketball
    (D) basketball game

    구기종목은 무관사이다.
    [번역] 그 소년은 공원에서 농구하는 걸 좋아한다.
    [정답] (A)

12. "What is he?"
    "He is _____."

    (A) a poet and novelist
    (B) a poet and a novelist
    (C) poet and novelist
    (D) the poet and novelist

a poet and novelist: 시인 겸 소설가
[번역] "그 사람은 무슨 일을 하는 사람입니까?"
      "그는 시인이며 동시에 소설가입니다."
[정답] (A)

13. "Tina looks especially pretty tonight."
    "Yes, she always looks her best in _____ of that color."

    (A) dress
    (B) a dress
    (C) that dress
    (D) the dress

내용으로 보아 그 색상(that color)의 어떤(즉, 특정하지 않은) 옷을 입었을 경우를 나타내므로 any(어떤)의 의미가 있는 부정관사를 사용한 (B) a dress가 적합하다.
[번역] "티나는 오늘밤에 무척 예뻐 보인다."
      "그래, 그녀는 그러한 색상의 옷을 입으면 항상 잘 어울려."
[정답] (B)

14. "What did Tom do?"
    "He turned on _____."

    (A) television
    (B) a television set
    (C) radio
    (D) the television

문맥상 서로 알고 있는 경우에는 정관사를 붙여준다.
[번역] "톰은 무슨 일을 했습니까?"
      "그는 텔레비전을 켰습니다."
[정답] (D)

15. _____ found four-leaf clover is considered a lucky sign.

    (A) It is rarely
    (B) Rarely
    (C) The rarely
    (D) Despite its being rarely

종족대표를 나타내는 경우의 'the + 단수명사' 구조이다.
[번역] 찾기 어려운 네잎 클로버는 행운의 상징으로 간주된다.
[정답] (C)

16. "Astronomy is _____ of stars and planets."
    "Of course, it is."

    (A) a science
    (B) science
    (C) the science
    (D) scientific

of stars and planets에 의해서 science가 한정되므로 정관사가 필요하다.
[번역] "천문학은 별과 행성에 관한 과학이야."
      "맞아."
[정답] (C)

Practice Test B

다음 문장의 밑줄 친 곳에서 올바르지 않은 것을 고르세요.

1. <u>Every</u> waiter <u>must</u> wear <u>an</u> uniform that is
    (A)   (B)   (C)
   neat <u>and</u> clean.
        (D)

   부정관사의 a나 an은 다음에 오는 단어의 발음에 의해 결정된다.
   uniform[júːnəfɔ́ːrm]의 [j]는 반모음이기 때문에 자음 취급한다.
   [번역] 모든 종업원은 단정하고 깨끗한 제복을 입어야 한다.
   [정답] (B) (an → a)

2. I need <u>the</u> book to <u>read</u> <u>in the</u> mornings on
            (A)   (B)   (C)
   <u>the</u> subway.
   (D)

   이 문장의 책은 특별한 책을 말한 것이 아니기 때문에 부정관사가 적합하다.
   [번역] 나는 아침에 지하철에서 읽을 책이 필요하다.
   [정답] (A) (the → a)

3. Innovations in electronic <u>equipment are</u>
                              (A)
   usually <u>less expensive</u> <u>second or third</u> year
           (B)   (C)
   after they <u>are introduced</u>.
              (D)

   서수 앞에는 정관사를 쓴다.
   innovation: 새로운 물건, 기술혁신
   [번역] 새로운 전자제품은 선보인 후 2, 3년이 지나면 대개 값이 싸진다.
   [정답] (C) (second or third → the second or third)

4. I held an opinion that <u>a honest</u> man who
                          (A)
   married and brought <u>up</u> a large family did
                        (B)
   more service than <u>he</u> who continued <u>single</u>
                      (C)   (D)
   and only talked of the population.

   a/an 결정은 발음상의 구별이지 철자상의 구별이 아님을 기억하자.
   [번역] 나는 결혼을 하고 대가족을 부양하는 정직한 남성이, 계속 독신 생활을 하며 오직 인구만을 운운하는 사람보다는 더 봉사적이라는 의견을 가지고 있다.
   [정답] (A) (a honest → an honest)

5. Although <u>the hail</u> <u>consists of</u> ice or snow, it
             (A)   (B)
   usually falls <u>during</u> the summer at the
                  (C)
   <u>beginning</u> of a thunderstorm.
   (D)

   hail은 불가산 명사이다.
   [번역] 우박은 얼음과 눈으로 되어 있으나, 대개 여름에 폭풍우가 올 때 폭풍우 초기에 지상으로 내린다.
   [정답] (A) (the hail → hail)

Final Test

1. The measure passed by _____ to one margin.

   (A) a two (B) a late
   (C) an also (D) an easy

   a two to one margin은 하나의 idiom이며, 2명이 찬성하고 1명이 반대함을 의미한다. 이때 관용적으로 부정관사가 붙는다.
   [번역] 그 제안은 2:1로 통과되었다.
   [정답] (A)

2. Manufacturing processes require _____ power source.

   (A) a needful
   (B) an energetic
   (C) a dependable
   (D) an indeterminable

   dependable: 신뢰할 수 있는
   power source: 동력원
   (예: electricity; nuclear power)
   [번역] 제조공정은 신뢰할 수 있는 동력원을 필요로 한다.
   [정답] (C)

3. The contractor claimed the billing error was only an _____.

   (A) audit (B) event
   (C) oversight (D) opportunity

   contractor: 계약자
   billing: 청구서 작성, 게시, 광고
   [번역] 계약자는 청구서 작성의 오류가 단순한 과실이라고 항변했다.
   [정답] (C)

4. They elected Kennedy _____ of the U.S.A. in 1959.

   (A) President
   (B) the President
   (C) a President
   (D) one President

   신분, 관직을 나타내는 명사가 보어로 쓰일 때 또는 고유명사와 동격을 나타낼 때 관사를 생략한다.
   [번역] 그들은 1959년에 케네디를 미국의 대통령으로 선출했다.
   [정답] (A)

5. "My father is very strict."
   "I think _____."

   (A) quite strict father he is
   (B) he is a quite strict father
   (C) he is a father quite strict
   (D) he is quite a strict father

   「quite[rather] + a[an] + (형용사) + 명사」의 어순에 관한 문제이다.
   [번역] "우리 아버지는 무척 엄하시다."
   "나도 그분이 매우 엄하신 아버지라고 생각해."
   [정답] (D)

6. "Talking about sports, what does John like best?"
   "I think he likes playing _____!"

   (A) football
   (B) a football
   (C) the football
   (D) football game

7. _____ period of the sun's rotation on its axis depends on the solar latitude.

   (A) That the
   (B) It is the
   (C) Even though the
   (D) The

8. Baking, _____ dry-heat cooking process, is probably the world's oldest cooking method.

   (A) it is a
   (B) which a
   (C) is a
   (D) a

9. All of a sudden, he caught me by _____.

   (A) my arms
   (B) arm
   (C) the arm
   (D) an arm

10. William Pitt Fessenden, _____ United States senator from Maine, helped found the Republican party in the 1850's.

    (A) was a
    (B) a
    (C) who, as a
    (D) who was as a

운동경기 앞에는 관사를 사용하지 않는다.
[번역] "스포츠에 관해 얘기하자면, 존은 무슨 운동을 가장 좋아하니?"
"나는 그가 축구하는 것을 좋아한다고 생각해."
[정답] (A)

주어(period)가 형용사구(of the sun's rotation on its axis)에 의해 한정되고 있으므로 정관사 the가 필요하다.
the sun's rotation: 태양의 순환
axis: 축 latitude: 위도
[번역] 태양 축에서의 태양의 순환은 태양의 위도와 관계가 있다.
[정답] (D)

동격어구는 문법상 동일한 기능을 해야 하므로 단수주어 Baking과 동일한 단수형태를 이루어야 한다. 따라서 부정관사가 필요하다.
[번역] 빵 굽기, 즉 열기건조 요리과정은 아마도 세계에서 가장 오래된 요리법이다.
[정답] (D)

「타동사 + 목적어(사람) + 전치사 '잡다'의 의미일 때는 by, '때리다'의 의미이면 on, '보다'의 의미이면 in을 각각 사용한다.) + the + 신체 부위」의 표현구조이다.
[번역] 갑자기 그가 내 팔을 잡았다.
[정답] (C)

영어 발음시 반모음은 자음취급을 하기 때문에 부정관사 a를 사용해야 한다.
[번역] 메인주 출신의 미국 상원의원인 윌리엄 피트 페센덴은 1850년대 공화당 창당에 도움을 주었다.
[정답] (B)

※ Select the part (A, B, C or D) which is not acceptable for standard written expression.

11. In the <u>early</u> years of the Republic, George
       (A)
   Washington <u>proposed</u> the <u>establishment</u> of
                    (B)   (C)
   <u>an</u> university in the nation's capital.
   (D)

university의 ⟨u⟩가 철자는 모음이나, 발음상으로는 모음이 아니므로 a가 옳다.

[번역] 초기 공화정 시대에 조지 워싱턴은 수도에 대학설립을 제안했었다.

[정답] (D) (an → a)

12. <u>Facial</u> expressions and hand gestures <u>play</u> <u>a</u>
       (A)   (B) (C)
   <u>essential</u> part in the communication between
   two <u>people</u>.
         (D)

모음 앞의 부정관사는 an을 써야 한다.

[번역] 얼굴 표정과 손짓은 두 사람 사이의 의사전달에 있어서 중요한 역할을 한다.

[정답] (C) (a essential → an)

13. <u>Despite</u> all attempt to <u>convince people of</u> the
       (A)   (B)
   value of <u>drinking tea</u>, many of them prefer
                   (C)
   <u>the coffee</u>.
        (D)

셀 수 없는 물질명사인 coffee앞에는 정관사가 올 수 없다. 따라서 the coffee를 coffee로 바꿔야 한다.

[번역] 사람들에게 차를 마시는 것의 가치를 확신시키고자 하는 모든 노력에도 불구하고, 많은 사람들은 커피를 더 선호한다.

[정답] (D) (the coffee → coffee)

14. <u>At end</u> of the Civil War the United States was
       (A)
   ready <u>to resume</u> with a roaring <u>surge</u> the
              (B)   (C)
   westward expansion which had been
   interrupted <u>for four</u> years.
                      (D)

of the Civil War가 앞의 명사 end를 한정하기 때문에 end앞에는 정관사가 필요하다.

[번역] 남북전쟁이 끝났을 때, 미국은 4년간 추진하지 못했던 서부로의 확장을 상당한 기세로 재개할 준비가 되어 있었다.

[정답] (A) (At end → At the end)

15. Carrie Chapman Catt <u>contributed</u> a
                              (A)
   sophisticated <u>political sense</u>, a concentrated
                         (B)
   <u>personal</u> drive, and <u>an administrative</u> skills
      (C)   (D)
   to the cause of woman suffrage.

명사 skills가 복수이므로 부정관사를 쓸 수 없다.

[번역] 캐리 채프만 캐트는 세련된 정치감각과 응집된 개인적 추진력, 그리고 행정적 수완으로 여성 참정권 운동에 기여했다.

[정답] (D) (an administrative → administrative)

16. Experts consider swimming to be a ideal form of exercise.
    (A)   (B)   (C)   (D)

ideal의 발음이 모음으로 시작되므로 부정관사는 an이 되어야 한다.
- [번역] 전문가들은 수영을 운동의 이상적인 형태로 간주한다.
- [정답] (C) (a ideal → an ideal)

17. The plays of David Hwang combine Asian myths and theater styles with a contemporary American characters and realities.
    (A)   (B)   (C)   (D)

characters와 realities가 복수형태이기 때문에 부정관사를 붙일 수 없다.
- [번역] 데이비드 황의 연극작품들은 아시아의 신화와 연극형식을 오늘날 미국의 인물 및 현실과 결합한다.
- [정답] (D) (a contemporary → contemporary)

18. Dates have always been an very important food in desert lands.
         (A)   (B)   (C)   (D)

발음이 자음으로 시작되는 단어 앞에서는 a를 사용한다.
- [번역] 사막에서는 대추가 언제나 아주 중요한 식량이 되어왔다.
- [정답] (B) (an → a)

19. Jellyfish are carried effortlessly from place to places by tides and currents.
              (A)   (B)   (C) (D)

from place to place: 이곳 저곳으로
- [번역] 해파리는 힘들이지 않고 조수와 해류에 따라 이곳 저곳 옮겨다닌다.
- [정답] (D) (places → place)

20. Eminent physicists from all over the world came to the United States to celebrate a centennial of Einstein's birth.
                       (A)   (B)   (C)   (D)

아인슈타인 탄생 100주년은 한 번밖에 없으므로 정관사가 붙는다.
- [번역] 전 세계의 저명한 물리학자들이 아인슈타인 탄생 100주년 기념식에 참석하기 위해 미국으로 왔다.
- [정답] (D) (a → the)

21. Moonquakes originating at deep of some 800 kilometers indicate that the Moon has considerable rigidity and is not molten at such levels.
                 (A)   (B)   (C)   (D)

at the depth of: ~의 깊이에서
- [번역] 약 800km의 깊이에서 시작하는 월진으로 미루어 보아 달은 상당히 단단한 구조이며 그 깊이에서는 녹아 있는 상태가 아니라는 것을 알려준다.
- [정답] (B) (deep → depth)

22. <u>At birth</u> blue whales are twenty to twenty-
    (A)
    five feet in length and <u>gain weight</u> at the
    (B)
    rate of two hundred pounds <u>the day</u> during
    (C)
    the nursing <u>period</u>.
    (D)

a day: 하루에
[번역] 긴수염고래는 태어날 때의 길이가 20 내지 25피트이고 수유기 동안에는 몸무게가 하루에 200 파운드씩 는다.
[정답] (C) (the day → a day)

23. A watt is <u>an unit</u> <u>of power</u> <u>equal</u> to one joule
    (A)   (B)   (C)
    <u>per second</u>.
    (D)

unit의 첫음은 자음 취급을 하는 반모음(y)으로 시작된다.
[번역] 와트는 초당 1주울에 해당되는 동력의 단위이다.
[정답] (A) (an → a)

24. <u>All the blood</u> in the body <u>passes through</u> the
    (A)   (B)
    heart <u>at least</u> twice <u>the minute</u>.
          (C)   (D)

1분 간 2번이란 뜻이다.
[번역] 체내의 모든 피는 적어도 1분에 두 번씩 심장을 통과한다.
[정답] (D) (the minute → twice a minute)

25. Longevity refers <u>to</u> <u>the span</u> of <u>life</u> of <u>a</u>
                    (A) (B)   (C)   (D)
    organism.

모음 앞에서의 부정관사는 an이다.
[번역] 수명이란 한 유기체의 삶의 기간을 말한다.
[정답] (D) (a → an)

26. Hickories are <u>medium to large</u> trees <u>common</u>
                  (A)   (B)
    in eastern and <u>the central</u> areas of North
    (C)   (D)
    America.

방위를 나타낼 때에는 정관사를 붙인다.
[번역] 히코리는 북아메리카의 동남부지역에 흔히 있는 큰 나무들의 중간크기에 해당한다.
[정답] (C) (in eastern → in the eastern)

27. For a quarter <u>of century</u>, Maud McCreery
                  (A)
    was a <u>compelling</u> figure in Wisconsin's
          (B)
    suffrage and <u>labor</u> <u>movements</u>.
                 (C)   (D)

for a quarter of a century: 4반세기 동안
[번역] 4반세기 동안 모드 멕크리리는 위스콘신 주의 참정권 및 노동운동에 있어서 강력한 역할을 한 인물이었다.
[정답] (A) (of century → of a century)

28. Mice have a <u>keen</u> sense of <u>smell</u> and quickly
           (A)   (B)
    detect <u>a approaching</u> <u>danger</u>.
          (C)   (D)

   모음 앞에서의 부정관사는 an이다.
   [번역] 쥐는 예민한 후각을 지니고 있어서 다가오는 위험성을 재빨리 탐지한다.
   [정답] (C) (a approaching → an approaching)

29. The primary <u>concern</u> of a central bank is <u>to</u>
              (A)   (B)
    <u>maintenance</u> of a <u>soundly based</u> commercial
                       (C)
    <u>baking structure</u>.
        (D)

   of 이하가 maintenance를 수식한다.
   [번역] 중앙은행의 주요 관심사는 기반이 건전한 상업은행의 재무구조 유지에 있다.
   [정답] (B) (to maintenance → the maintenance)

30. Birds will <u>come back</u> again and again <u>to</u>
               (A)   (B)
    <u>given</u> spot <u>for food</u> <u>and water</u>.
      (C)   (D)

   「일정한 장소」에 a certain의 의미까지 고려해야 된다. 따라서 B의 to given을 to a given으로 바꿔야 한다.
   [번역] 새들은 먹이와 물을 찾아 일정한 장소로 몇번이고 돌아오곤 한다.
   [정답] (B) (to given → to a given)

31. The <u>international</u> Olympic Games, regarded
         (A)
    as the world's most <u>prestigious</u> <u>athletic</u>
                        (B)   (C)
    <u>competition</u>, take place once every <u>the four</u>
                                          (D)
    years.

   every, any, some 등의 한정어와 정관사는 같이 쓰지 않는다.
   [번역] 세계적으로 가장 이름이 난 운동경기로 간주되고 있는 국제 올림픽 게임은 매 4년마다 1번씩 개최된다.
   [정답] (D) (the four → four)

32. Jack London's <u>tour</u> <u>of South Pacific</u> <u>was</u>
                   (A)   (B)   (C)
    <u>delayed by</u> his illness and <u>the San Francisco</u>
                                    (D)
    earthquake of 1906.

   대양 앞에는 정관사를 붙인다.
   [번역] 잭 런던의 남태평양 여행은 그의 질병과 1906년의 샌프란시스코의 지진에 의해 연기되었다.
   [정답] (B) (of South Pacific → of the South Pacific)

33. People's <u>earliest</u> <u>effort at</u> understanding the
             (A)   (B)
    structure <u>of universe</u> took the form <u>of myths</u>.
               (C)   (D)

   유일물에는 정관사를 붙인다.
   [번역] 이 우주를 이해하려는 사람들의 초기의 노력은 신화 형태를 취했다.
   [정답] (C) (of universe → of the universe)

Chapter 16

형용사
Adjective

1 Grammar Preview

1 형용사의 두 가지 용법

1 한정용법

She is a **beautiful** lady. (그녀는 아름다운 아가씨이다.)
Is there anything **interesting** in the novel?
　(이 소설에 재미있는 부분이 있니?)

2 서술용법 (보어)

The lady is **beautiful**. (그 아가씨는 아름답다.)
I found the novel **interesting.** (나는 그 소설이 재미있다는 것을 알았다.)

3 한정용법과 서술용법에 따라 의미가 달라지는 경우

Ill news travels fast. (나쁜 소식은 빠르게 전파된다.)
He is **ill** in bed. (그는 지금 아프다.)

2 the + 형용사의 용법

1 복수 보통 명사

The French like to eat well.
(=French people)
　(프랑스 국민들은 잘 먹는 것을 좋아한다.)
The poor get poorer ; **the rich** get richer.
(=poor people)　　　　(=rich people)
　(가난한 사람들은 더 가난해지고, 부자들은 더욱 더 부유해진다.)
These seats are for **the disabled**.
　(이 의자들은 장애자용이다.)

2 추상 명사

The <u>true</u>, <u>the good</u>, and <u>the beautiful</u> were the ideals of the Greeks.
  (=truth) (=goodness)   (=beauty)

  (진, 선, 미는 그리이스인들의 이상이었다.)

3 형용사 like와 alike의 비교

Tom is very **like** Bill.
  (톰은 빌과 매우 비슷하다.)
Bill and Tom are very **alike**.
  (빌과 톰은 매우 비슷하다.)
He keeps the central heating full on. It is **like** living in the tropics.
  (그는 중앙 난방장치를 완전히 켜둔다. 마치 열대지방에서 살고 있는 것 같다.)

4 혼동하기 쉬운 형용사

She has a **considerable** fortune.
  (그녀는 상당한 재산을 가지고 있다.)
She's always very **considerate** towards her employees.
  (그녀는 항상 그녀의 종업원들에게 매우 사려 깊다.)
The story is purely **imaginary**.
  (그 이야기는 순전히 꾸며낸 것이다.)
Jane is an **imaginative** child.
  (제인은 상상력이 풍부한 아이이다.)

2 Grammar Check-up

I 다음 (   )안에서 알맞은 형용사를 고르시오.

1. The price of the book was rather (dear, high).

2. She is now suffering from a (light, slight) cold.

3. The bird is still (alive, live).

4. Don't wake up the (sleeping, asleep) baby.

5. The traffic was (busy, heavy) this morning.

6. She has (few, little) experience in driving.

7. He is looking for (hot something, something hot) to drink.

8. She is an (imaginary, imaginative) poet.

9. (Few, Little) remains to be said.

10. It may sound (strange, strangely).

II 다음 문장의 틀린 곳을 고치시오.

1. You are impossible to do it.

2. Because he was busy getting ready for the journey, Thomas went to bed lately that night.

3. He couldn't come because he was illness.

4. "Do you fond of skating?" "Yes, I do."

5. Don't make a noise. Keep quietly.

6. I got up fast, and I was in time for first train.

7. She didn't go to the park; nor did I, too.

8. Hurry up, for we have a few minutes left.

9. The boy was so thirst, and the mother was so sadness.

10. He cried, "What beautiful a sight it is!"

정답 및 해설

Ⅰ 1. **high** : price가 문장의 주어이면, 보어로 high(비싼)나 low(값싼)를 사용하며 expensive나 cheap을 사용하지 않는다.
2. **slight** : a slight cold = 가벼운 감기
3. **alive** : 보어 위치에 쓸 수 있는 것은 서술형용사인 alive이다.
4. **sleeping** : baby를 수식해야 하므로 sleeping이 적합하다. asleep은 보어로만 사용되는 형용사이다.
5. **heavy** : 교통이 혼잡한 경우에는 형용사 heavy를 쓴다.
6. **little** : experience는 셀 수 없는 명사이므로 little이 수식해야 옳다.
7. **something hot** : ~thing으로 끝나는 대명사를 형용사가 수식할 때에는 항상 뒤에서 수식한다.
8. **imaginative** : imaginative = 상상력이 풍부한
9. **little** : 할 말이 없다.
10. **strange** : 그것은 이상하게 들릴지 모른다.

Ⅱ 1. → **It is impossible for you to do it** : 사람이 주어일 때 impossible은 보어로 쓰일 수 없다.
2. **lately → late** : late = 늦게, lately = 최근에
3. **illness → ill** : be 동사의 보어로 명사가 나오면 주어가 보어와 equal 관계가 성립되어야 한다.
　　　ex) He is a teacher.(He = teacher)
4. **Do → Are, do → am** : be fond of = 좋아하다
5. **quietly → quiet** : keep의 보어가 나와야 할 위치이므로 형용사인 quiet가 맞다.
6. **fast → early, the first train** : 시간상 「빨리」의 의미일 때는 early가 맞다. 또한 서수 앞에는 정관사가 사용된다.
7. **too → either** : 부정문에서는 too 대신에 either를 쓴다.
8. **a few → few** : 남아 있는 시간이 거의 없다는 뜻이므로 부정의미인 few가 적합하다.
9. **thirst → thirsty, sadness → sad** : be동사의 보어로 형용사가 사용될 위치이다.
10. **What beautiful a → What a beautiful** : 「What+부정관사+형용사+명사」의 어순을 묻는 문제이다.

3 Grammar Focus

1 형용사의 용법

1 한정적 용법 : 명사의 앞 또는 뒤에 위치하여 그 명사를 수식한다.

Tom is an **honest** boy. (톰은 정직한 소년이다.)
I will tell you something **important**. (내가 너에게 무언가 중요한 것을 말하겠다.)
⇨ 위의 문장에서 처럼 -thing으로 끝나는 명사는 일반적으로 형용사가 뒤에서 수식한다.

2 서술적 용법 : 보어가 된다(주격 보어. 목적격 보어)

The situation seemed quite hopeless. (그 상황은 아주 절망적으로 보였다.)
I found the box empty. (나는 그 상자가 비어있음을 알았다.)

3 명사적 용법

❶ 복수 명사

The rich are **not always** happy. (부자라고 해서 항상 행복한 것은 아니다.)
(= rich people)   부분부정

❷ 추상 명사

The true, **the good**, and **the beautiful** were the ideals of the Greeks.
(진, 선, 미는 그리스인들의 이상이었다.)

❸ 단수 보통 명사

The accused was found innocent.
(그 피고는 무죄로 밝혀졌다.)

4 한정적 용법과 서술적 용법의 형용사

❶ 한정적 용법으로만 쓰이는 형용사

(a) -er로 끝나는 대부분의 형용사

ex elder (손위의), inner (안의, 내부의), outer (밖의, 외부의), upper (더 위의), former (전자의, 이전의), latter (후자의, 나중의), etc.

(b) 물질명사 + en

> **ex** golden (금빛의, 금으로 만든), wooden (나무의, 나무로 만든), woolen (양모의), silken (명주의), etc.

(c) 형용사 + en

> **ex** drunken (술 취한), sunken (움푹 들어간, 침몰한), olden (옛날의), fallen (떨어진), beaten (두들겨 맞은, 두들겨 편), etc.

(d) 대명 형용사

> **ex** this, that, some, any, no, another, my, your, etc.

➔ 대명형용사는 겹쳐 나오지 못한다.

(e) 기타

> **ex** only, total, mere (단순한), main (주된, 주요한), sheer (완전한, 순전한), leading (주요한, 유력한), etc.

❷ 서술적 용법에만 쓰이는 형용사

(a) 주로 접두어 a가 붙은 형용사

> **ex** afraid (두려워하여), awake (깨어있는), alike (비슷한), alive (살아 있는), alone (홀로), asleep (잠들어(있는)), ashamed (부끄러운), etc.

My sister and I do not *look* **alike**. (우리 누나와 나는 비슷하게 생기지 않았다.)
Is your mother still **alive**? (어머니는 아직 생존해 계십니까?)

(b) 목적어를 갖는 형용사

> **ex** like (~처럼, ~같이), near (~가까이에), worth (~의 가치가 있는), opposite (~맞은편에, 반대 위치의), etc.

➔ 위의 단어들을 전치사로 분류하는 경우도 있으나 보어역할을 하기 때문에 형용사로 분류하는 편이 더 설득력 있다.

Gary is **like** [= similar to] *his father* in many respects.
(게리는 그의 아버지와 여러 가지 면에서 비슷하다.)

Her house is **near** *the new airport.* (그녀의 집은 새로 생긴 공항 근처에 있다.)
This picture is **worth** *fifty thousand dollars.*
　　(이 그림은 5만 달러의 가치가 있다.)
I sat **opposite** *him* during the meal. (나는 식사 중에 그와 맞은 편에 앉았다.)

ⓒ 기타

 desirous (원하는, 바라는), fond (좋아하는), unable (~할 수 없는), well (건강한, 건강하여), wont (버릇처럼 된, 늘 하는), etc.

He *was* **unable** to attend the meeting. (그는 그 모임에 참석할 수 없었다.)
He *was* **wont** to read the paper before breakfast.
　　　(=used to)
　(그는 아침 식사 전에 신문을 읽었다.)

❸ 용법에 따라 의미가 달라지는 형용사

(a) 한정적 용법

He is the **present** mayor of Seoul. (현재의)
　(그는 현재 서울시장이다.)
The **late** Dr. Kim was a loving father. (사망한)
　(작고한 김 박사님은 애정이 깊은 아버지였다.)
A **certain** man came to see you. (어떤)
　(어떤 남자가 당신을 만나기 위해 왔었습니다.)
Ill news runs apace. (나쁜)
　(나쁜 소식은 빨리 퍼진다.)
She sits on the chair in the **right** corner. (오른쪽의)
　(그녀는 오른쪽 구석에 있는 의자에 앉는다.)

(b) 서술적 용법

He was **present** at the annual meeting. (참석한)
　(그는 연례모임에 참석했다.)
John is sometimes **late** for school. (늦은)
　(존은 때때로 학교에 지각한다.)
I am **certain** that he will win the first prize. (확신하는)
　(나는 그가 일등상을 받을 것을 확신한다.)

Denny was **ill** yesterday. (아픈)
(데니는 어제 아팠다.)
Do what you think is **right**. (옳은)
(네가 옳다고 생각하는 것을 해라.)

2 형용사의 어순

1 형용사의 어순

형용사가 두 개 이상 연속해서 나올 경우에는 「대명형용사 + 수사 + 성상형용사」의 순으로 나온다.

❶ 대명형용사

지시 형용사	this, that, these, those
소유 형용사	my, your, his, her, its, our, their
관사	a, an, the
기타	some, every, no, each, another, etc.

➪ 대명형용사는 겹쳐 나오지 못한다.

❷ 수사

일정한 수를 나타내는 수사(numerals)에서 one, two, three 등과 같이 세는 수를 기수라 하고, the first, second, third 등과 같이 차례를 나타내는 수를 서수라 한다. 수사가 겹쳐서 나올 때에는 「서수 + 기수」의 순서로 한다.

❸ 성상형용사

사람이나 사물의 성질이나 상태, 형상 따위를 나타내는 형용사를 말한다. 성상형용사가 연속해서 나올 때에는 일반적으로 크기(big, tall, large, etc.), 모양, 성질, 상태(round, square, chipped, kind, etc.), 신구(new, old), 재료, 소속(French, Chinese, American, etc.) 등의 순서로 나온다.

The first two tall kind young American ladies speak Korean well.
  주어를 수식하는 형용사구   주어   동사   목적어
(첫 번째 두 명의 키 크고 친절한 젊은 미국 여자들이 한국어를 잘한다.)

2 후치 형용사

형용사가 명사 뒤에서 수식하는 경우는 다음과 같다.

❶ 명사 + 형용사구[형용사절] : 형용사가 다른 어구와 쓰여 길어질 때

   The man **sitting next to me** is Ross.
   　　　　　형용사구
   (내 옆에 앉아 있는 사람은 로스이다.)

❷ -thing, body + 형용사 : -thing이나 -body로 끝나는 명사를 형용사가 수식할 때

   I have *nothing* **particular** to say.
   　　　　　　　후치수식
   (나는 특별히 할 말이 없다.)

❸ -able, -ible로 끝나는 형용사가 최상급, every, all 등의 꾸밈을 받는 명사를 수식할 때

   She used *every* **means possible**.
   　　　　　　명사　　후치수식
   (그녀는 가능한 모든 방법을 다 썼다.)

❹ 관용적 표현

> a poet laureate (계관 시인), sum total (총계, 총액)
> Asia Minor (소아시아), China proper (중국본토)
> blood royal (왕족), from time immemorial (옛날부터)
> Alexander the Great (알렉산더 대왕)
> Elizabeth the Second (엘리자베스 2세)

3 수사

hundred, thousand, score, dozen 등은 앞에 복수 수사가 와도 복수형태로 만들지 않지만 뒤에 of를 동반하여 막연하게 수십, 수백, 수천 등의 의미를 나타내면 복수형태로 한다.

> **ex**
> five hundred　　hundreds of~ : 수백(개)의
> six dozen　　　 dozens of~　: 수십(개)의

1 기수 읽는 법

100 이상의 수는 hundred 다음에 and를 넣는다.

> **ex**
> 10,000 : ten thousand
> 100,000 : one hundred thousand
> 1,000,000 : one million
> 1,000,000,000 : one billion
> 120 : one hundred and twenty
> 1,335,267,873 : one billion three hundred and thirty-five million two hundred and sixty-seven thousand eight hundred and seventy-three.

2 연호 : 두 자리씩 끊어 읽는다.

1978 : nineteen seventy-eight
1900 : nineteen hundred

3 전화번호 : 한 자씩 읽는다.

580-2164 : five eight 0, two one six four

4 온도

28°C : twenty-eight degrees Centigrade
84°F : Eighty-four degrees Fahrenheit

5 소수, 분수

3.14 : three point[decimal] one four
3/4 : three quarters ;three-fourths
$5\frac{4}{8}$: five and four - eighths
58/123 : fifty eight over[by] one hundred and twenty-three.

⇒ 분수 읽는 법 : 분자는 기수로 분모는 서수로 읽으며 분자가 복수이면 분모인 서수에 s를 붙여준다. 대분수 일 때는 and를 사용하며 일반적으로 숫자가 100이상일 경우에는 분모앞에 over나 by를 쓰며 모두 다 기수로 읽는다.

6 왕호

일반적으로 명사나 대명사 뒤에 숫자가 나올 경우에는 기수이지만, 왕호를 읽을 때는 반드시 서수가 되므로 주의해야 한다.

Napoleon I : Napoleon the First
Elizabeth II : Elizabeth the Second

7 기타

World War II : the Second World War
　　　　　　　 World War Two
cf. 3차 세계대전 : a Third World War

화폐

3.2s.5p. : three pounds two(shillings) and five (pence)
$ 3.35 : three dollars (and) thirty-five (cents)

8 철자에 주의하여야 할 서수

> **ex** fifth, eight, ninth, twelfth, twentieth

9 수식

2+3=5 : Two plus three equals five.
Two and three are(make) five.

5-3=2 : Five minus three is equal to two.
Three from five leaves two.

3×2=6 : Three times two is six.
Three by two are six.

9÷3=3 : Nine divided by three makes three.
Three into nine goes three times.

⇨ 더하기, 곱하기의 경우는 단수동사와 복수동사 어느 쪽으로 받아도 좋지만 빼기, 나누기의 경우는 단수동사로 받는다.

10 혼동하기 쉬운 형용사

> **classic = typical** : 대표적인, 전형적인
> **classical = belong to old time** : 고전적인

Lincoln is a **classic** example of the self-made man.
(링컨은 자수성가한 인물의 전형이다.)
Mozart was a **classical** composer. (모차르트는 고전파 작곡가이다.)

> **considerable** : 많은, 상당한
> **considerate** : 동정심 많은, 사려깊은

He has a **considerable** fortune. (그는 상당한 재산이 있다.)
It is **considerate** of you to do so. (그렇게 하시다니 당신은 참 사려가 깊으시군요.)

> **desirable** : 바람직한
> **desirous** : 원하는

It is **desirable** that we should provide for the poor at Christmas.
(크리스마스에 가난한 사람들에게 자선을 베푼다는 것은 바람직한 일이다.)
She was **desirous** of her son's success. (그녀는 아들의 성공을 원했다.)
⇨ 일반적으로 desirous는 능동, desirable은 수동의 의미를 갖는다.
  cf. He is a desirable man ; I am desirous of employing him.
      (그는 바람직한 사람이다, 그래서 나는 그를 고용하기를 원한다.)

> **economic** : 경제의, 경제학의
> **economical = thrifty = frugal** : 절약하는, 검소한

Rats are the **economic** enemies of farmers. (쥐는 농부에게 경제적인 해를 끼친다.)
She is **economical** of encouragement. (그녀는 좀처럼 남을 격려하는 일이 없다.)

> **historic** : 역사적으로 유명한(중요한)
> **historical** : 역사에 관한, 역사에 실재하는

Seoul is a **historic** city. (서울은 역사적인 도시이다.)
We cannot be sure whether King Arthur was a **historical** figure.
(우리는 아더왕이 역사에 실재한 인물인지 확신할 수가 없다.)

> **contemptible** : 경멸을 받을만한, 비열한 = mean
> **contemptuous** : 경멸적인, 모욕적인

That was a **contemptible** trick to play on a friend!
(그것은 친구의 약점을 이용하는 비열한 속임수였다.)
She gave a **contemptuous** laugh. (그녀는 경멸의 웃음을 지었다.)
cf. His remark was a contemptible one. (그의 말은 경멸 받을 만한 말이었다.)
    His remark was a contemptuous one. (그의 말은 경멸을 하는 말이었다.)

> **credible = believable** : 믿을 수 있는
> **creditable** : 명예가 될 만한, 훌륭한
> **credulous** : 쉽사리 믿는, 잘 믿는

It seems hardly **credible** that she has grown so tall in one year.
　　(그녀가 1년 동안에 그 정도로 키가 컸다는 것은 믿기 어려운 일이다.)
His achievement of straight A's is very **creditable** to him.
　　(그의 올A의 성적은 크게 자랑할 만하다.)
She is **credulous**. (그녀는 잘 믿는다.(잘 속는다))

> **continual** : 계속 되풀이되는 ; 치통 따위
> **continuous** : 끊이지 않은, 연속적인 ; 비 따위

He has **continual** arguments with his father.
　　(그는 자기 아버지와 자주 말다툼을 했다.)
The brain needs a **continuous** supply of blood.
　　(뇌는 계속적으로 혈액의 공급을 필요로 한다.)

> **comparable** : ~에 필적하는, 비교할 만한
> **comparative** : 비교(상)의

I believe (that) my income is **comparable** with the average.
　　(나는 내 수입이 평균이하가 아니라고 생각하고 있다.)
He is a man of **comparative** wealth. (그는 상당한 부자이다.)

> **healthy** : 건강한
> **healthful** : 건강에 좋은

He is quite **healthy**, although he has a slight cold at present.
　　(지금 약간 감기가 들었으나 그는 아주 건강하다.)
Tennis is a **healthful** exercise. (테니스는 건강에 좋은 운동이다.)

> **impressive** : 강한 인상을 주는, 깊은 감명을 주는
> **impressionable** : 감수성이 강한, 영향받기 쉬운

His speech was an **impressive** one. (그의 연설은 인상적인 연설이었다.)
The child is at an **impressionable** age. (그 아이는 영향받기 쉬운 나이이다.)

> **imaginary** : 가상적인, 비현실적인, 허구의
> **imaginable** : 상상할 수 있는
> **imaginative** : 상상력이 풍부한

Fairies are **imaginary** creatures. (요정은 상상의 산물이다.)
I have tried every means **imaginable**. (나는 생각나는 온갖 수단을 썼다.)
She is an **imaginative** child. (그녀는 상상력이 풍부한 아이이다.)

> **literal** : 문자의, 글자의 ⓝ letter
> **literary** : 문학의 ⓝ literature
> **literate** : ① 읽고 쓸 줄 아는(↔illiterate) ② 학식 있는(=educated)

That was a **literal** translation. (그것은 직역이었다.)
He is a **literary** man. (그는 문학자이다.)
He is **literate**. (그는 읽고 쓸 줄 안다.)

> **luxurious** : 사치스런
> **luxuriant** : 비옥한, 번성한

This is a **luxurious** hotel. (이것은 사치스런 호텔이다.)
Luxuriant forests covered the hills. (무성한 숲이 언덕을 뒤덮었다.)

> **memorable** : 기억할 만한
> **memorial** : 기념의, 추도의, ⓝ 추도회, 기념식

The film was **memorable** for (=remembered because of) the fine acting of the two main characters. (그 영화는 주연 두 명의 훌륭한 연기 때문에 기억할 만 했다.)
The church service is a **memorial** to those killed in the war.
(그 예배는 전쟁에서 숨진 자들을 위한 추도식이다.)

> momentous : 중대한
> momentary : 순간적인

The battle was **momentous** for the future of the country.
    (그 전투는 국가의 장래상 중대한 의미를 가지고 있었다.)
The company was in **momentary** fear of bankruptcy.
    (그 회사는 언제 파산할지 몰라 전전긍긍했다.)

> practical   : 실용적인, 실제적인 (실제의 경험에 의해서 시도되거나 실제에 맞도록 연구되어 있으므로 즉시 실질적이고 쓸모 있는)
> practicable : 실행할 수 있는 (어떤 목적, 계획이 실행 가능하다고 생각되지만 아직 거기까지는 발달되어 있지 않거나 또는 시도되지 않은)

She has studied medicine at university, but has not had much **practical** experience in the hospital.
    (그녀는 대학에서 의학을 공부했지만 병원에서의 실무적인 경험은 많지 않다.)
Space flight did not seem **practicable** before the war.
    (우주 비행은 전쟁 전에는 실행 가능성이 보이지 않았다.)

> respectable : 훌륭한
> respectful : 공손한
> respective : 각각의, 각자의

He comes from a **respectable** family. (그는 지체 있는 집안의 사람이다.)
You should be **respectful** to[toward] your superiors.
    (손윗사람에 대해서 공손해야 한다.)
The tourists went back to their **respective** countries.
    (관광객은 각자 자기 나라로 돌아갔다.)

> sensible : 분별 있는, 현명한, 현저한
> sensitive : 민감한
> sensual : 관능적인, 육감적인
> sensuous : 감각적인, 심미적인

It was **sensible** of him to reject the manuscript.
= He was **sensible** to reject the manuscript.
  (그가 그 원고를 거절한 것은 현명한 일이었다.)
He is very **sensitive** to heat[cold]. (그는 몹시 더위[추위]를 탄다.)
She gave him a **sensual** look.
  (그녀는 그에게 유혹의(관능적인) 표정을 지었다.)
It is **sensuous** music. (그것은 감각적인 음악이다.)

> uninterested : 무관심한(=indifferent)
> disinterested : 사심이 없는, 공평한

I am **uninterested** in your offer. (나는 너의 제안에 관심이 없다.)
He seems **disinterested**(=unbiased) in the debate.
  (그는 토론에서 공평해 보인다.)
➪ 위 두 단어는 사전 의미상 구별되지만 미국영어의 일상 구어체에서는 흔히 의미상 구별 없이 사용된다.

> ingenious : 재능이 있는, 영리한
> ingenuous : 순진한, 꾸밈없는

The escape plan from prison was **ingenious**.
  (감옥 탈출 계획은 매우 용의주도했다.)
His speech to the queen was **ingenuous**.
  (여왕에 대한 그의 말은 격식을 차리지 않은 꾸밈없는 언어 표현이었다.)

> intelligible : 알기 쉬운, 이해할 수 있는
> intelligent : 총명한

He didn't say anything **intelligible**. (그는 알기 쉽게 말하지 않았다.)
She is an **intelligent** woman. (그녀는 총명한 여자이다.)

> **regretful** : 후회하는
> **regrettable** : 유감인, 애석한

He doesn't seem to be **regretful** for the pain he's caused.
   (그는 그가 저지른 잘못을 후회하는 것처럼 보이지 않았다.)
It is **regrettable** that we couldn't be friends.
   (우리가 친구가 될 수 없어서 유감이다(=안타깝다).)

> **beneficial** : 유익한, 유리한
> **beneficent** : 자선심이 많은

Taking vitamins is **beneficial** to your health.
   (비타민을 섭취하는 것은 건강에 유익하다.)
His gift to the poor man was a **beneficent** act.
   (그 가난한 사람에게 그가 한 선물은 자선행위였다.)

> **childish** : 어린이다운, 유치한
> **childlike** : 순진한

My son is very **childish** sometimes.
   (내 아들은 때때로 매우 어린이답다.)
His **childlike** faith inspires me.
   (그의 순진한 믿음은 나에게 용기를 불러일으킨다.)

Grammar Drill

다음 문장을 읽고 틀린 부분을 고치시오.

문 제

1. Denny is busy to prepare tonight's dinner.
2. We think unlikely that anyone survived the crash.
3. It is hard of him to accept that he was wrong.
4. His new film is really worth to be seen.
5. Tom has a back injury and Judy faces an alike problem.

해설 및 정답

1. **to prepare** → **preparing** : be busy ~ing : ~하느라고 바쁘다.
2. **We think it unlikely~** : that이하가 진목적어이므로 가목적인 it이 필요하다.
 (우리는 그 충돌 사고에서 살아 남은 사람은 없을 것이라고 생각한다.)
3. **of him** → **for him** : to 부정사의 의미상의 주어는 「for+목적격」이다.
4. **worth seeing** : worth는 목적어를 취하는 특이한 형용사이다.
5. **an alike problem** → **a similar problem**
 : alike는 서술적 형용사이기 때문에 명사 앞에서 직접 수식할 수 없다.

Practice Test A

다음 _____ 안에 들어갈 적당한 표현을 고르세요.

1. He happened to have _____ money with him at that time.

    (A) few
    (B) little
    (C) any
    (D) a few

   money는 불가산 명사이므로 little이 적합하다. any는 의미상 연결이 안된다.
   [번역] 그는 그 당시에 공교롭게도 돈이 거의 없었다.
   [정답] (B)

2. The work was _____ planned, and therefore the results were _____.

    (A) well, well
    (B) good, good
    (C) good, well
    (D) well, good

   분사를 수식하는 것은 부사이므로 well planned가 맞다. 한편 보어는 형용사가 적합하므로 the results were good이 되어야 한다.
   [번역] 그 일이 잘 계획되어서, 결과도 좋았다.
   [정답] (D)

3. The distressed _____ not always _____.

    (A) is, happy
    (B) are, happy
    (C) are, unhappy
    (D) is, unhappy

   「the + 형용사 = 복수보통명사」이므로 복수동사가 필요하다. 또한 부분부정과 관련하여 의미상 연결이 되어야 하므로 B는 맞지 않다.
   distressed: 궁핍한, 고민하고 있는
   [번역] 가난한 사람들이 항상 불행한 것은 아니다.
   [정답] (C)

4. There is _____ hope that there will be any survivors.

    (A) few
    (B) every
    (C) little
    (D) some

   hope는 불가산 명사이므로 little이 수식해야 한다.
   survivor: 생존자, 유족
   [번역] 생존자가 있을 가망은 거의 없다.
   [정답] (C)

5. The assignment for Monday is to write _____ about your hometown.

    (A) a five-hundred-word composition
    (B) a five-hundred-words composition
    (C) a five-hundreds-words composition
    (D) a five-hundreds-word composition

   「수사 + 명사」로 되어있는 어구를 명사 앞에 사용하는 경우에는 단수형태를 쓰며 하이픈으로 연결하는 것이 원칙이다.
   [번역] 월요일의 숙제는 여러분의 고향에 관해서 500단어로 작문하는 것이다.
   [정답] (A)

6. The machine tool market is very _____ right now.

   (A) soft
   (B) softer
   (C) softly
   (D) softest

   be동사의 보어 위치이므로 형용사가 적합하다.
   [번역] 기계공구 시장이 지금 매우 불안정하다.
   [정답] (A)

7. The man spoke with his lawyer for _____ legal advice.

   (A) many
   (B) some
   (C) much
   (D) a few

   advice는 불가산 명사이므로 a few와 many는 수식할 수 없다. 또한 문맥상 much보다는 some이 타당하다.
   [번역] 그 사람은 법률에 관한 조언을 구하기 위해 자기 변호사와 상의했다.
   [정답] (B)

8. Contact the personnel office regarding _____ hiring.

   (A) of
   (B) to
   (C) any
   (D) one

   regarding은 전치사이다. regarding의 목적어는 명사인 hiring이며 hiring을 수식할 수 있는 것은 형용사이다. 따라서 any가 적합하다.
   contact: 연락하다
   personnel office: 인사부
   [번역] 채용 문제에 관한 모든 사항은 인사부로 연락하세요.
   [정답] (C)

9. The price of this book is too _____.

   (A) high
   (B) valuable
   (C) expensive
   (D) cheap

   price나 salary등이 문장의 주어이면 cheap이나 expensive등을 보어로 사용하지 못하며, high나 low 등을 사용해야 한다.
   = This book is too expensive.
   [번역] 이 책의 가격은 너무 비싸다.
   [정답] (A)

10. His excuse sounds _____, but it is true.

    (A) strange
    (B) strangely
    (C) like strange
    (D) to be strangely

    sound는 불완전 자동사로써 보어를 필요로 하므로 형용사가 적합하다.
    [번역] 그의 변명이 이상하게 들릴지 모르지만 사실이다.
    [정답] (A)

11. The auditorium is almost filled, but there are _____ seats left.

    (A) few
    (B) a few
    (C) little
    (D) a little

    seats가 복수형태이므로 밑줄 친 부분은 가산명사의 수식어가 와야 한다. 또한 접속사의 성격상 긍정의 가산명사 수식어가 필요하므로 a few가 적합하다.
    auditorium: 강당   be filled: 가득 차다
    [번역] 그 강당이 거의 채워졌지만 남아있는 좌석이 조금 있다.
    [정답] (B)

Practice Test B

다음 문장의 밑줄 친 곳에서 올바르지 않은 것을 고르세요.

1. Of the <u>billions</u> of stars in the galaxy, how
   (A)
   <u>much</u> are stable <u>enough</u> to hatch life on their
   (B)   (C)
   <u>planets</u>?
   (D)

   stars가 셀 수 있는 명사이므로 much를 many로 고쳐야 한다.
   [번역] 은하계의 수많은 항성들 중에 생명이 존재할 수 있을 만큼 안정된 별은 몇 개나 될까?
   [정답] (B) (much → many)

2. <u>Everyone</u> child in the United States <u>must</u>
   (A)   (B)
   <u>receive</u> some form of educational <u>instruction</u>.
   (C)   (D)

   everyone은 대명사이기 때문에 명사를 수식할 수가 없다. 따라서 A는 명사(child)를 수식할 수 있는 every가 되어야 한다.
   [번역] 미국의 모든 어린이들은 일정한 형식의 교육을 반드시 받아야 한다.
   [정답] (A) (everyone → every)

3. The question of the <u>origin</u> of the Moon is
   (A)
   <u>interest</u> <u>not only</u> in itself <u>but also</u> as a part of
   (B)   (C)   (D)
   the larger genesis of the Earth and the solar
   system.

   본동사인 is의 보어 역할을 해야 하므로 형용사 형태가 적합하다.
   [번역] 달의 기원에 관한 의문은 그 자체로서 뿐만 아니라, 지구 및 태양계의 보다 광범위한 창조의 한 부분으로서도 흥미롭다.
   [정답] (B) (interest → interesting)

4. Giant pandas, <u>which inhabit</u> restricted <u>areas</u>
   (A)   (B)
   <u>of high</u> mountain bamboo forests, are <u>rarely</u>
                                              (C)
   today, and when they are <u>in captivity</u> they
                            (D)
   breed poorly.

   (C)는 be동사(are)의 보어 위치이므로 형용사를 써야 한다.
   [번역] 고산지대 대나무 숲의 출입금지구역에 서식하는 거대한 팬더는 오늘날에는 희귀하며, 또한 생포되면 그들은 번식력이 약하다.
   [정답] (C) (rarely → rare)

5. No <u>specify</u> rule <u>governs</u> the <u>formation</u> of
       (A)   (B)   (C)
   abbreviations in writing ; however, certain
   ones have become <u>standard</u>.
                     (D)

   명사(rule)을 수식하기 위해서는 형용사(specific)가 필요하다.
   [번역] 글을 쓸 때에 약어의 사용에 관한 어떤 특별한 규칙도 없다. 그러나 어떤 규칙들은 표준이 되어왔다.
   [정답] (A) (specify → specific)

Exercises

1. Many modern novels have _____ recognizable plot.

   (A) no
   (B) not
   (C) none
   (D) never

   밑줄 친 부분은 명사(plot)를 수식해야 하는 위치이므로 형용사인 no가 적합하다.
   [번역] 많은 현대소설은 알아볼 수 있는 줄거리가 없다.
   [정답] (A)

2. X-rays are able to pass through objects and thus make _____ details that are otherwise impossible to observe.

   (A) it visible
   (B) visibly
   (C) visible
   (D) they are visible

   이 예문은 목적어와 목적격 보어의 위치가 도치되어 있는 문장이다. 즉, 문장의 구성이 「동사(make) + 목적보어(visible) + 목적어(details)」로 도치되어 있다. 그 이유는, 목적어인 details를 수식하고 있는 that절이 길기 때문에 목적보어(visible)의 뒤로 이동시킨 것이다.
   [번역] X-ray는 물체를 관통할 수가 있어서 다른 방법으로는 관찰할 수 없는 세부적인 것까지 볼 수 있게 해 준다.
   [정답] (C)

3. I don't think that your watch is _____.

   (A) worthy the price
   (B) worth the price
   (C) worth of the price
   (D) worthy to buy

   이 문장에서 is의 보어로 사용되고 있는 형용사 worth는 목적어를 취하는 특별한 형용사이다. 따라서 worth 다음에는 명사 상당어구가 와야 한다.
   [번역] 나는 당신의 시계가 가격만큼의 가치가 있다고 생각하지 않는다.
   [정답] (B)

4. _____ ants live in the cavities or hollow stems of plants.

   (A) Many
   (B) Many of
   (C) Are many
   (D) There are many

   주어(ants)인 명사를 직접 수식할 수 있는 형용사(many)가 적합하다.
   [번역] 많은 개미들은 구멍 속이나 식물의 빈 줄기 속에서 자란다.
   [정답] (A)

5. A tropical tree that grows in _____, the mangrove, is utilized in coastal land building.

   (A) salty ocean water
   (B) ocean salty water
   (C) ocean water is salty
   (D) water of the ocean is salty

   ocean water는 「명사 + 명사」형태로서 단일 개념이므로, 형용사(salty)가 앞에 온다.
   mangrove: 망그로브(열대 강어귀나 해변에 생기는 교목, 관목의 특수한 숲)
   [번역] 염분을 함유한 해수에서 자라는 열대성 식물인 망그로브는 해변지역의 건물에 사용된다.
   [정답] (A)

6. "What do you want me to do?"
   "I want everything _____ by two o'clock."

   (A) readily
   (B) readiness
   (C) ready
   (D) to ready

   want가 불완전 타동사로 쓰인 경우이다. 이 문장에서는 「want + 목적어 + 목적보어[부정사·형용사 따위]」의 형태를 취하고 있다.
   [번역] "내가 무엇을 해 주길 바라니?"
   "모든 일을 2시까지 완료해 주면 좋겠어."
   [정답] (C)

7. It is prohibited by law to mail through parcel post any merchandise that might prove _____ in transport.

   (A) dangerous   (B) dangerously
   (C) with danger   (D) to the danger

   through parcel은 부사구이다. 또한 자동사인 prove는 보어로 형용사를 취하므로 정답은 (A)이다.
   [번역] 운송에 위험성이 있는 것으로 여겨지는 물품은 어떤 것이라도 소포우편으로 부치는 것을 법으로 규제하고 있다.
   [정답] (A)

8. He will not be _____ to vote in this year's election.

   (A) old enough   (B) enough old
   (C) as old enough   (D) enough old as

   enough는 형용사나 부사를 수식할 때 후치 수식한다.
   [번역] 그는 금년도 선거에 투표할 수 있는 나이가 되지 않을 것이다.
   [정답] (A)

9. "Some of the world's most famous people live in Hollywood."
   "That may be so, but some of them are also _____ bores."

   (A) worst of world
   (B) the worst of world's
   (C) world's worst
   (D) the world's worst

   최상급의 평행구조를 묻는 문제이다.
   [번역] "이 세상에서 가장 유명한 사람들 중 일부는 헐리우드에서 살아."
   "그럴 지도 모르지. 그러나 그들 중에 몇몇은 또한 세상에서 (사람들이) 가장 싫어하는 사람들이기도 해."
   [정답] (D)

10. The migrant fruit pickers protested that their living conditions were _____.

    (A) unacceptable
    (B) incapable of being borne
    (C) beyond agreement
    (D) inadequately done

    be동사의 보어로 쓰일 수 있는 형용사가 적합하다.
    unacceptable: 받아들일 수 없는
    [번역] 여기저기를 옮겨다니면서 과일을 줍는 노동자들은 그들의 생활조건이 받아들이기 어려운 상태라고 항의했다.
    [정답] (A)

11. "Why are you so upset about losing a pen?"
    "That was a _____ pen!"

    (A) tens-dollars
    (B) ten-dollars
    (C) ten-dollar
    (D) tens-dollars

「명사 + 명사」의 표현에서 앞에 나온 명사가 형용사적으로 쓰인 경우는 단수형태를 쓴다.
[번역] "너는 펜 하나 잃어버린 것을 가지고 왜 그렇게 상심하니?"
"그건 10달러 짜리 펜이거든."
[정답] (C)

12. "Do you like the Chinese food served in American restaurants?"
    "It's not bad but I prefer _____."

    (A) Chinese food authentically
    (B) Chinese authentic food
    (C) food Chinese authentically
    (D) authentic Chinese food

형용사인 authentic이 복합명사인 Chinese food를 수식하는 형태이므로 (D)가 맞다.
authentic Chinese food: 진짜 중국음식
[번역] "당신은 미국 식당의 중국 음식을 좋아합니까?"
"싫지는 않지만 나는 진짜 중국음식을 더 좋아합니다."
[정답] (D)

13. "I had to pay ten dollars for this bowl."
    "It's probably _____."

    (A) worth   (B) worth to
    (C) worth them   (D) worth it

worth는 목적어를 필요로 하는 특수한 형용사이며, it은 ten dollars를 받는 대명사이다.
[번역] "이 그릇 값으로 10달러를 지불해야 했다."
"아마도 그만한 가치는 있다."
[정답] (D)

14. "I got twenty-five problems wrong on that math test last week."
    "Well, take your time on this one and you'll probably make _____ mistakes."

    (A) not much   (B) fewer
    (C) lesser   (D) very little

make a mistake: 실수하다
[번역] "난 지난주 수학시험에서 스물 다섯문제를 틀렸어."
"그래, 이번에는 시간의 여유를 갖고 해 봐, 그럼 아마도 실수가 덜 할거야."
[정답] (B)

15. "Did your club dance turn on well?"
    "Yes, we made a _____ profit."

    (A) five-hundred-dollar
    (B) five-hundred-dollars
    (C) five-hundreds-dollar
    (D) five-hundreds-dollars

「명사 + 명사」의 표현에서 앞에 나온 명사가 형용사적으로 쓰인 경우는 단수형태를 쓴다.
[번역] "당신의 클럽댄스는 잘 되었나요?"
"예, 우리는 500달러의 이익이 났어요."
[정답] (A)

16. "Why did you go to the wrong class, Mr. Hwang?"
"Well I forgot _____ I was supposed to go to."

    (A) which the room
    (B) which room
    (C) what was the room
    (D) what room was it

의문형용사 which가 적합하다.
[번역] "황군, 왜 강의실을 잘못 들어갔나요?"
"글쎄요, 저는 어떤 강의실에 들어가야 하는지를 깜박했습니다."
[정답] (B)

17. "What sort of picture should I put on that wall?"
"Something colorful and _____."

    (A) decorative   (B) decorating
    (C) decorator   (D) decoration

접속사 and의 앞뒤에는 동일한 형태가 와야 하므로 colorful과 어울리는 decorative가 맞다. 한편 something을 수식하는 형용사는 뒤에 위치한다.
[번역] "저 벽에 어떤 종류의 그림을 걸까요?"
"화려하고 장식적인 것으로 하세요."
[정답] (A)

※ Select the part (A, B, C or D) which is not acceptable for standard written expression.

18. The <u>winner</u> photograph <u>was of</u> an old barn
      (A)   (B)
window <u>covered with</u> <u>a</u> delicate, lacy frost.
            (C)   (D)

winner의 소유격 형태인 winner's가 되어야 한다.
[번역] 수상자의 사진은 우아한 레이스 모양의 서리로 덮힌 한 낡은 창고의 창문에 관한 것이었다.
[정답] (A) (winner → winner's)

19. The average per capita <u>intake</u> of food in some
                            (A)
<u>underdeveloped</u> countries is <u>smaller than</u>
    (B)   (C)
2,000 calories <u>a day</u>.
           (D)

칼로리 섭취에 대한 표현은 high/low를 사용한다.
[번역] 일부 저개발 국가에서의 1인당 음식 섭취량의 평균치는 하루에 2,000칼로리가 못된다.
[정답] (C) (smaller than → lower than)

20. The sloth, <u>though</u> not as <u>industrial</u> as the
             (A)   (B)
beaver, is <u>just as</u> capable of <u>surviving</u> despite
        (C)   (D)
its relative inactivity.

industrious: 부지런한
industrial: 산업의, 공업의
[번역] 나무늘보는 비록 비버처럼 근면하지는 않지만 그의 상대적인 비활동성에도 불구하고 비버와 같은 생존능력을 가지고 있다.
[정답] (B) (industrial → industrious)

21. It is impossible <u>to take a walk</u> in the country
    (A)
    with <u>an average townsman</u> <u>without amazing</u>
         (B)   (C)
    at the <u>vast continent</u> of his ignorance.
           (D)

사람이 놀라게 되므로 경험격 분사인 과거분사가 적합하다.
[번역] 보통 도회지 사람과 함께 시골에서 거닐게 되면 그는 자신이 미처 알지 못했던 광대한 대륙에 놀라게 된다.
[정답] (C) (without amazing → without being amazed)

22. <u>In order</u> to obtain a driver's license in this
    (A)
    state, one <u>has to</u> present <u>your</u> birth certificate
               (B)   (C)
    as proof <u>of</u> age.
             (D)

one의 소유격은 one's나 his이다.
[번역] 이 주에서 자동차 면허증을 취득하기 위해서는 나이를 입증할 출생증명서를 제출해야 한다.
[정답] (C) (your → one's)

23. <u>Having spent</u> his <u>last</u> penny for the cheese,
    (A)   (B)
    he was determined <u>to eat</u> it all, even though
                      (C)
    it tasted <u>bitterly</u> to him.
              (D)

불완전 자동사인 taste의 보어자리에는 형용사가 필요하다.
[번역] 그는 그의 마지막 동전을 치즈 사는 데 쓰고 나서, 그 치즈가 맛이 쓰다고 느꼈지만 그것을 다 먹기로 결심했다.
[정답] (D) (bitterly → bitter)

24. Mr. Baker continued <u>to express</u> surprise that
                         (A)
    someone who sang as <u>good</u> as Elizabeth <u>had</u>
                        (B)   (C)
    <u>never had</u> <u>any</u> professional training.
       (C)   (와 중복, 실제로는 never had가 밑줄)

'sang'을 수식하기 위해서는 부사가 필요하다.
[번역] 베이커씨는 엘리자베스처럼 노래를 잘 부르는 사람이 어떤 전문적인 훈련을 받은 적이 없다는 사실에 대해 계속해서 놀라움을 표시했다.
[정답] (B) (good → well)

25. <u>Some</u> antibiotics <u>used in</u> the treatment of
    (A)   (B)
    human disease are <u>like</u> only in that they <u>are</u>
                      (C)   (D)
    <u>obtained</u> from fungi and bacteria.

be동사의 보어로 쓰일 수 있는 서술적 형용사는 alike이다. 한편 like도 보어로 쓰일 수는 있으나 반드시 목적어가 따라야 하는 특수한 형용사이다.
[번역] 인간의 질병치료에 사용되는 일부 항생물질들은 그것들이 균과 박테리아에서 얻어진다는 점에서만 같다.
[정답] (C) (like → alike)

Chapter 17

부사
Adverb

1 Grammar Preview

1 빈도부사와 부정부사의 위치

I don't know why, but Mr.Kim **always** seemed to be unhappy. `동사앞`
(나는 이유를 모르지만 김씨는 항상 불행해 보였다.)
He **seldom,** if ever, goes to school.
(그는 학교에 거의 가지 않는다.)
He is **never** late for school. `be동사 다음`
(그는 학교에 결코 늦지 않는다.)
He was **always** generous and kind.
(그는 항상 관대하고 친절하다.)
He would **often** come to see me. `조동사와 본동사 사이`
(그는 가끔 우리를 만나러 오곤 했다.)

2 부사의 어순

He came **here** in haste **yesterday**. `장소+방법+시간의 순서`
(그는 어제 이곳에 급히 왔다.)
I get up **at seven** in the morning. `작은 단위+큰 단위`
(나는 아침 7시에 일어난다.)

3 타동사 + 부사 (on, in, off, out 따위)

He **took off** his hat. (그는 그의 모자를 벗었다.)
= He **took** his hat **off.**
= He **took** it **off.**
  cf. He **took off** it.(×)

4 문장수식 부사와 어구수식 부사의 의미상의 차이

Happily he didn't die.
= It was a happy accident that he didn't die.
　　　(행복하게도 그는 죽지 않았다.)
She didn't die **happily**.
= She didn't die in a happy way.
　　　(그녀는 행복하게 죽지 않았다.)

5 부분부정

All is **not** gold that glitters.
　　　(반짝인다고 해서 다 금은 아니다.)
I do**n't** know **both** of them.
　　　(내가 그들 둘 다 아는 것은 아니다.)
The report is **not altogether** false.
　　　(그 보고서가 완전히 잘못된 것은 아니다.)
Every man is **not** polite, and **all** are **not** born gentleman.
　　　(모든 사람이 공손한 것은 아니다. 그리고 모두가 신사로 태어난 것은 아니다.)
The strongest man do **not necessarily** live longest.
　　　(가장 건강한 사람이 반드시 가장 오래 사는 것은 아니다.)
The rich are **not always** happy.
　　　(부자들이 항상 행복한 것은 아니다.)

6 ago와 before의 비교

I met him three years **ago**.　`수사를 동반한 확실한 과거`
　　　(나는 그를 3년 전에 만났다.)
I've seen that picture **before**.　`막연한 과거 : 현재완료와 함께 쓰일 수 있다.`
　　　(나는 그 그림을 전에 본 적이 있다.)

2 Grammar Check-up

I 다음 (   )에서 알맞은 어휘를 고르시오.

1. He usually gets up (late, lately) in the morning.
2. The ground was frozen (hard, hardly).
3. This book is (far, too) more interesting than that one.
4. When he met her, he found her (very, much) changed.
5. He said that he had arrived two weeks (ago, before).

II 다음 문장에서 틀린 곳을 찾아 고치시오.

1. Everybody speaks high of his talents.
2. He sold the house which he had bought two years ago.
3. After 10 years of absence, I found Tom very changed.
4. As I thought it to be the best plan, I decided to carry out it.
5. They couldn't still buy such a nice house.

III 다음 두 문장의 의미가 같도록 (   )에 알맞은 단어를 쓰시오.

1. Whenever she goes out, she buys something.
   = She (   ) goes out without buying something.
2. I didn't meet both of the scholars.
   = I met only (   ) of the scholars.
3. Nobody equals him in English.
   = He is (   ) to none in English.
4. A whale is not a fish; nor is a horse.
   = A whale is no more a fish (   ) a horse is.
5. He never deserts a needy friend.
   = He is the (   ) man to desert a friend in need.

정답 및 해설

(I)
1. **late** : late(늦게)   lately (최근에)
2. **hard** : hard(단단하게)   hardly (거의 ~않다)
3. **far** : 비교급을 강조하는 어구는 far, much, even, still 등이 있다.
4. **much** : 과거분사는 much가 수식한다.
5. **before** : ago는 확실한 과거시제(주로 수사를 동반함)와 함께 사용되며, before는 막연한 과거나 과거완료 등에 사용된다.

(II)
1. **high → highly** : high는 공간적으로 높음을 나타낼때 사용하고, highly는 「매우」의 뜻으로 사용된다.
2. **ago → before** : ago는 일반적으로 수사가 동반된 과거시제에서 사용된다. 과거완료 시제에는 before를 쓴다.
3. **very → much** : 과거분사는 일반적으로 much가 수식한다.
4. **carry out it → carry it out** : '타동사+부사'의 경우에는 목적어가 대명사인 경우에 '타동사 + 목적어 + 부사'의 순서가 된다.
5. **couldn't still → still couldn't** : 부정의 조동사보다는 still이 문장 앞에 나온다. 영어의 특별한 표현법이므로 시험에도 자주 출제되고 있다.

(III)
1. **never** : never ~without~ (~하면 반드시 ~하다)
2. **one** : 「one of + 복수명사」 = 복수명사 중 하나
3. **second** : second to none (누구에게도 뒤지지 않는)
4. **than** : A is no more B than C is D[B] : A가 B가 아닌 것은 C가 D[B]가 아닌것과 같다.
5. **last** : the last man (결코 ~할 것 같지 않은 사람)

3 Grammar Focus

> 부사는 그 명칭[ad- + verb(동사)]이 암시하듯이 주로 동사를 수식하는 일을 한다. 그러나 형용사나 다른 부사를 수식하는 경우도 많으며, 가끔씩 문장 전체를 수식하기도 한다. 한편 부사는 수식어의 기능을 하지만 문장의 주요소인 보어의 기능을 담당하지 못한다는 점을 명심해야 할 것이다. 흔히 한국어로 해석하면 부사처럼 해석되기 때문에 주격 보어나 목적격 보어 자리에 부사를 넣어서 잘못된 문장을 만드는 경우가 많으므로 특별한 주의를 요한다. 부사의 종류는 다음과 같이 구분할 수 있다.

단순부사	very, lately, etc.
지시부사	this, that, here, there, thus, so, etc.
의문부사	when, where, how, why, etc.
관계부사	when, where, how, why, that, etc.

1 단순부사

1 부사의 형태

❶ 본래의 부사

> ex still, well, then, too, here, etc.

❷ 형용사+ ly의 형태로 부사를 만들 수 있는데 대부분의 부사가 이 형태에 속한다.

> ex slowly, rapidly, kindly, certainly, etc.

⇨ 형용사에 ly를 붙여서 부사를 만들 때에는 다음과 같은 규칙을 따르는 것이 일반적이다.

> ex
> (a) 자음 + y → ily : easily, heavily, etc.
> (b) le → ly   : possibly, nobly, etc. cf. sole → solely, whole → wholly
> (c) ue → uly   : truly, duly, etc.
> (d) l → lly, ll → lly : really, fully, etc.
> (e) ic → ically   : dramatically, energetically, etc. cf. publicly

→ 명사 + ly의 형태는 일반적으로 형용사이기 때문에 이러한 형태의 단어들은 ly로 끝났지만 문장의 보어로 쓰일 수 있음에 주의하여야 한다.

> ex
> manly(남자다운)　　　　　womanly(여자다운)
> friendly(호의적인, 친구다운)　orderly(정돈된)
> homely(못생긴)　　　　　　timely(적시의)
> lovely(사랑스런)　　　　　　bodily(육체적인)

❸ 형용사와 부사가 동형인 경우

형용사와 부사의 형태가 서로 같을 경우가 있는데 이 때에는 그 단어가 무엇을 수식하는지를 잘 살펴야 한다. 즉 명사를 수식하는 위치에 있으면 형용사이고, 동사나 형용사 그리고 다른 부사를 수식하는 위치에 있으면 부사이다.

> ex
> hard, fast, early, long, enough, short, high, low, deep, wide, ill, daily, weekly, monthly, far, near, well, right, wrong, much, late, etc.

He is a **hard** worker.　형용사
　　(그는 부지런한 일꾼이다.)
He works **hard**.　부사
　　(그는 열심히 일한다.)
The **early** bird catches the worm.　형용사
　　(일찍 일어나는 새가 벌레를 잡는다.)
I get up **early** in the morning.　부사
　　(나는 아침에 일찍 일어난다.)
This is a **monthly** magazine.　형용사
　　(이것은 월간지이다.)
This magazine is published **monthly**.　부사
　　(이 잡지는 매달 발행된다.)

❹ 어미에 –ly가 있는 부사와 없는 부사가 뜻이 같은 단어들이다.

> ex
> slow　　loud　　right　　sure　　close　　quick
> slowly　loudly　rightly　surely　closely　quickly

❺ 형용사와 같은 꼴의 부사에 -ly를 붙여 다른 뜻의 부사가 되는 경우가 있다.

이 때 -ly형의 부사는 추상적, 비유적인 의미로 사용되거나 과거분사의 앞에 사용될 때가 많다.

> **ex**
> dear(비싸게)　　　　near(가까이)
> dearly(몹시)　　　　nearly(거의)
> high(높이〈공간적〉)　late(늦게)
> highly(매우)　　　　lately(최근에)
> bad(나쁘게)　　　　wide(넓게)
> badly(매우)　　　　 widely(크게)
> direct(똑바로)　　　deep(깊게〈공간적〉)
> directly(곧바로, 즉시)　deeply(매우, 철저히〈추상적〉)
> hard(열심히)　　　　cheap 싸게(구체적 사실〈물건을 팔고 사는 일 등〉)
> hardly(거의 ~않다)　cheaply(싸게, 헐하게〈추상적, 비유적〉)

📂 참고

(a)
> 형용사(good, terrible, real, pretty, etc.) + 형용사 = very + 형용사

It is **pretty cold** today.
= It is **very cold** today. (오늘 날씨가 매우 춥다.)

(b)
> 형용사(good, lovely, nice, fine, etc.) + and + 형용사 = very + 형용사

It is **nice and warm** today.
= It is **nicely warm** today. (= very warm) (오늘 날씨가 매우 따뜻하다.)

② 부사의 기능

❶ 형용사, 부사, 동사를 수식

This book is **too** difficult for me. (이 책은 나에게 너무 어렵다.)
↪ 형용사 difficult를 수식하므로 too는 부사이다.
She speaks English **very** well. (그녀는 영어를 매우 잘 한다.)
↪ 부사 well을 수식하고 있으므로 very는 부사이다.
All his family rise **early** in the morning. (그의 가족 모두는 아침 일찍 일어난다.)
↪ 동사 rise를 수식하고 있으므로 early는 부사이다.

❷ 부사구, 부사절을 수식

The accident happened **entirely** through my carelessness.
(그 사고는 전적으로 나의 부주의 때문에 일어났다.)
→ 부사 entirely가 through 이하의 부사구를 수식하고 있다.

I did it **simply** because I felt it to be my duty.
(나는 단순히 그것이 내 의무라고 느꼈기 때문에 그 일을 했다.)
→ 부사 simply가 접속사 because가 이끄는 부사절을 수식하고 있다.

❸ 문장 전체를 수식

Certainly he will succeed.
= It is certain that he will succeed.
(확실히 그는 성공할 것이다.)

Fortunately he returned safe and sound.
= It was fortunate that he returned safe and sound.
(운 좋게도 그가 안전하게 돌아왔다.)

cf. **Happily** she accepted the proposal. (다행히도 그녀가 제안을 받아들였다.) `문장전체수식`
She accepted the proposal **happily**. `동사 accept를 수식`
(그녀가 행복하게 그 제안을 받아들였다.)

❹ 명사, 대명사를 수식

Even a child can do it.
(심지어 어린이도 그 일을 할 수 있다.)

Only he could answer the question.
(단지 그만이 그 질문에 대답할 수 있었다.)

③ 부사의 위치

❶ 부사＋형용사, 부사(구, 절)
부사가 형용사나 부사(구, 절)를 수식하는 경우에는 바로 그 앞에 위치하는 것이 일반적이다.

This book is **very** interesting.
(이 책은 매우 재미있다.)

He came **long** before the appointed time.
(그는 약속시간 보다 훨씬 전에 왔다.)

He did **exactly** as I told him.
(그는 내가 그에게 말한 그대로 했다.)

※ 그러나 enough처럼 형용사나 부사를 수식할 때에 뒤에 놓이는 부사가 있는데 이것을 후치 수식부사(enough, alone, also, else, too, either, etc.)라고 한다.

He is **old enough** to go school. (그는 학교에 갈 만큼 충분히 나이가 들었다.)

⇨ 이 문장에서처럼 enough는 형용사 old를 뒤에서 수식한다. 그러나 enough가 명사를 수식할 경우에는 enough의 품사는 형용사가 되므로 일반적으로 명사 앞에서 수식해 준다. 또한 명사를 수식하는 경우에도 enough 자체에 수식어가 뒤따르면 명사 뒤에서 수식해 주는 것이 일반적이다.

cf. He has **enough money**. (그는 충분한 돈을 갖고 있다.)
He has **money enough** in his purse. (그는 지갑에 충분한 돈을 갖고 있다.)

❷ 동사를 수식하는 경우

부사가 동사를 수식하는 경우, 위치를 아래와 같이 도식화할 수 있다.

(a) 주어 + 자동사 + 부사

The old man walked **slowly**. (그 노인은 천천히 걸었다.)

(b) 주어 + 타동사 + 목적어 + 부사 (또는 주어 + 부사 + 동사 + 목적어)

I wrote the letter **carefully**. (나는 편지를 주의 깊게 썼다.)

(c) 주어 + 타동사 + 부사 + 긴 목적어

He admitted **frankly** that he had stolen the watch.
(그는 그가 시계를 훔쳤다는 것을 솔직히 인정했다.)

📂 Midsentence adverb (빈도, 정도부사의 위치)

> 이 부사들의 위치는 주의하여야 한다. 일반적인 부사위치와는 차이가 있기 때문이며 그렇기 때문에 시험에 출제되는 빈도도 높은 편이다. 일반적으로 midsentence adverb라고 하는데 그 이름으로부터 이 부사들의 위치를 짐작할 수 있을 것이다. 이런 midsentence adverb의 위치는 ⓐ 일반동사 앞에 오며 ⓑ be 동사일 경우에는 그 뒤에 ⓒ 그리고 조동사가 나오는 문장에서는 조동사와 본동사 사이가 된다.

ⓐ Ann **always** comes on time. (앤은 항상 정각에 온다.)
ⓑ Ann is **always** on time.
ⓒ Ann has **always** come on time.
Does she **always** come on time?

> **ex** ever, always, usually, often, frequently, generally, sometimes, occasionally, seldom, rarely, hardly ever, never, not ever, already, finally, just, probably, etc.

➲ 한편 still의 경우는 부정의 조동사가 나오면 그 부정 조동사 앞에 위치한다는 점에서 또한 특이하다고 할 수 있다.

(d)
> 2개 이상의 부사(구)의 어순 : 장소 + 양태 + 시간의 순서대로 위치.
> ⓐ 같은 종류일 때에는 작은 단위 + 큰 단위의 순서대로 나온다.
> ⓑ 다른 종류일 때에는 장소 + 양태 + 시간 또는 양태 + 장소 + 시간의 순서를 따른다.

I will call on you at **ten o'clock next Wednesday**.
(나는 다음주 수요일 10시에 당신을 방문할 것입니다.)

They drove **downtown quickly this morning**.
(그들은 오늘 아침 시내로 빨리 운전했다.)

cf. He was working **hard there then**.
(그는 그때 거기서 열심히 일하고 있었다.)

She played **beautifully in the concert last night**.
(그녀는 어젯밤 그 콘서트에서 아름답게 연주했다.)

He arrived **safely at Gimpo airport**.
(그는 김포공항에 안전하게 도착했다.)

(e)
> 문장 전체를 수식하는 경우에는 문두 또는 주어와 동사 사이에 위치한다

Evidently he has made a mistake.
(명확히 그는 실수를 했다.)

His sister **clearly** loves your elder brother.
(그의 여동생이 확실히 너희 형을 사랑한다.)

타동사 + 부사의 타동사구 [2어 동사(two - word verb)]

(a) 목적어가 명사인 경우

> 타동사 + 부사 + 목적어
> 타동사 + 목적어 + 부사

Put on your coat. (○)   **Put** your coat **on**. (○)

(b) 목적어가 대명사인 경우

> 타동사 + 목적어 + 부사

Put it on. (○)   **Put** on **it**. (×)

→ 2어동사인 경우에는 대명사가 목적어로 온 경우에 주의를 기울여야 한다. 대명사가 목적어인 경우에는 대명사가 항상 동사와 부사 사이에 위치해야 하며, 명사가 목적어인 경우는 위치에 상관없이 가능하다.

(c) 분리 가능한 2어 동사의 예

bring back a book	return
call up a friend	call on the telephone
cheer up a person	make happy
cross out an answer	write an × through
figure out a problem	find an answer to
fill in a form	write information in
fill up a bottle	fill completely
find out a problem	find an answer to
get over a hurt	recover from
give back something	return
hand over your pass	give up
leave off	stop
leave out some information	not include
look over a report	examine
look up a word	find in a reference book
mess up a room	cause disorder in
pick out a new shirt	choose, select
pick up a book	lift /get from somewhere

put down a book	put on a surface
put off an appointment	delay
put on a shirt	start wearing
put out the trash	take out
take off a shirt	stop wearing
take out a pet	go outside with
think over a request	consider
throw away an old shoe	put in the trash
turn off a light	stop
turn on a light	start
write down some information	make note of

(d) 비분리 타동사구

다음의 예들은 「자동사 + 전치사」로 이루어진 타동사구이기 때문에 분리할 수 없다.

call on someone	visit
come over to the house	go to a place
come up with an idea	think of
count on someone	depend on
flunk out of school	fail at
get along with someone	be friendly with
get back from somewhere	return from
get over an illness	recover from
get through with something	finish
go over to the library	come to a place
look down on someone	not respect
look for someone/something	try to find
make up with someone	become friendly again
put up with someone	endure
run into someone	meet unexpectedly
run out of something	have no more of it
stay away from	avoid someone/something

4 주의할 주요 부사

①

> **very** : 형용사, 부사의 원급과 현재 분사를 수식한다.
> **much** : 형용사, 부사의 비교급과 과거분사 및 동사와 구를 수식한다.

This novel is **very interesting.** (이 소설은 매우 재미있다.)
↳ very가 형용사 원급인 interesting을 수식함.
This is **much better** than that. (이것은 저것보다 훨씬 더 좋다.)
↳ much가 비교급 better를 수식함.
I am **much interested** in this novel. (나는 이 소설에 아주 흥미를 느낀다.)
↳ much가 과거분사 interested를 수식함.

(a) 분사 형용사

> **ex** tired, pleased, delighted, surprised, satisfied, etc.

a. very가 수식할 때 : very + 분사 형용사
b. much가 수식할 때 : be+분사형용사+전치사 (with, at, etc.) 또는 to 부정사

He was **very** pleased. (그는 매우 기뻤다.)
He was **much** pleased with my present. (그는 내 선물에 아주 기뻐했다.)

(b) **very + 과거분사 + 명사**

과거분사가 명사를 직접 수식하는 한정용법으로 쓰일 때에는 much 대신 very를 쓴다.

She had a **very annoyed** look on her face.
 (그녀는 얼굴에 매우 화난 표정을 지었다.)
He is a **very celebrated** scholar. (그는 매우 저명한 학자이다.)

(c) 서술형용사

> **ex** afraid, awake, ashamed, preferable, etc.

명사를 직접 수식하는 한정적 용법으로는 대체로 사용되지 않고 주로 보어로 사용되는 서술 형용사는 원급이라 할 지라도 much의 수식을 받는다.

He is **much afraid** of snakes. (그는 뱀을 매우 싫어한다.)
These two look **much alike**. (이 두 사람은 아주 닮았다.)

(d) 최상급 수식

very와 much가 둘 다 최상급을 수식할 수가 있는데 그때에는 위치가 서로 다르기 때문에 주의를 요한다.

> the very + 최상급 + 명사
> much the + 최상급 + 명사

He is **the very tallest boy** in his class.
= He is **much the tallest boy** in his class.
　　(그는 그의 학급에서 키가 가장 큰 소년이다.)

❷
> **ago** : 현재를 기준으로 한 과거시제에 쓰인다. 대개 수사를 동반하는 문장에 쓰인다.
> **before** : 막연한 과거, 현재완료, 과거완료에 모두 쓰일 수 있다.
> 　　　　일반적으로 과거시제에서는 수사 동반하면 확실한 과거가 되므로 수사가 나오는 문장에서는 쓰이지 않는다.
> **since** : 「숫자 + since」로 사용되었을 경우에는 「~전에」(=ago, before)의 의미이다. 단독으로 사용될 때에는 [그 이후 죽]의 의미이다.

He died ten years **ago**. (그는 10년 전에 죽었다.)
I found that he had left Korea two years **before**.
　　(나는 그가 2년 전에 한국을 떠났었다는 사실을 알아냈다.)
I have met him **before**. (나는 그전에 그를 만났다.)
I have not seen him **since** (since then).
　　(나는 그 이후 죽 그를 만나지 못했다.)

❸
> **already** : 긍정문에 쓰인다.
> **yet** : 의문문(「이미, 벌써」), 부정문(「아직」)에 쓰인다.
> **still** : 보통 긍정문에 쓰이며, 부정문에 쓰이기도 하는데, 그럴 때에는 부정어 앞에 오며 부정적인 상황의 계속을 나타낸다.

I am **still** living in Seoul. (나는 아직 서울에 살고 있다.)
I **still** can't tell the difference. (나는 여전히 그 차이를 모르겠다.)
cf. Have you finished your breakfast **already**? (벌써 아침 식사를 마쳤니?) 　의문 : 놀람 표시

❹
> **fairly** : 상당히, 꽤(만족스런 내용)
> **rather** : 오히려, 약간 다소(바람직하지 못한 내용)

It is **fairly** fine today. (오늘 날씨가 꽤 좋다.)
She is a **fairly** good singer. (그녀는 꽤 훌륭한 가수이다.)
It is **rather** cloudy today. (오늘은 구름이 다소 끼었다.)
He is **fairly** diligent, but she is rather idle.
 (그는 상당히 부지런하지만 그녀는 다소 게으르다.)

❺
> **Yes / No의 의미** : 질문의 형태에는 관계없이 대답의 내용이 긍정이면 Yes, 부정이면 No이다.

(a) **Doesn't** he **like** pears? (그는 배를 좋아하지 않나요?)
  Yes, he **does**. (아니요, 그는 좋아합니다.)
  No, he **doesn't**. (예, 그는 좋아하지 않습니다.)

(b) Would you **mind** coming here? (여기로 와 주시겠습니까?)
  Yes, I am sorry. (갈 수 없어서 미안합니다.)
  No, not at all. (예, 가겠습니다.)

(c) I think you **haven't** money with you. (당신은 돈이 없으신 것 같군요.)
  Yes, I **have** some. (아니요, 좀 있습니다.)
  No, **not at all**. (예, 전혀 없습니다.)

❻
> **부분부정** : 부정어와 전부, 전체를 나타내는 부사가 함께 쓰이면 전체부정이 아닌 부분부정이 된다. 전체를 나타내는 부사는 다음과 같은 부사들이다.

> **ex** all, both, every, always, necessarily, quite, fully, altogether, entirely, completely, wholly, absolutely, etc.

All is **not** gold that glitters. (반짝인다고 해서 모두 다 금은 아니다.)
The rich are **not always** happy.
 (부자들이 항상 행복한 것은 아니다.)

I do **not altogether** agree with him on the matter.
(나는 그 문제에 대해서 그와 완전히 동의를 한 것은 아니다.)

❼ 부사의 사용에서 의미상 주의할 사항

He who wishes to get pearls must dive **deep** in the sea.
(진주를 얻고자 소망하는 자는 바다에 깊이 잠수해야 한다: 공간적 깊이.)
I am **deeply** interested in the news.
(나는 그 소식에 매우 관심이 있다: 추상적으로 매우.)
They buy **cheap** and sell **dear**. (그들은 싸게 사서 비싸게 판다.)
They won the battle **dearly**. (그들은 비싼 대가를 치르고 전쟁을 이겼다.)
They won the battle **cheaply**. (그들은 대수로운 희생 없이 전쟁을 이겼다.)

2 관계부사

(a) 관계부사는 「접속사 + 부사」의 역할을 한다.
(b) 관계부사는 「전치사 + 관계대명사」로 바꿔 쓸 수도 있다.
(c) 관계부사 대신에 that를 쓸 수 있다.
(d) 관계부사는 생략할 수 있다.

1 유형

	선행사	관계부사	전치사+관계대명사
시 간	the time, the day, etc.	when	at, on, in+which
장 소	the place, the house, etc	where	at, on, in+which
이 유	the reason	why	for which
방 법	the way	(how)	in which

➪ 선행사와 관계부사를 같이 쓸 수 있으나 관계부사 how는 선행사인 the way와 함께 쓸 수 없다. 즉, the way how는 쓸 수 없다.

2 용법

❶ 제한적 용법

I know the time **when** she will arrive. (나는 그녀가 도착할 시간을 안다.)
⇨ 앞에 선행사가 the time이므로 관계 부사 when을 쓴다.
= I know the time **that** she will arrive.
⇨ 관계부사 when 대신에 that을 쓸 수도 있다.
= I know the time **at which** she will arrive.
⇨ 관계부사는 「전치사+관계대명사」로 바꿔 쓸 수 있다.
= I know the time she will arrive.
⇨ 관계부사는 생략될 수가 있다.
= I know when she will arrive.
⇨ 관계부사 앞의 선행사가 생략될 수 있다.

Monday is the day **when** we are busiest. (= on which)
　(월요일은 우리가 가장 바쁜 날이다.)
　= Monday is the day we are busiest.
Is that the reason **why** you went there? (= for which)
　(그것이 네가 거기에 갔던 이유니?)
This is **how** he made much money. (= the way in which)
　(이것이 바로 그가 돈을 번 방법이다.)

❷ 계속적 용법

He went into the store, **where** (=**and there**) he bought the book.
　(그는 가게에 들어갔다. 그리고 거기서 책을 샀다.)
Wait till six, **when** (=**and then**) he will come back.
　(6시까지 기다려라. 그러면 그때 그가 돌아올 것이다.)

📁 선행사가 특별한 경우에는 생략하지 못한다.

This is **the pond where** he used to swim when young.
　(이것은 그가 어렸을 때에 수영하던 연못이다.)
There are **cases where** honesty seems meaningless.
　(정직이 무의미해 보일 때가 있다.)
There are **times when** the rich feel lonesome.
　(부자들이 외로움을 느끼는 때가 있다.)

❸ 복합 관계부사

관계부사 + ever의 형태로 선행사를 내포하여 부사절을 유도한다.

You may come **whenever** you want to. (=at any time when)
　(네가 오고 싶으면 어느 때든 와도 좋다.)
Whenever I may call on him, he is absent. (=No matter when)
　(내가 그에게 전화 할 때마다 그는 부재중이다.)
However hard you may try, you can't master it. (=No matter how)
　(아무리 네가 열심히 한다 해도 너는 그것을 마스터 할 수 없다.)

Grammar Drill

다음 (　　) 안의 단어 중 적절한 것을 고르시오.

문 제

1. John is a (careless, carelessly) writer. He writes (careless, carelessly).
2. Denny asked Gunwook an (easy, easily) question. Gunwook answered it (easy, easily).
3. Nicole speaks (soft, softly). She has a (soft, softly) voice.
4. He entered the classroom (quiet, quietly) because he was late.
5. Seoyeon speaks English very (good, well). She has very (good, well) pronunciation.
6. This math problem looks (easy, easily). I'm sure I can do it (easy, easily).
7. I looked at the problem (careful, carefully) and then solved it.
8. Mary smiled (cheerful, cheerfully). She seemed (cheerful, cheerfully).
9. Hyorei tasted the soup (careful, carefully) because it was hot. The soup tasted (good, well).
10. The sky grew (dark, darkly) as the storm approached.

해설 및 정답

1. **careless, carelessly** : 명사(writer)를 수식하는 경우에는 형용사(careless)가 적합하지만, 동사(writes)를 수식하는 경우에는 부사(carelessly)를 써야 한다.
2. **easy, easily** : 명사(question)를 수식하는 경우에는 형용사(easy)가 적합하지만, 동사(answered)를 수식하는 경우에는 부사(easily)를 써야 한다.
3. **softly, soft** : 동사(speaks)를 수식하는 경우에는 부사(softly)가 적합하지만, 명사(voice)를 수식하는 경우에는 형용사(soft)가 적합하다.
4. **quietly** : 동사(entered)를 수식하는 부사(quietly)가 타당하다.
5. **well, good** : 부사(well)는 동사(speaks)를 수식하고, 형용사(good)는 명사(pronunciation)를 수식한다.
6. **easy, easily** : look는 불완전 자동사이므로 주격보어가 필요하다. 보어가 되려면 형용사가 요구되며, 부사는 보어의 역할을 하지 못한다. 한편 두 번째 문장에서는 타동사인 do를 수식해야 하므로 부사(easily)가 적합하다.
7. **carefully** : 타동사(look at)를 수식하기 위해서는 부사가 요구된다.
8. **cheerfully, cheerful** : seemed는 불완전 자동사이므로 주격보어 형태로 적합한 형용사가 나와야 한다.

9. **carefully, good** : 첫 번째 문장의 tasted는 타동사로 쓰이고 있다. 따라서 타동사인 tasted를 수식하기 위해서는 부사형태인 carefully가 적합하다. 그러나 두 번째 문장에서 tasted는 불완전 자동사로 쓰이고 있으므로 형용사가 보어로 나와야 한다.

10. **dark** : grew가 became의 의미로 사용되고 있으므로 다음에는 보어인 형용사가 요구된다.

Practice Test A

다음 _____ 안에 들어갈 적당한 표현을 고르세요.

1. He speaks English _____ well.

    (A) pretty
    (B) much
    (C) prettily
    (D) more

> well이라는 부사를 수식하므로 밑줄 친 부분에는 다른 부사가 필요하다.
> pretty: 상당히, 꽤 (부사)
> prettily: 곱게, 예쁘게 (부사)
> [번역] 그는 영어를 상당히 잘한다.
> [정답] (A)

2. We will have a _____ celebrated scholar come over to our meeting.

    (A) much
    (B) very
    (C) such
    (D) old

> celebrated는 형용사이므로 부사가 수식해야 한다.
> celebrated = famous
> [번역] 우리는 모임에 매우 유명한 학자를 초빙할 것이다.
> [정답] (B)

3. "Why didn't you use that?"
   "Because it wasn't _____ to fit it."

    (A) good enough
    (B) enough good
    (C) as enough good
    (D) good as enough

> enough는 형용사나 부사를 후치 수식한다.
> [번역] "너는 왜 그것을 사용하지 않았니?"
> "왜냐하면 그건 그것에 맞추기에는 충분하지 못했기 때문이야."
> [정답] (A)

4. The bridges were washed _____ by the storm.

    (A) out   (B) gone
    (C) absent   (D) around

> wash out: (제방, 다리 등을) 휩쓸어가다
> [번역] 폭풍우에 의해서 다리들이 떠내려갔다.
> [정답] (A)

5. I seldom, if _____, go to the movies.

    (A) ever
    (B) any
    (C) few
    (D) little

> 준 부정어를 강조할 때 주로 행위의 유무와 관련된 동사를 수식하는 경우에는 ever를 사용하고, 사물의 유무와 관련된 명사수식에 대해서는 any를 쓴다.
> [번역] 나는 극장에 간다 해도 거의 가지 않는 편이다.
> [정답] (A)

6. This is _____ the grandest hotel in L.A.

    (A) the better
    (B) very
    (C) much
    (D) most

비교급을 수식하는 경우에는 much를 사용하는 것이 일반적이다. 그러나 최상급을 수식하는 경우에는 very 와 much 둘 다 쓸 수 있다. 하지만 최상급에서 그들의 위치가 서로 달라짐을 주의해야 한다.
much + the + 최상급　　the + very + 최상급
[번역] 이 호텔이 L.A.에서 가장 웅대하다.
[정답] (C)

7. The number of students who come _____ has _____ increased.

    (A) late, lately
    (B) lately, late
    (C) latter, late
    (D) latter, late

late: 늦게　　lately: 최근에
[번역] 지각하는 학생수가 최근에 늘었다.
[정답] (A)

8. They arrived at the gate _____ late to board the plane and had to wait for the next flight.

    (A) so
    (B) too
    (C) very
    (D) much

too ~ to ~ = so ~ that ... can't ~ :
'너무 ~해서 ~하지 못하다'
board: (기차, 자동차 따위에) 올라타다
flight: 정기항공편
board a plane: 비행기에 탑승하다
[번역] 그들은 출구에 너무 늦게 도착해 비행기를 타지 못하고 그 다음 항공편을 기다려야 했다.
[정답] (B)

9. "Someone ate my cookies."
    "Well, I didn't and _____ Alice."

    (A) neither did
    (B) nor did
    (C) neither
    (D) nor was

neither는 부사이며 nor는 접속사이다.
[번역] "누가 내 쿠키를 먹었어?"
　　　 "글쎄, 난 안 먹었고 앨리스도 먹지 않았는데."
[정답] (A)

10. Take an umbrella if you go to Seattle because it rains _____ there.

    (A) many times
    (B) frequently
    (C) over again
    (D) with frequency

동사(rains)를 수식하기 위해서는 부사가 필요하다.
frequently: 자주 (시간적으로 비교적 짧은 간격을 두고 되풀이 되는 경우)
[번역] 시애틀에는 비가 자주 내리기 때문에 그곳에 가려면 우산을 가지고 가.
[정답] (B)

Practice Test B

다음 문장의 밑줄 친 곳에서 올바르지 않은 것을 고르세요.

1. The phone rings always when I'm taking a shower in the morning.
   (A)   (B)   (C)   (D)

   빈도부사(always, usually, often, etc.)는 일반동사 앞에 위치한다.
   [번역] 내가 아침에 샤워할 때면 언제나 전화가 온다.
   [정답] (B) (ring always → always rings)

2. Because magnesium is such plentiful in sea water, it is available to most of the countries that want to use it.
   (A)   (B)   (C)   (D)

   such는 본래 품사가 형용사이기 때문에 명사나 [형용사+명사]의 구조 앞에 쓰이며, so는 부사이기 때문에 형용사 앞에서 그 형용사를 수식한다.
   [번역] 마그네슘은 바닷물에 많이 들어 있기 때문에 그것을 이용하기를 원하는 대부분의 국가들이 이용할 수 있다.
   [정답] (B) (so)

3. Deserts probability have the most unfavorable conditions for plant life.
   (A)   (B)   (C)   (D)

   deserts와 probability는 둘 다 명사이기 때문에 문법적 연결이 불가능하므로 부사인 probably가 가장 적절한 형태이다.
   [번역] 사막은 식물생장에 가장 불리한 환경조건을 가지고 있을 것이다.
   [정답] (B) (probably)

4. Practical all of the Bering Sea water comes from the Pacific Ocean.
   (A)   (B)   (C)   (D)

   문장의 구조상 주어와 동사가 모두 있으므로 이 위치에는 문장 수식부사가 나와야 한다.
   [번역] 실제로 베링해의 모든 물은 태평양으로부터 흘러 들어온다.
   [정답] (A) (practically)

5. Influenza travels exactly as fastly as man. In oxcart days its progress was slow.
   (A)   (B)   (C)   (D)

   fast는 형용사·부사의 형태가 같다.
   in oxcart days: 달구지가 다니던 시절에는
   [번역] 독감은 인간과 같은 속도로 전해진다. 달구지가 다니던 시절에는 독감의 진행도 느렸다.
   [정답] (B) (fast)

Final Test

1. If he had _____, he would visit the U.S.A.

    (A) rich enough
    (B) money much
    (C) money enough
    (D) too much money

   enough는 명사 앞뒤에서 수식이 가능하다. 한편 밑줄 친 부분은 had의 목적어 위치이므로 명사가 와야 하기 때문에 형용사인 A는 부적절하며, D는 의미상 곤란하다.
   [번역] 그가 돈이 충분하다면 미국을 방문할 텐데.
   [정답] (C)

2. I came across Young in a small village _____ I had never been before.

    (A) what   (B) where
    (C) how   (D) which

   장소를 나타내는 관계부사이므로 where가 적합하다.
   [번역] 나는 전에 가본 적이 없는 조그만 마을에서 우연히 영을 만났다.
   [정답] (B)

3. "I slipped on the stairs. I think my arm is broken."
   "Oh! I _____."

    (A) do not hope so   (B) do not hope
    (C) hope not so   (D) hope not

   not이 문장의 일부를 대신하는 경우에는 부정구문이나 부정적 의미의 동사(구)를 대신한다.
   [번역] "계단에서 미끄러졌어. 내 생각으론 팔이 부러진 것 같아."
   "아이구! 부러지지 않았으면 좋겠다."
   [정답] (D)

4. Since an owl's ears are widely separated, _____ a slight difference in the time it takes for a sound to reach each ear.

    (A) is there usually
    (B) there is usually
    (C) usually is there
    (D) is usually there

   유도부사인 there가 나오면 주어와 동사가 도치된다. 따라서 이 문장의 주절의 주어는 difference이다.
   [번역] 부엉이의 양쪽 귀는 서로 멀리 떨어져 있기 때문에 일반적으로 소리가 각각의 귀에 도착하는데 걸리는 시간에는 약간의 차이가 있다.
   [정답] (B)

5. "What did the mother say?"
   "She said that _____."

    (A) her son went everyday to school very slowly
    (B) her son went slow everyday to school
    (C) her son went everyday slowly to school
    (D) her son went to school slowly everyday

   2개 이상의 부사구가 나올 때 그 어순은 [장소+방법+시간] 또는 [방법+장소+시간]이 된다. 중요한 것은 항상 장소가 시간보다 먼저 나온다는 점이다.
   [번역] "그 어머니가 뭐라고 하세요?"
   "아들이 매일 학교에 늦게 간다고 하시네요."
   [정답] (D)

6. _____ west of the Rocky Mountains.

   (A) Tornadoes almost occur never
   (B) Tornadoes never almost occur
   (C) Never tornadoes almost occur
   (D) Tornadoes almost never occur

never, ever, often 등과 같은 빈도부사는 일반동사 앞에 위치하며, almost는 일반적으로 다른 부사의 앞에 온다.
[번역] 회오리바람은 로키산맥 서쪽에서는 발생하지 않는다.
[정답] (D)

7. Around the world _____ may be as many as a million earthquakes in a single year.

   (A) yet   (B) they
   (C) there   (D) ever

유도부사인 there나 here가 나오면 주어와 동사의 위치가 도치된다. 따라서 이 문장에서의 주어는 earthquakes이다.
[번역] 세계 전역에 한 해 동안에 100만 번의 지진이 발생할 수 있다.
[정답] (C)

8. "Do you need more water in the pan?"
   "No, it's _____."

   (A) already enough full
   (B) full already enough
   (C) full enough already
   (D) quite so full

enough는 형용사나 부사를 후치 수식한다.
[번역] "냄비에 물이 더 필요하니?"
       "아니, 이미 충분히 찼어."
[정답] (C)

9. It's suddenly cloudy ; we had better _____ the clubhouse.

   (A) to take shelter in
   (B) to take refuge in
   (C) take shelter in
   (D) take refuge from

had better + 원형동사
take[find/seek] shelter in: 피하다
[번역] 갑자기 날씨가 흐려지네. 클럽하우스에서 피하는 게 좋겠어.
[정답] (C)

10. "I guess Jones didn't have a system to win the election."
    "He certainly didn't. _____ the people in the city voted for his opponent."

    (A) Almost all of
    (B) Most all of
    (C) Most of all
    (D) Almost the whole

almost all of: ~의 대부분
most of all: 무엇보다도
[번역] "나는 존스가 그 선거에서 이길 방법을 가지고 있지 않았다고 생각해."
       "확실히 그는 갖고 있지 않았어. 도시 거주자의 대부분이 상대방 후보에게 투표했으니."
[정답] (A)

11. David may _____, but we must go at once.

    (A) stay lately
    (B) stay a little
    (C) have stayed very late
    (D) stay late

late: 늦게까지 (부사)
[번역] 데이비드는 늦게까지 머무를지 모르지만, 우리는 즉시 가야 한다.
[정답] (D)

12. _____ to school, I met an old man.

    (A) On the way
    (B) By the way
    (C) In my way
    (D) Using the way

on the[one's] way to: ~로 가는 도중
[번역] 나는 학교에 가는 도중에 한 노인을 만났다.
[정답] (A)

13. My daughter was born _____.

    (A) nine years past
    (B) for nine years
    (C) nine years ago
    (D) during nine years

ago는 일반적으로 수사를 동반하며 현재로부터의 과거를 나타낸다.
[번역] 내 딸은 9년 전에 태어났다.
[정답] (C)

14. "That's a beautiful table cloth."
    "Yes, but it's not _____ for this table."

    (A) nearly enough long
    (B) nearly so long
    (C) nearly long enough
    (D) so nearly long

not nearly ~: ~에 가깝기는커녕 어림없다
즉, far from
[번역] "저것은 정말 아름다운 식탁보야."
       "그래, 하지만 이 식탁에는 형편없이 작아."
[정답] (C)

15. "What excuse did John offer for his rudeness at the committee meeting?"
    "He didn't even mention it, _____ explain it."

    (A) let alone
    (B) and even not
    (C) or not
    (D) as opposed to

let alone: ~은 말할 것도 없고
[번역] "그 위원회 모임에서 존이 자신의 무례한 행동에 대해 어떤 사과를 했습니까?"
       "존은 해명은커녕 언급도 하지 않았습니다."
[정답] (A)

16. "I can't understand what Pierre says."
    "I know. That's because he speaks _____ English."

    (A) a little
    (B) such small
    (C) so little
    (D) very small

(so) little은 부정적인 개념이며, 내용상 부정적인 표현이 맞다.
[번역] "나는 피에르가 한 말을 이해할 수 없어."
       "그래. 그가 영어를 거의 하지 못하기 때문이야."
[정답] (C)

17. "It takes me just twenty minutes to reach the city from here."
    "Do you really drive _____?"

    (A) that fast
    (B) fast like that
    (C) as fast
    (D) with such fastness

표현의 간결성이나 논리성에서 (B)가 맞다.
that fast: 그렇게 빨리
[번역] "제가 여기에서 그 도시까지 가는 데 정확히 20분이 소요됩니다."
       "정말 그렇게 빨리 운전하세요?"
[정답] (A)

18. "Frank can't leave until tomorrow."
    "I know. _____."

    (A) I can't too   (B) Neither can I
    (C) I can too   (D) I can't neither

「neither + 조동사 + 주어」의 어순을 취한다.
[번역] "프랭크가 내일까지 떠날 수 없대."
       "알고 있어. 나도 마찬가지야."
[정답] (B)

19. The visiting delegates were urged to _____.

    (A) talk at liberty
    (B) state their open minds
    (C) make individual expressions
    (D) speak freely

'마음대로 자기의 의사를 표현하라'는 영어표현으로는 speak freely, talk freely, give free expression 등이 있다.
[번역] 방문 중인 대표자들은 자유롭게 의사를 표현할 것을 요청받았다.
[정답] (D)

20. "Does Ron's brother live near the downtown area?"
    "No, he lives _____."

    (A) out in the suburbs
    (B) in the out suburbs
    (C) out in suburbs
    (D) in suburbs

(out) in the suburbs: 교외에서
out은 시내 밖에 있음을 뜻하는 부사
[번역] "론의 형은 시내 가까이에 사나요?"
       "아뇨, 교외에 살고 있습니다."
[정답] (A)

21. During the rush hours, a policeman directs traffic at the intersection, and _____ there have been no accident.

   (A) as of now
   (B) to the present
   (C) up until currently
   (D) so far

so far나 up to the present는 '지금까지'의 의미이며, 따라서 의미상 일반적으로 현재완료를 동반한다.
[번역] 교통혼잡시간에는 경찰관이 교차로에서 교통을 정리한다. 그래서 지금까지는 아무런 사고도 없었다.
[정답] (D)

※ Select the part (A, B, C or D) which is not acceptable for standard written expression.

22. There has been <u>hardly no sign of</u> agreement
                        (A)
    <u>as yet</u> <u>between</u> management and the union
     (B)   (C)
    <u>in their dispute</u> over wages and working
         (D)
    conditions.

hardly는 부정어이므로 no가 따로 필요없다.
[번역] 임금과 근로조건에 대한 경영진과 노조간의 분쟁에 화해의 기미가 보이지 않는다.
[정답] (A) (hardly no sign of → hardly any sign of)

23. Because he could not think <u>clearer</u>, his efforts
                                    (A)
    <u>in trying</u> <u>to solve</u> the problem <u>have failed</u>.
       (B)   (C)   (D)

동사(think)를 수식하는 것은 부사(clearly)이다.
[번역] 그는 확실히 생각할 수 없었기 때문에 그 문제를 해결하려는 그의 노력은 실패했다.
[정답] (A) (clearer → clearly)

24. <u>Although</u> aging improves some foods, fish
       (A)
    must be handled <u>prompt and careful</u> from
                         (B)
    the <u>moment of</u> the catch <u>until final</u>
          (C)   (D)
    processing.

동사를 수식하는 자리이므로 부사가 필요하다.
[번역] 비록 숙성은 어떤 음식의 맛을 향상시켜 주기도 하지만, 생선은 잡아서 마지막 요리를 할 때까지 신속하고 주의깊게 다루어야 한다.
[정답] (B) (prompt and careful → promptly and carefully)

25. A <u>detailed</u> map of the mining camp was
       (A)
    handed out, and the directions for <u>getting</u>
                                         (B)
    <u>there</u> were repeated <u>very clear</u>.
     (C)   (D)

동사를 꾸미는 것은 부사이다.
[번역] 광산촌의 상세한 지도가 건네졌고, 거기에 이르는 방위가 명확히 반복 설명되었다.
[정답] (D) (very clear → very clearly)

26. The new physics laboratory, <u>because</u> it was
                                   (A)
    not equipped <u>proper</u> for advanced research,
                   (B)
    was considered <u>obsolete</u> by the time of <u>its</u>
                      (C)   (D)
    completion.

동사 equipped를 수식하므로 부사인 properly가 맞다.
[번역] 새로운 물리학 실험실은 진보된 연구를 위한 충분한 시설을 갖추지 않았기 때문에 그 실험실이 완성되었을 때 쓸모 없다고 여겨졌다.
[정답] (B) (proper → properly)

27. Because the publicity had been <u>poorly</u>
                                      (A)
    handled, the organizers of the rally <u>were</u>
                                            (B)
    <u>afraid</u> that <u>hardly</u> many people <u>would</u>
     (C)   (C)   (D)
    attend.

hardly는 not과 같은 의미를 담고 있지만 명사를 수식해 주는 형용사를 수식하지 못한다. 따라서 여기서는 hardly를 not으로 바꿔야 한다.
[번역] 홍보활동이 잘 이루어지지 못했기 때문에 그 대회의 조직위원들은 많은 사람들이 참석하지 못할까봐 걱정했다.
[정답] (C) (hardly → hardly not)

28. Life insurance, <u>before</u> available only <u>to</u>
                       (A)   (B)
    young, healthy persons, <u>can</u> now be
                               (C)
    obtained for old people and <u>even</u> for pets.
                                   (D)

before가 부사로 쓰일 때에는 문장 끝부분에 온다. 따라서 이 위치에서는 같은 의미를 가진 previously가 맞다.
[번역] 전에는 젊고 건강한 사람들만이 이용할 수 있었던 생명보험이 이제는 노인들과 애완동물까지도 가입할 수 있게 됐다.
[정답] (A) (before → previously)

29. My old brown pants and <u>several</u> of my
                              (A)
    <u>sister's</u> dresses were <u>bad</u> torn when the
     (B)   (C)
    laundry <u>fell</u> from the back of the truck.
             (D)

동사(were torn)를 수식하는 것은 부사이므로 bad를 badly로 고쳐야 한다.
[번역] 내 오래된 갈색 바지와 내 여동생의 원피스는 세탁물이 트럭 뒤에서 떨어졌을 때 심하게 찢겨졌다.
[정답] (C) (bad → badly)

30. Newly designed tires which have hardly no
    (A)   (B)
    tread increase the racing speed considerably.
                           (C)   (D)

hardly는 그 자체가 부정어이기 때문에 hardly no라는 표현은 쓸 수 없다. 따라서 hardly any로 써야 한다.
[번역] 접지면을 거의 두지 않은 새로 고안된 타이어는 주행속도를 상당히 증가시켜 준다.
[정답] (B) (hardly no → hardly any)

31. Tom ran as quick as he could to the doctor's
                (A)   (B)
    office when he saw that his mother had
           (C)   (D)
    fainted.

동사 ran을 수식할 수 있는 것으로는 부사가 필요하다.
[번역] 톰은 그의 어머니가 기절해 있는 것을 보았을 때 최대한 빨리 의사의 진료실로 뛰어갔다.
[정답] (A) (quick → quickly)

32. He generally expresses himself more forceful
                            (A)   (B)
    than any of the members of the opposition
    (C) (D)
    party.

동사 expresses를 수식하므로 부사가 와야 한다.
[번역] 일반적으로 상대방의 당원들보다 더 강력하게 자신의 의견을 피력한다.
[정답] (B) (more forceful → more forcefully)

33. It is surprising that Marquesne is such a fine
        (A)   (B)
    writer, for he has not read only a few books
                      (C)   (D)
    other than his own.

only a few에는 부정의 의미가 담겨 있으므로 not을 제거해야 한다.
[번역] 마르끄네가 그렇게 훌륭한 작가라니 놀랍군. 왜냐하면 그는 자신의 책 이외에는 별로 책을 읽지 않거든.
[정답] (C) (not read → read)

34. Today, divorce is not longer regarded as a
    (A)   (B)   (C)
    disgrace, as a tragedy, or even as failure.
                                (D)

no longer~ = not any longer~: 더이상 ~ 않다.
[번역] 오늘날 이혼은 더 이상 망신이라든지 비극이라든지, 심지어는 실패라고 여겨지지 않는다.
[정답] (B) (not longer → no longer)

Chapter 18

비교

Comparison

1 Grammar Preview

1 the + 비교급의 구문

He is **the cleverer** of the two.   `of the two가 나오는 경우`
(그는 두 사람 중에서 더 총명하다.)
I like him all **the better** for his faults.   `이유표시 부사구가 나올 때`
(나는 그가 결점이 있어서 더 좋다.)
I **don't** like her **the less for** her faults.
= She has faults, but I like her **none the less.**
    (나는 그녀가 결점이 있다고 해서 그녀를 덜 좋아하지는 않는다.)
The higher you go up, **the colder** it becomes.   `the 비교급 ~, the 비교급 ~ 구문`
(높이 올라가면 올라 갈수록 더욱 더 추워진다.)

2 최상급의 의미를 표현하는 방법

A giraffe is **the tallest** of all (the) animals. *(in the animal kingdom.)*
(기린은 모든 동물 중에서 가장 크다.)
This is **more** interesting **than any other** book here.
(이 책이 여기에서 가장 재미있는 책이다.)
He studies **as** hard **as** any boy.
(그는 어느 소년 못지않게 열심히 공부한다.)
No other boy studies **as** hard **as** Jack.
(잭만큼 열심히 공부하는 소년이 없다.)
Nothing can be simpler **than** this.
(이것보다 더 단순한 것은 없다.)

3 동일인과 동일물에 관한 표현

The pond is **deepest** at this spot. (그 연못은 이 지점이 가장 깊다.)
    cf. The pond is **the deepest** in this country. (그 연못은 이 나라에서 가장 깊다.)
She is **more wise** than kind. (그녀는 친절하다기보다는 현명하다.)
= She is wise **rather** than kind.
    cf. She is **wiser** than her sister. (그녀는 그녀의 여동생보다 더 현명하다.)

4 the를 붙이지 않는 최상급

He works **best** early in the morning.　부사의 최상급
(그는 이른 아침에 일을 가장 잘 한다.)
She feels **happiest** when she reads.　동일인, 동일물의 성질과 상태표현
(그녀는 책을 읽을 때 가장 행복하다고 느낀다.)

5 비교급의 주의할 용법

❶ 비교급을 쓰지 않는 형용사

> ex round, perfect, unique, right, full, etc.

This circle is **rounder than** that.(×)
(이 원은 저 원보다 더 둥글다.)
Today is **more perfect than** yesterday.(×)
(오늘은 어제보다 더 완벽하다.)

❷ 라틴계 비교급

This camera is **more superior to** that one.(×)
This camera is **superior to** that one.(○)
(이 카메라는 저 카메라보다 더 좋다.)

2 Grammar Check-up

I 다음 두 문장의 의미가 같아지도록 _____ 에 알맞은 어휘를 넣으시오.

1. His rudeness has become more than I can bear.
    = I can't put up with his rudeness _____ longer.

2. He is as rich as his uncle.
    = He is _____ rich than his uncle.

3. He is two years older than I.
    = I am his _____ by two years.

4. His word once given was never broken.
    = He was always as _____ as his word.

5. Nobody equals him in English grammar.
    = He is _____ to none in English grammar.

6. Some girls would rather remain single than get married.
    = Some girls prefer being single _____ getting married.

7. You are not interested in politics, nor am I.
    = I am no more interested in politics _____ you are.

8. He has no more than 10 dollars now.
    = He has _____ 10 dollars now.

9. She was less smart than pretty.
    = She was _____ pretty than smart.

10. He never deserts a needy friend.
    = He is the _____ man to desert a friend in need.

II 다음 문장에서 틀린 곳을 고치시오.

1. I like the city because it is more interesting from the country.

2. His elder brother is not so bright as him.

3. Which do you like, baseball or basketball?

4. She has better marks than any student in her class.

5. They say that the lake is the deepest at that point.

6. I can't understand the later part of the novel.

7. His brother is more wiser than clever.

8. His strength is superior than mine.

9. Nothing is so precious than time.

10. He can no more swim than I can't fly.

정답 및 해설

Ⅰ 1. **any** : no longer = not~ any longer = 더 이상 ~할 수 없다.
   2. **no less** : no less~ than~ = as~ as~
   3. **junior** : 그는 나보다 두 살 위다.
   4. **good** : as good as one's word ; 약속을 지키는
   5. **second** : 영문법에 있어서 그를 당할 자가 없다. ; second to none = 최고의
   6. **to** : prefer A to B = B보다 A를 더 좋아하다.
   7. **than** : A is no more B than C is D(B) = A가 B가 아닌 것은 C가 D(B)가 아닌 것과 같다.
   8. **only** : no more than = only ; 단지
   9. **more** : less A than B = more B than A
   10. **last** : 그는 결코 곤경에 처한 친구를 버릴 사람이 아니다 ; the last = 결코~ 할 것 같지 않은

Ⅱ 1. **from → than** : 비교급~ than의 구문이다.
   2. **him → he** : 주어와의 비교이므로 as 다음에 주격형태인 he가 문법적인 표현이다.
   3. **like → like better** : 두 가지 중에서 더 좋아하는 것을 묻는 표현이다.
   4. **any student → any other student** : 「비교급 than any other + 단수명사」= 최상급
   5. **the deepest → deepest** : 동일물에서 최상급 표현을 나타내는 경우에는 the를 쓰지 않는다.
   6. **later → latter** : the latter part : 후반부
   7. **wiser → wise** : 동일인의 서로 다른 성질을 비교할 때에는 「more + 원급」으로 표현한다.
   8. **than → to** : 라틴계 비교급에서는 than 대신에 to를 쓴다.
   9. **than → as** : as~ as의 부정형태는 not so~ as를 쓴다.
   10. **can't → can** : A is no more B than C is D = A가 B가 아닌 것은 C가 D가 아닌 것과 같다. C 다음에 오는 표현은 긍정형태만이 나온다.

3 Grammar Focus

1 비교의 종류

❶ 원급 비교

> **구문형태 : as ~ as**
> 사전에 나오는 원래모양의 형용사나 부사의 형태를 원급이라 한다. 이러한 원급을 'as ~ as' 사이에 넣어 둘의 정도가 같음을 표현하는 방법이 원급비교이다.

Your hands *are* **as** cold **as** ice. (네 손이 얼음처럼 차갑다.)
　　　　　　　　보어(형용사)
Speak **as** slowly **as** possible. (가능한 한 느리게 말하라.)
　　　　동사수식(부사)
Jennifer cannot *run* **as[so]** fast **as** Gary. (제니퍼는 게리만큼 빨리 달릴 수 없다.)
　　　　　　　　　　동사수식(부사)

❷ 비교급 구문

> **구문형태 : 비교급형태 ~ than**
> 형용사나 부사의 원급어미에 **-er**을 붙이거나[2음절 이하의 낱말], 원급 앞에 **more**를 붙여서[3음절 이상의 낱말] 어느 한쪽이 다른 쪽에 비해 더하거나 덜 한 정도를 나타내는 표현법이 비교급 구문이다.

The sun is **brighter *than*** the moon. (태양은 달보다 더 밝다.)

This machine is **more complicated *than*** that.
(이 기계가 저것보다 훨씬 복잡하다.)

❸ 최상급 구문

> 형용사나 부사의 원급어미에 **-est**를 붙이거나[2음절 이하의 낱말], 그 앞에 **most**를 붙여서[3음절 이상의 낱말] 세 개 이상의 것을 비교하여 가장 높거나 낮은 단계를 나타내는 표현법이다. 형용사의 최상급 앞에는 정관사 the를 붙이는 것이 원칙이다.

Ross is **the tallest** (student) in his class. (로스는 그의 학급에서 가장 키가 크다.)

Iron is **the most useful** of all metals. (모든 금속 중에서 철이 가장 유용하다.)
cf. Gary runs **fastest** in his class. (게리는 그의 학급에서 가장 빨리 달린다.)
　　부사의 최상급(동사수식)

2 최상급을 표현하는 원급, 비교급 형태

❶ 부정 주어 + so + 원급 + as

No(other) mountain in the world is **so** high **as** Mt. Everest.
(이 세상의 어떤 산도 에베레스트 산만큼 높지 않다.)

❷ 부정 주어 + 비교급 + than

No(other) mountain in the world is **higher than** Mt. Everest.
(이 세상의 어떤 산도 에베레스트 산보다 더 높지 않다.)

❸ 긍정 주어 + as ~ as any + 명사

Mt. Everest is **as** high **as any mountain in** the world.
(에베레스트 산은 이 세상에서 어떤 산에 필적할 만큼 높다.)

❹ 긍정 주어 + 비교급 + than any other + 단수 명사

Mt. Everest is **higher than any other mountain** in the world.

➪ 「긍정 주어+비교급+than any other+단수명사」에서 다른 종류일때는 other를 생략한다.
 cf. My **cat** is more faithful than **any dog**. (내 고양이는 어떤 개보다 더 충실하다.)
   My **cat** is more faithful than **any other cat**.
   (내 고양이는 어느 다른 고양이보다 더 충실하다.)

❺ 긍정 주어 + 최상급 + in[지역,단체] + 단수 명사
                of(all) + 복수 명사 / among + 복수 명사

He is **the most hardworking in his class**.
(그는 우리 클래스에서 가장 부지런하다.)
Mt. Everest is **the highest of all the mountains** in the world.
(에베레스트 산은 이 세상의 모든 산들 중에서 가장 높다.)
He is **the best skier among the players**.
(그는 선수들 중에서 최고의 스키선수이다.)

3 배수 표시 방법

❶ 동등 비교의 구조 : 배수사 + as ~ as

This river is **twice as** long **as** that one.
(이 강은 저 강의 길이의 두 배이다.)

❷ 상승 비교의 구조 : 배수사 + 비교급 + than

This river is **twice longer than** that one.
(이 강은 저 강의 길이의 두 배이다.)

❸ 명사 구조 : 배수사 + the + 명사 + of

This river is **twice the length of** that one.
(이 강은 저 강의 길이의 두 배이다.)

> ex 이 구조에 쓰이는 명사
> **size**(large, big), **number**(many), **amount**(much), **weight**(heavy), **length**(long), **height**(high), **breadth**(broad) 등이 있다.

📂 half, once 「1배」, twice이외는 보통 times에 기수사를 붙여서 배수를 표현한다. 이 경우에 배수사는 부사가 된다.

This street is half **as** broad **as** that one.
= This street is **half the breadth** of that one.
　　(이 길의 폭은 저 길의 폭의 반이다.)
Your room is **as** large **again as** mine.
= Your room is **twice as** large **as** mine.
　　(너의 방은 내 방 크기의 2배다.)
He is **half as** heavy **again as** his wife.
= He is **one and a half times as** heavy **as** his wife.
　　(그는 아내보다 체중이 1.5배 무겁다.)
He works **twice** harder **than** others do.
　　(그는 다른 사람 두 배의 일을 한다.)

4 no + 비교급 + than의 해석

> no + 비교급 + than = as + 반대 형용사의 원급 + as

이 구조의 뜻을 파악하기 위해서는 비교급을 원급으로 바꾸고, 그 원급의 반대말을 알아내고, 그 반대말의 동등 비교를 해 보면 된다. 가령, no more than은 more→much(원급)→little(반대말)의 순서에 의해서 as little as=only(겨우~)의 뜻이 된다. 한편 no less than은 같은 방법에 의해 as many[much] as(~만큼이나 많이)가 된다.

He is **not** taller **than** I. = Perhaps I am taller than he.
  (아마 그는 키가 나만큼 크다.)
He is **no** taller **than** I. = He is **as short as** I. (그는 겨우 키가 나만 하다.)

5 비교급에 the가 붙는 경우

비교급에는 일반적으로 the를 붙일 수 없지만, 다음의 3가지 경우에 한해서 비교급에 the를 붙인다.

❶ the + 비교급 + of the two

  Tom is the taller **of the two**.
    (둘 중에서 톰이 더 크다.)

❷ the + 비교급 + 이유를 나타내는 부사구(부사절)

  She loved her son all the more **because** he was blind.
    (그녀는 아들이 눈이 멀어서 그를 더욱 사랑했다.)

❸ the 비교급 + the 비교급 구문

  The more you read, **the less** you understand.
    (더 많이 읽으면 읽을수록 너는 더욱 이해를 못한다.)

6 동일인, 동일물의 성질비교

동일인, 동일물의 서로 다른 성질을 비교할 때는 -er 비교급을 쓰는 형용사라 할지라도 more+원급+than~의 형태를 취한다. 이 때의 more는 rather의 뜻으로 rather than과 바꿀 수도 있다.

John is **more wise than** clever.
= John is wise **rather than** clever.
　　　(존은 영리하다기보다는 오히려 현명하다.)
　　　cf. He is more **a scholar** than **a teacher**. (그는 선생님이라기 보다는 학자이다.)

7 정관사를 붙이지 않는 최상급

다음의 경우에는 최상급이라 할지라도 the를 붙이지 않는다.

(a) **소유격이 있는 경우**
　　You are my **best** friend. (너는 나의 가장 친한 친구이다.)

(b) **부사의 최상급**
　　He runs **fastest** of us. (그는 우리 중에서 가장 빨리 달린다.)

(c) **동일인, 동일물에 관한 최상급**
　　He is **happiest** when left alone. (그는 혼자 남겨졌을 때 가장 행복하다.)
　　This river is **deepest** at this point. (이 강은 이 지점이 가장 깊다.)

7 라틴계 비교급

라틴어에서 온 형용사(대개 어미가 -ior로 끝나는 경우)는 접속사 than 대신에 전치사 to를 쓴다.

He is three years **senior to** me. (그는 나보다 세 살 위다.)
= He is older than I **by** three years.
= He is three years older than I.
= He is **senior to** me **by** three years.
= He is three years **my senior.**

I **prefer** walking **to** riding. (나는 차를 타는 것보다 걷는 것을 더 좋아한다.)
I **prefer** coffee **to** tea. (나는 홍차보다 커피가 더 좋다.)

※ 주의

라틴계 비교급 [senior, junior, inferior, superior, minor, preferable, etc.] 앞에는 more를 붙이지 않음에 주의해야 한다.

This camera is **superior to** that one. (○) (이 카메라가 저 카메라보다 낫다.)
This camera is **more** superior to that one. (×)

 cf. I **prefer** to go home **rather than** (to)stay here.
  (여기에 머무르느니 나는 집에 가는게 낫겠다.)
  = I **prefer** going home **to** staying here.

8 기타 관용적 표현들

비교 형태와 관련된 관용적 표현들에는 다음과 같은 표현들이 있다.

❶ He **knows better than to** do such a thing.
 = He is **wise enough not to** do such a thing.
 = He is **not so foolish as to** do such a thing.
 = He is **not such a fool as to** do such a thing.
 = He is **too** wise **to** do such a thing.
  (그는 그런 짓을 할 정도로 어리석지는 않다.)

❷ He is **the very** best player in our team.
 = He is **much the** best player in our team.
  (그는 우리 팀에서 가장 경기를 잘한다.)
  ↳ very와 much는 모두 다 최상급을 수식하는 기능을 갖고 있지만 그럴 경우에는 위치가 서로 다르기 때문에 주의를 요한다.
   cf. the+**very**+최상급의 순서
    much+the+최상급의 순서

❸   the last + to부정사 : 결코 ~할 것 같지 않은

 He is **the last** man to accept a bribe.
 = He is the man who is most unlikely to accept a bribe.
  (그는 결코 뇌물을 받을 사람이 아니다.)

❹ would rather[sooner] A than B : B 하느니 보다는 A하는 게 더 낫다.

I **would sooner** die **than** do such a thing.
= I **would rather** die **than** do such a thing.
= I **had rather** die **than** do such a thing.
= I **would as soon** die **as** do such a thing.
(그런 일을 할 바에는 차라리 죽고 싶다.)

❺ A is no more B than C is D(B)
= A is not B any more than C is D(B)
: A가 B가 아닌 것은 C가 D(B)가 아닌 것과 같다.

A whale is **no more** a fish **than** a horse (is).
(고래가 물고기가 아닌 것은 말이 물고기가 아닌 것과 같다.)
⇨ 이 표현에서 주의할 점은 than 이하가 「긍정의 표현」이 와야 한다는 점이며 not~any more than~과 같은 내용이다.

❻ not so much A as B : A라기보다 오히려 B이다.

He is **not so much** a teacher **as** a scholar.
= He is a scholar **rather than** a teacher.
(그는 교사라기보다는 오히려 학자이다.)
cf. He can**not so much as** write his own name. (그는 자기 이름조차 쓰지 못한다.)

❼ no less + a + 명사 + than~ : ~와 같은

No less a person **than** the premier said so.
= Such an important person as the premier said so.
(다름 아닌 수상이 그렇게 말했다.)

❽ 긍정문 : much[still] more : 하물며 ~할 수 있는 것은 말할 것도 없다
부정문 : much[still] less : 하물며 ~못하는 것은 말할 것도 없다

He **can** speak French, **much[still] more** English.
(그는 프랑스어를 할 수 있다, 하물며 영어는 말할 것도 없다.)
He **cannot** speak English, **much[still] less** French.
(그는 영어를 못하는데 하물며 프랑스어는 말할 것도 없다.)

⑨ no more than = only : 단지 ⎤ 적다는 느낌
   not more than = at most : 기껏해야 ⎦
   no less than = as much as : ~만큼이나 ⎤ 많다는 느낌
   not less than = at least : 적어도, 최소한 ⎦

He has **no more than** ten dollars. (그는 단지 10달러를 가지고 있다.)
He has **not more than** ten dollars. (그는 기껏해야 10달러를 가지고 있다.)
He has **no less than** ten dollars. (그는 10달러를 가지고 있다.)
He has **not less than** ten dollars. (그는 최소한 10달러를 가지고 있다)

⑩ as many : 같은 수의
   like so many : 같은 수의 ~처럼

I made five mistake **as many** lines. (나는 많은 줄에서 다섯 번의 실수를 했다)
They worked **like so many** bees. (그들은 마치 벌처럼 일했다)

Grammar Drill

다음 영문의 밑줄 친 곳을 (　　) 안의 형용사를 변형하여 문맥에 맞게 채우시오.

문 제

1. I feel much _____ now that the exams are over. (relaxed)
2. Our new car is a little _____ than our old one, but still fits easily into the garage. (wide)
3. Now that they had both had their hair cut, the twins looked even _____ than usual. (alike)
4. The new waiters are _____ than the old waiters. (friendly)
5. The Country Inn is _____ than the Parker House. (good)
6. The restaurant is _____ under the new management than under the old management. (expensive)
7. The _____ the restaurant, the slower the service. (crowded)
8. You are the _____ companion I've ever had. (wonderful)
9. You are the _____ mother in the world. (good)
10. You have the _____ smile I've ever seen. (lovely)

해설 및 정답

1. **more relaxed** : 시험이 끝나서 더욱 마음이 편안하다 ; relaxed의 비교급은 more relaxed이다.
2. **wider** : than 앞에는 비교급이 온다.
3. **more alike** : 서술형 형용사는 비교급을 만들 때에 more를 사용한다.
4. **friendlier** : friendly의 비교급은 friendlier이다.
5. **better** : good의 비교급은 better이다.
6. **more expensive** : expensive의 비교급은 more expensive이다.
7. **more crowded** : crowded의 비교급은 more crowded이다.
8. **most wonderful** : wonderful의 최상급은 most wonderful이다.
9. **best** : good의 최상급은 best이다.
10. **loveliest** : lovely의 최상급은 loveliest이다.

Practice Test A

다음 _____ 안에 들어갈 적당한 표현을 고르세요.

1. This idea is _____ the previous one.

   (A) good as
   (B) as good as
   (C) better as
   (D) best as

   동등비교를 나타낼 때에는 'as + 원급 + as'의 형태를 이용한다.
   [번역] 이 아이디어는 이전의 아이디어만큼 좋다.
   [정답] (B)

2. The view from your office is _____ from mine.

   (A) better than
   (B) better
   (C) the better
   (D) the better of

   둘 사이의 비교에는 비교급을 쓰며, 접속사 than이 필요하다.
   [번역] 너의 사무실의 전망이 내 사무실의 전망보다 더 좋다.
   [정답] (A)

3. I like the child _____ better for his honesty.

   (A) all the
   (B) as much
   (C) much
   (D) far

   비교급에 정관사를 붙이는 경우:
   ⓐ 원인, 이유 등을 나타내는 부사절(또는 부사구)에서.
   ⓑ the + 비교급~, the + 비교급~의 구문에서.
   [번역] 나는 그 아이를 좋아하는데 그가 정직하기 때문에 더욱 더 좋다.
   [정답] (A)

4. Have you watched the _____ part of the game?

   (A) latter
   (B) later
   (C) late
   (D) more late

   late-later-latest: 시간을 나타낼 때.
   late-latter-last: 순서를 나타낼 때.
   latter part: 후반부
   [번역] 너는 경기의 후반부를 봤니?
   [정답] (A)

5. The computer can help a person work much _____.

   (A) fast
   (B) faster
   (C) fastest
   (D) more fast

   much는 비교급을 수식한다. 한편 이 문장에서는 work을 수식하는 부사의 비교급이 필요하며 최상급은 의미상 곤란함.
   [번역] 컴퓨터는 사람이 훨씬 더 신속히 일할 수 있게 해 준다.
   [정답] (B)

6. I plan to drop by your office _____ my participation in the meeting.

   (A) prior of
   (B) more prior than
   (C) prior with
   (D) prior to

   -or이나 -er로 끝나는 라틴계 비교급에서는 more를 붙일 수 없다.
   [번역] 나는 회의 참석에 앞서 너의 사무실에 들를 예정이다.
   [정답] (D)

7. The higher up we go, _____ becomes the air.

   (A) the colder
   (B) colder
   (C) the more
   (D) more

the + 비교급~, the + 비교급~: ~하면 할수록 더욱 더 ~하다.
[번역] 높이 올라갈수록 공기는 더 차가워진다.
[정답] (A)

8. The more diligent the new employee, the _____.

   (A) better
   (B) more
   (C) good
   (D) successful

the + 비교급~, the + 비교급~ : ~하면 할수록 더욱 더 ~하다.
[번역] 신입사원은 부지런하면 할수록 더욱 더 좋다.
[정답] (A)

9. Characters in realistic literature tend to be more complex than _____.

   (A) romantic literature
   (B) those in romantic literature
   (C) those are romantic literature
   (D) romantic literature is

비교구문을 나타내는 than 다음에는 비교대상이 정확해야 한다. 한편 those는 characters를 받고 있는 대명사이다.
[번역] 현실주의 문학에 나오는 인물들은 낭만주의 문학에 나오는 인물들보다 더 복잡한 경향이 있다.
[정답] (B)

10. The harder the shrub is to grow, _____.

    (A) the higher price it is
    (B) the higher price it would have
    (C) the higher the price is
    (D) the higher is the price

「the + 비교급~, the + 비교급」에 관한 문제이다.
[번역] 관목이 자라기 힘들면 힘들수록 그 가격은 더 높아진다.
[정답] (C)

11. Saudi Arabia produces more oil _____.

    (A) than any country in the world
    (B) than any other country in the world
    (C) before any country in the world
    (D) ahead of any other country in the world

「비교급 + than any other + 단수명사」 = 최상급의 의미
[번역] 사우디아라비아는 세계 어느 나라보다도 많은 석유를 생산한다.
[정답] (B)

12. The photographs of Mars taken by satellite are _____ than those taken from the Earth.

    (A) clearest
    (B) much clearer
    (C) the clearest
    (D) more clearer

much는 비교급 강조 어구이다.
[번역] 인공 위성에서 찍은 화성의 사진은 지구에서 찍은 화성의 사진에 비해 훨씬 더 선명하다.
[정답] (B)

Practice Test B

다음 문장의 밑줄 친 곳에서 올바르지 않은 것을 고르세요.

1. In our office, June is most popular month for
   (A)   (B)   (C)
   taking vacations.
   (D)

   형용사의 최상급 앞에는 정관사가 필요하다.
   [번역] 우리 사무실에서는 6월이 휴가를 가는데 가장 인기 있는 달이다.
   [정답] (B) (most popular → the most popular)

2. Alice is faster than any typist in her
         (A)   (B)   (C)   (D)
   department.

   '비교급 + than + any other + 단수명사'의 형태를 이용하여 최상급의 의미를 표현할 때가 있다.
   [번역] 앨리스는 그녀 부서의 어떤 타자수보다도 타자를 빨리 친다.
   [정답] (C) (any typist → any other typist)

3. Numerous critics regard Bessie Smith as the
   (A)   (B)   (C)
   most great of all jazz musicians.
   (D)

   형용사 great의 최상급 형태는 greatest이므로 most great → greatest가 되어야 한다.
   [번역] 많은 비평가들은 베시 스미스를 모든 재즈 음악가들 가운데 가장 위대한 사람으로 간주하고 있다.
   [정답] (D) (most great → greatest)

4. Few United States cities have grown as rapidly
                                      (A)
   than Los Angeles, which had 1,610
   inhabitants in 1850 and currently has a
   (B)   (C)
   population of around 3 million.
              (D)

   원급비교에는 as[so] ~ as의 구문을 이용한다. 이 예문은 문두에 부정어인 few가 있으므로 원급을 이용하여 최상급의 의미를 표현하고 있음을 알 수 있다.
   inhabitant: 주민
   [번역] 미국 도시들 가운데 로스앤젤레스만큼 급속하게 성장해 온 도시는 거의 없다. 그 도시는 1850년에 주민의 수가 1,610명이었지만, 최근에는 약 3백만 명이다.
   [정답] (A) (as rapidly than → as[so] rapidly as)

5. Film directors can take far great liberties in
   (A)   (B)
   dealing with concepts of time and space than
                (C)
   stage directors can.
                   (D)

   than이 나와 있으므로 비교급 형태인 greater가 요구된다. 한편 far는 비교급 강조어구이다.
   film director: 영화 감독
   stage director: 무대 감독
   [번역] 영화 감독은 무대 감독에 비해 시간과 공간의 개념을 다루는 데 있어 더 많은 자유를 가질 수 있다.
   [정답] (B) (great → greater)

Final Test

1. The beggar turned out to be the king himself.
   = The beggar was none other _____ the king.

   (A) than (B) like
   (C) as (D) less

   none other than~: 다름 아닌 바로~
   [번역] 그 거지는 다름 아닌 왕으로 판명되었다.
   [정답] (A)

2. He is not so much diligent as wise.
   = He is _____ than diligent.

   (A) more wise (B) wiser
   (C) less wise (D) no less wise

   not so much A as B: A라기보다는 B이다.
   [번역] 그는 부지런하기보다는 현명한 편이다.
   [정답] (A)

3. She is beautiful but she is _____ her mother.

   (A) most beautiful
   (B) as beautiful
   (C) less beautiful
   (D) not so beautiful as

   접속사 but의 의미로 미루어 C, D가 되어야 하는데 C는 비교급의 형태를 취하고 있어서 문장 구조상 부적절하다.
   [번역] 그녀는 아름답지만 그녀의 어머니만큼 아름답지는 않다.
   [정답] (D)

4. He does not take a bus, _____ a taxi.

   (A) much more (B) still more
   (C) still less (D) much better

   부정어 강조 어구로는 much less나 still less가 있다.
   [번역] 그는 택시는 말할 것도 없고 버스도 타지 않는다.
   [정답] (C)

5. President Theodore Roosevelt called the Rainbow Bridge in Utah _____ in the world.

   (A) the greatest natural wonder
   (B) is it the greatest natural wonder
   (C) it is the greatest natural wonder
   (D) a great wonder which is natural

   call은 대표적인 5형식 (S + V + O + O.C) 동사이다. 따라서 이 문장은 「call + the Rainbow Bridge + 목적보어」 형식을 취하고 있다.
   [번역] 디어도어 루즈벨트 대통령은 유타주에 있는 무지개다리를 세계에서 가장 위대한 자연의 경이로움이라고 말했다.
   [정답] (A)

6. The lens of a camera performs _____ the lens of the eye.

    (A) in the same function
    (B) the same function as
    (C) the function is the same as
    (D) and has the same function

타동사 perform 다음에는 목적어가 필요하다. 또한 「the same~ as~」의 구조상 정답은 B가 된다.
- [번역] 카메라의 렌즈는 사람 눈의 수정체와 똑같은 기능을 한다.
- [정답] (B)

7. The stronger _____ magnetic field, the greater the voltage produced by a generator.

    (A) than the   (B) is the
    (C) that the   (D) the

the + 비교급~, the + 비교급~ 구문이다.
magnetic field: 자장
generator: 발전기 (=dynamo)
- [번역] 자장이 강하면 강할수록 발전기에 의해서 발생되는 전압도 커진다.
- [정답] (D)

8. No sooner had the Mormon pioneers settled in Salt Lake Valley _____ found themselves along a main route of travel to the Pacific Coast.

    (A) they   (B) who
    (C) than they   (D) where they

No sooner~ than~: ~하자마자 ~하다
- [번역] 몰몬교 개척자들은 솔트 레이크 계곡에 정착하자마자, 자신들이 태평양 연안으로 통하는 주요 교통로에 있음을 알았다.
- [정답] (C)

9. Clinical experiments have shown that children generally relate to other children's strengths and abilities, rather than _____.

    (A) to one weak
    (B) a weakness is
    (C) to their weaknesses
    (D) theirs is a weak one

병렬구조(parallel structure)를 갖는 비교형태에 관한 문제이다.
- [번역] 임상실험에 의하면 어린이들은 일반적으로 자신들의 약점보다는 다른 어린이들의 장점과 능력에 관심이 있다.
- [정답] (C)

10. The higher the standard of living and the greater the national wealth, the _____.

    (A) greater is the amount of paper is used
    (B) greater amount of paper is used
    (C) amount of paper is used is greater
    (D) greater the amount of paper used

the + 비교급, the + 비교급 구문에 관한 문제이다.
- [번역] 생활수준이 높아지고 국부가 커질 수록, 더 많은 양의 종이가 사용된다.
- [정답] (D)

11. Although gorillas are extremely muscular, with enormous canine teeth, they are not _____ they look.

    (A) as fierce
    (B) fiercer as
    (C) as fierce as
    (D) as the fiercest

원급에 의한 열등비교 구문: not as[so]~ as ~
muscular: 힘센, 근육이 잘 발달된
enormous: 거대한, 매우 큰
canine tooth: 송곳니 (=canine)
[번역] 비록 고릴라는 매우 억세며 커다란 송곳니를 가지고 있지만 겉보기만큼 사납지는 않다.
[정답] (C)

12. Japan has taken a more independent stance _____.

    (A) as it does before
    (B) as it did before
    (C) than it does a few years ago
    (D) than it did a few years ago

과거와 현재의 비교를 나타내는 문장이다.
[번역] 일본은 몇 년 전보다 훨씬 더 독립적인 자세를 취했다.
[정답] (D)

13. He looks at us sadly with his eyes _____ as her grandmother's.

    (A) a size as large
    (B) of large size
    (C) so large
    (D) as large

as ~ as ~의 동등 비교
[번역] 그는 그의 할머니만큼 커다란 눈으로 우리를 슬프게 쳐다본다.
[정답] (D)

14. The crane is _____ of the wading birds.

    (A) the tallest
    (B) the tallest that is
    (C) which is the tallest
    (D) which the tallest is

「최상급 + of + 복수 명사」의 형태이다.
[번역] 두루미는 걷는 새들 중에서 가장 키가 크다.
[정답] (A)

15. Sound travels _____ air.

    (A) faster through water than through
    (B) faster than through water and
    (C) through water faster and
    (D) where it is faster through water than through

공기속과 물속에서의 소리의 속도를 비교하는 문장이므로 비교급 형태인 faster ~ than의 구문이 필요하다.
[번역] 소리는 공기 속에서보다 물 속에서 더 빨리 이동한다.
[정답] (A)

16. She is older than _____.

    (A) any other girl in the group
    (B) any girl in the group
    (C) all girls in the group
    (D) you and me as well as the group

「비교급 + than + any other + 단수 명사」의 형태를 이용하여 최상급을 표현할 수 있다.
[번역] 그녀는 그 그룹에서 가장 키가 크다.
[정답] (A)

17. "What do you think about Edward?"
    "He's smarter than _____ in his class."

    (A) anyone else   (B) any other ones
    (C) any else ones   (D) else any one

'비교급 + than + anything[anyone] else'의 형태로 최상급을 표현한다.
[번역] "에드워드에 대해 어떻게 생각하니?"
       "그는 그의 학급에서 다른 어느 누구보다도 똑똑해."
[정답] (A)

18. "Harry treats his secretary badly."
    "Yes. He seems to think that she's the _____ person in the office."

    (A) least important
    (B) less important
    (C) lesser important
    (D) not most important

the 다음이므로 최상급을 예상할 수 있다.
the least important: 가장 중요하지 않은
[번역] "해리는 그의 비서를 심하게 다뤘어."
       "그래, 그는 그녀가 사무실에서 가장 중요하지 않은 사람이라고 생각하는 것처럼 보여."
[정답] (B)

19. Wool is _____ characteristic by which to classify breeds of sheep.

    (A) most obviously
    (B) obviously the most
    (C) the most obvious
    (D) the most obvious that is

characteristic(특징, 특성)이 명사이므로 앞에는 형용사가 와야 한다.
[번역] 양털은 양의 품종을 분류하는 가장 확실한 특징이다.
[정답] (C)

20. Steam turbines weigh _____ that produce the same amount of power.

    (A) less than piston engines and
    (B) less than piston engines
    (C) piston engines are less than
    (D) in piston engines less than

동사인 weigh를 수식해야 하므로 부사의 비교급 less가 적합하다.
[번역] 스팀 터빈은 같은 힘을 내는 피스톤 엔진보다 무게가 덜 나간다.
[정답] (B)

21. Of the two candidates, I think _____.

    (A) Mr. Grant is the suited
    (B) Mr. Grant is suited best
    (C) Mr. Grant is better suited
    (D) that is the better suited of them

둘 사이의 비교는 비교급이다.
[번역] 두 후보자들 중에서, 나는 그랜트씨가 더 적격자라고 생각한다.
[정답] (C)

22. "Jack plays the piano beautifully."
    "Yes, he's _____ here."

    (A) the most talented of any students
    (B) the more talented student than any other
    (C) more talented than any other student
    (D) most talented of student

「비교급 + than any other + 단수명사」= 최상급의 의미
[번역] "잭은 피아노를 아름답게 연주한다."
"그래, 그는 이곳의 다른 어떤 학생보다도 재능이 뛰어나다."
[정답] (C)

23. On enough logical reasons, the fewer seeds, _____.

    (A) the less plants grow
    (B) the fewer plants
    (C) the less plants
    (D) the plants the fewer

the + 비교급, the + 비교급: ~하면 할수록 더욱 더 ~하다
[번역] 충분한 논리적인 이유에 근거하여, 적게 씨를 뿌리면 적게 거둔다.
[정답] (B)

24. "Do you have any idea what Hank does all day?"
    "I know he spends at least as much time watching television as he _____."

    (A) writes   (B) does writing
    (C) is writing   (D) of me

does는 대동사로서 spend much time을 받고 있다.
[번역] "너는 행크가 하루종일 무엇을 하는지 알고 있니?"
"적어도 그가 글쓰는 시간만큼 텔레비전을 본다는 것을 나는 알아."
[정답] (B)

25. A committee of professors, I can assure you, is much harder _____.

    (A) to do with as a council of African chief
    (B) control as does a council of African chief
    (C) than to supervise as do a council of African chief
    (D) to manage than a council of African chiefs

비교급 강조 어구인 much가 있으며, harder가 비교급이므로 다음에는 비교급과 어울릴 수 있는 형태가 요구된다.
[번역] 나는 교수 협의회가 아프리카 추장 회의보다도 운영하기가 더 어렵다는 것을 너에게 확신시킬 수 있다.
[정답] (D)

※ Select the part (A, B, C or D) which is not acceptable for standard written expression.

26. The tulip <u>tree</u> <u>is</u> <u>one</u> of the <u>taller</u>, most
    (A)　(B)　(C)
    massive, and prettiest deciduous forest trees
    <u>in</u> North America.
    (D)

comma 이하에 최상급이 병렬구조를 이루고 있으므로 (C)는 tallest가 되어야 한다.
deciduous: 낙엽성의   forest trees: 삼림수, 임목
[번역] 툴립나무는 북미에서 가장 키가 크고, 부피가 크며, 멋있는 낙엽 삼림수 중의 하나이다.
[정답] (C) (taller → tallest)

27. Alaska <u>is</u> the <u>biggest</u> and the <u>more</u> sparsely
    (A)　　(B)　　　　(C)
    <u>inhabited</u> state in the United States.
    (D)

접속사 and에 의해 최상급 형태 the biggest와 병렬구조를 이루는 최상급 (the) most가 옳다.
sparse: (인구가) 희박한
inhabited: 사람이 살고 있는
[번역] 알래스카는 미국에서 가장 크고 인구는 가장 적은 주다.
[정답] (C) (more → most)

28. The songs of Bob Dylan are very popular
    <u>among young people</u>, <u>who regard</u> him <u>as</u>
    (A)　　　　　　(B)　　　　　(C)
    <u>more superior</u> <u>to other musicians</u>.
    (D)

라틴계 비교급을 나타내는 단어는 자체가 비교급의 의미를 담고 있기 때문에 앞에 more를 붙일 수 없음에 유의해야 한다.
[번역] 밥 딜런의 노래는 다른 음악가들 보다 그가 더 뛰어나다고 생각하는 젊은이들 사이에서 인기가 있다.
[정답] (C) (as more superior → as superior)

29. The Sargasso Sea takes <u>its name</u> from the
    (A)
    patches of seaweed <u>that cover</u> <u>an oval</u> area
    (B)　　　　(C)
    two-thirds as large <u>than</u> the continental
    (D)
    United States.

동등 비교를 나타내는 원급의 표현이므로 as large as가 문법적이다.
[번역] 사르가소해는 미국 대륙의 2/3 만큼이나 큰 타원형의 지역을 덮고 있는 해초(바닷말)의 무더기로부터 이름을 딴 것이다.
[정답] (D) (than → as)

30. <u>As</u> two nuclei move closer together, their
    (A)
    <u>mutual</u> electrostatic potential energy
    (B)
    <u>becomes</u> <u>more large</u> and more positive.
    (C)　　(D)

large의 비교급은 more large가 아니라 larger이다.
[번역] 두 핵이 더 가까이 움직임에 따라서 그들의 상호 정전기적 잠재 에너지는 점점 더 커지며 양극의 성질을 띠게 된다.
[정답] (D) (more large → larger)

31. It <u>may not have been</u> the <u>worse</u> blizzard in
        (A)   (B)
    history, but I do not want <u>to be out in</u>
                                (C)
    another one <u>like it</u>.
                (D)

정관사 다음이므로 비교급이 아니라 최상급으로 써야 한다.
[번역] 그것이 역사상 최악의 눈보라가 아니었을지도 모른다. 그러나 나는 그와 같은 눈보라 속에 또 다시 나가고 싶지 않다.
[정답] (B) (worse → worst)

32. Comparative anatomists <u>have recently</u>
                                  (A)
    <u>shown</u> that man's vocal apparatus <u>is</u> in
      (B)
    several respects <u>simpler</u> <u>than the great apes</u>.
                     (C)   (D)

비교 대상은 성대 기관이므로 대명사인 vocal apparatus를 받는 대명사 that이 필요하다.
[번역] 비교 해부학자들은 인간의 성대 기관은 여러 가지 면에서 원숭이의 성대 기관보다 단순하다는 것을 보여 주었다.
[정답] (D) (than the great apes → than that of the great apes)

33. <u>Waiting</u> for a plane <u>to take off from</u> an
      (A)   (B)
    airport can often take <u>so long</u> as the trip
                      (C)
    <u>itself</u>.
    (D)

as long as~: ~하는 동안
so long as~: ~하는 한
[번역] 비행기가 공항으로부터 이륙하는 것을 기다리는 것은 가끔 그 여행 자체의 시간만큼 걸리는 경우가 있다.
[정답] (C) (so long → as long)

34. <u>Aside from</u> the resolution to have more
      (A)
    ecumenical conferences, the <u>most</u>
                           (B)
    accomplishment of the group was that <u>it met</u>
                                     (C)
    <u>at all</u>.
    (D)

의미를 떠나서라도 most는 부사이므로 명사를 수식할 수 없다. 따라서 형용사의 최상급 형태인 greatest가 적합하다.
[번역] 더 전반적인 회의를 갖기로 한 결정은 제쳐두고라도 그 그룹의 가장 큰 실적은 모임 자체를 가졌다는 것이다.
[정답] (B) (most → greatest)

35. Many drama critics <u>considered</u> Richard
                        (A)
    Burton's interpretation of Hamlet superior
    <u>than</u> Sir Lawrence Oliver's version produced
    (B)
    <u>several</u> years <u>earlier</u>.
     (C)   (D)

라틴계 비교급이므로 than을 to로 바꿔야 한다.
[번역] 많은 드라마 비평가들은 리차드 버튼의 햄릿 해설이 그보다 수 년 먼저 발표된 로렌스 올리버 경의 해설보다 뛰어나다고 생각했다.
[정답] (B) (than → to)